国家社科基金重点项目

中国博物馆发展研究

基于调查数据的分析

王春法 主编

人民出版社

目录

下　篇　研究报告

绪　　论

博物馆是保护和传承人类文明的重要殿堂，是连接过去、现在、未来的桥梁。按照国际博物馆协会的定义，博物馆是"为社会服务的非营利性常设机构，它研究、收藏、保护、阐释和展示物质与非物质遗产。它向公众开放，具有可及性和包容性，促进多样性和可持续性。博物馆以符合道德且专业的方式进行运营和交流，并在社会各界的参与下，为教育、欣赏、深思和知识共享提供多种体验"①。从历史上看，博物馆是经济社会发展到一定阶段和水平的产物，考察博物馆事业的发展，首先要准确把握博物馆发展的社会环境和条件，亦即社会支持程度，包括政府重视程度、投入规模、建筑面积、人员规模等。在此基础之上，大致可以从以下几个方面对一国某一时期博物馆发展状况及其特点进行分析把握：一是数量维度，即特定疆界内博物馆数量的多少，以总量规模和人均水平来衡量；二是结构维度，即博物馆的类型结构、规模结构、区域结构等，以博物馆组织体系来衡量；三是微观形态，即博物馆的微观组织形态，以博物馆的内部组织、管理体系、馆群制度等来把握；四是运维质量维度，即表征博物馆运维效率与水平的安全状况、藏品征集保管、学术研究、陈列展示的数量、水平与社会触达率等；五是表征社会美誉度与影响力的博物馆社会形象，包括公众形象、媒体形象以及国际形象等，本质上反映的是博物馆对历史文化解释的权威性及其社会影响力大小。由于博物馆是经济社会发展到一定阶段的产物，博物馆事业发展首先需要稳定的社会经济支持，因此社会条件也是博物馆发展的重要方面。据此观之，我们大致可以从以上几个方面来理解和把握当代中国博物馆事业的发展状况。

---

① 中国博物馆协会：《国际博协特别全体大会通过新版博物馆定义》，2022 年 8 月 25 日，见 https://www.chinamuseum.org.cn/cma/detail.html? id= 12 & contentId= 12403。

一、社会条件

在中国，现代意义上的博物馆事业始于19世纪末20世纪初，但其早期发展步履维艰，藏品规模、设施条件及其功能影响都很有限。新中国成立后，在党和政府的高度重视和强有力的行政支持下，得益于考古事业的大规模开展，中国博物馆事业飞速发展，自上而下迅速形成了以国有综合性博物馆为骨干、行业博物馆和特色博物馆为支撑的博物馆体系，在开展社会教育、培育唯物史观方面发挥了重要作用。党的十一届三中全会后的改革开放大潮中又涌现出一大批民间博物馆成为重要补充，但总体来看，数量偏少，形态单一，展陈理念方式陈旧，社会影响和覆盖面都不大。博物馆事业的真正大发展是在进入21世纪特别是党的十八大以来，主要得益于三个因素：一是在政治政策层面上，以习近平同志为核心的党中央高度重视和关心支持文博工作，为博物馆事业大发展创造了健康稳定的政治环境和导向鲜明的政策环境。二是在实际工作层面上，大规模经济建设中对土地资源开发利用严格执行考古前置的硬性要求与考古事业的飞速发展，为博物馆建设和藏品规模增加开辟了巨大的发展空间。三是在社会生活层面上，社会经济发展水平大跨度跃迁，既为博物馆建设奠定了坚实的物质基础，也为人民群众的精神文化消费提供了物质保障。在这个过程中，最重要的是以习近平同志为核心的党中央对于文博工作的高度重视，习近平总书记多次考察调研不同类型博物馆、纪念馆，先后130多次就文物工作作出重要指示批示，为做好博物馆工作提供了基本遵循：一是明确提出文物承载灿烂文明，传承历史文化，维系民族精神，是老祖宗留给我们的宝贵遗产，新时代文物工作的基本方针是"保护为主，抢救第一，合理利用，加强管理"。二是要让收藏在博物馆里的文物、陈列在广阔大地上的遗产、书写在古籍里的文字都活起来，把凝结着中华民族传统文化的文物保护好、管理好，加强研究和利用，让历史说话，让文物说话，在传承祖先的成就和光荣、增强民族自尊和自信的同时，谨记历史的挫折和教训，以少走弯路、更好前进。三是要弘扬光荣传统、赓续红色血脉，强调红色是中国共产党、中华人民共和国最鲜亮的底色，是新时代中国共产党人的精神力量源泉，一定要从红色基因中汲取强大的信仰力量，自觉做共产主义远大理想和中国特色社会主义共同理想的坚定信仰者和忠实实践者。四是要促进不同文明之间的交流和互鉴，不能只满足于欣赏它们产生的精美物件，更应该去领略其中包含的人文精神；不能只满足于领略它们对以往人们生活的艺术表现，更应该让其中蕴藏的精神鲜活起来。五是中国人民在实现中国梦的进程中，将按照时代的新进步，推动中华优秀传统文化创造性转化和创新性发展，激活其生命力，把跨越时空、超越国度、富有永恒魅力、具有当代价值的文化精神弘扬起来。六是中华民族历史悠久，中华文明源远流长，中华文化博大精深，一座博物馆就是一所大学校，博物馆建设要注重特色，避免"千馆一面"。习近平总书记关于做好文博工作的重要指示精神政治站位高，视野宽广深远，内涵丰富科学，要求明确具体，既具有重大战略意义和深远历史意义，又有很强的针对性和指导性，是我们做好新时代新形势下博物馆工作的基本遵循。

党的十九大进一步把做好文博工作与增强文化自信联系起来，突出强调文化自信是一个国家、一个民族发展中更基本、更深沉、更持久的力量；没有高度的文化自信，没有文化的繁荣兴盛，就没有中华民族伟大复兴，明确宣示"中国特色社会主义文化，源自于中华民族五千多年文明历史所孕育的中华优秀传统文化，熔铸于党领导人民在革命、建设、改革中创造的革命文化和社会主义先进文化，植根于中国特色社会主义伟大实践"①。中国共产党既是中国先进文化的积极引领者和践行者，又是中华优秀传统文化的忠实传承者和弘扬者，要推动中华优秀传统文化创造性转化、创新性发展，继承革命文化，发展社会主义先进文化，更好构筑中国精神、中国价值、中国力量，为人民提供精神指引；要深入挖掘中华优秀传统文化蕴含的思想观念、人文精神、道德规范，结合时代要求继承创新，让中华文化展现出永久魅力和时代风采；要加强文物保护利用和文化遗产保护传承。党的二十大进一步强调要推进文化自信自强，铸就社会主义文化新辉煌，要求："以社会主义核心价值观为引领，发展社会主义先进文化，弘扬革命文化，传承中华优秀传统文化，满足人民日益增长的精神文化需求，巩固全党全国各族人民团结奋斗的共同思想基础，不断提升国家文化软实力和中华文化影响

---

① 《习近平谈治国理政》第三卷，外文出版社 2020 年版，第 32 页。

力。""加大文物和文化遗产保护力度，加强城乡建设中历史文化保护传承，建好用好国家文化公园。坚持以文塑旅、以旅彰文，推进文化和旅游深度融合发展。""坚守中华文化立场，提炼展示中华文明的精神标识和文化精髓，加快构建中国话语和中国叙事体系，讲好中国故事、传播好中国声音，展现可信、可爱、可敬的中国形象。"① 这些重要论述，理论上进一步丰富发展了马克思主义文化理论，实践上指明了中国特色社会主义文化事业的发展方向，是新时代新征程上做好文化工作的基本指南，对于做好新时代博物馆工作尤其具有重要的指导意义。

正是在习近平总书记的重视关心和指导支持下，党中央、国务院先后印发了《关于培育和践行社会主义核心价值观的意见》《关于加快构建现代公共文化服务体系的意见》《关于进一步加强文物工作的指导意见》《关于实施中华优秀传统文化传承发展工程的意见》《国家"十三五"时期文化发展改革规划纲要》，以及中宣部等九部门《关于推进博物馆改革发展的指导意见》等重要文件，强调推动博物馆由数量增长向质量提升转变，对文博事业发展作出系列重要安排，提出明确要求，方向目标、任务举措都很具体，为做好新时代的博物馆工作创造了良好的政策环境和政治氛围。可以说，当前形势下党中央对文博工作的重视和支持前所未有，文博事业发展的社会条件之好也是前所未有，中国博物馆事业发展面临着前所未有的战略机遇。

二、总量规模

新中国成立为中国博物馆事业发展翻开了新的一页，改革开放使中国博物馆事业出现空前繁荣发展的大好局面，新时代则使中国博物馆建设出现前所未有的快速发展，经费投入、馆舍建设、文物入藏、展览展示等方面都达到前所未有的历史高度。

一是总量规模很大且仍处于快速增长之中。根据全国博物馆名录统计，全国博物馆总量 2012 年 3866 家，2013 年 4165 家，2014 年 4510 家，2015 年 4692 家，

---

① 《习近平著作选读》第一卷，人民出版社 2023 年版，第 35—38 页。

2016 年 4826 家，2017 年 5136 家，2018 年 5354 家，2019 年 5535 家，2020 年 5788 家，2021 年 6183 家。十年间增幅达 59.9%，不仅总量规模已超过一般发达国家，而且长期持续保持高速增长，类型丰富、主体多元的现代博物馆体系已经基本形成。2020 年，国家一、二、三级博物馆达 1224 个，粗略计算，当年全国备案博物馆数量是 1949 年的 200 多倍、1978 年的 15 倍。目前，全国博物馆数量仍以每年 200 家左右的速度增长，平均不到两天就有一家新的博物馆向社会开放。可以预期，中国博物馆事业已经进入爆发式增长期，博物馆数量在未来相当长时期内仍将保持快速持续增长势头。

二是新建博物馆现代化程度越来越高。中国现有博物馆大多是在改革开放以来的经济发展黄金时期建成的，而且迄今为止这一博物馆建设热潮仍在持续推进，许多博物馆的规划设计一开始就在向特大型博物馆发展，以此作为城市发展的地标性建筑和文化枢纽设施。单以建筑面积而论，新建成省级博物馆建筑面积一般都在 10 万平方米以上，地市级博物馆面积一般也都在 5 万平方米以上，按传统标准也都属于大型博物馆了。例如，2020 年开馆的江西省博物馆新馆建筑面积 8.6 万平方米，邢台博物馆总建筑面积 7.8 万平方米；2021 年开馆的郑州博物馆新馆总建筑面积约 14.7 万平方米；2023 年竣工的首都博物馆东馆（北京大运河博物馆）总建筑面积 9.97 万平方米，上海博物馆东馆总建筑面积为 11.32 万平方米。这样的建筑规模均可纳入特大型博物馆之列。不仅如此，各地新建博物馆大多锚定世界先进水平，设计科学合理、功能齐全完备，设施配备现代化水平高，成为当地重要文化地标。

三是区域分布极不平衡。据国家文物局全国博物馆年度报告信息系统统计，截至 2021 年底，拥有博物馆总量居全国前五位的省份分别为：山东（623 家）、浙江（420 家）、河南（384 家）、广东（367 家）、江苏（335 家），五省合计占全国博物馆总量的 1/3 以上。就城市情况来看，北京（167 家）、上海（128 家）、西安（126 家）、重庆（121 家）、成都（115 家）、青岛（102 家）均超过 100 家，武汉（93 家）超过 80 家，余下依次为宁波（74 家）、哈尔滨（69 家）、天津（69 家），合计占全国博物馆总量的 17.2% 以上。值得注意的是，博物馆数量分布与文物资源分布并不匹配，一些文物大省或大市并未进入前五位，而一些发达省区和城市却依靠强大的经济实力建设起更多的博物馆。这种情况说明，目前博物馆分布虽然整体比较广泛，但同时呈现出明显向发达地区集中、向一线城市集中的趋势，相比之下，偏远地区和二、三线城市博物馆总量相对较少。

四是博物馆之城建设成为新趋势。正由于博物馆在城市发展中居于文化枢纽的地位和功能，博物馆事业大发展必定会影响乃至推动城市规划建设理念发生重大变化，许多城市提出建设博物馆之城的目标口号。例如，北京、陕西等地政府很早就提出建设"博物馆之城"的目标，2021 年国内建设"博物馆之城""博物馆之都"的城市已接近 30 座。① 截至 2022 年 2 月，在百度搜索"博物馆之城"，共有约 4590 万个搜索结果，搜索"博物馆之都"，共有约 1660 万个搜索结果；在知网搜索关于"博物馆之城"的文献，共有 77 篇，搜索关于"博物馆之都"的文献，共有 35 篇。其中虽有部分内容是重复的，但依然表明社会对"博物馆之城"的关注与各地对建设"博物馆之城"的重要关切。"博物馆之城"的概念在全国多个城市兴起，预示着中国博物馆事业又迎来一次大发展机遇，一些城市已经启动实践并取得了初步成效。

五是博物馆藏品总量规模与馆舍建筑发展不太相称。第一次全国可移动文物普查数据公报数据显示，截至 2016 年 10 月 31 日，普查全国可移动文物共计108154907 件／套，其中按照普查统一标准登录文物完整信息的只有 26610907 件／套（实际数量 64073178 件），其余 81544000 件／套则为各级综合档案馆馆藏的纸质历史档案。按 65% 的可移动文物由博物馆（纪念馆）收藏计算，则平均每馆只拥有 7250 件文物。以国内大型博物馆为例，中国国家博物馆有 143 万余件藏品，故宫博物院有 186 万余件藏品，陕西历史博物馆有 170 万余件藏品。较之美国史密森尼博物馆超过 1.4 亿件藏品，大英博物馆超过 800 万件藏品，纽约大都会艺术博物馆超过 300 万件藏品，俄罗斯国家历史博物馆 420 万件文物和 6800 万页文献资料来说，中国博物馆的文物藏品规模与我们国家的悠久历史、灿烂文化和大国地位确实极不相称。尽管近年来由于考古工作发展迅速，考古遗

---

① 魏峻等：《构建高质量可持续发展的中国博物馆事业——2021 年度中国博物馆发展综述》，2022年 1 月 28 日，见 http://www.ncha.gov.cn/art/2022/1/28/art_722_172872.html。

址类博物馆越来越多，同时各博物馆不断拓展藏品征集范围，近现代藏品征集力度越来越大，全国博物馆藏品总量规模保持迅速增长势头，但许多博物馆仍然存在藏品资源严重不足问题。例如，南京大报恩寺遗址博物馆建筑面积 3.9 万平方米，藏品仅有 35 件；无锡吴都阖闾城遗址博物馆建筑面积 2.7 万平方米，藏品仅有 707 件；大明宫国家遗址公园考古探索中心建筑面积 2.1 万平方米，藏品仅有 2 件。相当一部分依靠考古遗址建设的博物馆实际上缺乏文物入藏渠道和学术研究支撑，展陈方式陈旧，对观众吸引力不大。这些当然都是暂时性的个别案例，但也说明博物馆建设与藏品分布失衡、藏品整理研究滞后问题比较突出。

三、组织体系

组织体系主要是指一国或一区域博物馆的宏观类型结构及其相互联系。从目前的情况来看，中国的博物馆组织体系有了很快的发展，但总体上仍然落后于欧美等主要发达国家，呈现出以下鲜明特征。

一是在类型上历史类博物馆占主体。按照国际通用标准，博物馆依据藏品和基本陈列内容可分为五大类，即历史类、艺术类、科学类、综合类以及其他类型。在中国，博物馆形式多样、内容主题各异，既有传统的综合性博物馆，也有以大遗址为主体的文物类博物馆，还有各种人物纪念类博物馆，以及以传播科技知识为主的自然历史博物馆、科技馆等，博物馆体系更加健全。由于中国历史上"好古"传统较发达，视科学技术为奇技淫巧，以绘画为主要代表的美术创作始终未脱宫廷官宦等小众群体，科学艺术传统薄弱，造成科学类和艺术类的博物馆较少，标本不多且不完整，从而加剧了中国博物馆以历史文物类为主的倾向，与国外博物馆形成鲜明对比。数据表明，在中国全部注册的博物馆中，文物系统所属博物馆占全国博物馆总数的半数以上，反映出中国博物馆体系的主体是历史类博物馆。尤其值得注意的是，近年来又兴起考古博物馆、重大历史事件纪念馆、主题展览馆、遗址文化公园等新型博物馆形态，如中国共产党历史展览馆、深圳改革开放展览馆、陕西考古博物馆、扬州中国大运河博物馆等，使得历史类博物馆的主体地位和发展趋势更加突出，导向也更加鲜明。

二是在产权属性上以国有博物馆为主，非国有博物馆总体数量偏少，规模也普遍不大。近年来，大量民间博物馆迅速兴起，日益成为中国博物馆体系的重要组成部分，总体形成了门类丰富、特色鲜明、专题突出、分布广泛的博物馆发展新格局。但与国有博物馆相比，非国有博物馆仍只是国有博物馆的有益补充。据统计，在 2021 年全国 6183 家登记备案博物馆中，国有博物馆 4194 家，占博物馆总数的 67.8%；非国有博物馆 1989 家，占 32.2%，虽然"三分天下有其一"，但总体数量仍然不算多。从等级水平来看，1989 家非国有博物馆中仅有 95 家被评定为等级博物馆，其中 2 家为一级博物馆、27 家为二级博物馆、66 家为三级博物馆。除建川博物馆、观复博物馆等少数外，大多数非国有博物馆规模偏小，在藏品征集、观众人数、服务质量等诸多方面与国有博物馆存在显著差距，可提升发展空间巨大。

三是国有博物馆中拥有大量行业博物馆和专题博物馆，而且大多以历史展示为主。目前，中国博物馆类型体系基本完备，国有博物馆进一步发展壮大，行业博物馆蓬勃发展。据统计，在 2021 年全国 6183 家登记备案博物馆中，文物部门所属国有博物馆 3252 家，占 52.5%，其他部门行业国有博物馆 942 家，占 15.2%，且大多以历史展示为主，仅全国青铜器博物馆就有 15 家。行业博物馆有农业农村部的中国农业博物馆、自然资源部的中国地质博物馆、海关总署的中国海关博物馆、最高人民法院的中国法院博物馆、侨联的中国华侨博物馆、军队系统的中国人民军事博物馆等。此外全国还有 43 家地质类博物馆，100 家大学（包括学院）博物馆，41 家美术类博物馆，13 家科技类博物馆，如果再加上 350 余家科技馆，则行业博物馆已经十分天下有其一，成为中国博物馆组织体系的重要组成部分。而且，随着全社会文物意识或者说博物馆意识不断增强，行业博物馆和专题博物馆越来越成为博物馆领域新的重要增长点，其数量规模和社会影响持续扩大，发挥的作用会越来越突出，特色也会越来越鲜明。

四是革命旧址、纪念馆类博物馆快速增长。据统计，在 2021 年全国 6183 家登记备案博物馆中，以近现代革命历史事件、烈士人物为主题的纪念馆有 922 家。2021 年，为庆祝中国共产党成立 100 周年，中国共产党历史展览馆、中国共产党第一次全国代表大会纪念馆、中国共产党早期北京革命活动纪念馆等一批具有重大意义的新建、扩建场馆相继落成开放，革命纪念馆建设不断创新突破。延安市政府于 2021 年发布了《陕西延安革命文物国家文物保护利用示范区建设实施方案》，计划用三年时间将延安建设成为彰显红色文化的中国革命博物馆城，完成中国革命文艺家博物院、南泥湾大生产纪念馆、陕北"三战三捷"纪念馆、延安博物馆、中国人民抗日军政大学纪念馆基本陈列布展。与此同时，各地围绕近现代重大历史事件、重要历史人物以及名人故居新建设博物馆、纪念馆迅速增加，成为近年来博物馆领域发展的一道靓丽风景线。

五是博物馆藏品以国内文物为主，国际化程度不高。从第一次全国可移动文物普查统计来看，全国可移动文物总量 108154907 件 / 套，按标准登记完整信息的 64073178 件，其中旧藏 25967788 件，占 40.53%；发掘 10935063 件，占 17.07%；征集购买 10488715 件，占 16.37%。按收藏单位计，则博物馆（纪念馆）收藏有登记文物 41963697 件，占 65.49%。由此可见，中国可移动文物主要以旧藏、考古发掘为主，而且主要收藏在博物馆（纪念馆）里。大部分博物馆鲜有国外文物藏品，在可移动文物普查中外国文物甚至没有作为一个类别单列出来。目前，中国国家博物馆、故宫博物院是藏有外国文物较多的大型综合性博物馆。中国国家博物馆主要收藏有国际交流礼品和非洲木雕约 4.5 万件，只占藏品总量的 2%；故宫博物院收藏了 1.3 万多件宫廷旧藏西洋文物，仅占藏品总量的 0.7%。而大英博物馆仅收藏中国流失文物就达 2.3 万多件，还有 10 多万件埃及文物等，号称是"人类文明荟萃之地"；法国卢浮宫更是如此。可以说，中国博物馆馆藏与发达国家博物馆馆藏的一个明显差别就是外国文物占比过低，藏品国际化程度不高，在文明交流互鉴方面存在天然的短板弱项，难以深入开展研究交流。

六是政府对博物馆的管理是全方位的，但级别体制差异明显。中国博物馆主要由政府直接管理，在管理体制上是立体化全方位的。在国家层面，故宫博物院、中国国家博物馆等由文化和旅游部直管，鲁迅博物馆由国家文物局直管，各部委也大多拥有自己的行业博物馆。国家文物局内设博物馆与社会文物司负责全国博物馆管理和业务指导。各省（自治区、直辖市）设有文物局，下设博物馆处，负责地方博物馆业务指导。在地方上，博物馆管理以属地管理为主，博物馆之间横向彼此互不隶属，纵向则主要是由上级文物部门提供业务指导。且中国博物馆级别体制差异较大，省一级博物馆行政级别不同，如南京博物院是副厅级单位，而湖北省博物馆、福建博物院则是正处级单位，一些重要博物馆甚至是副处级或科级建制。因为行政级别不一，相互之间协同较少，各博物馆发挥的作用和社会影响也存在很大的差异。

四、组织形态

博物馆的组织形态主要是指博物馆的微观组织架构，即作为个体的博物馆是如何组织起来的，这主要依托于它所具有的价值理念和功能定位，而价值理念和功能定位又因时代发展而变化。有资料表明，国外博物馆近年来高度重视分馆发展，普遍注意把统筹管理与分散运维有机结合起来，既强调标准统一、资源统筹，又注重确保分馆经营自主、业务自立。在实际运行中，既有以韩国国立中央博物馆为代表的总分馆国家体制模式，也有以德国柏林国家博物馆和美国史密森学会为代表的博物馆集群模式，以美国纽约大都会艺术博物馆和法国卢浮宫为典型的去中心化模式，以英国利物浦国立博物馆集群和日本独立行政法人国立文化财机构为代表的联合共赢模式，以及以美国古根海姆博物馆和法国蓬皮杜艺术中心为典型的连锁授权模式，等等。但不论哪种模式，其宗旨都是最大限度发挥博物馆总馆的品牌、藏品、展览、人才和研究优势，最大限度辐射服务区域文化建设。在国内，故宫博物院、重庆中国三峡博物馆、南京市博物总馆等都在发展总分馆方面迈出了实质性步伐。从目前情况来看，中国博物馆的组织形态主要呈现出以下特点。

一是以单馆制为主体，采用总分馆制的综合性博物馆或博物馆群占比不大。据不完全统计，国内绝大多数博物馆只有一个馆区甚至一栋楼，是真正的集藏、研、展、教于一体，缺乏基本的功能分层分区。与此相对照，国内已有 194 家博物馆、纪念馆拥有下属分馆或馆区，占全国博物馆总量的 3.6%，分馆或馆区数量总计达 600 多个。其中，全国有 33 家一级博物馆设置分馆，占全国一级博物馆总数的 25%。全国有 14 家省级博物馆设立了分馆，7 家副省级城市博物馆实行总分馆制，但形式大多比较单一。以北京为例，现有 162 家博物馆中，已有

15 家博物馆设有分馆，占博物馆总数的 9%，位居全国之首，故宫博物院、中国人民革命军事博物馆、中国地质博物馆、首都博物馆等大型博物馆均设立了分馆。相比之下，其他省区实施总分馆的比例则要低一些。目前还有许多博物馆正大力推进分馆建设。例如，山西博物院所属山西青铜博物馆已于 2019 年 7 月建成开放；首都博物馆龙山分馆于 2020 年在湖南省龙山县里耶秦简博物馆揭牌成立，其位于北京市通州区的东馆（北京大运河博物馆）于 2023 年下半年竣工；深圳博物馆正在筹建深圳自然博物馆、深圳海洋博物馆、深圳改革开放展览馆、咸头岭遗址公园及博物馆等。这些情况充分说明，中国博物馆分馆建设速度很快，已经成为重要趋势。

二是即使有一些博物馆在发展总分馆，但实际上往往同城建设馆区与异地建设分馆同时并存。当前，在中国博物馆总分馆建设中，既有同城建设的区域分馆，也有跨区域建设的异地分馆。例如，南京市博物总馆所属 9 家分馆（"七馆两所"）分布在南京不同地域，浙江省博物馆在杭州有 7 个馆区，深圳博物馆在市区设有 4 家分馆，厦门市博物馆在市区设有 6 家分馆，福州市博物馆在市区设有 7 家分馆，大同市博物馆在市区设有 9 家分馆，故宫博物院在北京市海淀区建立故宫北院，等等。与此同时，跨区域异地设立分馆的也不在少数，例如，故宫博物院、中国人民革命军事博物馆、中国民族博物馆、中国体育博物馆、中国印刷博物馆、中国地质博物馆、中国海关博物馆、中国农业博物馆都在各地设立了分馆；地方上青海省博物馆在省内设有 3 家县级分馆，河南博物院设有 1 家地级分馆，重庆中国三峡博物馆也着力建设"1+7"总分馆体系。无论是同城还是异地设立分馆，目前对于总分馆之间的关系、分馆功能、管理体制与运作机制等都还缺乏深入的理论研究，社会效果似乎也不十分明显。尽管如此，这些积极探索不仅为博物馆的未来发展开辟了空间，而且在很大程度上促进了公共文化服务均等化，昭示了未来博物馆的发展趋势。

三是国有博物馆与民办博物馆均在加速发展分馆。从目前总分馆的实施主体来看，国有博物馆占据绝大多数，实施总分馆的博物馆中有 130 家是国有博物馆，其中文物类国有博物馆 112 家，占绝大多数。属于部委管理的中国人民革命军事博物馆、故宫博物院、中国民族博物馆、中国体育博物馆、中国地质博物馆、中国海关博物馆、中国农业博物馆等大多建有分馆，其中中国民族博物馆合作分馆达 33 家，中国地质博物馆下属分馆达 10 家，故宫博物院在香港设立的香港故宫文化博物馆实际上是故宫大 IP 的总体授权，中国人民革命军事博物馆也有多家分馆或者馆区。行业性国有博物馆至少有 27 家设有分馆，而且数量还在快速增长。与此同时，民办博物馆的分馆建设也呈现出快速增长态势，目前至少有 9 家民办博物馆设有分馆，如观复博物馆在上海、杭州、厦门建有分馆，建川博物馆在成都安仁镇设立四大系列 32 家场馆、在重庆开设重庆分馆等。从未来发展来看，建设分馆已经成为各大型博物馆扩大影响、塑造品牌的重要抓手，而且民办博物馆在这方面更有积极性，走得也更快些。

四是各地分馆运营条件标准参差不齐。 从各分馆实施情况来看，现有博物馆分馆的建设条件、建设标准、管理水平、人员支撑差异很大，大型综合性博物馆所建分馆运维管理普遍比较规范，而一些小型博物馆所建分馆实际上并不具备博物馆条件，硬件、软件均达不到国家标准。比如，在 139 家拥有分馆的博物馆中，未定级博物馆有 109 家，占比达 78%。一些地方不考虑城市文化环境、文化资源、财政状况、技术人员等情况，盲目无序建设博物馆，重数量轻质量，重建设轻运营，观众寥寥无几，发展前景堪忧。一些地方分馆人员编制严重不足，文物保管、展览条件较差，运营困难。还有许多分馆有其名无其实，成为事实上的"挂牌馆"。例如，黑龙江省博物馆在一些中小学、幼儿园建设的微型分馆，实际上远远算不上博物馆分馆；四川博物院在巴中、达州设立流动分馆，严格意义上说是流动展车；海南省博物馆在海口美兰国际机场设立的美兰分馆，实际上是一个简易展览。由此可见，对于博物馆分馆建设，无论在理论上还是实践中，都还需要加强研究，及时总结经验，形成可借鉴可复制的模式类型。

五是国外博物馆在中国设立分馆越来越多。 近年来，一些国外大型博物馆积极谋求在中国设立分馆，有些项目已经落地。法国蓬皮杜艺术中心 2015 年宣布启动以"金砖四国"为重点的国际化计划，2017 年宣布在中国上海建设西岸美术馆，该馆已于 2019 年 11 月正式开馆，并开启与蓬皮杜艺术中心签署的为期五年的展陈合作项目，成为蓬皮杜艺术中心在亚洲的首个合作项目。英国维多利亚与艾尔伯特博物馆于 2017 年在深圳蛇口海上世界文化艺术中心设置永久展厅。

俄罗斯国家博物馆授权德衡律师集团独家在中国设立数字分馆，于 2019 年 9 月在上海证券交易所大厦开放。外国博物馆在中国设立分馆，其主要目的名义上是促进中外文化交流，但其实质无非是促进对华文化输出、扩大其文化影响，由此对国内博物馆业造成的冲击和影响不容小觑，值得引起重视。

五、运维水平

中国博物馆中半数以上是改革开放 40 多年来建成开馆的。在这样一个博物馆快速发展的大背景下，如何推动博物馆从多到好、从大到强，不断提升质量水平，使之更加符合专业化的要求，是每一个博物馆人都必须深入思考的重大课题。国际上，通过博物馆评估进行定级是提升博物馆运维水平的重要途径。以美国为例，美国博物馆联盟（AAM）开展的博物馆评估项目（MAP）是进行博物馆定级的重要基础。美国的博物馆一般七年做一次评估项目，每次认定程序中自我评估用时一年，同行评估和认证委员会评估用时一年，最后认证再用时四个月左右，整个申报认定时间长达两年。在中国，博物馆的运行水平和运维质量主要体现在直接定级上，这实际上是对单一博物馆运维水平的综合评价，而不同层级博物馆的总量规模则从宏观上反映了一国或一区域博物馆的整体运维质量和水平，较多的一级博物馆往往代表着较高的博物馆宏观运维质量，未定级博物馆越多反映出宏观运维质量越差。这说明，科学的博物馆评价机制已经成为中国特色博物馆制度的重要内容，成为促进博物馆高质量发展、提升行业管理的催化剂，是引领博物馆体系建构、指导博物馆发展完善的航标器，是推进博物馆治理体系和治理能力现代化的重要抓手。

中国在 2008 年 2 月首次启动实施了国家一级博物馆的定级评估工作，以定级方式加强对博物馆行业的宏观管理，促进其他所有制博物馆发展。2020 年，国家文物局在修订《博物馆定级评估办法》《博物馆定级评估标准》《评分细则计分表》的基础上进行了第四批全国博物馆定级评估工作，累计评出国家一、二、三级博物馆分别为 204 家、453 家和 565 家，合计占总量的 21%。此外，从 2010 年起，国家文物局还数次对国家一级博物馆开展运行评估，各省（自治区、直辖市）也开展了一系列对博物馆评价的探索和实践。目前，全国博物馆定级评估三年一次，每三年还对定级博物馆开展运行评估，每次评估均采取定期集中评估。博物馆的定级和运行评估涉及综合管理与基础设施、藏品管理与科学研究、陈列展览与社会服务三方面数十项计分指标，除藏品、人员、展览、观众规模等几个大项指标，其他指标权重均不大，表明指标体系偏重博物馆工作实绩，如藏品、展览、研究等的规模数量。

从目前公开的博物馆定级名录来看，一级博物馆多为国家部委直属及省级博物馆，二级博物馆多为地级市属博物馆或以全国重点文物保护单位为依托的博物馆，三级博物馆多为体现某一地域文化特色和以某一历史名人、遗址遗迹为主题的地方性博物馆。在第三批全国博物馆定级评估工作开始前，国家一、二、三级博物馆分别为130家、224家和288家，无一例外均为国有博物馆。截至2021年底，共有95家非国有博物馆被评定为等级博物馆，其中一级2家，二级27家，三级66家。虽然各类博物馆性质殊异，在财政拨款、资源占有、藏品征集、人才储备、馆舍建设、观众服务等方面差距悬殊，同台竞技的结果没有任何悬念，但定级评估在总体上无疑有助于博物馆行业努力提升运维规范化程度和质量水平。

需要注意的是，对博物馆的评估还应包括对博物馆履行价值导向功能的评价，这在目前的博物馆定级评估中并没有得到应有的重视。从现实情况来看，评价功能贯穿于博物馆活动的各个环节、各个方面，无论是收藏、保管、研究、展示行为，还是守护对全世界人类都具有杰出普遍性价值的世界文化遗产，整个活动链条自始至终都充满着评价和选择。博物馆的收藏行为是以评价为前提的，学术研究活动也是以评价为导向的，展览活动是适应时代需求突出重点选择的，而讲解就是要用新的时代眼光对历史文物加以解读和评价。从这个角度来看，博物馆的评价是包括历史评价、科技评价、审美评价、社会评价等在内的综合性评价，很大程度上反映了博物馆对历史文化的解释权，具有鲜明的价值导向功能和强大的社会影响力。当观众汇聚到博物馆参观展览并对展线上的文物展品进行评论时，博物馆会成为社会评价的汇聚场所。很显然，一个经过层层把关、多方面考量的精品展览能以更精彩的形式更真实地映射和反映我们的时代需求。

六、社会影响

通过传播灌输文化精英们的欣赏趣味和观念来引导和教化民众，是近代博物馆创办的初衷，由此而产生的文化解释权是博物馆的核心权力。在这里，观众—藏品—空间关系是博物馆永恒的主题，以藏品为中心是近代博物馆发展的不变理念。但随着 20 世纪 90 年代新博物馆学的兴起，三者之间的复杂动态关系发生了重大变化，观众在博物馆发展中的地位更加突出，重视公众需求、强化观众服务、履行社会责任、强化公共文化机构属性，成为博物馆的共同追求。特别是进入 21 世纪以来，各国博物馆积极探索创新，增强社会参与度，努力拉近与公众的关系，以吸引更多的公众走进博物馆。科学探索、模拟制作、示范表演、志愿讲解、专题讲座、知识竞赛、学术研讨等丰富多彩的互动活动，使更多的公众从旁观者变成了参与者。2018 年，法国卢浮宫年参观观众超过 1000 万人，故宫博物院达到 1700 万人，中国国家博物馆也达到 860 余万人，全国博物馆年观众数量超过 12 亿人次。这既反映了观众对博物馆的关注程度，也意味着博物馆的文化枢纽作用日益凸显。

博物馆的社会影响主要来源于各种形式、不同层次的展览展示，而其基础则是藏品和研究。实际上，超过 12 亿人次的观众人群代表了一个庞大的消费需求市场，全国各地仍然"沉睡"在库房里的大量珍贵文物就是一个巨大的富矿和宝藏，策展能力一定意义上就是我们的文化生产能力。要扩大和提升博物馆的社会影响，就必须充分满足广大观众的有效需求，这就要求不断夯实研究基础，提升研究能力，并在此基础上大幅度提高策展能力。没有一流的研究能力就不可能有一流的策展能力，也不可能推出一流的精品展览来。博物馆的学术研究必须以藏品为依托，以展览为导向，要有利于展览的举办，服务于博物馆的主业。从这个意义上来说，展览数量及其结构也是反映博物馆社会影响的重要指标。2019 年全国各级博物馆举办了 13844 个展览，其中综合类展览占 38.5%，历史类展览占 28.1%，艺术类展览占 8.8%，科技类展览占 9.2%。这是中国博物馆为社会教育作出的巨大贡献，其社会影响不言而喻。

表 1　中国博物馆各类型展览统计表

（单位：个）

展览类别	2012 年	2013 年	2014 年	2015 年	2016 年	2017 年	2018 年	2019 年
综合性	6212	8947	9755	10382	10773	4919	5122	5329
历史类	3468	4790	5692	6085	6428	3637	3796	3893
艺术类	928	1261	1645	1817	2107	1206	1133	1221
自然科技类	281	434	472	520	704	590	572	1282
其他	996	1390	2001	2350	3097	1837	2100	2119
总计	11885	16822	19565	21154	23109	12189	12723	13844

数据来源：2013—2018 年《中国文化文物统计年鉴》，2019 年《中国文化和旅游统计年鉴》，2020 年《中国文化文物和旅游统计年鉴》。

值得指出的是，博物馆在对外文化交流中扮演着越来越重要的角色。配合领导人出访的海外交流展览展示、在建的海外中国文化中心和对外交流展等日益增多，配合国家外交大局在博物馆举办的文化交流活动日益频繁，许多重要外事活动首选在博物馆举行，博物馆在"一带一路"文化交流与合作中发挥着促进人文合作、推进民心相通的积极作用。这一切无不彰显着新时代博物馆对国家文化软实力的重要窗口作用。

同时要清楚地看到，在为数众多的博物馆展览中，结构不平衡问题也非常突出。总的来说是一般展览多，精品展览少；器物展览多，文化解读少；艺术展览多，主题展览少；古代展览多，近现代展览少；展厅展览多，巡回展览少；引进展览多，出境展览少；硬件投入多，软件提升少；出土文物多，集中展示少。由此而来的一个突出问题就是优质产品的供给不足，精品展览产出不够，持续推出有影响展览的能力不强，难以满足人民日益增长的美好生活需要。从这个意义来说，博物馆有效供给不足、精品展览不多、数量和质量难以满足人民群众有效需求，就是人民日益增长的美好生活需要和不平衡不充分的发展在博物馆领域的集中体现。

人民群众对博物馆的关注参与程度显著增强，观众分布则清楚地反映出这种结构不平衡的特点。据不完全统计，2016 年江苏、四川、浙江、山东、陕西五省的博物馆参观人次突破 5000 万大关，2019 年全国各级各类博物馆参观人数超过 12 亿人次，其中故宫博物院 1900 万人次，中国国家博物馆 739 万人次，上海全市博物馆 2679 万人次，陕西省博物馆全年观众总量也达到数以千万计的规模。特别是在馆校合作的大框架下，全国各级各类博物馆与中小学校联合举办了约 11 万次专题教育活动，博物馆青少年教育课程体系不断丰富完善，受到广大学校和青少年的一致好评。

博物馆的社会公众形象是博物馆的口碑，更是博物馆的金字招牌，它直接决定着博物馆的公共话语权、文化解释力和社会影响力以及媒体传播力。博物馆的社会公众形象是由藏品及其展示方式决定的，也是由媒体公关人为塑造的，更是由观众的切身观展体验累积而成的，它可以是被引导的，也可以是不断变化的。正因为如此，越来越多的博物馆积极采取措施加强媒体公关和社会推广，有针对性地引导社会公众对博物馆的认知，塑造提升博物馆的社会公众形象，促使博物馆公众形象由保守、刻板、迟钝向有趣、亲民、开放转变，通过公众服务实现社会责任，通过优质产品获取公众认可。不仅如此，许多博物馆还充分利用新媒体的广泛性、便捷性、及时性和互动性等特点，不断提升亲和力、影响力，塑造良好的公众形象。

七、未来趋势

人类社会正处在一个大发展大变革大调整时期，博物馆在推进人类社会发展中的地位作用从来没有像现在这样凸显，博物馆之间的交流合作从来没有像今天这样频繁密切，这就要求我们既要关注自身的发展，也要努力从更为广阔的视野来思考和研究博物馆的社会功能，深刻认识、准确把握中外博物馆运行模式的新变化、新特征。新时代既要有新变化，更要有新作为。博物馆运营模式变化、展览结构优化、展陈手段提升、信息技术应用、公众形象塑造、文创产品开发等，都成为影响博物馆未来发展的重要因素，必须加以高度重视。

第一，走向总分馆结合时代。为最大程度实现集群效应，最大限度集中博物馆品牌、藏品、展览、人才和研究优势，最大限度辐射服务不同地区文化建设，满足不同层次文化需求，近年来世界博物馆领域发展的一个重要趋势是探索总分馆模式，其中最具典型性的如美国史密森学会博物馆群、德国柏林国家博物馆总分馆、韩国国立中央博物馆总分馆，老牌博物馆法国卢浮宫也积极探索加入这个行列，甚至像肯尼亚国家博物馆这样的发展中国家的博物馆也拥有 28 家分馆。在国内，各地博物馆围绕总分馆制开启了积极主动的探索之旅，形成了不同的博物馆发展模式。通过总分馆结合的方式盘活展览文物资源，实现博物馆总分馆管理体系和运行机制的创新，有利于实现文化旅游协调发展。

第二，走向展览为王时代。文物之所以让人动容，主要在于其背后所蕴含的人文精神，在于其蕴含的文化故事、文化基因，在于其内含的富有永恒魅力、具有当代价值的文化精神。一家博物馆，不论它有多少文物藏品，如果没有丰富多样、引人入胜的精彩展览，那也不能说是一家好的博物馆；一件文物藏品，不管它有多么精美珍贵，如果只是沉睡在库房里，那就只能是一件孤立的小众之物，很难为大众所欣赏。只有让文物藏品走出库房、进入展厅、走上展线、登上展台，它们才是富有生命力的文物，才能够把它们内蕴的故事讲出来，才能与时代背景、文化主题、器型设计，与参观者的思想情感、审美享受、灵魂升华有机联系起来。只有展台上的文物才能让观众完成从看"国宝"向看"展览"乃至看"文化"的转变。从这个意义上说，博物馆正在从藏品中心向展览为王时代转变，展览是博物馆最重要的公共文化服务产品，策展能力是博物馆的核心竞争力。2021年，全国各级博物馆全年举办了 3.6 万个展览，平均每家博物馆举办 5 个以上展览，成为最大的校外教育体系。中国国家博物馆 2019 年举办展览 63 个，观众达739 万人；疫情影响下的 2021 年举办展览 64 个，观众仍达 237 万人。基本陈列、专题展览、临时展览、国际交流展览等形成了立体化的展陈体系。无论是征集还是研究，归根到底都要加强文物研究，对隐藏在文物背后的人文精神进行深刻挖掘，都要支撑和服务于展览。即使拥有再多再好的藏品，如果不能持续不断地推出展览展示，也难以满足人民群众的欣赏需求。这就要求博物馆要抓住展览这个博物馆工作的主责主业，强化策展能力这个博物馆工作的核心能力，精心选择凝练展览主题，丰富展览形态，把深藏在库房中从未展出过的沉睡多年的藏品唤醒，分主题、成系列、成规模、有计划地推出更多更好的精品展览，大幅度提高博物馆文物藏展比例，让更多的优质精品展览走进人们的精神世界。

第三，**走向数据驱动时代**。博物馆既是古老的，又是时尚的；既见证着古老文化，又散发着时代魅力，因而它本身就具有一种与时俱进的内在力量。博物馆形式上似乎与最新技术进步距离遥远，实际上每一点技术进步都会迅速在博物馆的展品征集、研究、空间设计、展陈手段、文创产品中体现出来。特别是近几年来，随着以云计算、物联网、移动通信、大数据和人工智能为代表的新技术快速发展，数据越来越成为博物馆核心资产的重要组成部分，建设智慧博物馆已经成为一种重要趋势。VR、AR、沉浸式展览、智慧楼宇等最新信息技术大规模应用，"人＋物＋应用＋管理"的多端融合，物、人、数据的动态双向汇交，"万物互联""透彻感知""智能融合"等智慧化特征的初步呈现，使博物馆业态正在发生根本性变化。随着观众对知识深度的渴求和了解，博物馆会越来越成为文化知识的生产者、时代风尚的见证者和先进技术手段的运用者。这就要求在博物馆建设与展示中充分运用先进科技手段，推进博物馆建设运营管理的智慧化、智能化，同时要求在博物馆的展陈内容中充实科技内涵，把第一生产力的作用充分展示出来。要以大数据、云计算、物联网、互联网、人工智能等先进信息技术手段大力推进文物资源数字化，主动采用信息技术让文物动起来，从静态展示到动态展示，利用各种技术让观众与文物互动起来，满足群众参与文物研究、文物鉴赏的多元化需求，力求使古老文物在新时代焕发新的活力。

第四，**走向开放合作时代**。在文化与旅游融合发展的大背景下，博物馆必须积极行动起来，加强联合协作，促进博物馆与其他业态的有机整合，盘活馆藏资源，实现互利共赢。这种合作不仅仅是博物馆之间的合作，也包括博物馆与考古发掘单位、科研院所、高校甚至企业之间的联合协作。需要理顺博物馆之间的交流体制，理顺博物馆与科研单位的合作体制，理顺博物馆与考古文博单位的融合体制，形成合作关系而不是竞争关系，从源头上让长年沉睡的文物真正活起来，发挥应有的教化导向作用。这既需要开放的胸怀，更需要包容的政策。要跳出博物馆来看博物馆，建立健全馆际文物交流合作机制，促进博物馆藏品借展和重要展览巡展常态化制度化，让文物通过馆际合作和精品展览活起来，真正做到常展常新。要按照《中华人民共和国文物保护法》规定，积极探索馆藏文物依法交换与合法流动，盘活全国文物资源。要创新工作方式方法，改变思维理念，加强文物的精准开发和联合协作，鼓励博物馆与社会力量开展多种形式的合作，推动社会资金与博物馆文物资源相结合，拓展开发投资、设计制作和营销渠道。要充分发挥国家大型博物馆的引领作用，打造更多的创意品牌，让中华文化走出国门。

第五，走向媒体融合时代。从某种意义上来说，博物馆也是一种传播媒介，但又是一种特殊形态的传播媒介。在媒体融合的大背景下，博物馆文化传播也会面临即时化、便捷化的巨大压力和大好机遇，博物馆传播面临的形势也会瞬息万变。在这种情况下，博物馆靠什么来获得更多的关注度？一是高度重视传播手段建设和创新，加强互联网多媒体内容建设，提高新闻舆论的传播力、引导力、影响力和公信力；二是运营模式要发生变化，要根据观众需求积极调整运营策略和方式方法，积极回应观众的需求；三是要学会讲故事，主动营造良好的运营氛围。博物馆故事很多，尤其是文物的故事特别多，要善于发掘文物背后的故事，用有特色的方式方法讲有特色的故事。文物是死的，故事是会长腿的，关键要有会讲故事的人！要围绕展览展示强化教育功能，提升文创水平，不断放大和提升展览社会效应，"不能只满足于欣赏它们产生的精美物件，更应该去领略其中包含的人文精神；不能只满足于领略它们对以往人们生活的艺术表现，更应该让其中蕴藏的精神鲜活起来"[①]。策展人制度是各国博物馆普遍采用的展览运作模式，强化策展人权利的同时也明确了策展人的研究、展览和推广责任，因而有利于藏品的有效展示和博物馆资源的优化配置。如果说馆长能够决定举办或者不举办什么展览的话，那么策展人很大程度上决定着展览的主要内容与展出形式，决定着展览语言的运用，决定着对文物藏品的使用和解读，甚至还决定着展览在哪些国家、哪些场合展出。从一定意义上说，策展人的能力水平和活跃程度很大程度上决定着一家博物馆在大众文化政治中的地位和影响，也直接影响着博物馆的工作格局、组织动力以及跨学科发展的态势。这在当下的中国博物馆界尤其重要，因为在中国施行策展人制度不仅仅是展览政策，更是人才政策，它打破了传统的博

[①]　《习近平谈治国理政》第一卷，外文出版社 2018 年版，第 262 页。

物馆部门组织边界，推动了层级结构扁平化，涉及博物馆领域深刻的体制机制变革。

第六，走向藏品活化时代。让收藏在博物馆的文物都活起来，是习近平总书记提出的明确要求，也是一个重大的时代命题，因为这意味着让更多的博物馆藏品从库房走出来，变成展品，以不同方式呈现在观众面前。一是展出来。要抓住博物馆展览这个主责主业，强化展览功能，提升展览档次，打造展览品牌，丰富展览形态，推出更多更好的精品展览，让展览走进人们的精神世界。要大幅度提高博物馆文物藏展比例，争取将展品占比提高到藏品的10%甚至20%，形成良性周转率。二是动起来。近年来，越来越多的博物馆采用信息技术激活馆藏文物资源，国内和世界很多博物馆都在利用各种技术及合作方式来进行数字博物馆建设。要充分运用大数据、云计算、物联网、互联网、人工智能等先进信息技术手段，加快文物资源数字化进程，让公众有更多、更方便的渠道了解馆藏文物情况，满足群众参与文物研究、文物鉴赏的多元化需求。智慧博物馆建设让"互联网＋"越来越多地走进人们的日常生活，移动端、二维码、VR、AR、人工智能等新兴技术使文物的展览展示获得更多途径，让古老文物在新时代焕发新的活力。三是深进去。要不断深化文物研究，对隐藏在文物背后的人文精神和丰富内涵进行深刻挖掘。文物真正让人动容的核心，在于其背后所蕴含的人文精神，在于其蕴含的文化故事、文化基因，在于其内含的富有永恒魅力、具有当代价值的文化精神。让文物活起来，让文化走进人们的生活，就是要让人们在休闲娱乐中体会中华文化的博大精深，达到潜移默化、春风化雨的作用，发挥好博物馆的教化功能。四是转起来。要建立健全博物馆馆际间的文物交流合作机制，促进博物馆藏品借展和重要展览巡展常态化、制度化、机制化，盘活文物资源，让文物通过馆际合作和精品展览活起来。在新时代，博物馆要善于合作，善于集体创新，不能仅仅依靠本馆的资源来办展览，不能有什么藏品就办什么展览，而是要跳出博物馆来看博物馆，着眼于全国一盘棋，不求所藏，但求所展，使展览流动起来，真正做到常展常新。五是融起来。在文旅融合的大背景下，博物馆要创新工作方式方法，改变思维理念，加强文物的精准开发和联合协作，鼓励博物馆与社会力量开展多种形式的合作，推动社会资金与博物馆文物资源相结合，拓展开发投资、设计制作和营销渠道。要充分发挥故宫博物院、中国国家博物馆等国家博物馆和省级综合博物馆的引领作用，打造更多的创意品牌，让中华文化走出国门。发展博物馆周边产品，不仅能进一步丰富和强化博物馆的经济功能，有助于保持财务平衡，更是一种新的文化功能，因为好的周边产品可以进一步凸显并延伸馆藏文物藏品的文化价值，使其突破时空局限，一直延续到观众日常生活中，这在本质上就是让文物活起来，实现优秀传统文化的创造性转化和创新性发展。这些周边产品既有各种出版物、印刷品，也有各种各样的日常生活用品，特别是大英博物馆基于罗塞塔碑推出的多样化周边产品给笔者留下了极为深刻的印象。2016年，国办专门印发通知，明确要求各级各类博物馆等文化文物单位依托馆藏资源、形象品牌、陈列展览、主题活动和人才队伍等要素，积极稳妥推进文化创意产品开发，促进优秀文化资源的传承传播与合理利用。2018年，中国国家博物馆设计开发"国博衍艺"文创产品90余款、授权产品70余款，欧莱雅"千秋绝艳"口红等成为网红爆款商品，就是积极响应中央指示精神的具体举措。

第七，走向高质量发展时代。解决博物馆发展中客观存在的不平衡不充分问题，最根本的就是通过供给侧结构性改革，矫正要素配置扭曲，扩大有效和中高端供给，"让收藏在博物馆里的文物、陈列在广阔大地上的遗产、书写在古籍里的文字都活起来"[①]，使供给体系更好适应需求结构变化，实现博物馆事业的高质量发展。据不完全统计，2012年世界博物馆数量已超过55000家，而2013年美国博物馆达到35144家，约占世界总数的63%，平均每9000人就拥有一家博物馆；相比之下，中国现有博物馆数量占世界总数的10%以上，平均每25万人拥有一家博物馆。从这个角度看，中国博物馆建设还有很大的上升空间。同时要注意，从世界博物馆发展趋势来看，博物馆发展与经济发展水平和社会文明程度是相适应的，并不是数量越多越好，低水平简单增加博物馆数量必然导致社会边际收益递减，造成资源浪费。而且，由于藏品来源、管理机制和经费制约，迫使博物馆必须在做优做强上下功夫，把量的合理扩张和质的大幅度提升有机结合起来，走高质量特色发展的道路，切忌"贪大求洋""千馆一面"。珍贵文物的数量

---

① 《习近平外交演讲集》第一卷，中央文献出版社2022年版，第104页。

和质量、博物馆展览的质量和水平以及博物馆的专业化和科研深度等几个方面将刻画出不同博物馆的差异和特色。

　　综上所述，促进新时代新形势下的博物馆事业健康发展，必须坚持自觉对标对表以习近平同志为核心的党中央重大决策部署，清醒认识、准确把握世界博物馆事业发展大趋势，明确未来发展方向，在服务党和国家工作大局中找位置、选题目、做文章。我们要认真贯彻落实以习近平同志为核心的党中央重大决策部署，积极主动在健全博物馆治理体系、推进博物馆治理能力现代化的事业大局中积极作为、奋发有为，凝聚各方智慧、提升组织智商，实现高质量发展，为服务国家治理体系和治理能力现代化、建设社会主义文化强国、实现中华民族伟大复兴中国梦作出积极贡献。

基础数据

第一章 文献综述

学术界对中国博物馆发展现状与对策的研究，是与中国博物馆建设的实践伴生发展的，积累了丰富的资源。一般认为，中国现代博物馆事业始于 1905 年南通博物苑的建立。此后，尽管中国博物馆事业屡经战火，步履艰难，但对中国博物馆发展现状和对策的研究却始终不绝如缕，在立足中国国情、借鉴国外经验的发展过程中，逐渐形成了紧密贴近实践、与实践相促相生的研究风格。本书对博物馆研究文献的收集主要聚焦于改革开放以来国内外的研究文献，特别是将 21 世纪以来的研究成果作为关注重点。

第一节 博物馆研究小史

博物馆研究的时间序列构成了博物馆研究小史。为方便研究工作，主要针对各类论文和专著进行检索，同时辅以代表性的行业政策文件。对期刊论文、专业会议论文和研究报告论文的检索主要借助中国知网（以下简称知网）文博行业资源库完成。以"博物馆发展现状"为主题词，检索时间范围自知网最早搜索范围1979 年起（知网上实际可下载的研究文献自 1987 年开始），截至 2021 年 4 月，得到文献 109 篇；以"博物馆对策"和"博物馆对策研究"为主题词，未检索出文献。虽然着眼于宏观发展情况的研究数量有限，但考虑到博物馆事业发展牵涉研究范围较广、内容庞杂，许多学者的研究往往从具体的个案或博物馆发展的单一方向切入，而研究内容中也包含着研究人员对博物馆发展现状和对策的殷殷关切和深入思考。为避免单纯关注宏观性研究而导致的缺失，全面掌握国内博物馆发展研究情况，又以"博物馆"为主题词进行搜索，得到文献 10668 篇；针对检索结果开展二次检索，学者的研究视点主要集中在"收藏""展览""教育""管理""科研""传播"等方面，再以这些高频词为关键词搜索，摘选了高引用、高下载量文献 440 篇。此外，尽管知网检索下载文献未覆盖 1987 年之前的研究文献，但事实上，中国博物馆工作者对改革开放后起步的博物馆事业进行了大量研究和实践探索，各地博物馆学会多次举办学术会议，由此形成了较多的专题性著作和会议论文集，为准确把握 1987 年之前的国内研究实际提供了有益的支撑和补充。

改革开放以来，几次较为集中的博物馆研究成果发表时期，都与中国博物馆事业蓬勃发展的时期相重合。1982 年，中国博物馆学会成立，为博物馆事业发展和相关研究带来改革的春风。在中国博物馆学会的直接领导下，各省区市相继成立了博物馆学会，编辑出版学会会刊、博物馆馆刊等学术交流期刊，围绕博物馆学和博物馆工作发表了大量研究论文，其中对博物馆行业的宏观研究较少，而对藏品、展览、教育、传播等博物馆核心功能的研究较多。20 世纪 90 年代，学者探讨藏品和展览，集中在理顺"藏品保管"与"展览使用"，即"保"与"用"的关系问题上；博物馆教育的研究集中在探讨博物馆教育功能定位上。此外，改革开放过程中对传统管理体制改革、更好尊重人才尊重知识等探讨，也在博物馆事业发展的相关方面引发了讨论和思考。进入 21 世纪，人们的精神文化需求增加，办好让人民满意的展览成为博物馆履行文化使命的重要途径。博物馆学者对展览的研究视角开始多元化，对展览的研究围绕展陈设计、策展人制度、展览评估、展览交流等方面展开。博物馆教育的研究则引入国际视野，出现了一批介绍国外博物馆教育活动经验的论著。2005 年，中国博物馆事业发展迈入百年，学者发文量随即在 2006 年迎来一次小高峰，突破百篇。此阶段，博物馆研究多基于个人工作实践经验，从案例研究出发，对中国博物馆 20 世纪的发展做回顾和评析，并结合世界博物馆发展趋势，展望 21 世纪中国博物馆的发展。

此后，博物馆实践领域中的发展重点，往往会激发研究者的研究兴趣和热情，成为研究的热点和焦点，使博物馆研究与实践表现出明显的相促相生的特点。2007 年，国际博协重新对博物馆做出界定，调整了博物馆业务目的的表述顺序，将"教育"调整到第一位，且将"教育"作为"征集、保护、研究、传播、展出"等博物馆基本业务的共同目的。① 国内学者对博物馆社会教育的研究受到定义调整的影响并基本与定义保持一致，特别是 2009 年开始，中国学者对博物馆教育的研究逐年增长，内容多为对博物馆教育对象、教育理念和方法的探讨。且有关社会教育的研究和展览、科研、传播相互交叉，表现为发展科研、做好传播、办好展览、服务教育的研究主旨。2008 年国家文物局在全国范围内开展博物馆定级评估，博物馆研究文章数量自此节节攀升，在 2012 年第二批定级评估开展之年迎来峰值，实现了 2008 年以来的 3 倍增长。2014 年，国家主席习近平在联合国教科文组织总部发表演讲，强调要让收藏在博物馆里的文物活起来，为博物馆事业发展注入新的活力，极大振奋了博物馆学人的研究热情，博物馆文献研究数量在 2014 年和 2015 年获得大幅度增长。2016 年，中国博物馆协会博物馆学专委会在杭州召开"学术研究在博物馆协同创新发展中的价值研讨会"，学术研究成为博物馆界关注的焦点，与博物馆研究相关的文章随即在 2017 年突破1000 篇，形成了以综合性博物馆为主、重点高校为辅的博物馆学研究格局。其中，中国国家博物馆、广西壮族自治区博物馆、故宫博物院在博物馆的研究文献量中位列前三，浙江大学、复旦大学、吉林大学等设立有文博专业的高校紧随其后。2018 年，中国新闻史学会博物馆与史志传播研究委员会成立，关于博物馆传播功能的研究文章大幅度增长。总体上看，国内学界关于博物馆的研究主要集中在博物馆总体发展、博物馆功能、博物馆管理三个维度上。

第二节　关于博物馆的总体发展

对国内博物馆做宏观性研究，是指对作为整体的博物馆行业的发展现状、面

---

① 宋向光：《国际博协"博物馆"定义调整的解读》，《中国文物报》2009 年 3 月 20 日。

临困难、发展趋势等方面的研究。囿于研究主体和客观条件的限制，博物馆行业宏观研究较多采取个案研究的方法，对行业的整体情况的研究数量不多，深度有限。结合研究的实际情况，将有一定理论性的博物馆学研究成果和从个案出发探讨全行业普遍性问题的研究成果也纳入行业的整体性研究中。

一、通观行业发展，总结中国博物馆自身发展经验

李耀申（2002）回顾了新中国成立以来中国博物馆事业的发展历程，将其大致划分为1949年至20世纪60年代初的奠基时期、60年代中期至70年代中期的停顿阶段和十一届三中全会以来的繁荣期三个发展时期，认为新时期博物馆工作应把握好"主旋律"和"多样化"的关系、"政府主导型"和"社会化发展"的关系、"管理"和"繁荣"的关系、"保护"和"利用"的关系、社会效益与经济效益的关系，在发展战略上坚持适应经济、社会发展需要，满足人民精神文化生活，突出重点、完善功能，鼓励发展行业特色博物馆等。[1] 吕济民（2004）以博物馆管理和研究工作者的视角，围绕20世纪八九十年代中国博物馆事业发展的不同方面，从中国博物馆发展的历史回顾、专题思考、代表性博物馆发展、重要人物与博物馆事业等不同维度，对中国博物馆事业的发展历史和关键性问题开展思考和研究，对深入理解当时博物馆事业发展的状况提供了珍贵的研究积累。[2] 李斌（2005）围绕中国博物馆行业创建世界一流博物馆的规划，通过对大英博物馆、意大利碧提宫美术馆、纽约现代美术馆、卢浮宫博物馆、纽约大都会艺术博物馆等世界一流博物馆的研究，总结出世界一流博物馆的五项特征和中国博物馆可借鉴之处：馆藏文物具有独特性、基本陈列具有经典性、学术研究具有创新性、管理运营具有科学性、社会和受众比较满意。[3] 李元彪（2005）回顾了

---

[1]　李耀申：《中国博物馆事业的现状和发展》，载李文儒主编：《全球化下的中国博物馆》，文物出版社2002年版，第69页。

[2]　吕济民：《中国博物馆史论》，紫禁城出版社2004年版。

[3]　李斌：《试论世界一流博物馆的基本特征》，载中国博物馆学会编：《回顾与展望：中国博物馆发展百年》，紫禁城出版社2005年版，第321—329页。

博物馆安全技术防范的发展历史，指出博物馆安全技术防范就是在使藏品免受不法分子破坏和窃取的斗争中产生和发展起来的，并提出未来的发展方向：一是在博物馆学的指导下全面预防，二是采用最新科技监控藏品管理。[①] 苏东海（2006）对中国博物馆研究的总体情况进行了总结，并站在国际视野中评价中国博物馆的发展程度，预测全球博物馆未来发展趋势，将世界博物馆发展现状归纳为"两极一轴说"[②]。

二、着眼于中国博物馆发展的状况与问题，并探讨对策建议

常宇（2005）将中国博物馆的发展现状总结为三个方面：（1）维护和发扬文化的多样性和连续性是当代博物馆的主要职能和重要任务；（2）博物馆在建设先进文化中发挥不可或缺的作用；（3）数字博物馆建设。认为研究侧重定性描述，而没有真正提炼出发展实际"现状"。基于这一定性的现状，从两个角度提出建议：一是要做好藏品征集、办好展览、服务好观众等传统项目；二是要积极应对数字化的新挑战，加强基础设施建设。[③] 申献友（2005）基于对河北省博物馆（纪念馆）的试点调研，将博物馆在当时的发展问题归结为经费严重匮乏、管理工作有待加强、人才队伍薄弱和服务意识相对淡薄四个方面，提出：增强现代管理意识，强化服务功能；制定博物馆发展规划；重视人才队伍建设；加大政府支持力度，增强博物馆自身"造血"功能；做好藏品管理工作；做好陈展工作，落实"三贴近"要求；建立博物馆标准和规范等对策建议。[④] 李玉（2005）对中小型博物馆的发展提出三项建议：解放思想、更新观念，寻求扩大资金来源的新思路；

---

① 李元彪：《博物馆安全技术防范的回顾与展望》，载中国博物馆学会编：《回顾与展望：中国博物馆发展百年》，紫禁城出版社 2005 年版，第 491—494 页。

② 苏东海：《博物馆的沉思——苏东海文选（卷二）》，文物出版社 2006 年版，第 11 页。

③ 常宇：《在历史的长河中前进——全球化下博物馆的发展与建设》，载中国博物馆学会编：《回顾与展望：中国博物馆发展百年》，紫禁城出版社 2005 年版，第 177—187 页。

④ 申献友：《新时期博物馆发展的几点思考——从河北省博物（纪念）馆试点调研谈起》，载中国博物馆学会编：《回顾与展望：中国博物馆发展百年》，紫禁城出版社 2005 年版，第 547—556 页。

提高人员素质，加大科技含量；增强服务意识，积极发挥宣传教育功能。① 李宁（2011）采集整理了 2000—2009 年中国博物馆十年发展数据，综合运用比较分析法和统计研究方法中的综合指标法，根据总量指标（博物馆机构数、从业人员数、年末固定资产净值、博物馆事业总收入、增加值）、政府投入指标、博物馆发展水平指标、博物馆市场化程度指标、博物馆行业对国民经济的贡献指标建立分析模型，对中国博物馆 2000—2009 年的发展情况做总体分析，得出结论：博物馆发展形势总体良好，但在提供公共文化服务方面，博物馆"十一五"期间并没有比"十五"期间进步，且过度依赖政府投入，削弱了博物馆独立性。② 相培娜等（2019）基于博物馆数量、办展规模和观众人次等数据，提出博物馆尚不能满足社会需求，需要加强供给侧结构性改革，通过举办展览促进文物活化，大力发展文创产业，通过深化文旅融合发展，将博物馆事业推进新里程。③

三、明确博物馆行业未来发展趋势是数字博物馆、智慧博物馆建设

牛兆林（2005）总结博物馆行业的基本走向，指出困扰博物馆发展的一个很重要的问题，就是我们缺乏一套完整的、科学的、可操作的且具有中国特色的博物馆策划体系，并用它去指导现实中博物馆的生存与发展，明确增强策划能力是现代博物馆生存与发展的重要手段。④ 此外，数字化作为博物馆发展的重要趋势之一，吸引了众多学者的关注和讨论。张卫、宁刚（2000）将数字博物馆定义为运用计算机数字化技术进行处理、加工、整序、并网文物与标本藏品和陈列展览供社会公众浏览观赏的多媒体数字化信息机构。⑤ 祝敬国（2005）对博物馆数字

---

① 李玉：《对中小型博物馆几个问题的思考》，载中国博物馆学会编：《回顾与展望：中国博物馆发展百年》，紫禁城出版社 2005 年版，第 560—563 页。

② 李宁：《近十年中国博物馆发展状况研究》，硕士学位论文，中国政法大学，2011 年。

③ 相培娜等：《加强博物馆供给侧改革　做好文旅融合大文章》，《文物鉴定与鉴赏》2019 年第 20 期。

④ 牛兆林：《策划是现代博物馆生存与发展的重要手段》，载中国博物馆学会编：《回顾与展望：中国博物馆发展百年》，紫禁城出版社 2005 年版，第 617—624 页。

⑤ 张卫、宁刚：《数字博物馆概述》，《古今农业》2000 年第 4 期。

化和信息化作出区分，指出光有硬件和软件的信息化系统只是一个空壳，博物馆的数字化必须重视文化遗产信息采集的原真性和全面性。其中的全面性包含历史和专业两个层次。① 龚花萍等（2015）针对中国数字博物馆的发展现状，认为中国数字博物馆的发展建设应当加强数字博物馆的教育传播职能；提高数字博物馆的信息资源针对性；增强数字博物馆的实用性和易用性；建立健全数字博物馆的知识产权保护与管理制度，进一步增强数字博物馆与观众的互动性；推动数字博物馆的共建共享进程。② 张杰奎（2018）认为，"互联网+"时代的数字博物馆的建设要从藏品数字化、展示数字化和管理数字化三个方面着手。③ 唐小茹（2019）论述了数字博物馆建设的现状：缺乏相关政策和理论依据的支撑和目前以单馆模式为主流的发展现状导致的数字博物馆建设观念落后；博物馆工作人员技术与意识的缺失和不符合标准的硬件配置导致的数字技术软硬件相对落后；博物馆数字化人才短缺三个方面是数字博物馆建设中存在的主要问题。④ 王春法（2020）从理论研究和实际探索两方面对智慧博物馆建设的关键概念、功能框架、技术路线、支撑条件、标准体系进行系统探讨，明确提出智慧博物馆是数字博物馆深入发展的必然产物，并对发展中面临的理论和实践问题开展深入探讨。⑤

四、对中国博物馆发展现状进行局部和具体研究

改革开放以来，博物馆事业迅猛发展，"形成了以国家级博物馆为核心，各省、自治区、直辖市博物馆和各行业系统博物馆为两翼，市、县中小博物馆、纪念馆、遗址保护展览馆和民间专题博物馆为补充的中国博物馆发展体系"⑥。基于

---

① 祝敬国：《中国博物馆数字化建设概述》，载中国博物馆学会编：《回顾与展望：中国博物馆发展百年》，紫禁城出版社 2005 年版，第 505—511 页。

② 龚花萍等：《国内外数字博物馆现状比较与述评》，《现代情报》2015 年第 4 期。

③ 张杰奎：《"互联网+"时代数字博物馆建设初探》，《无线互联科技》2018 年第 8 期。

④ 唐小茹：《信息时代的数字博物馆建设》，《黑龙江科学》2019 年第 2 期。

⑤ 王春法：《关于智慧博物馆建设的若干思考》，《博物馆管理》2020 年第 3 期。

⑥ 张文彬：《博物馆与城市文化建设》，2008 年 4 月 2 日，见 http://www.ncha.gov.cn/art/2008/4/2/art_722_111505.html。

此，学者对地方博物馆和专门性博物馆的研究关注度上升，经历了从一般研究到特殊研究的发展，主要围绕不同区域、不同属性、不同类型博物馆展开研究。

围绕不同区域博物馆发展方向、发展情况展开研究，西部博物馆吸引了更多研究与关注。魏立群（2016）指出，区域博物馆应充分展示并传播当地有形和无形的文化和自然遗产，成为当地的知识和文化中心。① 马秀娟等（2013）认为，在一个地理或行政区域内，专题博物馆更能突出地域文化特色，因此要重视推进专题博物馆建设。② 关于地区博物馆发展情况的研究，李梦柳（2019）认为，同省市级博物馆相比，区县级博物馆存在缺少政府资金投入，场馆建设及宣传力度不够等劣势，因此区县博物馆需要"增加财政投入、深化地方特色、多途径并举提高知名度、做好人才队伍建设"③。尽管研究较多，但在现状层面上缺乏对地方博物馆整体的发展研究，所提对策也仅是针对各自区域的具体问题，不具备通用性。西部博物馆发展方面，学者聚焦于发展现状、发展策略和创新发展路径三个维度。在发展现状研究维度，吴海涛（2006）认为，西部地区文物保护工作较为薄弱，文物保存条件简陋、资金投入少、保护修复机构基础薄弱、实用人才缺乏制约了西部博物馆的发展。④ 杨万荣（2007）分析了西部地区博物馆在发挥职能作用方面的制约因素，提出实施区域性文物资源整合、建设专题性博物馆的策略。⑤ 在发展策略研究维度，黄晓宏（2012）认为，西部博物馆发展应转变观念、落实政策、广开财源、吸引人才。⑥ 罗春寒（2012）认为，西部博物馆建设宜精不宜多，且建设功能相对单一的纪念馆、陈列馆或陈列室比建博物馆更切合实际。⑦ 脱少华（2011）提出西部博物馆发展应实现博物馆与旅游业互补共赢发展，

---

① 魏立群：《区域博物馆非物质文化遗产展示与社会发展》，《黑龙江史志》2016 年第 8 期。
② 马秀娟等：《专题博物馆建设与保定区域文化发展》，《保定学院学报》2013 年第 4 期。
③ 李梦柳：《论新时期区县博物馆发展策略——以天津市武清区博物馆为例》，《文物鉴定与鉴赏》2019 年第 3 期。
④ 吴海涛：《西部地区博物馆文物腐蚀损失现状及藏品保护修复对策》，《青海师范大学学报（自然科学版）》2006 年第 3 期。
⑤ 杨万荣：《西部贫困地区博物馆文物资源整合刍议》，《中国文物科学研究》2007 年第 3 期。
⑥ 黄晓宏：《对西部大开发中博物馆发展问题的几点思考》，《丝绸之路》2012 年第 4 期。
⑦ 罗春寒：《西部欠发达地区博物馆建设事业的冷思考——以黔东南苗族侗族自治州为例》，《凯里学院学报》2012 年第 5 期。

进行区域性合作，突出西部特色，在西部大开发中促进发展。[①] 在创新发展路径维度，曾舠（2014）提出中小型博物馆要努力创新经费来源渠道、创新人才队伍建设机制、创新展览形式和创新宣传模式。[②] 郭宝华（2019）以内蒙古地区为例通过 SWOT 分析了民族博物馆发展中存在的诸多问题，建议民族博物馆应从旅游入手，打造文化创意产业，深挖民族文化，突出民族特色，从各个方面促进民族博物馆事业向前发展。[③]

围绕不同属性博物馆展开研究，非国有博物馆是学者关注的热点。王禄（2018）提出促进非国有博物馆发展，政府应健全相关法规制度，施行文化托管机制，搭建行业服务平台。[④] 席鑫（2019）指出，河南省非国有博物馆文化创意产业发展存在政策不完善、人才缺失、创新力度不足、文创产业链不完备等现存问题，并针对问题提出对河南省非国有博物馆文化创意产业发展的对策和建议。[⑤] 通过上述研究，学者达成了中国博物馆区域发展存在不平衡的共识。

围绕不同类型博物馆展开研究，主题类博物馆、自然科技类博物馆、高校博物馆是学者关注的热点。各类型博物馆都引发了研究者的关注，目前研究较散，多为对各自区域类型博物馆的个案分析，也有一些对某一类型博物馆发展的状况和对策提出自己的见解。主题类博物馆方面，戴志强等（2005）梳理了钱币银行类博物馆的发展脉络，认为钱币银行类博物馆的发展建立在钱币学研究基础上。[⑥] 刘社刚（2005）梳理了中国戏曲类博物馆发展现状，将现有戏曲博物馆归为综合性戏曲博物馆，专题性戏曲博物馆，在博物馆、古建筑、大剧

① 脱少华：《西部地区博物馆可持续发展的思考》，《发展》2011 年第 6 期。

② 曾舠：《对西部地区中小型博物馆发展的几点思考》，载《第十六届中国科协年会——以科学发展的新视野，努力创新科技教育内容论坛论文集》，2014 年。

③ 郭宝华：《基于 SWOT 分析的内蒙古地区民族博物馆发展策略研究》，硕士学位论文，天津师范大学，2019 年。

④ 王禄：《非国有博物馆发展策略研究——以杭州市为例》，硕士学位论文，浙江大学，2018 年。

⑤ 席鑫：《河南省非国有博物馆文化创意产业研究》，硕士学位论文，河南大学，2019 年。

⑥ 戴志强等：《中国钱币银行类博物馆的创立和发展》，载中国博物馆学会编：《回顾与展望：中国博物馆发展百年》，紫禁城出版社 2005 年版，第 142—146 页。

院内开展的戏曲艺术陈列等五类，总结出中国戏曲类博物馆具有藏品丰富、注重戏曲艺术表演、办馆主体多元化等显著特点。[①] 自然科技类博物馆方面，李象益（2005）以科技馆为例，探讨了科技馆建筑设计原则和展示创新点，提出科技馆未来发展趋势是从参与、互动到更加注重体验发展。[②] 聂海林（2018）对中国科技类博物馆发展现状进行了梳理，提出科技类博物馆发展存在类型结构不尽合理，地域分布不均，管理体制、运行机制、人才结构不完善、缺乏总体规划等问题。[③] 陈丽等（2019）梳理了自然博物馆发展现状，指出当前自然博物馆存在缺少行业领导与建设指标，馆藏资源缺乏科学管理，规模数量难以满足公众需求等问题。[④] 高校博物馆方面，续颜等（2007）从数量、管理体制、功能、陈列形式等方面回顾了 21 世纪初中国高校博物馆的发展历程。[⑤] 陈长虹（2005）以所在高校博物馆为研究对象，梳理其发展现状。[⑥] 刘立勇等（2011）从高校服务教务教学出发，着重探讨其教育功能。[⑦] 白莹（2014）系统整理了中国高校博物馆名录，总结了中国高校博物馆发展现状，指出资金短缺、管理体制不健全、封闭意识强是中国高校博物馆的发展瓶颈。[⑧] 总的来看，学者对不同类型博物馆的研究，重在梳理回顾介绍情况，分析问题不够深入，较少做对策研究。

---

① 刘社刚：《中国戏曲博物馆的现状与发展》，载中国博物馆学会编：《回顾与展望：中国博物馆发展百年》，紫禁城出版社 2005 年版，第 193—197 页。

② 李象益：《我国自然科学博物馆的创新与发展》，载中国博物馆学会编：《回顾与展望：中国博物馆发展百年》，紫禁城出版社 2005 年版，第 276—277 页。

③ 聂海林：《多元文化视角下科技类博物馆的发展理念与功能定位》，《科学教育与博物馆》2018 年第 1 期。

④ 陈丽等：《我国自然博物馆的现状及发展策略研究》，《博物馆研究》2019 年第 1 期。

⑤ 续颜等：《20—21 世纪初的中国高校博物馆》，《文化学刊》2007 年第 3 期。

⑥ 陈长虹：《四川大学博物馆：历史与今天》，载中国博物馆学会编：《回顾与展望：中国博物馆发展百年》，紫禁城出版社 2005 年版，第 147—153 页。

⑦ 刘立勇等：《高校博物馆在大学创新教育中的功能》，《高等教育研究》2011 年第 1 期。

⑧ 白莹：《我国高校博物馆发展现状研究》，硕士学位论文，南京师范大学，2014 年。

第三节 关于博物馆的功能

关于博物馆的功能定位和核心价值，概括起来，大致可以分为包括收藏、研究、传播在内的三功能说，包括研究、收藏、教育、展示在内的四功能说以及包括研究、收藏、教育、展示、评价的五功能说。不论是何种功能界定，收藏和研究都占据其二，是博物馆最为悠久的功能，展览展示、教育和评价也都有着相似的内涵和外延。由此可见，尽管博物馆的功能和使命随着社会发展和技术进步而不断更新，研究者在博物馆的功能定位和核心价值问题上，共识大于分歧。

一、关于博物馆的收藏功能

收藏是博物馆最基本的职能，广义的收藏涵盖了藏品的征集、鉴定、定级、保管、分类、保护、数字化等方面的工作。关于博物馆收藏功能的研究，主要集中在藏品征集和藏品管理两个方面。

一是在藏品征集方面，主要围绕藏品征集面临的困境展开，并就博物馆藏品来源、征集工作现状与对策、博物馆藏品体系建设以及近现当代文物征集等提出对策建议。李耀申（1992）表达了自己对博物馆藏品来源的顾虑，他指出，由于文物系统自身体制和管理工作的不健康运转，造成了考古发掘单位、文物商店等文物机构极少考虑，甚至长期不向博物馆提供藏品的困难局面，而藏品的馆际交流机制也没有得到充分的运用。[①] 李军（2000）、陈峻（2009）、汪传荣（2013）、李学军（2014）、黄世棉（2017）、陈淑媚（2018）、陈卓（2019）等总结了博物馆征集工作的现状，提出博物馆征集工作存在征集范围狭小、藏品同质化现象严重、收藏机构以及民间收藏竞争激烈等问

---

① 李耀申：《对我国博物馆藏品来源问题的思考》，《中国博物馆》1992 年第 3 期。

题。① 王文彬（2013）、林翘（2014）从不同角度对完善地方博物馆藏品体系构建提出了建议。② 付淑华（2012）提出在更好地界定"近现代藏品"概念的前提下，应正视近现代藏品亦在迅速消失的现实，在工作中克服"厚古薄今"的征集陋习，以一种对历史、现实和未来负责的态度，根据形势调整收藏范围，"为了明天而收集今天"，把今天可能转瞬即逝的器物或重大事件作为明天历史的沉淀而加以收藏。③ 杨明刚（2018）总结了当代藏品征集是对共时性事件见证物的即时性征集，其来源方式以捐赠、移交为主要特点，提出工作中面临着藏品价值的研究鉴别和档案资料的全面收集两个难点，并建议通过建立定期移交制度、举办展览、藏品资源互利共享等方式实现征集。④

二是在藏品管理方面，突出问题导向，努力探索破解方法。学者总结博物馆藏品管理的主要问题有三点：一是保存设备落后，二是管理经费缺乏，三是意识淡薄、制度不完善。在此基础上提出的对策建议从问题出发，集中在提升设备、筹集经费和完善制度等方面。杨海涛（2013）认为，中国博物馆应利用全国第一次可移动文物普查的经验和结果，建立和完善与新时期博物馆发展相适应的藏品

---

① 李军：《博物馆征集工作的思考》，《中国博物馆》2000 年第 3 期；陈峻：《关于博物馆开展文物征集工作的几点思考》，《博物馆研究》2009 年第 3 期；汪传荣：《基层博物馆藏品征集要"接地气"》，《中国文化报》2013 年 10 月 24 日；李学军：《关于博物馆文物征集工作的实践与探讨》，《北京文博文丛》2014 年第 2 期；黄世棉：《广西中小博物馆藏品征集、管理与利用的现状与对策》，《民博论丛》2017 年刊；陈淑媚：《国立博物馆征集工作的现状与文物征集一些思考》，《中国民族博览》2018 年第 6 期；陈卓：《新时代博物馆发展理念的几点思考》，《东南文化》2019 年第 2 期。

② 王文彬在其硕士论文《从展示传播角度看地方博物馆藏品体系建设——以长沙市博物馆为例》中提出，要做好地方博物馆藏品体系建设，应在把握好地方性、全面性和特色化三个基本原则的前提下，扩大"藏品"概念，全面收集各类地方文物资料，重视地域历史文化的遗物与形象资料、非物质文化遗产资料以及近现代文物资料的收集，不断加强地域历史文化的研究和提炼。林翘尝试性地编制了《地方博物馆藏品收藏实施细则》和《地方博物馆藏品科学收藏体系评估办法》，为藏品体系化建设提供了重要的参考。

③ 付淑华：《近现代文物征集之我见》，载湖南省博物馆学会编：《博物馆学文集 8》，岳麓书社 2013 年版，第 61—67 页。

④ 杨明刚：《记忆当代 联通未来——浅议博物馆当代藏品征集》，《中国博物馆》2018 年第 4 期。

管理体系，健全管理制度、构建网络管理平台、创新便于利用的管理模式、实时监测文物保护动态，全面提升藏品管理能力，建立对藏品的规范化、信息化和精细化的管理体系，使藏品更好地服务社会。① 姚一青（2014）对藏品管理信息化做了较为系统深入的研究，将藏品管理信息化的困难概括为传统藏品管理流程规范化难题、不同类型博物馆藏品信息共享与检索难题、藏品信息录入标准的问题以及实物藏品及其数字信息难以即时合一四个方面。试图架构基于 web 技术的藏品信息管理系统与 RFID 整合，探索博物馆藏品管理中引入信息科技后，从规范传统藏品管理流程入手，提高单体博物馆中藏品管理效率，部分解决藏品信息采集管理中出现的问题。② 雷鸣霞（2017）从可持续化的角度对藏品管理进行研究，认为藏品的存在状态是否"可持续化"决定了博物馆能否继续以原有立场及身份履行其所肩负的社会职责。博物馆需要努力使藏品实体得到充分必要的收集，并确保对其能保存得更全面、更好、可预见时间更长久，让藏品信息在藏品的持续使用中得到科学方法的厘清、记录、研究、再现、保存，以满足博物馆在长久发展的未来有充分可信任的物证信息可以使用。③

二、关于博物馆的学术研究功能

研究功能是博物馆各项业务工作的基础和支撑，是确保各项业务高质量发展的关键。部分学者认为，长期以来，研究工作是中国博物馆事业中普遍薄弱的环节。早在 20 世纪 80 年代，李经汉（1986）就指出，中国博物馆科研工作状况受限，不令人满意。一些工作人员否认或严重忽略了博物馆科研工作相对独立性的品格，仅仅把其作为服务业务工作的细枝末节。根据当时普遍的将研究与业务工作割裂甚至对立起来的现象，他提出，博物馆科研工作必须参与社会有关学科的

---

① 杨海涛：《略论文物藏品管理系统与藏品资源库的建设》，载《融合·创新·发展——数字博物馆推动文化强国建设——2013 年北京数字博物馆研讨会论文集》，中国传媒大学出版社 2013 年版。

② 姚一青：《藏品管理信息化研究》，博士学位论文，复旦大学，2014 年。

③ 雷鸣霞：《藏品管理的可持续化》，《中国博物馆》2017 年第 2 期。

研究工作，成为学科研究工作不可分割的一部分。[1] 苏东海（1995）也赞同博物馆的学术研究只有进入社会的学术洪流中去，才能在学术界占有一定位置。他将博物馆科学研究分为学术性研究、普及性研究、服务性研究三类，并具有前瞻性地提倡加强博物馆科学研究的开放与社会化，创造条件实现科研成果社会共享，防止博物馆科学研究自我封闭、画地为牢。[2]2008 年，全国开展首批一级博物馆评估定级工作，将科学研究作为评鉴博物馆优劣等级的重要标准，引起了各大博物馆对自身科研工作的反思和新一轮发展。

三、关于博物馆的展览展示功能

展览功能研究，聚焦于展陈现状分析、展陈设计和策展研究、展览评估、展览交流四个方面。宋向光（2015）、严建强（2018）、姚安（2018）[3] 从时间维度对中国博物馆展陈现状作归纳分析，均得出中国博物馆展览从数量和质量上呈良好发展态势，展览策划意识更加明确，展览设计引入新技术新理念，形式更加多元。

在展陈设计和策展研究方面，周进（2013）梳理了既有的陈列设计理念，指出当前陈列理念重展陈形式、滥用陈列技术，缺乏对观众的关照。[4] 杨正宏（2013）强调，自 2007 年国际博协修改博物馆定义后，博物馆展陈体验设计的"人性化""体验性"成为不可逆转的潮流。[5] 江琳（2015）从概念上区分了"展览个性"和"展览特性"，认为个性化展览是一个双向思维创造过程，创新手段的使用应该以促使观众思考为目标。[6]

① 李经汉：《关于博物馆科研工作的探索》，《中国博物馆》1986 年第 3 期。
② 苏东海：《博物馆科学研究工作的再思考》，《中国博物馆》1995 年第 1 期。
③ 宋向光：《当代我国博物馆展陈发展现状及趋势》，《中国博物馆》2015 年第 3 期；严建强：《"十二五"期间我国博物馆陈列展览概述》，《中国博物馆》2018 年第 1 期；姚安：《2016 年度我国博物馆陈列展览综述》，《中国博物馆》2018 年第 1 期。
④ 周进：《我国博物馆陈列设计思想发展研究》，博士学位论文，复旦大学，2013 年。
⑤ 杨正宏：《多元体验下的博物馆展示设计》，《东南文化》2013 年第 5 期。
⑥ 江琳：《博物馆展览设计的个性化目标探讨》，《中国博物馆》2015 年第 1 期。

在展览评估方面，周婧景（2013）明确指出，中国展览评估尚处于起步阶段。① 陆建松（2013）认为，"中国'十大'精品陈列展览评选存在诸多问题，需要建立一套较为规范、科学，为业界所认同的博物馆陈列展览评价体系。"② 王春法（2020）结合理论和实践，提出了衡量和评价博物馆好展览的十条标准，并据此进一步提出打造好展览的路径和方法。③ 严建强（2008）认为，博物馆展示质量评估应该依靠专家和观众双重对象。一个好的展览应该让专家叫好、观众叫座。④ 厉樱姿（2015）在中国博物馆免费开放、观众数量大增背景下提出构建"政府考评与博物馆自评相配套、观众判断与专家判断相结合、覆盖展览全过程的一体化展览评估体系"，以此倒逼促进展览质量提升。⑤

在展览交流方面，学者围绕对内合作办展和对外合作办展两种模式进行了研究。黄小钰（2015）认为，交换型展览有助于充分利用博物馆资源，解决博物馆资源不平衡问题。⑥ 陆建松等（2011）回顾了中国博物馆国际交流历程，指出中国对外展览缺乏战略规划，不能有效配合外事交流，且数量较少，缺少民间博物馆对外交流渠道。⑦

四、关于博物馆的社会教育功能

随着新博物馆学运动的发展，博物馆的教育功能日益强化，成为许多博物馆的中心工作，这一领域的研究数量众多、观点纷呈。既有对中国博物馆讲解宣教工作的历史回顾，也有介绍外国博物馆在社会教育方面的经验；既有对博物馆做

---

① 周婧景：《博物馆儿童展览评估研究》，《东南文化》2013 年第 6 期。
② 陆建松：《博物馆陈列展览评估指标体系课题研究报告 2010》，转引自周婧景：《博物馆儿童展览评估研究》，《东南文化》2013 年第 6 期。
③ 王春法：《什么样的展览是好展览——关于博物馆展览的几点思考》，《博物馆管理》2020 年第 2 期。
④ 严建强：《从展示评估出发：专家判断与观众判断的双重实现》，《中国博物馆》2008 年第 2 期。
⑤ 厉樱姿：《我国博物馆展览评估的现状分析与对策思考》，《博物馆研究》2015 年第 2 期。
⑥ 黄小钰：《试论博物馆交换型展览——以首博交换型展览为例》，《首都博物馆论丛》2015 年总第 29 辑。
⑦ 陆建松等：《我国博物馆国际交流与合作的现状、问题及其政策思考》，《四川文物》2011 年第 3 期。

好社会服务工作的对策建议，也有对整合利用博物馆教育资源的探索。

自 20 世纪 90 年代起，研究者将教育功能作为博物馆的主要功能之一。苏东海（1989）对"博物馆是第二课堂的说法"进行了分析，呼吁要把"博物馆教育发展成为其他教育所不能代替的教育"。① 王学敏（1991）撰书探讨博物馆教育功能。② 国家文物局（1993）编写《博物馆群众教育工作》一书指导博物馆教育工作。③21 世纪以来，博物馆的教育和服务功能得到空前重视，不少研究者将宣传教育工作作为博物馆的中心工作来探讨。④

一是关于博物馆儿童教育的研究。这是业界高度关注的热点话题之一。蒋臻颖（2015）、陈晨（2017）、王凡（2019）等探讨了博物馆儿童教育理念、方法。⑤周婧景（2011）将博物馆儿童教育实践模式分为创办专门面向儿童的博物馆、博物馆内设立儿童利用的空间、博物馆内开设儿童教育项目三种模式，并探讨三者之间的关系。⑥ 宋娴（2014）对中西方馆校合作的历史、经验进行总结和爬梳，对中国馆校合作的现状、类型、影响因素以及不同利益相关者的认知、动机等进行了分析。⑦ 黄琛（2017）以国家博物馆的社教活动为例，介绍了馆校合作的两种模式：一种是博物馆＋学校＋家庭的学习模式，一种是知识＋技能＋价值观的

① 苏东海：《博物馆是第二课堂的说法虽然不错，但需要分析》，《中国博物馆通讯》1989 年第 5 期。
② 王学敏：《博物馆教育入门》，河南人民出版社 1991 年版。
③ 国家文物局：《博物馆群众教育工作》，文物出版社 1993 年版。
④ 马自树《进一步做好博物馆的社会服务工作》（载中国博物馆学会编：《回顾与展望：中国博物馆发展百年》，紫禁城出版社 2005 年版，第 235—238 页）指出："博物馆的工作很多，但展示宣传和社会服务是中心。"李林娜《博物馆为社会和社会发展服务》（载中国博物馆学会编：《回顾与展望：中国博物馆发展百年》，紫禁城出版社 2005 年版，第 248—255 页）认为："博物馆为社会服务是第一要务。"王丽华《"三贴近"：群教工作求发展的根本原则》（载中国博物馆学会编：《回顾与展望：中国博物馆发展百年》，紫禁城出版社 2005 年版，第 433—435 页）强调："群众教育是博物馆的主要职能之一。当代博物馆事业的发展，其中重要的一个方面是博物馆教育观念的更新和教育活动的创新。"
⑤ 蒋臻颖：《我国博物馆学前儿童教育问题探析——以史密森早教中心为例》，《博物馆研究》2015 年第 5 期；陈晨：《博物馆儿童教育现状研究》，硕士学位论文，南京师范大学，2017 年；王凡：《我国儿童博物馆教育发展现状和对策》，《陕西学前师范学院学报》2019 年第 6 期。
⑥ 周婧景：《博物馆儿童教育实践模式初探》，《博物馆研究》2011 年第 1 期。
⑦ 宋娴：《中国博物馆与学校的合作机制研究》，博士学位论文，华东师范大学，2014 年。

教育模式，并提倡博物馆教育要整合学校、家庭、社会资源。① 文旅融合背景下研学旅行日益引发关注。冯铁蘂等（2017）就地方博物馆如何开展研学旅行以及相应的功效做了综合评析，并指出研学旅行前景良好，但也存在地域限制和边远贫困地区无法享受等问题。② 马率磊（2018）探讨了研学旅行的政策支撑和定义。③ 杨红彬（2019）指出，现有不规范的研学旅行存在收费过高、学习效果差、中小博物馆教育项目同质化等问题。④

在实践层面，郑旭东等（2015）以家庭群体为研究对象，探讨场馆学习方法。⑤ 张丽（2015）从数字化时代背景出发，探讨中国博物馆教育发展研究，并指出"借助数字技术在虚拟世界中和现实世界中向公众提供具有教育性的、情感性经验，将是博物馆教育在数字化时代主要的发展方向"。⑥ 杨丹丹（2017）提倡借助"互联网＋"重新定义博物馆教育服务，融入创新教育理念，积极探寻"互联网＋博物馆教育"的落地实施和可持续发展之路。⑦

二是关于博物馆传播问题的研究。这个问题与博物馆教育紧密关联，也是近年来的又一个研究热点。在传播功能方面，研究围绕博物馆与传播学关系、博物馆传播模式、博物馆传播应用类型、博物馆传播受众、互联网技术下博物馆的传播五方面展开。20 世纪 90 年代，韩彦（1991）率先开启了对博物馆传播功能的探讨。⑧2010 年起，学界对博物馆传播主题的关注度逐渐增长。在博物馆与传播学关系方面，学者对博物馆传播理念进行了探索和更新。于萍（2003）提出了传播理念上值得反思的"四重视四轻视"：重视传播过程的组织，轻视传播效果的调研；重视领导、专家的评价，轻视普通公众尤其是青少年的兴趣感受；

① 黄琛：《博物馆教育如何开展——中国国家博物馆青少年融合发展模式研究》，《美术报》2017年 5 月 3 日。
② 冯铁蘂等：《地方博物馆的研学旅行功效》，《邯郸学院学报》2017 年第 2 期。
③ 马率磊：《中小博物馆开展青少年研学旅行策略探究》，《文物春秋》2018 年第 5 期。
④ 杨红彬：《博物馆研学教育现状及对策》，《文化产业》2019 年第 22 期。
⑤ 郑旭东、王婷：《家庭行为、身份认知与经验建构：场馆学习理论的解读与启示》，《开放教育研究》2015 年第 4 期。
⑥ 张丽：《数字化时代中国博物馆教育发展研究》，博士学位论文，华中师范大学，2015 年。
⑦ 杨丹丹：《"互联网＋博物馆教育"的新思考》，《东南文化》2017 年第 5 期。
⑧ 韩彦：《略谈博物馆的传播》，《辽宁大学学报（哲学社会科学版）》1991 年第 1 期。

重视用大声势造宣传效果，轻视"润物细无声"的传播途径；重给予，轻参与，把观众置于被动位置。① 李文昌（2008）运用传播学理论，诠释了博物馆传播内涵、类型。② 赵建鹏（2013）将博物馆传播者分为直接传播者和间接传播者，借助传播学基本理论，通过分析博物馆陈列展览传播活动中的传播内容、观众、空间媒介、传播者，分析出四者之间的关系相互影响、相互制约。③ 江静海（2016）利用拉斯韦尔5W理论从博物馆传播者、媒介、博物馆受众、传播内容、博物馆传播效果等方面对博物馆信息传播活动进行了研究。④ 在博物馆传播模式方面，乐俏俏（2006）探讨了直线传播模式、双向循环传播模式和多向互动模式三种博物馆传播模式。⑤ 杜莹（2006）利用香农—韦弗数学模式图推导出博物馆陈列传播模式图。⑥ 阳慧（2015）将博物馆文化传播方式归纳为"观众—文物实体—文物信息""观众—媒介—文物信息"两种。⑦ 周婧景、严建强（2016）号召建立一个纳入物、人和媒介三大要素的博物馆传播阐释系统。⑧ 黄洋（2017）从博物馆传播的信息构成，通信系统模式、延伸，大众传播模式、延伸三个方面分析，总结出博物馆传播信息模式图。⑨ 在博物馆传播应用类型方面，金瑞国（2011）强调博物馆的文化信息传播功能，指出博物馆本身属于传播媒介组织。⑩ 包东波（2012）进一步提炼出博物馆具有文化传播、跨文化交流和社会沟通的媒介属性。⑪ 刘乐（2018）探讨了企业博物馆传播的应对策略。⑫ 高德龙（2018）从城市博物馆视角出发，分析互联网时代城市博物馆

① 于萍：《试论博物馆传播理念的更新》，《中国博物馆》2003年第4期。
② 李文昌：《博物馆的传播学解读——传播学读书笔记》，《中国博物馆》2008年第3期。
③ 赵建鹏：《基于博物馆陈列展览的传播学研究》，硕士学位论文，江西师范大学，2013年。
④ 江静海：《博物馆信息传播活动研究》，硕士学位论文，南京师范大学，2016年。
⑤ 乐俏俏：《关于博物馆信息传播的新思考》，《中国博物馆》2006年第3期。
⑥ 杜莹：《现代博物馆展陈的传播学思考》，《中国博物馆》2006年第4期。
⑦ 阳慧：《博物馆的文化传播方式研究》，硕士学位论文，湖南大学，2015年。
⑧ 周婧景、严建强：《阐释系统：一种强化博物馆展览传播效应的新探索》，《东南文化》2016年第2期。
⑨ 黄洋：《博物馆信息传播模式述评》，《博物院》2017年第3期。
⑩ 金瑞国：《博物馆之传播学研究》，《博物馆研究》2011年第2期。
⑪ 包东波：《大众传播视角下的博物馆功能初探》，《中国博物馆》2012年第1期。
⑫ 刘乐：《互联网背景下企业博物馆的品牌传播策略研究》，硕士学位论文，山东大学，2018年。

要素的变动和传播特征，对城市博物馆传播模式进行了回溯和构建。① 在博物馆观众研究方面，苏东海（1988）率先定义了博物馆与观众的关系，② 史吉祥（2009）重新定义了"博物馆观众"，将其概念扩大到没到博物馆参观但通过博物馆远程服务的人。③ 郑奕（2012）构建了"观众参观博物馆前、中、后三阶段教育活动规划和实施"的经验框架。④ 单霁翔（2010）、龚良（2017）、罗向军（2017）以各自所在的博物馆为例思考博物馆作为教育服务的提供方所应承担的社会责任。⑤ 宋向光（2008）从观众信息需求出发，指出信息质量和信息服务水平是影响观众行为、体验和感受的重要因素。⑥ 乐翘翘、杨述厚（2007），王冠玲（2007），黄彩霞（2013）等也先后从受众视角考察博物馆的传播方式和传播技巧。⑦ 刘欣（2016）引入"使用与满足"理论，将受众赋予为有特定需求的个人，把受众接触媒介的行为看作是基于某种需求动机来"使用"媒介，提出获得观众反馈的多重路径。⑧

三是关于信息网络技术条件下博物馆传播。张颖岚（2007）强调博物馆要做好信息化发展战略规划，建立博物馆信息服务管理机构。⑨ 祁庆国（2012）探讨了如何利用数字展示及新媒体进行博物馆传播。⑩ 张健萍（2012）就博物馆如何

① 高德龙：《互联网时代城市博物馆传播模式及策略研究》，硕士学位论文，电子科技大学，2018 年。
② 苏东海：《博物馆演变史纲》，《中国博物馆》1988 年第 1 期。
③ 史吉祥：《博物馆观众研究是博物馆教育研究的基本点——对博物馆观众定义的新探讨》，《东南文化》2009 年第 12 期。
④ 郑奕：《博物馆教育活动研究——观众参观博物馆前、中、后三阶段教育活动的规划与实施》，博士学位论文，复旦大学，2012 年。
⑤ 单霁翔：《博物馆的社会责任与社会教育》，《东南文化》2010 年第 12 期；龚良：《从社会教育到社会服务——南京博物院提升公共服务的实践与启示》，《东南文化》2017 年第 6 期；罗向军：《公共文化服务背景下博物馆的社会责任解读》，《东南文化》2017 年第 8 期。
⑥ 宋向光：《信息时代博物馆产出及博物馆与观众的关系》，《中国博物馆》2008 年第 3 期。
⑦ 乐俏俏、杨述厚：《从受众角度探析博物馆的信息传播功能》，《世纪桥》2007 年第 3 期；王冠玲：《博物馆体验型旅游产品开发研究》，硕士学位论文，成都理工大学，2007 年；黄彩霞：《博物馆展览传播中的视听交流研究》，硕士学位论文，浙江大学，2013 年。
⑧ 刘欣：《受众反馈：博物馆观众研究的重要课题》，《中国博物馆》2016 年第 4 期。
⑨ 张颖岚：《数字化生存——信息时代博物馆的未来之路》，《中国博物馆》2007 年第 1 期。
⑩ 祁庆国：《博物馆知识传播需解决的基础问题》，《中国博物馆》2012 年第 1 期。

积极高效利用新媒体开展更广泛、有效的知识传播进行了思考。① 李秀娜（2013）介绍了中国国家博物馆利用微博、微信进行宣传的经验。② 黄金（2014）通过对国内 100 家一级博物馆微博进行调研，提出博物馆微博在非正式学习视角下的内容构建。③ 王文彬（2014）提出在互联网时代博物馆要通过打造和利用"意见领袖"进行信息传播。④ 严晓峰（2015）探讨了博物馆运用虚拟现实技术进行传播的原理。⑤ 李季桐（2015）阐述了新媒体时代博物馆传播方式的转变，梳理出博物馆传播在新媒体时代发展中存在的问题；特别强调观众的注意力被过多地停在了传播技术本身，数字化博物馆的发展将影响实体博物馆的生存。⑥ 赵雪（2016）首次对 2010 年后中国主要综合性博物馆利用新媒体宣传发展的情况进行分类总结，整合了国内外博物馆新媒体发展的主要方式和传播收益。⑦ 张鲁（2016）通过对社交媒体时代的国内博物馆传播方式进行研究，提出了博物馆如何平衡社交媒体的"娱乐化"和"高雅性"的问题。⑧

五、关于博物馆的评价功能

继对博物馆传统收藏、研究、展示、教育四功能探讨外，博物馆评价功能日益受到博物馆学人关注。2018 年以前，学者多将博物馆作为评价的客体来探讨对博物馆的评价问题。王春法（2018）率先将博物馆作为评价的主体，从价值引领的角度阐发了博物馆评价功能，指出博物馆的评价功能贯穿于博物馆活动各个

---

① 张健萍：《运用新媒体进行博物馆知识传播的若干思考》，《首都博物馆论丛》2012 年总第 26 辑。

② 李秀娜：《微博 / 微信：博物馆自媒体应用经验谈》，《中国博物馆》2013 年第 4 期。

③ 黄金：《非正式学习视角下博物馆微博的内容建构——以国家一级博物馆新浪官方微博为例》，《博物馆研究》2014 年第 4 期。

④ 王文彬：《试论博物馆传播与社交网络"意见领袖"——以微博为例》，《东南文化》2014 年第 6 期。

⑤ 严晓峰：《虚拟现实技术在网络博物馆中的应用与实现》，《电脑知识与技术》2015 年第 26 期。

⑥ 李季桐：《新媒体时代我国博物馆传播的信息传播方式研究》，硕士学位论文，辽宁大学，2015 年。

⑦ 赵雪：《新媒体下我国综合性博物馆的信息传播发展》，硕士学位论文，云南大学，2016 年。

⑧ 张鲁：《社交媒体时代的中国博物馆传播模式研究——以故宫博物院为例》，硕士学位论文，浙江大学，2016 年。

环节、各个方面，收藏、研究、展览、讲解都是一系列评价和选择的结果，并详细阐述了博物馆评价功能是如何在上述环节发挥作用的。他强调要重视、发挥好博物馆的评价功能和价值引领，牢固树立博物馆评价和导向意识，进一步放大展品评价功能，努力挖掘呈现文物中蕴含的丰富内涵。①

第四节　关于博物馆的管理

学者对中国博物馆治理体系的研究主要集中在管理体制、组织运营、队伍建设等方面。从时间维度来看，20 世纪 90 年代对管理体制的研究，侧重于对学习苏联模式设置"三部一室"的研讨。"九五"规划以后，中国文博事业向现代化转型，学者对转型中博物馆管理体制的变革、人才队伍的建设加大了研究力度。组织架构方面围绕博物馆法人治理结构、博物馆总分馆建设模式等热点展开研究。2015年国家文物局出台《关于推进博物馆理事会建设的指导意见》后，理事会制度在国有博物馆开启试点，涌现出一批学者对理事会制度发展梳理、对理事会改革试点情况总结和理事会制度建设的思考研究。

一、关于博物馆管理体制的研究

博物馆管理体制的研究主要关注博物馆外部治理研究和博物馆内部管理运营模式研究。有学者指出，中国国有博物馆的现行外部治理体制是"条块结合，以块为主"，中国博物馆的内部管理运营模式主要有"三部一室"制和策展人负责制。② 针对博物馆宏观管理体制中的问题，学者从不同视角出发提出不同破解之法。苏东海（2006）认为，博物馆宏观管理机构权力配置集中，各项事务多由国

---

① 王春法：《充分发挥博物馆的评价功能》，《中国政协》2018 年第 18 期。
② 段勇：《当代中国博物馆》，译林出版社 2017 年版。

家管理机构用行政手段统一管理，博物馆缺少自主权，宏观管理机构仍然没有走出集权管理体制。① 国家文物局"中国博物馆管理体制机制改革研究"课题组（2010）认为，当前中国博物馆法人地位问题是博物馆体制改革的拦路虎，必须从博物馆政府管理、隶属关系、资金使用、内部管理等方面着手解决。② 孟庆金（2011）认为，博物馆外部治理存在隶属关系复杂、政出多门等问题，建议扩大国家文物局的职能范围，统一管理所有归口部门的博物馆。③ 段勇（2017）探讨了中国博物馆的外部治理与内部运营情况，指出当代中国博物馆的外部治理模式正在由延续半个多世纪的机关化行政管理体制，探索回归到曾经的理事会制度。④

策展人制度是学者关注的热点之一。陈晨（2015）基于新时代三种常见展览类型（基本陈列、原创大展、引进展览）提出旧博物馆管理模式存在局限性，应该建立由策展人主动发起展览的策展人制度。⑤ 孙珂（2016）就如何在博物馆内推行"策展人制度"进行了探讨。他认为推行"策展人制度"的首要难题是解决策展人在体制内的身份问题，根据策展人身份划定职能和专业要求，从而建立一套与之匹配的策展人培养制度和绩效考评体系。⑥ 段晓明（2018）以湖南省博物馆的机构改革为例探讨了"策展人制度"的本土化问题。他指出策展人制度推行的一大拦路虎是博物馆专家重藏品研究不重成果转化（展览输出），提出将策展人固化为职务，在职称体系基础上建立策展人认证机制。⑦

二、关于博物馆组织运营的研究

陈卓（2019）探讨了博物馆新馆建设的新模式——总分馆建设，着重分析了

① 苏东海：《博物馆的沉思——苏东海文选（卷二）》，文物出版社 2006 年版。
② 国家文物局"中国博物馆管理体制机制改革研究"课题组：《中国博物馆体制机制改革研究报告》，载《新形势下博物馆工作实践与思考》，文物出版社 2010 年版，第 77—137 页。
③ 孟庆金：《现代博物馆功能演变研究》，博士学位论文，大连理工大学，2011 年。
④ 段勇：《当代中国博物馆》，译林出版社 2017 年版。
⑤ 陈晨：《关于博物馆"策展人制度"项目化管理方式的构建》，《中国博物馆》2015 年第 4 期。
⑥ 孙珂：《关于博物馆推行"策展人制度"的再思考》，《首都博物馆论丛》2016 年总第 30 辑。
⑦ 段晓明：《中国博物馆策展人制度本土化的历程与发展》，《东南文化》2018 年第 5 期。

博物馆总馆与新建分馆的关系问题，并提出博物馆分馆和总馆功能一致，二者在定位上各有偏重，呈互补关系，且肯定博物馆分馆的出现，是博物馆新馆建设的新模式，改变了原有的博物馆体系，扩大了博物馆对区域文化的辐射。① 刘书正（2020）梳理了韩国博物馆事业发展历程，并结合中国博物馆发展状况总结其总分馆建设可借鉴的经验。② 尚彬等（2020）以河南博物院平顶山分院的建设为例，对总馆和分馆之间的展览、社教、人才、藏品、品牌建设、学术研究方面的合作进行了探讨。③

博物馆运营情况方面，对博物馆绩效评估研究、资金管理水平研究以及博物馆市场化水平研究关注较多。安来顺（2000）从博物馆资金来源、资金筹措、参与竞争三方面探讨发展博物馆市场学的必要性。④ 章磊（2005）引入公共经济学和福利经济学理论，对国有博物馆、政府和社会三个主体进行系统分析，探讨如何实现博物馆管理的"帕累托最优"，在此基础上设计了一套国有博物馆体制改革框架。⑤ 卢晓莹（2007）以中国国有博物馆为主要研究对象，运用数据分析软件，从理论和实践两个角度，总结中国国有博物馆资金来源多元化发展的影响因素，提出开展多渠道筹资的措施。⑥ 岳楠（2017）以国有博物馆绩效评价作为研究对象，探索财政供养体制下国有博物馆绩效评价问题；建立绩效评价模型，通过跟踪央地共建国家级博物馆三年进行模型验证，设计了国有博物馆绩效评价指标体系。⑦

博物馆运营管理方面，胡林玉（2005）将企业价值链管理思想运用于博物馆运营研究，提出分解、整合、学习三项战略应用思路：博物馆应舍弃做大做全，强调做精做强；广泛利用社会资源，建立新的价值链；不断积累知识，使博物馆

---

① 陈卓：《中国博物馆事业的发展与现状分析》，《文博学刊》2019 年第 1 期。
② 刘书正：《韩国博物馆体系建设探析》，《博物馆管理》2020 年第 3 期。
③ 尚彬、巩镭、党勤华：《新时代 新起点 新作为 新征程——浅谈平顶山博物馆对分馆制的探索和实践》，《中国文物报》2020 年 9 月 17 日。
④ 安来顺：《博物馆市场学几个基本问题的讨论》，《中国博物馆》2000 年第 1 期。
⑤ 章磊：《中国国有博物馆的效率体制与市场关系研究》，硕士学位论文，北京化工大学，2005 年。
⑥ 卢晓莹：《中国国有博物馆资金来源的研究》，硕士学位论文，吉林大学，2007 年。
⑦ 岳楠：《中国国有博物馆绩效评价研究》，博士学位论文，武汉大学，2017 年。

事业长青。① 谷峻岭（2007）将绩效管理引入博物馆管理中，阐述了博物馆绩效管理的必要性、可行性，提出了博物馆实施绩效管理的施策方向。②

三、关于博物馆人才队伍建设的研究

业以才兴，人才是博物馆事业发展的第一资源。学者对博物馆人才研究主要集中在三个方面：一是宏观维度谈人才管理体制的建设，探讨如何建设人才队伍能够提高博物馆员工积极性；二是微观维度各博物馆谈自己遇到的人才短缺问题；三是博物馆学者探讨博物馆学如何培养适合博物馆需要的人才。学者认识较一致，很清晰地认识到人才队伍建设对博物馆发展的重要性，但尚停留在对人才缺乏的浅层分析上，对于缺乏人才状况的准确把握和破解之法等尚有很大的提升空间。人才管理体制建设方面，苏东海（2006）认为，在人才问题上缺乏使人才脱颖而出的机制，缺乏使有丰富积累的老文博专业人员持续发挥作用的机制，且人员积极性受论资排辈机制影响。③ 人才培养方面，梁吉生（2001）探讨了发展博物馆学教育，努力培养博物馆现代化建设需要的高级专门人才问题。他提出新形势下博物馆学教育存在博物馆学专业招生不理想、专业设置与博物馆工作实际脱节、课程体系不完全适应博物馆业务工作需要等问题。④

四、关于博物馆安保设备和后勤管理方面的研究

安全是博物馆的生命线，与其他领域相比，安全保卫及相关方面的管理对博物馆的生存发展具有超乎寻常的重大意义。博物馆作为人类活动重要物证的保管展示部门，保证文物藏品安全是其各项工作的基础。尽管重要性极强，但安全保

① 胡林玉：《博物馆价值链管理与竞争优势》，载中国博物馆学会编：《回顾与展望：中国博物馆发展百年》，紫禁城出版社 2005 年版，第 595—602 页。

② 谷峻岭：《浅谈博物馆的绩效管理》，《全国商情（经济理论研究）》2007 年第 9 期。

③ 苏东海：《博物馆的沉思——苏东海文选（卷二）》，文物出版社 2006 年版。

④ 梁吉生：《21 世纪：博物馆学和博物馆学教育的沉思》，《中国博物馆》2001 年第 3 期。

障及相关工作毕竟不属于博物馆的主营业务范畴，比较而言，相关领域的研究人员相对较少，因此相关的研究积累比较有限。从文献整理来看，对博物馆安保设备和后勤管理的研究理论深度较为有限，以应用性、实践性研究为主，主要关注点聚焦对相关工作的现状问题和对策的总结性分析，研究工具以定性分析和经验教训总结为主，定量研究不多。

总的来说，学术界对博物馆管理体制的研究主要集中在博物馆内部的微观管理，宏观研究探讨较为缺乏，且组织架构、管理体制、人才问题的研究大多建立在个人工作经验的总结提炼基础之上，缺乏实证研究。

此外，国外学者对中国博物馆发展的相关研究较少。受政治、文化、经济发展所限，国际社会对博物馆的研究呈现东西方区域划分。因博物馆学起源于西方，在国际博物馆学研究中呈现一个显著特点：东方博物馆学的起源和发展伴随着对西方博物馆学成果的介绍和引进，并不断保持对西方博物馆建设经验的吸收；西方博物馆学则多将研究视域局限于本国的博物馆建设与发展。第二次世界大战以后，博物馆工作原则由战前的"以物为中心"向"以公共关系为中心"转化，外国学者对博物馆的研究基于探讨各国博物馆面临的一些共性问题，如对博物馆定义的探讨，对观众的研究，对教育方法的研究，且不约而同着眼于对博物馆的未来发展做研究。受东西方博物馆学发展差异所限，外国博物馆学者多关注本国自身博物馆发展研究，且对中国博物馆研究接触的渠道有限，故以中国博物馆群体或个体作为研究对象的少之又少。

在为数不多的国外学者对中国博物馆的研究和评价中，多以讲话、演讲等形式呈现，主要停留在博物馆意识形态的理解和争辩、具体陈列的评价和对比研究上，以浅层次的观察和经验性总结思考为主，缺乏持续性的深入研究，严格意义上的学术论文较少。而且，这些文章的作者对中国博物馆的感知多来源于具体实践，其中以中国文化交流互鉴展览居多。展览的展陈设计和传递出的中国元素给予了外国博物馆学者对中国博物馆发展水平的直观感受。对中国博物馆的探讨相应聚焦于展览细节，对中国博物馆发展做整体或全局研究的较少。例如，澳大利亚博物馆学者法吉特评价中国博物馆，认为中国博物馆的历史是从书本上搬来的，是从书本出发，而不是从实物出发，且说明牌上的英文普遍不好，不标准。

美国爱达荷大学博物馆学系系主任、博物馆学和人类学教授埃利斯·G.伯考认为，社会主义国家与资本主义国家对博物馆学的理解是有分歧的。他赞成有一种世界范围的博物馆学，大家都能接受的普遍性的博物馆学。作为它的补充还可存在特殊的用法，但不能不同政治制度都有博物馆学。美国宾夕法尼亚州罗斯蒙特学院教授、美国博物馆学会和国际博协会员兰基尔认为中国博物馆事业发展到了一个新的重要阶段。他通过列举中华人民共和国成立以来博物馆和考古发掘工作所取得的成就，证明中国博物馆事业已经发展到了一个新的重要阶段。[1] 中国博物馆的宏观发展状况尚未得到国际博物馆界的大规模关注。针对上述现象，中国博物馆协会携手加拿大洛德文化资源联合出版了 *Museum Development in China*（《中国博物馆发展》）一书，向世界博物馆同仁做中国博物馆发展的多元背景分析、博物馆与中国现代社会文化、中国博物馆走向世界的进程。

综上所述，对中国博物馆发展现状与对策的研究，总体上呈现出热情较高、研究分散、系统化不高的特点，学者对博物馆发展的宏观性研究，一定程度停留在找寻问题为行业把脉的层面上，问题的对策简而浅地融入现状的梳理中，或者没有得到相应的针对性研究。特别需要在以下几方面加强充实。

一是研究主要围绕博物馆实务展开，理论提炼和研究范式建构不足。在研究内容上，讨论具体业务工作多，研究普遍规律少；在研究对象上，以单个博物馆的案例研究为主，缺乏对行业整体的宏观研究；在研究工具上，除了在博物馆市场学、观众研究方向部分采取实证研究，借鉴相关领域较为成熟的研究模型和工具进行分析外，其余方向的研究多以个人在工作实践中的观察和经验总结为主，缺乏强有力的理论支撑，更遑论研究范式的建构。

二是注重博物馆的外部环境与宏观发展研究，对博物馆微观发展规律研究不足。在探讨博物馆的功能定位和核心价值方面，讨论博物馆传播、教育、社会服务功能的成果极多，而讨论博物馆收藏、评价功能的成果较少。论者多从博物馆与社会的关系角度出发，注重博物馆作为一种社会建制的作用，强调其与社会环

---

① 参见苏东海：《博物馆的沉思——苏东海文选（卷三）》，文物出版社 2010 年版。

境的积极互动关系，而对博物馆自身的内在发展规律研究不足。

三是研究较多关注博物馆的特殊性，对博物馆的一般规律研究不足。在基于个案、贴近实践的研究路径下，强调单个博物馆或某一类博物馆的特殊性，而对具有普遍性的一般规律研究不足，甚至有否定一般规律的倾向。通观博物馆发展现状与对策的研究，无论是综合性博物馆还是专门性博物馆，无论是大型博物馆还是中小型博物馆，无论是公立博物馆还是私人博物馆，经费紧张、藏品来源枯竭、人才流失、研究水平低、展览策划能力不足、社会服务能力欠缺等，是普遍存在的问题，应对之策也有相通之处。

四是研究方法过分局限于定性研究，定量分析稍弱。由于博物馆分布广泛、类型多样、情况复杂，开展定量数据的采集困难很多，因此在关于中国博物馆的发展现状和对策研究中，较多倚重定性研究和经验判断，定量研究相对较少，基于一手数据的深入分析研究少之又少。博物馆研究带有明显的文史研究特色，多采用定性研究工具和方法，对中国博物馆发展的相关数据统计和积累不多，运用定量分析工具和方法开展的分析更少，在一定程度上为准确判断中国博物馆发展状况、精准开展趋势分析带来了困难，同时限制了博物馆发展对策的决策水平。

第二章 数据获得

本书是以国家社科基金重点项目"中国博物馆发展现状与对策研究"（以下简称本研究）的最终成果为基础整合形成的。科学准确的研究数据，是确保研究结论规范有效的前提和基础。为准确把握中国博物馆发展的基本情况，本研究有针对性地搜集采用了大量鲜活的一手数据，主要采用了通过科学抽样方法发放问卷而获取的调查数据。此外，本研究课题组还充分挖掘官方历年发布的统计数据，并通过对大量研究文献开展查阅梳理，获取真实可信的研究资料，以及通过组建调研小组赴多地开展实地调研访谈等方法获取访谈数据，力图用科学数据为研究提供强有力的支撑。

第一节 一般数据

一般来说，官方发布的统计数据是所有社会研究中最重要最基础的数据，既便于获得又权威可靠。本研究的统计数据主要选取文化和旅游部、国家文物局、国家统计局发布的相关统计数据。其中，《中国文化文物统计年鉴》《中国文化文物和旅游统计年鉴》是最权威的文化及相关产业的统计资料。2010年及之前的年度，《中国文化文物统计年鉴》由原文化部财务司编著，年鉴内容包括历史资料和年度资料两大部分，历史资料是根据原文化部历年统计年报以及各省、自治区、直辖市文化主管部门补报的1966—1977年文化事业统计数据，并搜集有关部门的文化事业统计资料整理汇编而成；年度资料是根据各省、自治区、直辖市及各计划单列市，省辖市文化主管部门报送的2000年文化产业统计年报和文化部对外文化联络（港澳台司）的有关报表整理编印。2011—2017 年，《中国文化文物统计年鉴》由原文化部编著，系统收录了全国和各省、自治区、直辖市上一年度文化发展各方面的统计数据，以及其他重要历史年份的全国统计数据，是一部全面反映中国文化发展情况的综合性统计资料。年鉴正文内容共分为七个部分：一、综合；二、图书馆业；三、群众文化业；四、艺术业；五、文化市场；六、文物业；七、教育、科技、动漫及其他。为方便读者使用，多数篇末附有《主要统计指标解释》。2018 年的《中国文化文物统计年鉴》、2019 年的《中国文化和旅游统计年鉴》，以及 2020 年以来的《中国文化文物和旅游统计年鉴》由文化和旅游部编著，系统收录了全国和各省、自治区、直辖市上一年度文化和旅游发展各方面的统计数据，以及其他重要历史年份的全国统计数据，是全面反映中国文化建设和旅游发展情况的综合性统计资料。年鉴正文内容共分为八个部分，包括综合；公共图书馆；群众文化；艺术；文化市场；旅游；文物；教育、科技、动漫及其他，以及附录资料等，多数篇末附有《主要统计指标解释》。值得注意的是，上述年鉴中未收录香港、澳门特别行政区及台湾省资料。

《中国统计年鉴》是国家统计局编印的一部全面反映中华人民共和国经济和社会发展情况的资料性年刊，每年统计年鉴收录上一年全国和各省、自治区、直辖市经济和社会各方面大量的统计数据，以及历史重要年份和近年全国主要统计数据，由国家统计局每年出版发行，是中国最全面、最具权威性的综合统计年鉴。年鉴正文内容一般分为 20 余个篇章，会根据现行统计调查制度和统计工作开展情况进行修订，不同年份根据经济社会发展的不同情况篇章也会略有调整，如《中国统计年鉴—2021》正文内容分为 28 个篇章：1.综合；2.人口；3.国民经济核算；4.就业和工资；5.价格；6.人民生活；7.财政；8.资源和环境；9.能源；10.固定资产投资；11.对外经济贸易；12.农业；13.工业；14.建筑业；15.批发和零售业；16.运输、邮电和软件业；17.住宿、餐饮业和旅游；18.金融业；19.房地产；20.科学技术；21.教育；22.卫生和社会服务；23.文化和体育；24.公共管理、社会保障和社会组织；25.城市、农村和区域发展；26.香港特别行政区主要社会经济指标；27.澳门特别行政区主要社会经济指标；28.台湾省主要社会经济指标；以及附录部分的国际主要社会经济指标。年鉴所涉及的全国性统计数据，除行政区划、森林资源及特殊注明外，均未包括香港、澳门特别行政区和台湾省数据。其中，文化和体育一章中与文化博物馆事业发展密切相关的数据就是本课题研究重要的数据来源。

国家文物局 2017 年发布的《第一次全国可移动文物普查数据公报》为研究中国博物馆和文物事业发展情况提供了重要统计数据。第一次全国可移动文物普查是根据《国务院关于开展第一次全国可移动文物普查的通知》要求开展的，普查的标准时点为 2013 年 12 月 31 日，普查对象是中国境内（不包括港澳台地区，下同）各级国家机关、事业单位、国有企业和国有控股企业、中国人民解放军和武警部队等各类国有单位收藏保管的可移动文物，包括普查前已经认定和在普查中新认定的国有可移动文物。普查全面掌握了中国现存国有可移动文物的数量分布、保存状况、保管权属和使用管理等情况。通过对 31 个省级行政区的数据质量抽查，数据填报差错率低于 0.5%。

此外，国家文物局在国家政务服务公开平台上开放的"全国收藏单位数据库"，面向社会提供全国博物馆名录和藏品量、年参观量等登记备案博物馆信息的索引。为进一步提高博物馆数据统计和信息公开水平，根据《博物馆条例》等规定，国家文物局组织各省、自治区、直辖市文物局（文化和旅游厅 / 局）以及新疆生产建设兵团文物局，共同推动建立全国博物馆年度报告制度，组织研发了全国博物馆年度报告信息系统（http://nb.ncha.gov.cn/）。该系统目前提供了 2018—2021 年度，除香港、澳门特别行政区和台湾省外 31 个省、自治区、直辖市内的博物馆基本信息，包括博物馆性质、质量等级、免费开放情况、馆藏珍贵文物数量、全部藏品数量，陈列展览数量、社教活动数量和所在城市名称等信息和索引。

除官方发布的统计数据以外，文献数据既包括其他专家或团队通过社会调查获得的社会调查数据，也包括经过科学研究推理形成的研究结论，由于经过科学严谨的分析，尽管不是第一手数据，但仍具有非常重要的参考价值。就本研究而言，学术界对中国博物馆发展的研究是与中国博物馆建设的实践伴生发展的，确实已经积累了丰富的资源，但由于中国博物馆分布广泛、类型多样、情况复杂，开展定量数据采集的困难很多，因此很多研究是定性研究和经验判断，定量研究相对较少，样本数量和覆盖范围一般较为有限，所见也主要针对博物馆事业中单一维度的内容开展，所能提供的研究支撑较为受限。

相比之下，抽样调查是自然科学和社会科学研究的重要基础工具。抽样调查可以用相对经济、高效、便捷的方法获取第一手数据，通过科学设计和统计推断可对全面情况进行深入的分析，获得一定概率条件下的可靠结论。抽样调查作为一种应用广泛的数据获取方式，适用于描述性研究、评估性研究等诸多类型的研究情景。调查数据虽然便捷性不足、获取较为困难，但却是最易于发现问题的一手数据，对研究工作的支撑力更强。本研究依托中国国家博物馆的联系渠道优势，对全国博物馆开展了抽样调查。调查问卷经预调查测试后又进行了两轮修改完善，主要内容包括机构基本信息、藏品情况、学术研究、展览展示、社教传播、文创开发、运维安保、人才建设8个一级指标，包含43个二级指标，力求全方位多角度分层次掌握中国博物馆发展的基本面貌问卷。抽样以全国博物馆（含美术馆和科技馆）名录为基础，采用分层不等概率随机抽样方法，综合考虑问卷篇幅难度、调查推送渠道、受访者激励因素等可能影响问卷应答情况，随机抽取全国各级各类博物馆（含美术馆和科技馆）1178家。本研究课题组确定专人负责项目的组织和实施，发布调查操作指南，设置项目咨询联系电话，指导进入样本的博物馆按照调查操作指南要求完成问卷填答，并安排电话联系催答。调查共发放纸质问卷1178份，调查实施历时40余天，回收有效问卷392份，问卷有效回收率为33.28%。项目人员对已回收的调查问卷数据进行抽查和复核工作，必要时进行补充回访，问卷录入采用实时校验模式，有效控制录入错误。统计分析前，还对数据进行了清理和逻辑检查。数据统计中采用交叉分析策略，突出对不同区域、类型、层次的差异分析比较，有助于找出突出问题和主要原因，为准确研判趋势和提出对策提供支撑。

综上所述，本研究数据主要有三个来源：一是通过问卷调查获得基本分析数据，现场访谈是问卷调查过程中校正指标、确认问题、深入分析原因的必要辅助手段；二是政府有关部门发布的年度统计报告；三是前辈学者研究中所形成的多样化文献数据。来自三个渠道的数据构成了本研究的主要数据。

第二节　问卷调查方案

问卷调查的基础，是在对已有研究进行系统梳理的基础上，对拟调查领域情况从多方位多角度多维度进行综合分析，对其涉及的主要方面、基本形势、主要问题、发展趋势形成初步判断，并据此形成问卷调查方案。本节与第三、四节将详细介绍抽样调查设计、调查数据获取过程和数据汇总分析的情况。

一、调查目的

在全国范围内开展博物馆发展现状调查，目的是全面、准确掌握中国博物馆事业的现实状况和发展趋势，反映博物馆行业发展的困难和问题，了解博物馆在发展过程中的需求，通过深入分析数据，把握不同区域、类型、层次的博物馆面临的挑战和机遇，推动中国博物馆事业高质量发展。具体目标要求：一是通过一定覆盖面的抽样调查，能够对全国范围内各级各类博物馆的发展现状形成具有代表性的样本数据。二是从博物馆运营情况、文化传播、人才发展等多个维度收集调查数据，从多个视角综合分析博物馆行业和具体个案的发展现状。三是构建统一数据库，采用交叉分析策略，通过数据比较发现不同区域、类型、层次博物馆的差异，找出突出问题和主要原因，为准确研判博物馆发展趋势和提出对策提供支撑。四是力图弥补目前研究中的不足，即探索扭转中国博物馆发展现状和对策研究中单纯倚重定性研究和经验判断，定量研究相对匮乏的研究状况。

二、抽样方案

调查研究的基础是抽样过程，科学规范的抽样是调查数据科学有效的重要保障。根据全国博物馆发展现状调查总体需要，综合兼顾科学性和可操作性，于2020年3月制定如下抽样方案。

（一）基本概念和主要原则

样本总体：本次调查理想的目标总体是全国各级各类博物馆，样本总体则是全国登记注册的博物馆（含科技馆、美术馆）。

抽样框：以国家政务服务平台公开的"全国收藏单位数据库"为依据，名录上的 5354 家博物馆构成基本抽样框，除了博物馆名称，还可获得其他相关信息。经核实比对后发现，该名录中仅包含中国已开放的部分美术馆和科技馆，因此对美术馆和科技馆名单进行补充抽样。

抽样方法：本方案以博物馆为抽样单位，采用分层不等概率随机抽样方法。分层依据主要是博物馆质量等级（一级、二级、三级和未定级），同时样本框是按省份接续排列的自然名单。

入样概率：由于博物馆的体量规模和社会影响差异悬殊（大型博物馆和小馆完全不在一个数量级上，甚至相差几个数量级），本次抽样以文物及珍贵文物数量和参观人数两项指标经数据标准化后作为入样权重系数。

预计回收率：问卷篇幅难度、调查推送渠道、受访者激励因素和当前社会环境等情况将影响问卷应答，本次调查预计回收率在 30% 至 60%。

（二）样本容量

由于调查的结果主要是估计各种比例数据以及比例数据之间的比较，所以在样本容量的确定上是以估计简单随机抽样的总体比例 p 时的样本容量为基础。在 95% 的置信度下按抽样绝对误差不超过 0.05 的要求进行计算，需要抽取样本容量：

$$n = \frac{u_\alpha^2 p\ (1-p)}{d^2} = 384$$

这里 d 为抽样绝对误差取 0.05，置信度为 0.95 时 u_α 为 1.96，$p\ (1-p)$ 最大取 0.25。当样本容量超过总体容量的 5%，需要调整平均数的标准误差，因此样本容量调整为：

$$n' = \frac{nN}{n + N - 1} = 358$$

其中，n 为 384，N 为 5354，调整后的样本容量为 358。考虑到调查实施中通常会存在一部分由各种原因造成的无应答或无效情况，实际调查样本量应有所增加。经审慎研判，本次调查预期回收率设定为 1/3 左右，拟抽取样本计划为 1000 至 1200 家博物馆。

（三）抽样过程

1. 准备抽样框

博物馆列表数据来自全国一体化在线政务服务平台上由国家文物局公布的“全国收藏单位数据库”（图 1）。名录上 5354 家博物馆构成基本抽样框。

公开信息中，除了每个博物馆所在省份、性质和简介页面链接，还公布了质量等级、藏品数、珍贵文物数、展览数量（2018 年）、教育活动数（2018 年）、

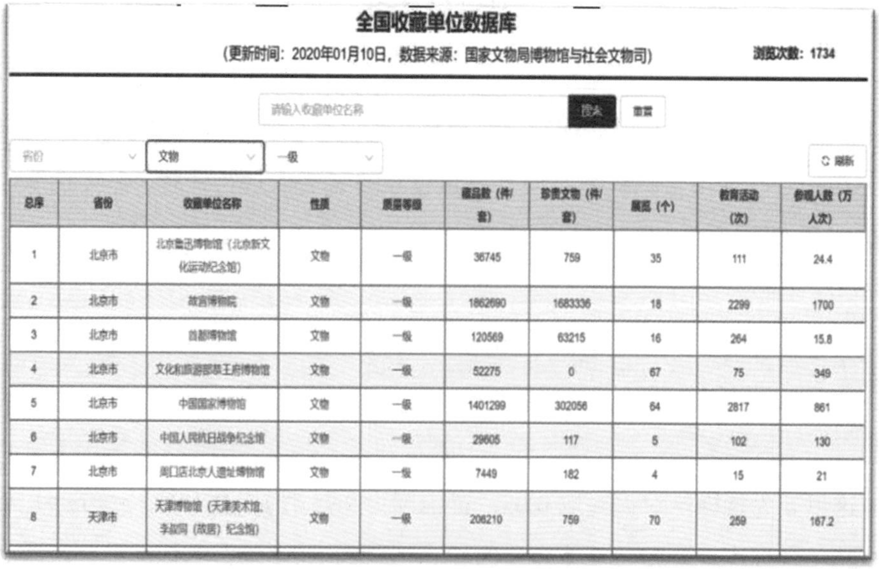

全国收藏单位数据库

（更新时间：2020年01月10日，数据来源：国家文物局博物馆与社会文物司）　浏览次数：1734

请输入收藏单位名称　搜索　重置

省份　文物　一级　刷新

总序	省份	收藏单位名称	性质	质量等级	藏品数（件/套）	珍贵文物（件/套）	展览（个）	教育活动（次）	参观人数（万人次）
1	北京市	北京鲁迅博物馆（北京新文化运动纪念馆）	文物	一级	36745	759	35	111	24.4
2	北京市	故宫博物院	文物	一级	1862690	1683336	18	2299	1700
3	北京市	首都博物馆	文物	一级	120569	63215	16	264	15.8
4	北京市	文化和旅游部恭王府博物馆	文物	一级	52275	0	67	75	349
5	北京市	中国国家博物馆	文物	一级	1401299	302056	64	2817	861
6	北京市	中国人民抗日战争纪念馆	文物	一级	29605	117	5	102	130
7	北京市	周口店北京人遗址博物馆	文物	一级	7449	182	4	15	21
8	天津市	天津博物馆（天津美术馆、李叔同（故居）纪念馆）	文物	一级	206210	759	70	259	167.2

图 1　“全国收藏单位数据库”示例图

参观人数（2018 年）等信息，为后续抽样提供了有价值的参考指标。在分次下载列表数据后，经汇总整理形成了包括 5354 家单位的抽样名单。

唯一不足的是，经核实比对后发现，该名录中仅包含部分美术馆和科技馆，因此后续又对美术馆和科技馆名单进行了补充抽样。

2. 分层不等概率随机抽样

作为抽样单位的博物馆异质性较高，如各个博物馆的体量规模和社会影响差异悬殊，大型博物馆和小馆完全不在一个数量级上，甚至相差几个数量级。因此，充分利用有效信息是提高抽样精度的有效办法。本抽样方案中，我们采用分层不等概率随机抽样方法。

第一，从两个维度对博物馆进行分层：首要依据是博物馆质量等级，依次划分为一级、二级、三级和未定级；次要依据是地域，依次按名单所属省份自然排列。为简化操作，我们对样本框按照分层原则连续排列，相邻层依次抽样，累积概率连续计算，保证样本随机性和容量不变。

第二，根据规模指标确定博物馆入样概率。以博物馆藏品及珍贵文物数量和参观人数两项指标经标准差标准化后作为入样权重系数。数据标准化计算公式如下：

$$y_i = \frac{x_i - \bar{x}}{s}, \text{ 这里 } \bar{x} = \frac{1}{n} \sum_{i=1}^{n} x_i, s = \sqrt{\frac{1}{n-1} \sum_{i=1}^{n} (x_i - \bar{x})^2}$$

上述方法基于原始数据的均值和标准差进行数据的标准化。将原始值 x_i 使用 z-score 转化为标准化值 y_i，新序列的均值为 0，而方差为 1，且无量纲。

两项指标的标准化值之和，以最小值为零基准，再转化为非负值 p_i，作为入样权重系数。

第三，按系统抽样方法随机抽选样本。为应对实际调查的意外情况，预测有效应答率为 35% 左右，所需样本量预计大约为 1030。按照上述所需样本量，计算抽样间隔 d，以抽样日期为种子确定随机起点，逐一抽取样本单元。

抽样结果共包括 1037 家博物馆，其中一、二、三级馆分别有 117、146、151 家。

3.美术馆和科技馆补充抽样

"全国收藏单位数据库"中仅包含部分美术馆和科技馆名单，根据本次调查的定义，博物馆也包括美术馆和科技馆，因此需对后两者进行名单补全。由于通过其他方式无法获取全国美术馆和科技馆的详细信息，仅将名称列表并入总表，会导致入样概率为 0。基于上述考虑，我们将美术馆和科技馆单独抽样，按照 20% 的比例随机抽选，抽中美术馆 66 家、科技馆 71 家作为补充调查名单。

三、实施方案

本次调查采用邮寄纸质问卷方式，调查对象填答完成后寄回。开展调查时间为 2020 年 6 月至 8 月。调查范围覆盖全国除港澳台以外的 31 个省（自治区、直辖市）各级各类博物馆（含美术馆和科技馆），全国计划发放调查问卷为 800 份以上。调查样本选取以国家文物局公布的 2018 全国博物馆名录（即"全国收藏单位数据库"）为抽样框，根据博物馆级别对全国博物馆进行分层随机抽样，确定调查样本，并针对 2018 全国博物馆名单中美术馆和科技馆名单不全的问题，对全国美术馆和科技馆按照 20% 的比例随机抽选，确定补充调查名单。调查实施的具体工作安排和要求如下：

1.收集抽样框资料。以全国博物馆名录为抽样框，整理有关基础信息，作为发放问卷的依据和事后统计分析参考。

2.问卷设计和试填。召开课题组研讨会、专家研讨会讨论问卷指标设计、题项设计，充分反映本次调查的总目标和具体方向。组织小规模的问卷试填工作，保证问卷指标、题项的合理性和完整性。

3.问卷测试。组织专人负责问卷试填工作，提前测试问卷并检查问卷内容准确性、逻辑一致性。

4.调查培训。课题组确定专人负责项目的组织和实施，发布调查操作指南，设置项目咨询联系电话，指导进入样本的博物馆按照调查操作指南要求完成问卷填答。

4.1 组织动员。调查正式开始之前，整理完成进入调查样本博物馆的联系方式，包括调查员（联络员）姓名及电话、博物馆电子邮箱、博物馆地址等相关信息。分别以电话、电子邮件的方式向进入调查样本的博物馆发送调查通知、调查操作指南和相关项目资料。

4.2 调查实施。调查启动后，以快递方式向进入调查样本的博物馆发送调查问卷，做好发放记录，及时跟踪邮件签收情况。《博物馆发展现状调查表》一馆一份，由博物馆管理部门核实信息后统一填报。

4.3 答疑。安排不少于 2 名项目人员负责接听项目咨询电话，及时解答各家博物馆在问卷填答中遇到的各类问题并做好文字记录。

4.4 催答。调查正式开始 7 个工作日后，根据问卷填答回收情况，由项目人员通过电话对还未提交问卷的博物馆进行第一轮催答。调查正式开始 15 个工作日后，进行第二轮电话催答。

4.5 质量控制。项目人员对已回收的调查问卷数据进行抽查和复核工作，必要时进行补充回访，保证项目数据质量。

5. 数据整理。统计分析前，对数据进行清理和逻辑检查，对主要数据结构进行分析，建立调查样本数据库。

6. 数据分析。采用交叉分析策略，通过数据比较发现不同区域、类型、层次博物馆的差异，找出突出问题和主要原因，为准确研判趋势和提出对策提供支撑。

第三节　问卷设计

进行问卷调查的主要手段是设计一套科学规范、合理适用的调查问卷，而其基础就是符合科学设计的指标体系，并以此为依据进行问卷设计。这既需要扎实的理论基础，又需要丰富的实践经验，还要熟悉问卷调查工作的流程以及可能存在的难点和问题。

一、指标体系

在文献调研和实地考察的基础上，课题组对博物馆的运维流程进行了深入细致的分析，着重从八个方面来把握全国博物馆的现状，包括博物馆的基本信息、藏品情况、学术研究、展览展示、社教传播、文创开发、运维安保、人才建设。其中，基本信息主要建立数据分析的基本维度，比如区域结构、级别结构、规模结构、组织结构等。藏品情况则主要了解不同博物馆的藏品规模、类型、定级整理情况以及数字化进展等。学术研究则主要了解博物馆专业技术人员队伍情况，包括科研管理、质量水平、学术活跃程度等，实质是了解博物馆的学术地位与学术话语权情况。展览展示主要了解博物馆展览结构、策展能力、总体水平、发展趋势、社会反映等，试图通过这些指标了解博物馆的社会影响力。社教传播实际上包含了博物馆传统的社会教育功能和新兴的传播功能两个方面，主要了解博物馆的观众服务能力、馆校合作情况以及媒体传播情况等，说明的是博物馆主动传播推介公共文化服务产品的能力水平。文创开发则是反映博物馆不仅具有文化功能和社会功能，还具有重要的经济功能，而且这方面的社会需求越来越大。运维安保则试图了解博物馆的安全形势以及存在的主要问题。人才建设是一个基础工作，没有人才就没有一切，从博物馆的人才使用和储备状况可以在很大程度上看出博物馆的工作水平和未来的发展潜力。围绕这些方面，课题组在 8 个一级指标之下设立了 43 个二级指标，具体情况参见表 2。

表 2   全国博物馆发展现状调查指标

一级指标	二级指标	三级指标	标题号
基本信息	名称	全称	
	地址	详细地址	1
	类型	类别	2

续表

一级指标	二级指标	三级指标	标题号
基本信息	类型	性质	3
	质量等级	定级评估情况、级别、定级时间	4、4.1
	管理结构	理事会设立情况和功能	5、5.1
	建筑面积	建筑总面积、展厅面积、库房面积、标准库房面积、公共区域面积、社教场所面积	6
	运营方式	收费情况	7
		门票价格	7.1
		免费开放遇到的问题	7.2
	分馆设置	独立分馆的设置、同城分馆数量、异城分馆数量、不设立独立分馆的原因	8、8.1、8.2、
	博物馆联盟	博物馆联盟的数量、博物馆联盟的主题、2019年博物馆联盟开展的活动	9、9.1、9.2、9.3
藏品保护	藏品规模	藏品总数、一级文物数量、二级文物数量、三级文物数量、未定级文物数量	10
	藏品结构	古代文物数量、近现代当代藏品数量、历史类文物数量、艺术类文物数量、其他类文物数量	11
	藏品管理和使用	藏品管理和使用中面临的主要困难	12
		藏品保管人员数量和学历分布	21
	藏品征集	过去三年新征收藏品数量、来源渠道	13
		2019年征集经费	14
		藏品征集工作中面临的主要困难	15
		专职征集人员设置	16
		专职征集人员数量、专业分布	16.1
	藏品整理	藏品整理研究的开展、藏品整理完成程度、藏品整理计划、藏品研究整理工作中的制约因素	17、17.1、17.2、19
	藏品数字化	藏品数字化的开展、藏品数字化完成程度、藏品数字化计划、藏品数字化工作中的制约因素	18、18.1、18.2、19
		藏品数据存储方式	20

一级指标	二级指标	三级指标	标题号
藏品保护	藏品修复	文物保管修复机构设置	22
		过去三年藏品修复数量、藏品复制数量	23
学术研究	学术机构	学术研究机构设置、科研管理部门设置	24、25
	科研成果产出	主办学术期刊	26
		2019 年发表学术论文数量、级别	27
		2019 年出版图书数量、类别	28
	学术活动	2019 年主办学术活动数量、类别，2019 年参与国内外学术活动数量	29
		2019 年承担科研项目数量、级别、经费	30
		过去三年获科研奖励数量、名称、等级	31
展览展示	展览结构	2019 年举办展览总数、常设展览数量和类别、临时展览数量和类别、收费展览数量和门票收入	32
		2019 年临时展览的平均展览面积、时长、展品数量	33
	策展能力	策展人制度实行情况，策展人性别结构、年龄分布、专业分布	34、34.1
		对展览体系、结构、原创性、学术性和藏品展示利用率的自我评价	40
		对展览水平的自我评价	41
	展览方式	展览互动体验方式	35
		在线展览开展情况、在线展览专职人员数量和项目数量、在线展览发展计划、对在线展览的态度	36、36.1、36.2、37
	展览效果	过去三年获评全国十大精品展览情况	38
		2019 年反响最好的三个展览	39
		制约展览提升的主要原因	42

续表

一级指标	二级指标	三级指标	标题号
传播服务	观众接待	2019 年接待观众总数、类型、当日最高 / 最低观众接待量	43
	导览讲解服务	导览方式	44
		专职讲解人员数量、年龄分布、专业分布	45
	志愿服务	志愿服务机构	46
		志愿者数量、服务时长、志愿服务内容	47、47.1
	馆校合作	馆校合作开展情况、合作类型、活动场次和人数	48
	公众活动	2019 年开展公众活动类型和举办频次	49
	新闻宣传	新闻宣传部门设置、新闻宣传人员数量	50、50.1
		2019 年各级媒体报道情况，合作媒体数量	51
		开设融媒官宣平台的类型、数量、浏览量、关注度，抗击新冠疫情期间官宣平台浏览量变化情况	52、56
		新闻发布制度、新闻发言人设置、2019 年举办新闻发布会的数量、类型、频次	53、53.1、53.2
		宣传推广的地推开展和类型	54、54.1
		开发手机 App 数量和功能	55
文创开发	文创政策	所在省（自治区、直辖市）出台政策类型、无享受资格的政策类型	57
	文创开发机构和人员	文创开发机构设立、机构性质	58、58.1
		从事文创工作人员的数量、类型	59
	文创开发合作	对外合作方式	60
	文创产品销售	文创产品销售渠道、主要的线上销售平台	61、62
		过去三年文创产品开发数量、年均销售额	63
		2019 年销售最多 / 销售额最高的产品类别	64
	文创开发实践	爆款文创产品成功经验	65

续表

一级指标	二级指标	三级指标	标题号
文创开发	文创开发实践	制约文创产业发展的瓶颈	66
运维安保	安保工作	安保机构设立、专职安保人员数量、安保服务外包情况和外包服务人员数量，安保外包服务质量满意度、安保人员管理中的突出问题	67、67.1、68、68.1、68.2、77
	消防工作	专职消防人员、驻馆消防队、2019年度消防演练	69、69.1、69.2
	安全管理工作	2019年安检危险品类型、2019年安全事故情况、类型	70、71、71.1
		安全演练开展情况、安防应急预案制定和知晓范围	72、73、73.1
	设备运维保障工作	设备维保人员数量、类别，2019年设备维保经费支出	74、75
		维保工作满意度	76
		运维人员管理中的突出问题	77
	后勤服务工作	后勤服务工作外包情况、类别，服务满意度	78
人才建设	人才结构	在编人员数量、学历分布、年龄和性别结构	79、81
		专业技术人员数量、占比，专业技术级别、年龄、性别结构	82
		技能型人才数量、级别、来源	85、86
	人才计划入选情况	国家级、省市级人才计划入选人数	87
	人才流失	最近三年离职人数、人员类别、离职原因	83、84
	人才队伍建设	过去三年接受在职学历教育人数、学历分布、专业分布	80
		人才紧缺问题、紧缺人才类型	88、88.1、88.2
		人才队伍建设中的突出问题	89

二、调查问卷

在文献研究和调查指标体系研究的基础上，本研究课题组形成了《全国博物馆发展现状调查表》。该调查表包括基本信息、藏品情况、学术研究、展览展示、社教传播、文创开发、运维安保、人才建设八个主要板块，内容详见本书附录。

第四节　问卷发放与回收

调查问卷设计完成后，本研究课题组在小范围内进行现场调查和问卷试填工作，并根据反馈情况对调查问卷做了进一步修改完善，使之更加适合被调查者填写，并且确保在 25 分钟之内能够填写完成。完成这些工作之后，我们正式启动了问卷调查工作。整个过程虽有曲折，但总体上还是比较顺利圆满的。

一、组织实施

课题组于 2020 年 6 月 25 日至 8 月 5 日开展了全国博物馆发展现状调查，调查采用邮寄纸质问卷方式，调查对象填答完成后寄回。受疫情和水患的影响，课题组决定在网站上提供电子版问卷供下载。本次调查采取随机抽样方法选取样本，在调查实施过程中严格遵循社会调查规范，保证了调查的科学性、客观性和准确性。调查范围覆盖全国除港澳台以外的 31 个省（自治区、直辖市）各级各类博物馆（含美术馆和科技馆），全国计划发放调查问卷为 800 份以上，实际发放 1178 份。调查样本选取以国家文物局公布的 2018 全国博物馆名录（"全国收藏单位数据库"）为抽样框，根据博物馆级别对全国博物馆进行分层随机抽样，确定调查样本。并针对 2018 全国博物馆名单中美术馆和科技馆名单不全的问题，对全国美术馆和科技馆按照 20% 的比例随机抽选，确定补充调查名单。本次实际发放问卷 1178 份，回收有效问卷 392 份，有效回收率为 33.28%。

为开展好调查问卷发放回收，课题组自 2020 年初先后完成以下工作。

（一）发放前期准备

2020 年初，课题组在文献研究基础上，收集抽样框资料，最终以 2018 年全国博物馆名录为抽样框，整理有关基础信息，为发放问卷提供科学依据，也为调查结束后的统计提供分析参考。课题组同期开展了问卷设计工作，在多次召开问卷设计小组内部讨论、专家咨询的基础上，深入探讨完成了问卷指标设计和题项设计，并在 2020 年 4 月对初步拟定的问卷开展小范围试填，测试问卷并检查问卷内容准确性、逻辑一致性，确保问卷指标、题项的合理性和完整性。在此基础上，课题组对问卷经三审后提供给课题组长最后确认，最后的确认稿以 PDF 文件格式提供给印刷厂。印刷厂出胶片打样，印刷样经三审无误后通知印刷厂开印。对于印刷出品的问卷随机开包检查 100 份，确认印刷质量。

（二）组织动员与发放

2020 年 5 月，课题组确定专人负责项目的组织和实施，确定调查操作指南，设置项目咨询联系电话，开展问卷发放的组织动员。调查正式启动之前，整理完成进入调查样本博物馆的联系方式，包括受调查博物馆相关联络人员的姓名及电话、博物馆电子邮箱、博物馆地址等相关信息，分别以电话、电子邮件的方式向进入调查样本的博物馆发送调查通知、调查操作指南和相关项目资料。

2020 年 6 月 25 日，调查启动后，课题组将全部邮寄信息发送给顺丰快递公司，所有问卷首页题名处以正楷字体人工书写博物馆名称，配合快递公司完成问卷打包，以快递方式向进入调查样本的博物馆寄发调查问卷。每份问卷随件配发《关于商请协助开展"全国博物馆开展现状调查"的函》，向受调查博物馆介绍调查目的和调查的具体安排及联系方式，同时，在中国国家博物馆首页设置电子问卷的下载链接，增强受调查对象对调查工作的认同和理解，也方便及时接收纸质邮件有困难的博物馆在规定时间内完成填答工作。快递公司在两天时间完成寄发，共发放问卷 1178 份。对于快递发出的邮件，快递公司提供快递的底单备查，课题组同时做好发放记录。问卷寄发后，课题组及时跟踪邮件签收情况，对快递公司反馈已经接收到问卷的博物馆，通过电话或邮件提醒其按照调查操作指南要求完成问卷填答，最终确认所有抽样博物馆均收到问卷。

（三）过程管理

为确保问卷填答准确，课题组安排 3 名项目人员，负责接听项目咨询电话，及时解答各家博物馆在问卷填答中遇到的各类问题，并做好文字记录。自 2020 年 7 月 6 日起，课题组根据问卷填答回收情况，由项目人员通过电话对还未提交问卷的博物馆进行第一轮催答。自 2020 年 7 月 16 日起，项目人员对还未提交问卷的博物馆进行第二轮电话催答。自 2020 年 7 月 24 日起，项目人员对还未提交问卷的博物馆进行第三轮电话催答。同时，项目人员对已回收的调查问卷数据进行抽查和复核工作，对填答不清晰等必要情况开展电话补充回访，做好质量控制，保证项目数据质量。

二、问卷回收

按照调查方案安排，各博物馆须在 2020 年 7 月 31 日前统一返回问卷。问卷回收采取快递邮寄方式，受调查博物馆发送快递后会电话通知课题组，告知快递公司名及单号，课题组设置统一的收信人。对于寄出一周后仍未收到的，课题组会上网查询状态，如显示为已投递则要通知发送博物馆查询。对于收到的返回问卷，应有两人在场同时开包，点验问卷，做好问卷编码并直接标注在问卷首页左上角处，同时完成登记，随后通知发送方问卷已收到。编码整理好的问卷移交给问卷管理员，放入指定文件盒和保管柜存放。工作进展受疫情和水患影响，课题组于 2020 年 8 月 5 日结束项目问卷回收工作。

回收受调查博物馆有效问卷 392 份，有效回收率为 33.28%。在统计分析前，课题组对数据进行录入和清理。在问卷定稿后，课题组即开始编写 EPIDATA 录入程序，在回收问卷实录 30 份确认无误后，将经编码后的问卷和录入程序提供移交给录入公司录入，录入过程中对双录数据进行 100% 合并检验，并抽查 5%，此项工作于 2020 年 8 月 25 日完成。录入完成后，课题组按《中国调查与数据中心数据清理标准工作流程》，对录入的数据分别开展单变量、双变量、缺失值清理，完成截止日期为 2020 年 9 月 10 日。

三、信度分析

课题组完成对数据的清理和逻辑检查，对主要数据结构进行分析，建立调查样本数据库。采用交叉分析策略，通过数据比较发现不同区域、类型、层次博物馆的差异，初步开展数据分析，研究剖析突出问题和主要原因，为准确研判趋势和提出对策提供支撑。

一是关于调查样本代表性。本次调查采取随机抽样方法选取样本，在调查实施过程中严格遵循社会调查规范，保证了调查的科学性、客观性和准确性。本次调查共回收有效问卷 392 份，博物馆数量仅占《2018 年度全国博物馆名录》博物馆统计数量的 7.3%，但本次调查的博物馆文物数量占《2018 年度全国博物馆名录》统计文物总数的 34.8%，本次调查的博物馆年均参观人数占《2018 年度全国博物馆名录》统计参观总人数的 25.8%，本次调查的博物馆年均教育活动场次占《2018 年度全国博物馆名录》统计的教育活动总场次的 43.5%，由此可见，本次调查样本具有很好的代表性。

二是关于博物馆性质、地区、级别分布情况。根据国家文物局公布的《2018 年度全国博物馆名录》统计数据，2018 年全国 5354 家博物馆中，国有博物馆占 53.8%，非国有博物馆占 46.2%。从博物馆分布地区来看，东部地区博物馆占 40.1%，中部地区博物馆占 28.7%，西部地区博物馆占 23.6%，东北地区博物馆占 7.6%。从博物馆级别来看，一级博物馆占 2.4%，二级博物馆占 5.2%，三级博物馆占 8.1%，未定级博物馆占 84.2%。本次调查的博物馆中，国有博物馆占 89.5%，非国有博物馆占 10.5%。从博物馆分布地区来看，东部地区博物馆占 39.3%，中部地区博物馆占 28.3%，西部地区博物馆占 26.5%，东北地区博物馆占 5.9%。从博物馆的级别来看，一级博物馆占 16.3%，二级博物馆占 19.7%，三级博物馆占 15.8%，未定级博物馆占 48.2%。（图 2、图 3、图 4）

本次调查的博物馆在地区分布上和《2018 年度全国博物馆名录》的博物馆地区分布情况基本一致，说明本次调查的博物馆在地区分布上有很好的代表性。

三是关于实地调查的补充完善。本次调查在进行抽样时，考虑到中国博物馆的体量规模和社会影响差异悬殊（大型博物馆和小馆完全不在一个数量级上，甚

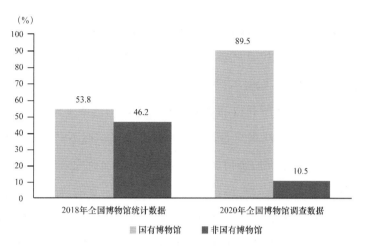

图 2　国有/非国有博物馆样本分布图

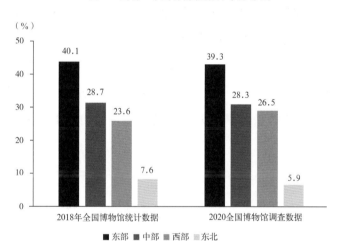

图 3　各地区博物馆样本分布图

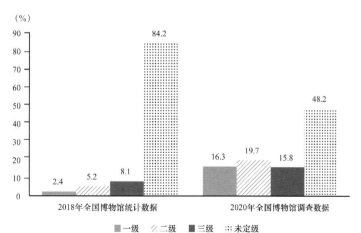

图 4　各级别博物馆样本分布图

至相差几个数量级），因此在抽样时以文物及珍贵文物数量和参观人数两项指标经数据标准化后作为入样权重系数，因此最终进入调查样本的国有博物馆、定级博物馆的分布比例会比《2018 年度全国博物馆名录》中的统计数据比例偏高。这种情况说明，本次调查所获得的数据以及由此得出的研究结论有可能稍微乐观。为了纠正这种情况，补充问卷调查的不足，准确掌握不同区域、不同性质、不同规模、不同类型、不同层级博物馆发展过程中所面对的差异化挑战和应对措施，课题组研究人员克服新冠疫情给研究带来的前所未有的挑战，组成多个调研小组，以问题为导向，分赴北京、江苏、湖南、江西、重庆、甘肃等省市多家博物馆开展调研访谈，访谈对象覆盖国有博物馆、非国有博物馆，包括文物系统博物馆、科技系统博物馆、高校博物馆、行业博物馆等多类型多级别博物馆。调研组围绕博物馆主责主业与多家博物馆管理人员、业务骨干等进行访谈，问题主要围绕博物馆业务和管理设置开放性问题，以描述性问题为主，结合采用结构性问题推进访谈的深入，同时在实地观察的基础上，以对照性的问题为补充印证访谈问题的访谈效果，力求通过实地调研访谈更精准把握博物馆发展实际。

第三章 数据报告

第一节 全国博物馆的总体情况

一、博物馆区域间发展不平衡

本次调查数据显示,39.3%的博物馆分布在东部地区,28.3%分布在西部地区,26.5%分布在中部地区,东北地区的博物馆仅占5.9%(图5)。这反映出中国博物馆分布存在地区间的不平衡问题,地区博物馆数量与地区经济发展水平有较大

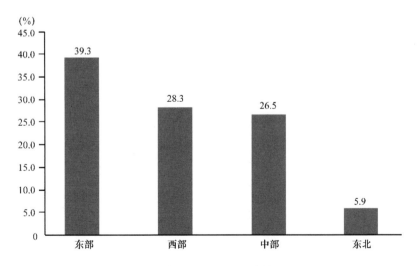

图5 博物馆数量区域分布情况

关系。

从博物馆的类别来看，中国博物馆依然存在比较明显的地区发展不平衡问题，其中艺术类和自然科学类博物馆尤为突出。超过一半的艺术类博物馆分布在东部地区（56.5%），东北地区的艺术类博物馆仅占总数的4.3%（图6）。

自然科学类博物馆分布最多的地区是西部地区（40%），其次是东部地区（36.7%）和中部地区（23.3%），东北地区没有自然科学类博物馆（图7）。

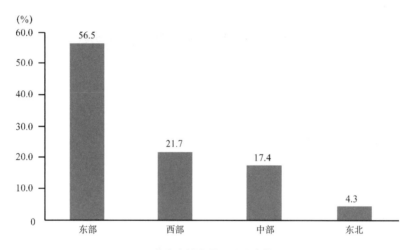

图6　艺术类博物馆区域分布情况

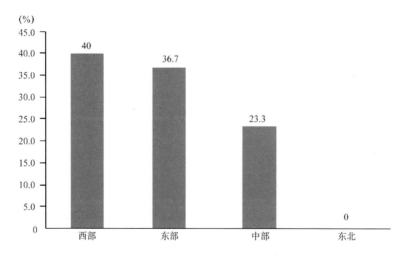

图7　自然科学类博物馆区域分布情况

二、非国有博物馆成为中国博物馆体系的重要组成部分

本次调查的博物馆中，非国有博物馆占到 10.5%，从地区分布来看，国有 / 非国有博物馆分布比例没有显著差异。从博物馆的类别来看，艺术类博物馆中非国有博物馆的比例最高，达到了 17.4%；自然科学类博物馆中的比例则最低，仅有 6.7%（图 8）。

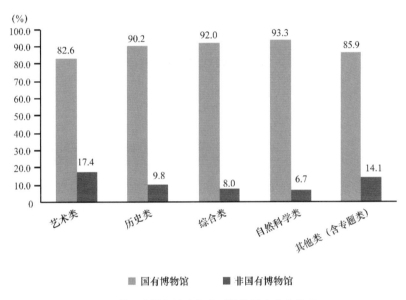

图 8　非国有博物馆在各类别博物馆中分布情况

三、博物馆等级评价覆盖面有限

本次调查中，接近一半（48.2%）的博物馆还未通过定级评估，国家一级、二级和三级的比例分别为 16.3%、19.7% 和 15.8%。超过八成（82.5%）的非国有博物馆还没有通过定级评估，仅有 2.5%、2.5%、12.5% 的非国有博物馆分别被评定为国家一级、二级、三级博物馆。国有博物馆的情况略好，但仍有 43.8% 还没有通过定级评估（图 9）。

从博物馆类别来看，综合类博物馆通过定级评估的比例最高，为 65.1%，艺术类博物馆最低，仅为 20%，且艺术类博物馆中没有国家一级博物馆（图 10）。

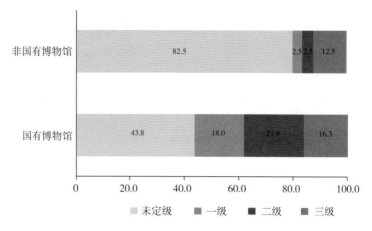

图 9　国有/非国有博物馆等级评价情况

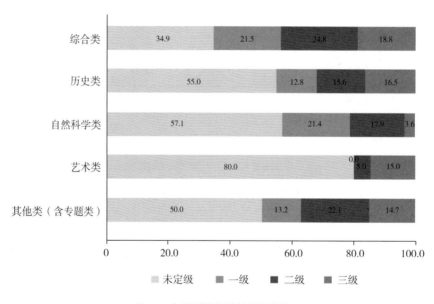

图 10　各类别博物馆等级评价情况

四、近半数博物馆设立理事会，非国有博物馆设立理事会的比例高于国有博物馆

在本次调查中，近半数（48.7%）博物馆设立了理事会，在已设立的理事会

中，其主要功能是决策。不同类别博物馆的理事会设立情况差别较大，超过七成（74.1%）的自然科学类博物馆没有设立理事会，而在综合类博物馆中这一比例仅为34.6%（图11）。不同类别博物馆理事会功能也有所差别，综合类博物馆理事会中决策和咨询作为主要功能的比例相差不大，但在历史类和自然科学类博物馆理事会中，决策性作为主要功能的比例远大过咨询性功能。非国有博物馆设立理事会的比例（72.2%）高于国有博物馆（45.9%）。

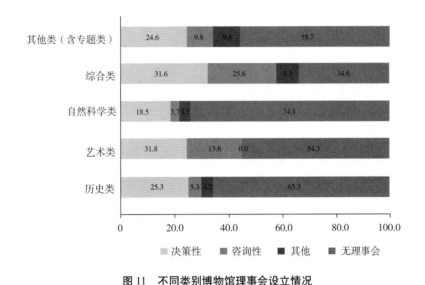

图11　不同类别博物馆理事会设立情况

五、不同地区和不同类别博物馆建筑面积存在较大差异，不同类别博物馆展厅面积差异较大

本次调查的博物馆平均建筑总面积为20102.6平方米，50.1%的博物馆建筑总面积在9689.3平方米以上，26%的博物馆建筑总面积在21000平方米以上。博物馆建筑总面积存在地区间差异，东部地区博物馆平均建筑总面积最大，达27736.3平方米，有25%的博物馆建筑总面积在23808平方米以上；而中部地区博物馆平均建筑总面积仅有13871.5平方米，有25%的博物馆建筑总面积在16250平方米以上。从博物馆类别上看也存在较大差异，历史类博物馆平均建筑总面积最大，达26203.1平方米，有25%的博物馆建筑总面积在14086.8平方米

以上；自然科学类博物馆平均建筑总面积排名第二，有 21816.1 平方米，有 25%
的博物馆建筑总面积在 23570 平方米以上；艺术类博物馆平均建筑总面积最小，
仅有 122044.7 平方米，有 25% 的博物馆建筑总面积在 17000 平方米以上。

本次调查的博物馆平均展厅面积为 6080.1 平方米，一半博物馆的展厅面积
在 3810 平方米以上，25% 在 7700 平方米以上。不同类别博物馆展厅面积差异较
大，自然科学类博物馆平均展厅面积最大，达 10297.6 平方米，且有 25% 的博物
馆展厅面积在 13500 平方米以上；历史类博物馆平均展厅面积最小，仅有 4227.6
平方米，有 25% 的展厅面积在 5350 平方米以上。

六、近九成博物馆免费开放，东北地区、艺术类和综合类博物馆免费开放比例最高

本次调查的博物馆中，免费开放比例达 88.8%，其中，东北地区免费开放的
博物馆比例最高，为 95.7%；东部地区最低，为 84.8%（图 12）。

艺术类和综合类博物馆免费开放比例高，分别为 95.5% 和 95.3%，而自然科
学类博物馆中仅有 73.3% 为免费开放（图 13）。

国有博物馆中免费开放的比例比非国有博物馆高出近 10 个百分点。

七、免费博物馆面临的最大问题是补助经费不足

实施免费开放政策的博物馆遇到的最突出问题是免费开放补助经费不足，有
六成（61.5%）博物馆反映存在该问题，其次为人员经费比例低的问题（35.8%）。
中部地区博物馆、艺术类博物馆、非国有博物馆对经费问题的反映最为突出。

超过七成的中部地区博物馆实施免费开放以来遇到的最突出问题是"免费开放
补助经费不足"，东北地区遇到的最突出问题则是"免费开放补助经费不足"（40%）
和"公共服务配套不足"（40%）（图 14）。

接近八成（76.5%）的艺术类博物馆实施免费开放以来遇到的最突出问题是"免
费开放补助经费不足"，而在自然科学类博物馆中，这一比例仅为 40%（图 15）。

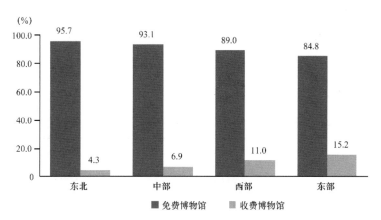

图 12　免费 / 收费博物馆的地区分布情况

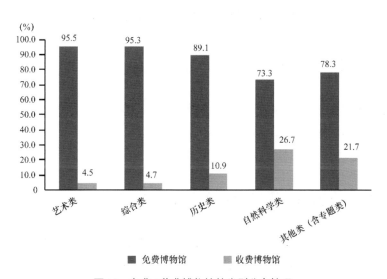

图 13　免费 / 收费博物馆的类别分布情况

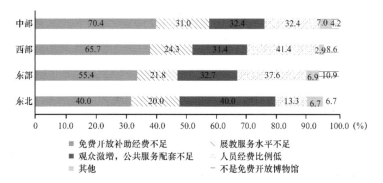

图 14　不同地区的免费博物馆面临的主要问题

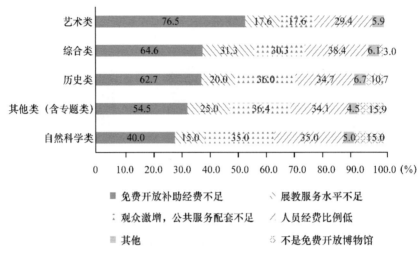

图 15　不同类别的免费博物馆面临的主要问题

八、收费博物馆的平均门票价格为 43.6 元

本次调查中，东北地区仅一家收费博物馆，门票价格为 70 元；东部地区收费博物馆平均门票价格最低，仅为 33.4 元。

九、少数博物馆有同城分馆和异地分馆

本次调查中，仅有 16.6% 的博物馆有同城分馆，同城分馆数量最多为 7 家，最少为 1 家。33 家博物馆（8.7%）有 1 家同城分馆，2 家博物馆（0.5%）有 7 家同城分馆。

仅 3.7% 的博物馆有异地分馆，异地分馆数量最多为 6 家，最少为 1 家。9 家博物馆（2.6%）有 1 家异地分馆，1 家博物馆（0.5%）有 6 家异地分馆。

十、六成博物馆参与了博物馆联盟

本次调查中，64.1% 的博物馆参与了博物馆联盟，其中，29.3% 的博物馆参与了 1 个联盟，20.4% 的博物馆参与了 2 个联盟。主要的联盟主题是区域性

（68.3％）和专题性（67.9％），2019 年博物馆联盟开展的活动主要有展览交流
（72.5％）和联合办展（61.1％）。

第二节　博物馆藏品的征藏保管情况

一、博物馆藏品集中于东部和西部地区

本次调查数据显示，中国博物馆平均藏品数量为 37083.7 件 / 套，50％的博
物馆藏品数量在 5894 件 / 套以上，其中 25％的博物馆藏品数量在 23594 件 / 套
以上。

东部地区博物馆平均藏品总数为 43614.2 件 / 套，超过全国平均水平，其
中 25％的博物馆藏品总数在 30274 件 / 套以上。西部地区博物馆平均藏品
总数为 40504 件 / 套，超过全国平均水平，其中 25％的博物馆藏品总数在
21117.5 件 / 套以上。中部和东北地区博物馆平均藏品总数分别为 24630.6 件 /
套和 32676 件 / 套，低于全国平均水平。（图 16）

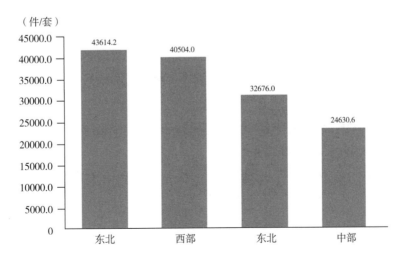

图 16　各地区博物馆平均藏品数量情况

二、自然科学类和综合类博物馆藏品较多

　　自然科学类博物馆平均藏品总数为 108553.9 件 / 套，25％的博物馆藏品总数在 94898 件 / 套以上。综合类博物馆平均藏品总数为 50647.5 件 / 套，25％的博物馆藏品总数在 49693 件 / 套以上。艺术类博物馆平均藏品总数最少，只有 6249.9 件 / 套，有一半的艺术类博物馆藏品总数在 835 件 / 套以下。（图 17）

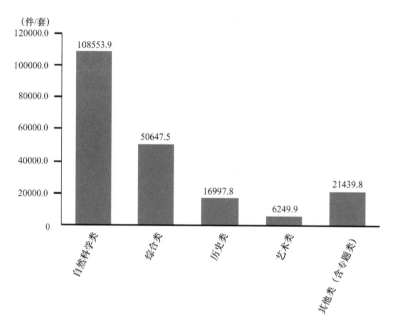

图 17　各类别博物馆平均藏品数量情况

三、国有博物馆藏品数量大大超过非国有博物馆

　　国有博物馆平均藏品总数为 40394.5 件 / 套，25％的国有博物馆藏品总数在 25098.5 件 / 套以上。非国有博物馆的平均藏品总数则只有 9115.4 件 / 套，仅有 25％的非国有博物馆藏品总数在 10000 件 / 套以上。

四、大部分文物未定级，珍贵文物藏品稀少，西部和东北地区博物馆珍贵文物藏品数量较多，综合类博物馆和自然科学类博物馆珍贵文物数量最多

本次调查中，博物馆一级文物藏品平均数量仅 87.1 件 / 套，二级藏品平均数量仅 328.8 件 / 套，三级藏品平均数量为 2595.7 件 / 套。东北地区博物馆一级、二级、三级藏品数量最多，分别为 184.6 件 / 套、619.8 件 / 套、5265.9 件 / 套。西部地区博物馆一级文物数量比东北地区少，其一级、二级、三级藏品数量分别为 118 件 / 套、279.2 件 / 套、2636.4 件 / 套。（图 18）

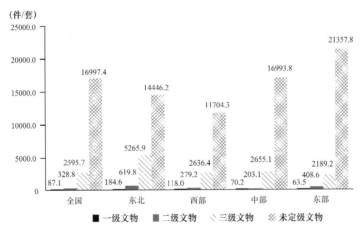

图 18　不同等级文物藏品数量情况

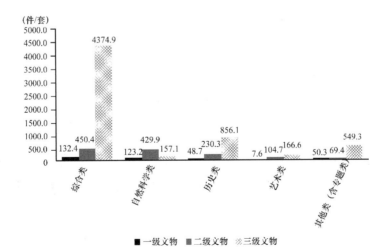

图 19　不同类别博物馆珍贵文物数量情况

本次调查中，一级文物、二级文物和三级文物主要集中在综合类博物馆、历史类博物馆和自然科学类博物馆，艺术类博物馆的珍贵文物最少。（图 19）

五、古代文物仍是博物馆藏品的主体，且主要集中收藏于综合类博物馆和国有博物馆

本次调查数据显示，古代文物仍是博物馆藏品的主体。博物馆古代文物的平均数量是 20115.6 件 / 套，占博物馆平均藏品总数的 49.8%。博物馆近现代藏品的平均数量只有 4786.7 件 / 套，当代藏品平均数量只有 3638.1 件 / 套。古代文物主要集中收藏于综合类博物馆和国有博物馆，当代藏品则主要收藏于艺术类博物馆。（图 20）

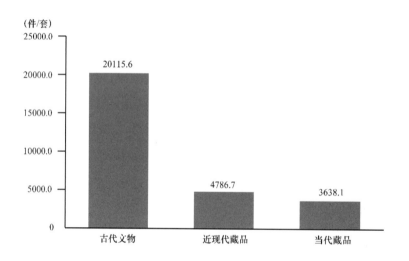

图 20　博物馆藏品类型数量情况

六、超过八成博物馆在 2017—2019 年征集了新藏品，东部地区博物馆和自然科学类博物馆征集数量最多，接受捐赠和征集购买是主要的藏品征集渠道

2017—2019 年，有 84% 的博物馆征集了新的藏品，平均每家博物馆征集了

1497.6 件 / 套新藏品。东部地区博物馆征集数量最多，平均征集了 2217.6 件 / 套新藏品；西部地区次之，平均征集了 1190.6 件 / 套新藏品；中部地区最少，平均只征集了 827.6 件 / 套新藏品。（图 21）接受捐赠和征集购买是所有地区博物馆征集新藏品的主要手段。

自然科学类博物馆征集新藏品的数量最多，历史类和艺术类博物馆新征集藏品数量最少。接受捐赠和征集购买是绝大多数类型博物馆征集新藏品的主要手段。对于综合类博物馆而言，除接受捐赠和征集购买之外，接受调拨移交也是其主要的藏品征收渠道。（图 22）

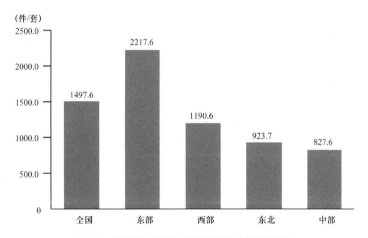

图 21　不同地区博物馆征集藏品的数量情况

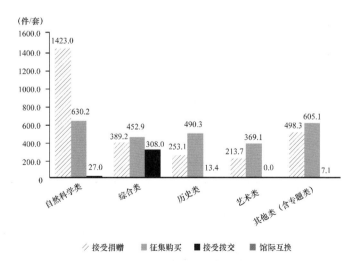

图 22　不同类别博物馆征集藏品的数量情况

七、不同地区和不同类别博物馆征集经费存在明显差异，缺少资金和缺乏专业人员是藏品征集工作中面临的主要困难

2019 年全国博物馆平均征集经费为 1131.2 万元，但地区间差异非常大。东部地区博物馆平均征集经费最高，为 2726.8 万元，有 25% 的博物馆年均征集费用在 70 万元以上；中部地区最低，平均征集经费仅有 41.1 万元，只有 25% 的博物馆年均征集费用在 30 万元以上。从博物馆类别来看，综合类博物馆平均征集经费为 2550.4 万元，有 25% 的博物馆年均征集费用在 70 万元以上；其次为自然科学类博物馆，年均征集经费为 451.6 万元，有 25% 的博物馆年均征集费用在 180 万元以上。这两类博物馆征集费用远高于其他类别博物馆。

85.1% 的博物馆反映缺少资金是他们在藏品征集工作中面临的主要困难，其次是缺乏专业人员，对困难问题的反映不存在地区间差异。但不同类别的博物馆面临的主要困难有所不同，艺术类和自然科学类博物馆面临的两个主要困难分别是缺少资金和缺乏政策支持，历史类、综合类和其他类博物馆则是缺少资金和缺乏专业人员。国有 / 非国有博物馆面临的主要困难也不完全一样，前者是缺少资金和缺乏专业人员，后者则是缺少资金和缺乏政策支持。（图 23、图 24）

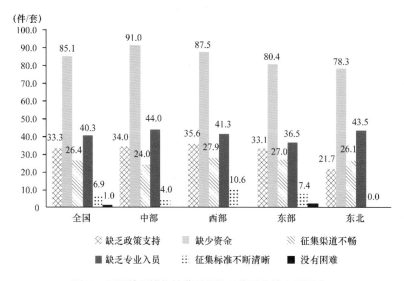

图 23　不同地区博物馆藏品征集工作面临的主要困难

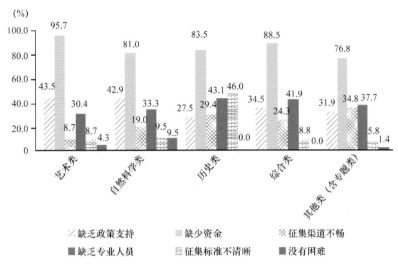

图24　不同类别博物馆藏品征集工作面临的主要困难

八、不到一半的博物馆有专职藏品征集人员

本次调查数据显示，仅有46.7%的博物馆有专职藏品征集人员。有专职征集人员的博物馆中，平均每家博物馆有4.9名专职征集人员。有8%的博物馆有1名专职藏品征集人员，9.2%的博物馆有2名专职藏品征集人员，7.7%的博物馆有3名专职藏品征集人员。专职征集人员大多为文史专业背景。

九、近八成博物馆完成馆内藏品整理研究，近九成博物馆启动了藏品数据采集工作

78.5%的博物馆完成了馆内藏品整理研究，在自然科学类博物馆中这一比例略低，为63.2%。89.2%的博物馆启动了藏品数据采集，在自然科学类博物馆中这一比例略低，为78.9%。

十、高学历的藏品保管人员较少，藏品数据主要还是以二维图像的方式存储，近八成藏品库房能达到"按材质分类库房 / 专柜"标准

98.1%的博物馆都有藏品保管人员，每馆平均有4.9名藏品保管人员，70%的博物馆藏品保管人员在4名及以下。仅9.6%的博物馆有具备博士学位的藏品保管人员，51%的博物馆有具备硕士学位的藏品保管人员。

目前博物馆对藏品数据的存储方式以二维图像为主（71.6%），三维扫描模型等技术使用还不普遍（20.8%）。

大部分（75.6%）博物馆藏品库房能达到"按材质分类库房 / 专柜"标准，58.3%的库房配备了气体灭火系统，57.8%的库房有远程库房监控系统，47.8%的库房有恒温恒湿控制系统，仅有30%的博物馆有珍贵文物库房（图25）。

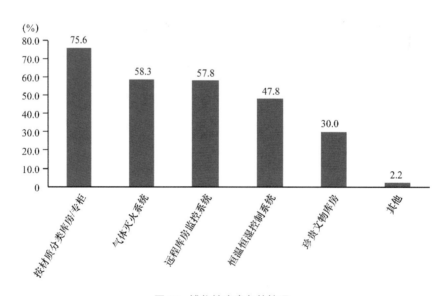

图25　博物馆库房条件情况

十一、设立文物保管修复机构的博物馆比例较低

仅有23.3%的博物馆设立了文物保管修复机构，综合类博物馆设立文物保管修复机构的比例最高，但也仅为28%。

第三节　博物馆学术研究情况

一、设立学术研究机构的博物馆比例较低

仅有 37.6% 的博物馆设立了专门的学术研究机构，历史类博物馆设立学术研究机构的比例略高，为 42.9%，自然科学类博物馆比例最低，仅为 33.3%。国有博物馆比非国有博物馆高 15 个百分点。博物馆的级别越高，设立学术研究机构的比例也越高，一级博物馆中有 69.4% 设立了专门的学术研究机构，未定级博物馆中这一比例仅为 22.4%。

博物馆中专职研究人员平均数量为 7.3 人，东北地区博物馆专职研究人员平均数量最多，有 11 人；东部地区最少，有 6.7 人。不同类别博物馆专职人员数量差别较大，专职研究人员数量最多的是综合类博物馆，有 10.1 人；最少的是艺术类博物馆，仅有 1.5 人。国有博物馆的专职研究人员平均数量（7.9 人）多于非国有博物馆（2.3 人），一级博物馆的专职研究人员平均数量（25.5 人）显著多于二级（4.9 人）、三级（3.1 人）和未定级博物馆（3.1 人）。

二、近八成博物馆发表过学术论文，但发表在核心期刊上的论文数量较少

74.3% 的博物馆在 2019 年发表过学术论文，平均发文数量为 14.8 篇，25% 的博物馆发文数量在 18 篇以上。东部地区博物馆（16.2 篇）、综合类博物馆（18.0 篇）发表学术论文的平均数量最高，国有博物馆（15 篇）发表学术论文的平均数量显著多于非国有博物馆（8.7 篇），一级博物馆（34.7 篇）发表学术论文的平均数量显著多于二级、三级和未定级博物馆。

本次调查中有 40.6% 的博物馆 2019 年没有在核心期刊上发表过论文，而发表过核心期刊论文的博物馆平均发文数量也较低，仅有 2.8 篇，自然科学类博物

馆发表的数量最多,也仅有 10.1 篇。非国有博物馆发表篇数为 0。

三、图书是博物馆重要的学术成果形式

53.6% 的博物馆在 2019 年出版过图书,其中 19.9% 的博物馆出版了 1 本图书,14.2% 的博物馆出版了 2 本图书。国有博物馆出版图书的平均数量是非国有博物馆的 3 倍。

29.8% 的博物馆在 2019 年出版过展览图录,其中 16.3% 的博物馆出版了 1 本展览图录,7.3% 的博物馆出版了 2 本展览图录。国有博物馆出版展览图录的平均数量是非国有博物馆的 2.5 倍。

29.6% 的博物馆在 2019 年出版过学术专著,其中 14.4% 的博物馆出版了 1 本学术专著,8.6% 的博物馆出版了 2 本学术专著。

22.3% 的博物馆在 2019 年出版过普及读物,其中 14.5% 的博物馆出版了 1 本普及读物,3.6% 的博物馆出版了 2 本普及读物。非国有博物馆的出版数量为 0。

仅有 8% 的博物馆在 2019 年出版过音像制品。

四、六成博物馆主办了学术活动,东部地区博物馆主办学术活动次数较多

64.7% 的博物馆在 2019 年主办了学术活动,平均主办学术活动的次数为 9.1 次,其中 11.9% 的博物馆主办了 1 次学术活动,9.6% 的博物馆主办了 2 次学术活动,10.9% 的博物馆主办了 3 次学术活动。东部地区博物馆主办学术活动的平均次数最高,为 13.5 次,西部地区最少,仅有 5.8 次(图 26)。

自然科学类和艺术类博物馆主办学术活动的平均次数最多,分别为 11.8 次和 11.7 次,历史类博物馆最少,只有 4.9 次(图 27)。

在 2019 年主办了学术活动的博物馆中,52.1% 主办了学术研讨活动,平均次数为 3.1 次。东部地区博物馆主办学术研讨活动的平均次数最高,为 5.1 次,东北地区最少,只有 1.5 次。艺术类博物馆主办学术研讨活动的平均次数最高,

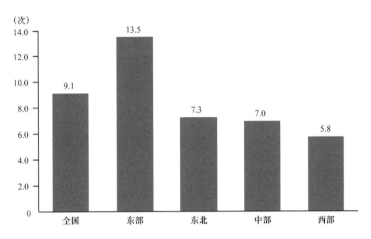

图 26　不同地区博物馆主办学术活动次数

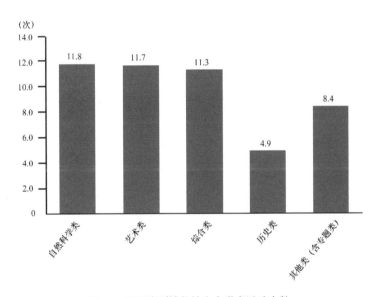

图 27　不同类别博物馆主办学术活动次数

有 5.9 次，自然科学类博物馆最少，只有 1.4 次。

在 2019 年主办了学术活动的博物馆中，55.8% 主办了学术讲座，平均次数为 6.3 次。东部地区博物馆主办学术讲座的平均次数最多，有 8.4 次，西部地区最少，只有 4.3 次。自然科学类博物馆主办学术讲座的平均次数最高，有 9.7 次，历史类博物馆最少，只有 3.4 次。

五、近七成博物馆参与了学术活动，参与国外学术活动的比例极低

67.7%的博物馆在2019年参与了学术活动，平均参与国内外学术活动8.2次。东部地区博物馆参与国内外学术活动的平均次数最高，为9.2次；中部地区最少，只有6.9次。综合类博物馆参与国内外学术活动的平均次数最高，有11.7次，其他类博物馆最少，只有4.5次。国有博物馆比非国有博物馆参与国内外学术活动的平均次数多5.7次，一级博物馆参与国内外学术活动的平均次数是17.7次，显著高于其他级别博物馆。

在2019年参与了学术活动的博物馆中，仅有18.8%参与了国外学术活动，平均每家博物馆参与了0.6次国外学术活动。

六、三成博物馆承担了科研项目，获科研成果奖励的比例较低

33.1%的博物馆在2019年承担了科研项目，这些博物馆平均承担科研项目6.2项，其中8.8%的博物馆承担了1个项目，6.5%的博物馆承担了2个项目，3.2%的博物馆承担了3个项目。自然科学类博物馆承担科研项目的平均数量最高，有8.5项，明显高于其他类别博物馆。

在2019年承担了科研项目的博物馆中，有12.2%承担了国家级科研项目，这些博物馆平均承担了1个国家级项目；有19.7%承担了省部级科研项目，这些博物馆平均承担了2个省部级项目；有16.3%承担了厅局级/地市级项目，这些博物馆平均承担了1.9个厅局级/地市级项目。

还有28.3%的博物馆自行组织开展了科研项目，这些博物馆平均开展了4.6个项目。

2017—2019年，21.6%的博物馆有科研成果获得奖励，其中9.6%的博物馆获得1项奖励，5.3%的博物馆获得2项奖励。

第四节　博物馆展览展示情况

一、不同地区、不同类别博物馆举办展览数量差异较大

本次调查的博物馆在 2019 年平均举办了 12.6 个展览。从地区分布来看，东部地区博物馆平均举办展览数量最多，为 15.2 个；东北地区最少，为 10.1 个（图 28）。

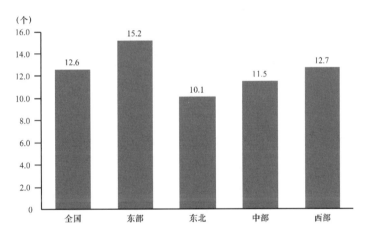

图 28　不同地区博物馆举办展览数量

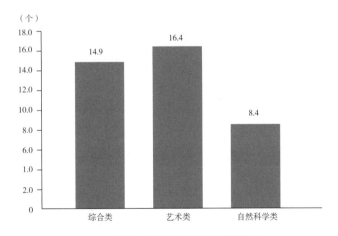

图 29　部分类别博物馆举办展览数量

不同类别博物馆举办展览情况也有差异。综合类博物馆平均举办了 14.9 个展览；艺术类博物馆平均举办了 16.4 个展览；自然科学类博物馆举办展览最少，平均仅有 8.4 个（图 29）。

二、常设展览和临时展览情况

本次调查中，98.4% 的博物馆在 2019 年有常设展览。其中，25% 的博物馆常设展览个数在 2 个及以下，25% 的博物馆常设展览个数在 6 个及以上，50% 的博物馆常设展览个数在 2—6 个之间。

在设置了常设展览的博物馆中，有 97.4% 设有基本陈列展览。在这些博物馆中，有 25% 的博物馆基本陈列展览个数在 1 个及以下，有 25% 的博物馆基本陈列展览个数在 4 个及以上，50% 的博物馆基本陈列展览个数在 1—4 个之间。

在设置了常设展览的博物馆中，有 86.2% 设有专题展览。在这些博物馆中，有 25% 的博物馆专题展览个数在 1 个及以下，有 25% 的博物馆专题展览个数在 4 个及以上，50% 的博物馆专题展览个数在 1—4 个之间。

本次调查中，94.2% 的博物馆在 2019 年有临时展览，在这些博物馆中，有 25% 的博物馆临时展览个数在 2 个及以下，有 25% 的博物馆临时展览个数在 11 个及以上，50% 的博物馆临时展览个数在 2—11 个之间。

在设置了临时展览的博物馆中，有 90.8% 的博物馆是自主策划的展览。在这些博物馆中，有 25% 的博物馆自主策划临时展览的个数在 1 个及以下，有 25% 的博物馆自主策划展览个数在 6 个及以上，50% 的博物馆自主策划展览个数在 1—6 个之间。

三、实行了策展人制度的博物馆比例较低

16.3% 的博物馆实行了策展人制度。东北地区博物馆实行了策展人制度的比例最高，为 21.7%。艺术类博物馆实行策展人制度的比例最高，为 21.7%；自然科学类博物馆最低，仅有 6.7%。国有博物馆和非国有博物馆差别不大，一级博

物馆实行策展人制度的比例较高，有 32.3%，三级博物馆仅有 6.7%。

实行了策展人制度的博物馆中平均有 7.7 个策展人，其中 25% 的博物馆策展人在 4 人及以上，25% 的博物馆策展人在 1 人及以下，50% 的博物馆策展人在 1—4 人。东部地区博物馆平均策展人数量最多，有 13.4 人；综合类博物馆平均拥有策展人数量最多，有 11.3 人；自然科学类博物馆最少，仅有 3 人。国有博物馆平均策展人数量是非国有博物馆的 4 倍。

四、触摸屏是最主要的展览互动体验方式

本次调查的博物馆中为观众提供的展览互动体验方式中最多的是触摸屏，其次是二维码和智能导览，地区间差异不大。

不同类别博物馆间存在差异，自然科学类博物馆为观众提供的展览互动体验方式中最多的分别是触摸屏、智能导览和虚拟现实 / 增强现实，艺术类博物馆则分别是触摸屏、二维码和数字展厅。非国有博物馆差别也较大，他们为观众提供的展览互动体验方式中最多的分别是其他方式、二维码和沉浸式体验。（图 30、图 31）

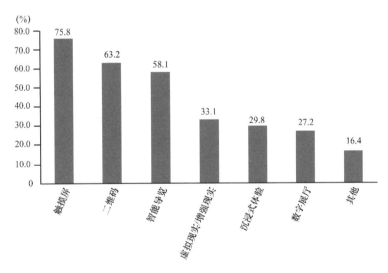

图 30　博物馆展览互动体验方式

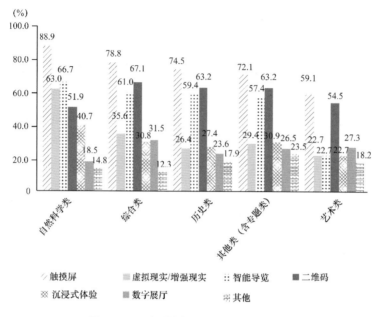

图31 不同类别博物馆展览互动体验方式

五、超过八成的博物馆对在线展览持乐观和支持态度

超过八成（84.7%）的博物馆认为"在线展览代表未来方向，要大力发展"，但非国有博物馆持这一看法的比例略低，为66.7%。

55.2%的博物馆在新冠疫情期间举办了在线展览，这些博物馆平均举办了3.7个在线展览。其中东部地区博物馆举办数量最多，平均举办了6.5个；中部地区最少，平均只有1.5个。综合类博物馆平均举办在线展览数量最多，平均有6.9个；自然科学类最少，平均只有1个。国有博物馆平均比非国有博物馆多举办了2.7个在线展览，一级博物馆举办数量最多，平均有12.8个，显著高于其他类别博物馆。

六、不到一成的博物馆在2017—2019年举办的展览被评为全国十大精品展览

2017—2019年，仅有7.7%的博物馆举办的展览被评为全国十大精品展览。

其中，西部地区的博物馆中这一比例最高，达 9%，综合类博物馆中这一比例最高，有 11.3%，艺术类博物馆、非国有博物馆则为 0；22.6% 的一级博物馆在2017—2019 年有展览被评为全国十大精品展览，三级博物馆中这一比例仅为 1.7%。

七、博物馆对本馆展览水平自我评价较好

本次调查的博物馆中有超过一半者（55.6%）认为本馆展览水平"很好，很受群众欢迎"，41% 认为本馆展览水平"还好，比较受欢迎"（图 32）。

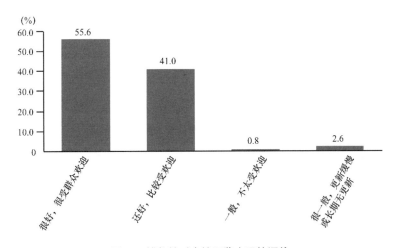

图 32　博物馆对本馆展览水平的评价

八、博物馆认为制约本馆展览提升的主要原因分别是"经费不足""缺乏场地"和"展品不充足"

本次调查的博物馆认为，制约本馆展览提升的主要原因分别是"经费不足""缺乏场地"和"展品不充足"。中部地区博物馆、综合类博物馆、其他类博物馆、国有博物馆的情况略有差别，他们认为主要制约因素分别是"经费不足""展品不充足"和"缺乏场地"（图 33）。

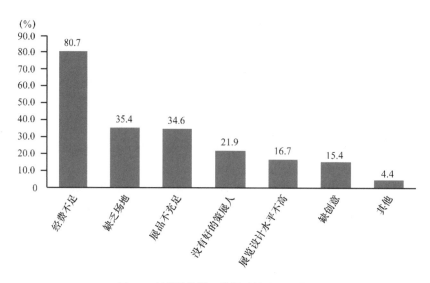

图33　制约博物馆展览提升的主要因素

九、博物馆对本馆展览情况的评价

本次调查的博物馆中有超过一半者（53.4%）认为"本馆展览体系完整"，中部地区博物馆中这一比例略低，为46.1%。从类别上看，自然科学类博物馆最高，为68%；综合类博物馆最低，为48.1%。国有博物馆中持这一观点的比例高于非国有博物馆，一级博物馆中持这一观点的比例也高于其他级别博物馆。

本次调查的博物馆中有近两成（19.5%）认为"本馆展览结构固定，不太更新"，东北地区博物馆中持这一观点的比例最高，有30%。从类别上看，其他类博物馆最高，为24.2%；自然科学类博物馆最低，为11.5%。非国有博物馆中持这一观点的比例高于国有博物馆，三级博物馆中持这一观点的比例也高于其他级别博物馆。

本次调查的博物馆中有近四成（37.4%）认为"馆内藏品展示利用率高"，西部地区博物馆中这一比例略低，为31.9%。从类别上看，自然科学类博物馆最高，为50%；综合类博物馆最低，为34.8%。非国有博物馆中持这一观点的比例高于国有博物馆，一级博物馆中持这一观点的比例也高于其他级别博物馆。

本次调查的博物馆中有四成（41.4%）认为"本馆原创性主题展览占比超过

80%"，中部地区博物馆中这一比例略低，为36.7%。从类别上看，自然科学类博物馆最高，为58.1%；综合类博物馆最低，为34.4%。非国有博物馆中持这一观点的比例高于国有博物馆，二级博物馆中持这一观点的比例略高于其他级别博物馆。

本次调查的博物馆中有近三成（27.1%）认为"本馆展览的学术基础十分扎实"，西部地区博物馆中这一比例最低，为22.2%。从类别上看，艺术类博物馆最高，为42.1%；综合类博物馆最低，为21.4%。一级博物馆中持这一观点的比例高于其他级别博物馆。

第五节　博物馆社教传播情况

本次接受调查的博物馆在2019年平均接待观众71万人次，其中，本地观众30.2万人次，外地观众35.1万人次，外籍观众1.6万人次。博物馆平均接待女性观众29.7万人次，18岁以下观众占比31.8%。单日最高接待量平均为51.7万人次，单日最低接待量平均为1.2万人次。国有博物馆（76.3万人次）2019年接待观众人次要高于非国有博物馆（25.5万人次）。东部地区博物馆年均接待观众人次最多，为78万人次；东北地区博物馆最少，为53.1万人次。自然科学类博物馆年均接待观众人次最多，为89万人次；艺术类博物馆最少，仅有26.5万人次。

一、博物馆讲解人员配备率高，志愿者讲解、专职人员定期公益讲解、导览手册是博物馆提供导览的主要方式

几乎全部博物馆都有专职讲解人员（图34）。97.5%的博物馆有专职讲解人员，平均讲解人数为9.9人，国有博物馆平均10.5人，高于非国有博物馆（4.6人），收费博物馆（14.0人）的讲解人员平均数多于免费博物馆（9.4人）。参观人次越多，配备专职讲解人员的数量越多。年参观人数100万人次及以上的博物馆平均

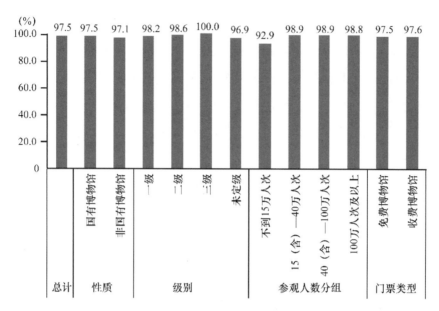

图 34　博物馆讲解人员配备率

有 18.2 名专职讲解人员，40 万（含）—100 万人次的有 10.6 名，15 万（含）—40 万人次和不到 15 万人次的博物馆分别有 6.7 名和 4.3 名。

20—29 岁和艺术专业讲解人员最多。从年龄分布来看，20—29 岁的专职讲解人员平均有 5.9 人，30—39 岁 4.0 人，40—49 岁 0.8 人，50 岁以上 0.4 人。从专业来看，文学专业有 1.8 人，历史学专业 0.9 人，艺术专业 2.2 人，教育学专业 1.3 人，其他专业 5.4 人。

志愿者讲解、专职人员定期公益讲解、导览手册是博物馆提供导览的主要方式。调查显示，90.2% 的博物馆会提供导览服务。超过七成（76.3%）的博物馆提供志愿者讲解的导览方式，在众多导览方式中占比最高；69.2% 的博物馆提供专职人员定期公益讲解，平均每天提供 3.8 场；提供导览手册、手机软件智能导览、收费讲解的博物馆分别占 49.7%、44.5%、40.5%；提供租赁导览器讲解、收费讲解、专家讲解的都约占四成左右（40.8%、40.5%、39.7%），收费讲解每场平均费用为 98.8 元，提供社会机构进厅讲解方式的仅占一成（10.8%）。

二、七成博物馆设立志愿服务机构，级别越高，参观人次越多，设立志愿服务机构比例越高

七成博物馆设立了志愿服务机构。70.7%的博物馆设立了志愿者服务机构，平均志愿者人数为202.7人，2019年志愿服务总时长为6187.4小时，人均服务时长为75.0小时每周。国有博物馆设立志愿服务机构的比例（73.9%）高于非国有博物馆（46.3%）。博物馆级别越高，设立志愿者机构的比例越高，93.5%的一级博物馆设立了志愿服务机构，二级和三级设立志愿者机构的比例分别为73.3%和71.7%，未定级博物馆设立志愿者机构的比例为61.2%。参观人数越多，博物馆设立志愿者机构的比例越高，年参观人数100万人次及以上的博物馆设立志愿者机构的比例为81.3%，占比最高，其次是40万（含）—100万人次（79.8%）和15万（含）—40万人次的博物馆（70.0%），不到15万人次的比例最低，为50.0%（图35）。

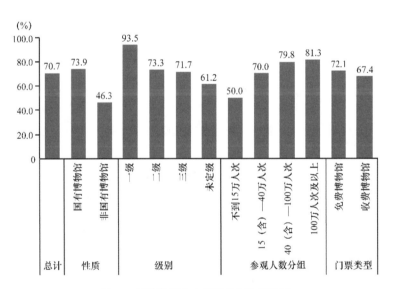

图35　博物馆设立志愿服务机构的比例

三、与学校开展馆校合作、面向社会公众举办定期活动的比例皆为七成

七成博物馆与学校开展馆校合作。调查数据显示，约79%的博物馆与学校

开展了馆校合作，国有博物馆（79.1%）开展馆校合作的比例高于非国有博物馆（58.5%）。博物馆级别越高，馆校合作的比例越高，一级博物馆馆校合作的比例为90.3%，二级和三级分别为78.7%和71.7%，未定级博物馆馆校合作的比例最低，为71.0%。参观人次较少的博物馆开展馆校合作的比例相对较低，年参观人数100万人次及以上、40万（含）—100万人次的博物馆开展馆校合作的比例分别为80.2%和86.5%，15万（含）—40万人次和不到15万人次的博物馆开展馆校合作的比例相对较低，分别为72.0%和68.1%。馆校合作方式如图36所示。

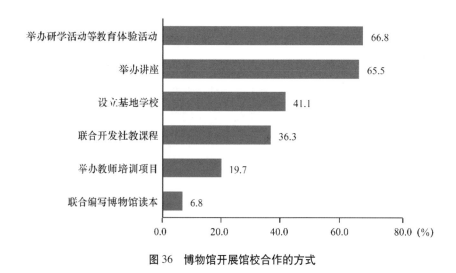

图36　博物馆开展馆校合作的方式

七成博物馆没有面向社会公众的定期活动。73.3%的博物馆2019年没有面向社会公众定期举办过活动。93.2%的一级博物馆2019年有面向社会公众的定期活动，高于其他级别博物馆。在举办过活动的博物馆中，学术讲座是主要活动，半数（50.2%）2019年面向社会公众举办了学术讲座，月均1.8次；34.7%举办了夏（冬）令营，月均举办3.7次；15.8%举办过鉴定服务活动，月均服务0.6次。

四、专设新闻传播部门比例低，专设新闻传播人员岗比例高，媒体报道尤其是地方媒体在宣传博物馆方面发挥了重要作用

专设新闻传播部门的博物馆比例较低。17.1%的博物馆有专设新闻传播部

门，国有博物馆（18.3%）设新闻传播部门的比例高于非国有博物馆（7.3%）。参观人次越多，设立新闻传播部门的博物馆比例越高，年参观人数 100 万人次及以上的博物馆中有三成（30.8%）有专设新闻传播部门，40 万（含）—100 万人次和 15 万（含）—40 万人次的设立比例分别为 18.3% 和 13.0%，15 万人次以下的比例最低，为 6.4%。

四分之三博物馆有专职新闻传播人员。在调查的博物馆中，75.5% 有专职新闻传播人员，平均为 2.3 人。东部地区的博物馆平均有 2.5 名专职新闻传播人员，高于中部（2.1 人）、西部（2.4 人）和东北部地区（1.9 人）博物馆。综合类博物馆（80.7%）有专职新闻传播人员的比例高于历史类（71.6%）、艺术类（73.3%）、自然科学类（71.4%）和其他类（73.5%），综合类博物馆专职新闻传播人员平均数也最大，为 2.5 人。非国有博物馆有专职新闻传播人员的比例更大，为 80.0%。一级博物馆（86.8%）有专职新闻传播人员的比例高于二级（70.0%）、三级（73.8%）和未定级（74.6%）博物馆。一级博物馆平均设专职新闻传播人员 3.7 人，平均数最大。参观人次越多，有专职新闻传播人员的比例越高，年参观人数 100 万人次及以上的博物馆中 88.6% 有专职新闻传播人员，40 万（含）—100 万人次和 15 万（含）—40 万人次的比例分别为 77.3% 和 76.6%，15 万人次以下比例最低，为 55.9%。收费博物馆（83.3%）有专职新闻传播人员的比例高于免费博物馆（74.4%），收费博物馆专职新闻传播人员数为 3.5 人，免费博物馆为 2.2 人。（图 37）

九成博物馆 2019 年受到主流媒体报道。91.7% 的博物馆 2019 年有主流媒体报道。国有博物馆曝光率较高，92.8% 的博物馆 2019 年被报道过，平均报道次数为 138.7 次，高于非国有博物馆（82.1%，19.4 次）。博物馆级别越高、参观人次越多，报道率越高。一级博物馆 2019 年主流媒体报道率达到 100%，平均 435.9 次；二级博物馆为 95.9%、112.0 次；三级博物馆 93.3%、26.7 次；未定级博物馆曝光率最低，为 85.7%，平均次数为 38.0 次。年参观人次不到 15 万的博物馆曝光率最低，为 76.9%；而 15 万（含）—40 万人次、40 万（含）—100 万人次和 100 万人次及以上的博物馆都在九成以上（93.1%、97.1%、98.6%）。参观人次越多，主流媒体曝光次数也越多。年参观人数 100 万人次及以上的博物馆 2019 年主流媒体报道次数为 329.9 次，40 万（含）—100 万人次和 15

万（含）—40万人次平均数分别为105.4次和30.6次，15万人次以下最少，为20.8次。免费博物馆（92.2%）曝光率高于收费博物馆（88.2%），但收费博物馆（164.2次）曝光次数多于免费博物馆（123.6次）。（图38）

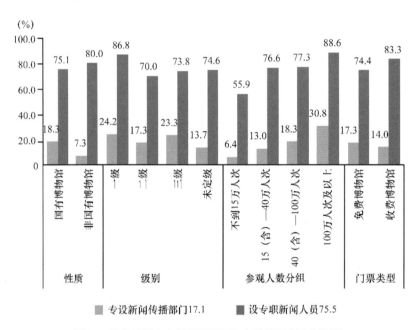

图37　博物馆设立专门新闻部门和专职新闻人员的比例

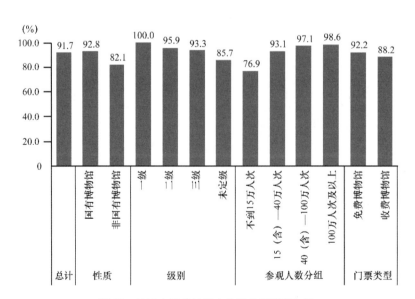

图38　2019年博物馆被主流媒体报道的比例

地方媒体在博物馆方面所起作用更大。从 2019 年的报道次数平均数来看，博物馆被地方纸媒(37.8 次）和地方电视媒体(34.6 次）报道的次数要多于中央纸媒(6.7 次）和中央电视媒体（4.7 次）。分类来看，国有博物馆报道次数更多，参观人次越多，报道次数也越多，以地方纸媒报道次数为例，2019 年国有博物馆被地方纸媒报道 40.0 次，非国有博物馆为 9.0 次，一级、二级、三级博物馆分别被地方纸媒报道 95.2、49.1 和 8.4 次，年参观人数 100 万人次及以上的博物馆被报道 74.2 次，40 万（含）—100 万人次和 15 万（含）—40 万人次分别为 43.9 和 15.9 次，不到 15 万人次的报道次数为 5.1 次。无论是中央纸媒、地方纸媒还是中央电视媒体，收费博物馆的被报道次数更多，但地方电视媒体除外，免费博物馆更多，为36.8次。

与博物馆建立跑口合作关系的媒体平均数为 15.1 家。国有博物馆更多，为 16.3 家，非国有博物馆为 3.9 家。博物馆级别越高，建立跑口合作关系的媒体越多，一级博物馆平均有 59.7 家合作媒体，二级和三级分别有 7.1 家和 2.6 家。参观人数越多，合作媒体越多。年参观人数 100 万人次及以上的博物馆有 41.2 家合作单位，40 万（含）—100 万、15 万（含）—40 万、15 万人次以下的分别有 8.4 家、6.5 家和 2.3 家。收费博物馆（15.8 家）和免费博物馆（15.1 家）相差不大。

五、新闻发布制度、新闻发言人和定期新闻发布会普及度不高

建立新闻发布制度的博物馆不到两成。13.0%的博物馆建立了新闻发布制度，国有博物馆（13.5%）的比例要高于非国有博物馆（9.8%），收费博物馆（27.9%）的比例高于免费博物馆（11.1%）。一级博物馆（35.5%）建立新闻发布制度的比例高于二级博物馆（13.3%），调查的 60 家三级博物馆都没有这一制度。参观人次越多的博物馆建立新闻发布制度的比例越高。年参观人数 100 万人次及以上和 40 万（含）—100 万人次的博物馆有 28.6%、15.4%建立了新闻发布制度，15 万（含）—40 万人次、15 万人次以下的分别有 6.0%和 3.2%建立了新闻发布制度。(图 39)

一成博物馆有新闻发言人。11.2%的博物馆有新闻发言人，国有博物馆和收费博物馆有新闻发言人的比例更高，分别为 11.7%和 7.3%，博物馆级别越高、参观人次越多，有新闻发言人的比例越高。一级博物馆中 24.2%有新闻发言人，二级和三级

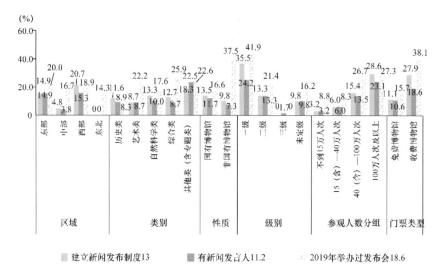

图 39　博物馆新闻发布情况

博物馆这一比例分别为 13.3% 和 1.7%。年参观人数 100 万人次及以上的博物馆中，23.1% 有新闻发言人，40 万（含）—100 万人次和 15 万（含）—40 万人次的分别有 13.5% 和 6.0% 有新闻发言人，15 万人次以下的博物馆比例最低，仅为 3.2%。

不到两成博物馆 2019 年举办过发布会。18.6% 的博物馆 2019 年举办过发布会，平均举办 5.3 场，其中定期举办发布会次数仅为 0.8 场，平均每月举办 0.4 场。非国有博物馆和收费博物馆举办发布会的比例更高，为 37.5% 和 38.1%，高于国有博物馆（16.6%）和免费博物馆（15.7%）。41.9% 的一级博物馆在 2019 年举办过发布会，二级和未定级博物馆这一比例为 21.4% 和 16.2%，被调查的三级博物馆没有举办过发布会。年参观人数 100 万人次及以上和 40 万（含）—100 万人次的博物馆分别有 27.3% 和 26.7% 举办过发布会，15 万（含）—40 万人次和不到 15 万人次的博物馆这一比例为 8.3% 和 8.8%。

六、微信公众号是博物馆的主要官宣渠道，采用地推宣传、开发手机 App 的博物馆比例较低

微信公众号、官网和官微是博物馆的三大融媒官宣平台。86.8% 的博物馆开

通了微信公众号，通过官网和官微宣传的分别有 64.2% 和 46.0%，开通抖音宣传的占 27.9%，其他社交平台占 15.2%（图 40）。比较突出的是，一级博物馆融媒官宣平台的开设情况要好于其他级别的博物馆，开通官网（98.3%）、官微（85.0%）和微信公众号（96.7%）的比例在九成左右。收费博物馆要好于免费博物馆，官网、官微和微信公众号的开通比例要高于免费博物馆。

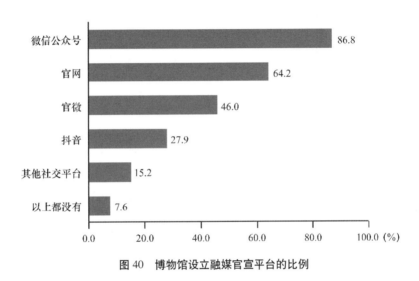

图 40 博物馆设立融媒官宣平台的比例

约六成博物馆会采取地推宣传，商场、地标建筑广宣是主要的地推形式。国有博物馆（57.5%）和收费博物馆（62.5%）采取地推宣传形式的比例高于非国有博物馆（55.8%）和免费博物馆（55.1%）。参观人次较多的博物馆，采取地推宣传形式的相对较多，年参观人数 100 万人次及以上、40 万（含）—100 万人次的博物馆分别有 65.5% 和 63.6% 采取了地推宣传，15 万（含）—40 万人次和15 万人次以下的博物馆这一比例为 51.5% 和 42.7%。商场、地标建筑广宣是博物馆采取的主要地推方式，20.5% 的博物馆采用了这一方式，其次是公交广告宣传（15.0%）和地铁广告宣传（7.9%）（图 41）。

国有博物馆（21.2%）手机 App 开发的比例稍高于非国有博物馆（11.4%），免费博物馆（20.3%）的比例也略高于收费博物馆（20.0%）。一级博物馆中50.0% 开发了手机 App，远高于二级（23.2%）、三级（14.8%）和未定级博物馆（11.4%）。参观人次越多，博物馆开发手机 App 的比例越高，年参观人数 100 万

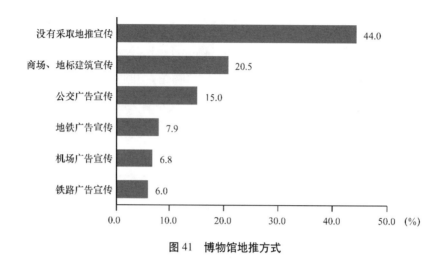

图41　博物馆地推方式

人次及以上的博物馆中，35.6%开发了手机App，40万（含）—100万人次的这一比例为18.9%，15万（含）—40万人次和不到15万人次的相对较低，为14.6%和12.8%。调查的博物馆中共有73家开发了手机App，场馆信息介绍及智能导览（79.5%）、藏品精讲（64.4%）和信息发布（54.8%）为主要功能，有线上活动平台功能的占41.1%。

第六节　博物馆文创开发情况

一、省区市文件是博物馆文创工作开展的主要依据

各省区市出台的政策文件是博物馆文化创意产品开发的主要依据。调查显示，39.6%的博物馆文创开发适用的是省区市为落实国家文件精神出台的细化政策，直接适用《关于推动文化文物单位文化创意产品开发的若干意见》等国家文件精神。23.7%的博物馆反映所在省区市未出台落实国家文件精神的政策文件，且无法直接适用国家文件精神。

二、尽管设立专门文创开发机构的比例较低，但开发文创产品的比例较高

三成博物馆设立了专门的文创开发经营机构。30.5%的博物馆设立了专门的文创经营开发机构。非国有博物馆中设立专门机构的比例为40.0%，高于国有博物馆（29.5%）。博物馆级别越高，这一比例越高，一级、二级、三级博物馆分别有63.3%、34.6%和22.5%设立了专门开发经营机构，未定级博物馆这一比例为19.4%。参观人次越多的博物馆设立文创专门开发经营机构的比例越高，年参观人数100万人次及以上的博物馆有52.9%设立了专门机构，40万（含）—100万人次、15万（含）—40万人次的这一比例为41.9%、14.7%，不到15万人次的最低，为10.6%。收费博物馆（35.1%）和免费博物馆（30.0%）相差不大。（图42）

七成博物馆在2017—2019年开发了文创产品。75.6%的博物馆2017—2019年开发了文创产品，非国有博物馆开发文创产品的比例更高，为82.8%，国有博物馆这一比例为74.7%。级别越高的博物馆，开发文创产品的比例越高。一级博物馆和二级博物馆中有96.6%和78.3%开发了文创产品，三级和未定级博物馆这一比例分别为74.5%和66.1%。收费博物馆开发文创产品的比例更高，占82.4%。

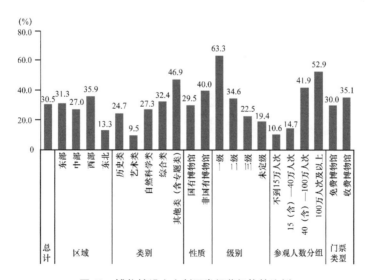

图42 博物馆设立文创开发经营机构的比例

2017—2019 年开发了文创产品的博物馆平均开发 94.8 款产品,国有博物馆平均开发 102.8 款,多于非国有博物馆(18.4 款)。不同级别的博物馆中,三级和一级博物馆开发产品最多,分别为 186.5 款和 170.1 款。免费博物馆平均开发 95.8 款,收费博物馆为 77.3 款。

委托设计、联合开发是博物馆主要的文创对外合作方式。调查显示,55.6% 的博物馆采取委托设计的方式对外合作开发文创,比例最高,其次是联合开发,占 53.5%,代工生产、IP 授权和代理经营分别占 34.0%、25.7% 和 24.0%。

三、馆内实体销售是博物馆主要的文创销售渠道,文具用品的销量最高

馆内实体销售是博物馆主要的文创产品销售渠道,也是销量最高的销售渠道。90.5% 的博物馆采用馆内实体销售方式销售文创产品,采用代理销售和合作实体店渠道的分别占 29.7% 和 22.4%,采用自有线上平台和淘宝、京东等线上平台的占 20.3% 和 16.4%,馆外自营实体店的占 12.1%(图 43)。80.8% 的博物馆 2019 年销售量最高的渠道是馆内实体销售,其次是代理销售,占 10.0%。

2017—2019 年开发了文创产品的博物馆年均销售额为 7840.3 万元,主要来自产品销售(2101.3 万元),IP 授权为 18.2 万元。国有博物馆(8778.5 万元)年

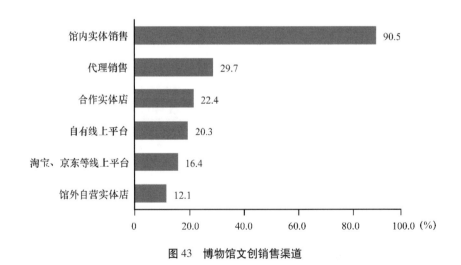

图 43 博物馆文创销售渠道

均销售额高于非国有博物馆(179.5万元)，国有博物馆产品销售额为2302.5万元，IP授权为18.8万元。一级博物馆年均销售额为25923.3万元，其中产品销售为2994.8万元，IP授权为46.5万元。免费博物馆文创产品年销售额为9171.8万元，高于收费博物馆（142.8万元）。免费博物馆产品销售部分为2391.6万元，IP授权为16.3万元；收费博物馆产品销售部分为105.3万元，IP授权部分为27.9万元。

文具用品是博物馆销量和销售额最高的文创产品。调查显示，2019年博物馆销量最高的产品类型是文具用品（42.0%），其次是家居装饰（15.4%）（图44）。从2019年的销售额来看，文具用品的销售额是最高的，40.4%的博物馆销售额最高的文创产品类型是文具用品，家居装饰（18.4%）次之。

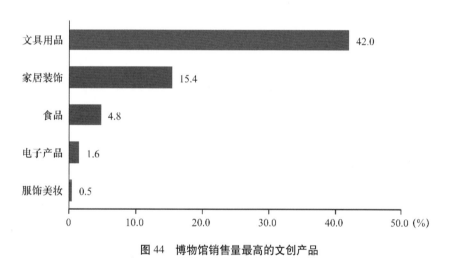

图44　博物馆销售量最高的文创产品

四、资金问题掣肘博物馆文创产业发展

资金问题是制约博物馆文创产业发展的主要瓶颈。在调查的博物馆中，57.2%的博物馆反映从自身实践看，制约博物馆文创产业发展的瓶颈是受博物馆体制影响文创资金难以实现市场化运作。其次是博物馆文创资金扶持政策缺位（41.8%），反映博物馆文物资源与设计、生产以及销售资源之间渠道不畅的占25.5%，反映紧缺优秀文创人才、引进困难的占29.6%，反映开发成本高、利润率低的占25.5%。（图45）

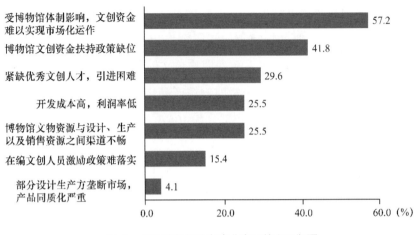

图 45　制约博物馆文创产业发展的主要瓶颈

第七节　博物馆运维安保情况

一、博物馆安保总体情况较好，多数将安保工作外包

近八成博物馆设立了专门的安保机构。79.1%的博物馆设立了专门的安保机构，平均有专职安保人员 20.7 人，国有博物馆（81.4%）设立的比例高于非国有博物馆（61.0%），国有博物馆平均有专职安保人员 22.6 人，非国有博物馆有 3.9 人。博物馆级别越高、参观人次越多，设立专门安保机构的比例越高。一级博物馆和二级博物馆设立安保机构的比例分别为 93.5% 和 89.3%，三级和未定级博物馆这一比例分别为 85.0% 和 68.3%。年参观人数 100 万人次及以上和 40 万（含）—100 万人次的博物馆有九成（89.0%、86.5%）建立了专门的安保机构，15 万（含）—40 万人次和 15 万人次以下的博物馆这一比例分别为 79.0% 和 62.8%。免费博物馆（80.1%）和收费博物馆（76.7%）相差不大，但收费博物馆（36.9 人）的平均安保人数要多于免费博物馆（18.6 人）。（图 46）

近九成博物馆会定期进行安全演练。88.5%的博物馆会定期进行安全演练，国有博物馆（92.3%）这一比例高于非国有博物馆（61.0%），免费博物馆（90.3%）

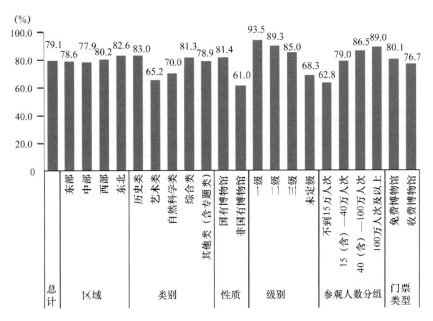

图 46　博物馆设立专门安保机构的比例

要高于收费博物馆（83.7%）。博物馆级别越高、参观人次越多，定期进行安全演练的比例也越高。一级博物馆定期进行安全演练的比例为 95.2%，二级、三级博物馆为九成（90.7%、90.0%），未定级博物馆这一比例近九成（85.2%）。参观人次在 15 万以上的博物馆超九成定期进行安全演练，不到 15 万人次的博物馆这一比例为 83.0%。

九成博物馆制定了安防应急预案，2019 年发生过安全事故的比例极低。91.6% 的博物馆制定了安防应急预案，且应急预案在博物馆内部的知晓度较广，全馆人员知晓的占 95.3%，安防人员知晓的占 42.2%。国有博物馆（94.3%）和免费博物馆（93.5%）这一比例要高于非国有博物馆（70.7%）和收费博物馆（83.7%）。博物馆级别越高，已制定安防应急预案的比例越高。调查的一级博物馆 98.4% 制定了安防应急预案，二级、三级和未定级博物馆这一比例分别为 93.3%、93.3% 和 87.9%。仅有 1.8% 的博物馆 2019 年发生过安全事故。（图 47）

近六成博物馆有专职消防人员。调查显示，有专职消防人员的博物馆占 57.4%，国有博物馆这一比例为 58.5%，高于非国有博物馆（48.8%），免费博物馆（58.9%）的比例高于收费博物馆（44.2%）。参观人次越多，有专职消防人

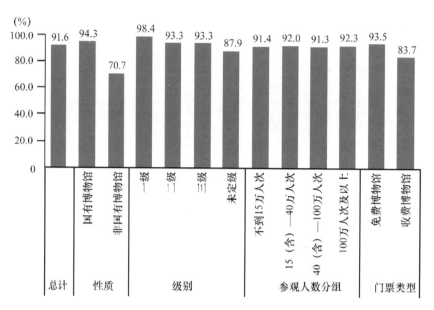

图 47　博物馆设立安防应急预案的比例

员的比例越高。年参观人数 100 万人次及以上的博物馆中七成（65.9%）有专职消防人员，40 万（含）—100 万人次的有六成（61.5%），15 万（含）—40 万人次和 15 万人次以下的分别占 59.0% 和 43.6%。

八成博物馆外包安保工作，多数对外包工作满意。80.8% 的博物馆安保工作外包，73.5% 对外包的安保工作非常满意或满意（图 48）。国有博物馆（75.1%）对外包安保工作的满意度高于非国有博物馆（56.0%）。参观人次越多的博物馆，将安保工作外包的比例越高，对外包安保工作的满意度也越高。年参观人数 100 万人次及以上的博物馆 91.1% 将安保工作外包，对外包工作的满意度为82.2%，40 万（含）—100 万人次和 15 万（含）—40 万人次的博物馆外包比例为 85.7%、82.9%，外包安保满意度为 79.8%、74.3%，15 万人次以下的博物馆 63.0% 将安保工作外包，对外包安保工作满意的比例为 58.9%。一级和二级博物馆将安保工作外包的比例分别为 92.6%、88.5%，三级和未定级博物馆外包比例为 78.0%、72.5%。一级和二级博物馆对外包工作满意的比例分别为 85.2% 和 82.0%，三级和未定级博物馆分别为 73.2%、65.2%。

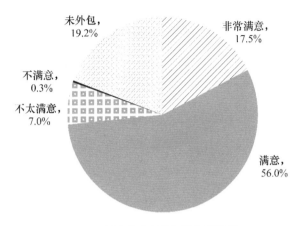

图 48　博物馆安保外包满意度情况

二、博物馆危险品检出比例较高，专业素质水平和稳定性不高是安保人员管理的主要问题

七成博物馆 2019 年安检出来危险品，主要是易燃品。2019 年 73.5％的博物馆安检出危险品，易燃品（51.8％）比例最高，管制刀具占 31.0％，爆炸品（5.7％）、腐蚀品（5.1％）等比例较低。分类来看，国有博物馆检出危险品的比例更高，占 74.6％，非国有博物馆中这一比例为 62.5％。博物馆级别越高、参观人次越多，检出危险品的比例越高。一级博物馆和二级博物馆检出危险品的比例分别为 86.4％、73.4％，三级和未定级博物馆这一比例分别为 71.4％、70.5％。年参观人数 100 万人次及以上的博物馆 88.7％检出危险品，40 万（含）—100 万、15万（含）—40 万和 15 万人次以下的比例分别为 75.5％、67.1％、63.2％。收费博物馆（84.6％）检出危险品的比例高于免费博物馆（71.5％）。

专业素质水平和稳定性不高是安保人员管理的主要问题。58.7％的博物馆反映安保人员专业素质水平不高，53.8％反映人员稳定性低、流失率高，反映应急问题处理能力偏低的占 36.8％，反映缺乏对博物馆事业的认同的占 13.4％，责任心不强、工作态度不佳的比例为 6.6％。（图 49）

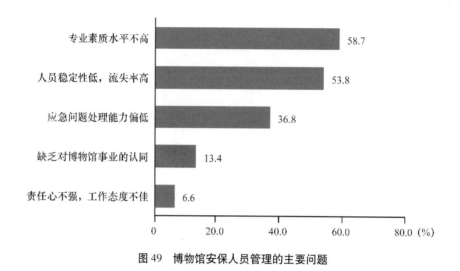

图49　博物馆安保人员管理的主要问题

三、大多数博物馆有设备运维人员，外包形式占比较高

近九成博物馆有设备运维人员，以编制外人员为主。88.2%的博物馆有设备运维人员，平均6.9人，正式在编的有2.4人。非国有博物馆（87.9%）有设备运维人员的比例低于国有博物馆（88.2%），平均有7.2人。免费博物馆（88.6%）高于收费博物馆（82.9%），免费博物馆平均有6.6人，收费博物馆有9.5人。博物馆级别越高、参观人次越多，有设备运维人员的比例越高。一级博物馆和二级博物馆这一比例分别为96.5%和94.4%，平均有11.8人和6.5人，三级和未定级博物馆分别为89.1%和82.5%，平均有4.3人和6.1人。年参观人数100万人次及以上的96.4%有设备运维人员，平均10.9人；40万（含）—100万人次的比例为93.8%，平均有6.1人；15万（含）—40万人次和15万人次以下的分别为83.7%和80.0%，平均分别有4.8人和5.4人。（图50）

八成博物馆外包运维保障工作，近八成对外包工作满意。81.6%的博物馆将运维工作外包，73.9%对外包的运维工作非常满意或满意（图51）。国有博物馆（75.7%）对外包运维工作的满意度高于非国有博物馆（52.1%）。参观人次越多的博物馆，将运维工作外包的比例越高，对外包工作的满意度也越高。年参观人数100万人次及以上的博物馆90.3%将运维工作外包，对外包工作满意的比例为86.1%；40万（含）—100万、15万（含）—40万人次的博物馆外包比例

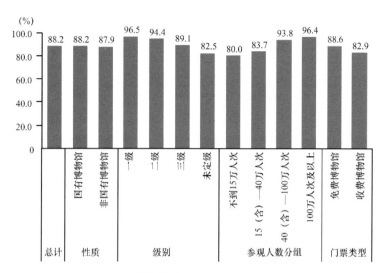

图 50　博物馆有设备运维人员的比例

为 90.7%、79.4%，运维外包工作满意度为 80.3%、70.6%；15 万人次以下的博物馆 64.3% 将运维工作外包，对外包运维工作满意的比例为 58.5%。一级和二级博物馆将运维工作外包的比例分别为 92.7%、85.2%，三级和未定级博物馆外包比例为 80.0%、74.8%。一级和二级博物馆对外包工作满意的比例分别为 87.2% 和 78.7%，三级和未定级博物馆分别为 65.0%、67.4%。

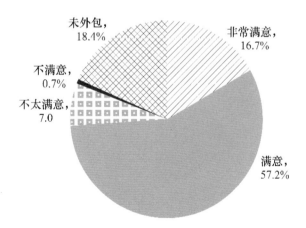

图 51　博物馆运维工作外包满意度情况

2019 年博物馆设备运维保障平均支出为 1601.7 万元。国有博物馆（1784.5 万元）的平均支出远高于非国有博物馆（21.0 万元），免费博物馆的运维支出达到

1773.0 万元，高于收费博物馆（187.8 万元）。一级、二级、三级博物馆运维费用分别为 134.4 万元、93.1 万元、35.0 万元。参观人次越多的博物馆，运维保障支出越大。年参观人数 100 万人次及以上的博物馆 2019 年运维平均支出为 126.5 万元。

四、多数博物馆将保洁、餐饮和绿植养护工作外包，且对外包工作评价较高

八成博物馆外包保洁工作，且对外包工作满意。82.8％的博物馆将保洁工作外包，78.1％对外包保洁工作非常满意或满意（图 52）。国有博物馆外包保洁工作的比例更高，为 84.9％。国有博物馆（80.1％）对外包保洁工作的满意度高于非国有博物馆（56.0％）。参观人次越多的博物馆，将保洁工作外包的比例越高，对外包工作的满意度也越高。年参观人数 100 万人次及以上的博物馆94.4％将保洁工作外包，对外包工作满意的比例为 90.1％，40 万（含）—100 万、15万（含）—40 万人次的博物馆外包比例为 87.5％、83.8％，保洁工作外包满意度为 83.8％、76.4％；15 万人次以下的博物馆 66.7％将保洁工作外包，对外包保洁工作满意的比例为 64.0％。一级和二级博物馆将保洁工作外包的比例分别为92.3％、94.7％，三级和未定级博物馆外包比例为 75.6％、75.4％。一级和二级博物馆对外包工作满意的比例分别为 86.6％和 91.3％，三级和未定级博物馆分别

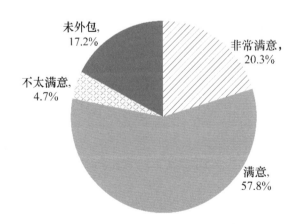

图 52　博物馆保洁外包满意度情况

为 73.2%、71.0%。

六成博物馆将职工餐饮工作外包，近六成对外包工作满意。国有博物馆（64.7%，57.5%）的外包比例和外包工作满意度皆高于非国有博物馆（41.7%，41.7%）。收费博物馆将职工餐饮外包的比例更高（90.0%），对外包工作的满意度也更高（76.7%），高于免费博物馆（59.1%，53.4%）。参观人次越多的博物馆将职工餐饮工作外包的比例越高，满意度也越高。年参观人数 100 万人次及以上的博物馆 79.7% 将餐饮外包，71.9% 表示满意；40 万（含）—100 万人次的博物馆中，70.7% 将工作外包，满意的比例为 61.3%；15 万（含）—40 万人次和 15 万人次以下的博物馆外包工作比例分别为 51.8%、47.0%，对工作表示满意的比例分别占 44.6%、45.5%。

近八成博物馆将绿植养护工作外包，七成对外包工作满意。78.7% 的博物馆将绿植养护工作外包，71.1% 对外包工作非常满意或满意（图 53）。国有博物馆（80.6%，72.3%）的外包比例和外包工作满意度皆高于非国有博物馆（58.3%，58.3%）。收费博物馆将绿植养护工作外包的比例更高（93.3%），对外包工作的满意度也更高（83.3%），高于免费博物馆（76.9%，69.4%）。从级别来看，一级博物馆将绿植养护工作外包的比例最高（92.3%），满意度也最高（84.6%）。从参观人次来看，年参观人数 100 万人次及以上的博物馆将绿植养护工作外包和对外包工作满意的比例为 92.9%、85.7%，比例最高。

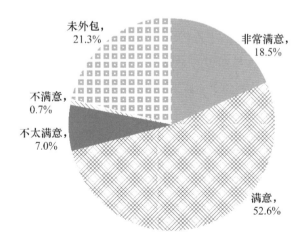

图 53　博物馆绿植养护外包满意度情况

第八节　博物馆人才情况

一、总体来看，博物馆并未达到满编状态

调查的博物馆编制不满，大学本科学历人员是博物馆的主要工作人员构成。从平均数来看，调查的博物馆编制人数平均为 42.5 人，2019 年在编人员平均 37.3 人。

国有博物馆的编制规模要大于非国有博物馆，编制平均数和 2019 年在编平均人数分别为 45.0 人、38.9 人。收费博物馆的编制规模和在编人员数大于免费博物馆，编制平均数和 2019 年在编平均人数分别为 76.0 人、66.6 人。

博物馆级别越高、参观人次越多，编制数越多。一级博物馆编制数为 108.6 人，二级、三级和未定级博物馆分别为 49.0、19.2、25.4 人。年参观人数 100 万人次及以上的博物馆编制数为 89.3 人，40 万（含）—100 万、15 万（含）—40 万和 15 万人次以下的博物馆编制数分别为 42.3、25.9 和 15.8 人。一级博物馆 2019 年在编人数远高于其他博物馆，为 94.5 人。参观人次越多的博物馆，2019 年在编人数也越多。年参观人数 100 万人次及以上的博物馆在编人数为 80.0 人，40 万（含）—100 万、15 万（含）—40 万、15 万人次以下的博物馆在编人数分别为 36.1、22.1、13.9 人。从平均数来看，2019 年在编人员中，博士研究生占 1.3%，硕士研究生占 13.7%，大学本科占 51.3%，大专及以下学历占 31.9%。

在编人员以 30—50 岁为主。从在编人员的年龄结构来看，30—50 岁最多，占 62.3%，50 岁以上占 21.9%，30 岁以下占 13.8%。在编男女比例为 6∶5。

二、多数博物馆在 2017—2019 年有人员接受过在职学历教育

近六成博物馆 2017—2019 年有人员接受过在职学历教育。57.9% 的博物馆 2017—2019 年接受过在职学历教育，国有博物馆（57.6%）和非国有博物馆

（60.9%）相差不大。收费博物馆（75.0%）的比例要高于免费博物馆（55.7%）。一级（79.6%）、二级博物馆（67.9%）接受在职学历教育的比例要高于三级（45.5%）和未定级博物馆（49.2%）。参观人次越多的博物馆，接受在职学历教育的比例越高，年参观人数100万人次及以上和40万（含）—100万人次博物馆的这一比例分别为76.1%、69.4%，15万（含）—40万人次和不到15万人次分别为50.0%和37.5%（图54）。

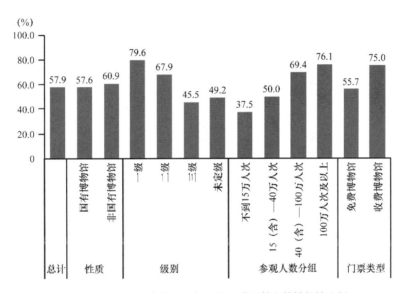

图54　2017—2019年有员工接受在职学历教育的博物馆比例

　　平均有5.6人接受过在职学历教育，从学历分布来看，本科学历平均有4.3人，硕士1.7人，博士0.6人。从专业分布来看，管理学和历史学专业人数最多，都为1.9人，文学专业1.2人，艺术类0.9人，经济学专业0.7人，理工类0.7人，其他专业1.6人。非国有博物馆（10.4人）接受在职学历教育的人数高于国有博物馆（5.2人）。收费博物馆（8.0人）接受在职学历教育的人数多于免费博物馆（5.3人）。

三、专技人员占博物馆编制人员多数

九成博物馆聘用专业技术人员，且专业技术人员占多数。聘用专业技术人员的博物馆占94.1%，平均26.7人，占在编职工的66.1%。国有博物馆（95.7%）的专业技术人员比例高于非国有博物馆（75.0%），且国有博物馆（27.6人）的专业技术人员的平均人数也多于非国有博物馆（6.2人）。国有博物馆（68.4%）专业技术人员占在编职工的比例也明显多于非国有博物馆（27.7%）。已定级的博物馆都有聘用专业技术人员，未定级博物馆这一比例为86.9%，参观人次15万以上的博物馆聘用专业技术人员的比例均超过九成，15万以下的博物馆这一比例为86.4%。博物馆级别越高、参观人次越多，专业技术人员越多。一级博物馆平均有68.5人，二级、三级和未定级博物馆分别有28.1、11.4和13.6人。年参观人数100万人次及以上的博物馆平均有专业技术人员53.6人，40万（含）—100万人次的有26.9人，15万（含）—40万人次和15万人次以下的分别有14.8人和9.6人。

专业技术人员中有正高级1.6人，副高级5.0人，中级11.4人，初级9.5人。从正高级和副高级专业技术人员的年龄结构来看，40岁以下有1.4人，40—50岁2.8人，51岁以上3.2人。从性别结构来看，女性高级专业技术人员平均占32.7%，国有博物馆（33.1%）女性高级专技人员的比例高于非国有博物馆（23.6%），收费博物馆（44.1%）的比例也高于免费博物馆（31.1%）。一级（45.9%）、二级博物馆（38.9%）女性高级专技人员的比例高于三级（29.0%）和未定级博物馆（23.1%）。年参观人数100万人次及以上（40.0%）、40万（含）—100万人次（37.3%）的博物馆比例高于15万（含）—40万人次（29.1%）、15万人次以下（19.6%）的博物馆。

四、七成博物馆在2017—2019年有人员调动，政府机关是主要的调入和调往单位

七成博物馆在2017—2019年有人员调动。调查显示，76.0%的博物馆

2017—2019年有人员调动，62.7%有人员调入，平均调入3.3人，54.7%有人员调出，平均调出2.2人。政府机关和学校是调入人员的主要来源，分别占41.2%和29.1%，来自其他博物馆的占39.0%。从人员调出单位来看，43.6%的博物馆反映调出人员去处为政府机关，30.9%去处为其他博物馆，学校和企业分别占18.8%和15.2%。

五、两成博物馆有人员入选国家或省市级人才工程

近两成博物馆有人员入选国家或省市级人才工程。17.3%的博物馆有人员入选过国家级或省市级人才工程，平均入选国家级"四个一批"人才工程0.1人，省市级宣传文化系统"四个一批""五个一批"等同类人才工程1.3人。国有博物馆（18.9%）入选人才工程的比例远高于非国有博物馆（2.4%）。一级博物馆和二级博物馆中分别有48.4%和16.0%入选国家级或省市级人才工程，高于三级（3.3%）和未定级博物馆（11.5%）。年参观人数100万人次及以上的博物馆中有30.8%入选国家或省市级人才工程。（图55）

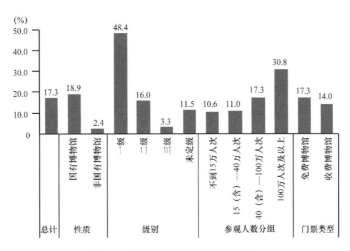

图55　博物馆入选人才工程的情况

六、专业人才青黄不接、薪酬待遇低制约博物馆人才队伍建设

专业人才青黄不接和薪酬待遇低影响人才积极性是博物馆人才队伍建设中的突出问题。调查显示，半数（52.6%）博物馆反映专业人才青黄不接是人才队伍建设中的突出问题，比例最高，其次是薪酬待遇影响人才积极性，占47.9%，反映人才队伍知识技能单一和人员结构不合理的分别占38.0%、35.2%（图56）。国有博物馆反映人才队伍建设的突出问题前三位分别是专业人才青黄不接（54.8%）、薪酬待遇偏低影响人才积极性（45.8%）和人才队伍知识技能单一（40.2%），与总体相同，非国有博物馆反映的前三位问题则是薪酬待遇偏低影响人才积极性（67.6%）、专业人才青黄不接（35.1%）和创新力不足（18.3%）。与一级和二级博物馆反映的薪酬待遇问题相比，三级博物馆反映比例最高的问题是专业人才青黄不接，63.6%反映的是人才队伍建设的突出问题。

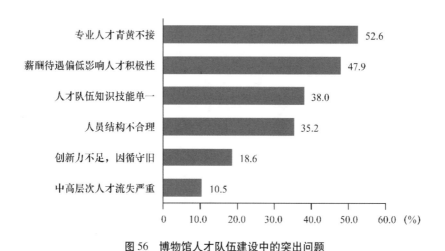

图56 博物馆人才队伍建设中的突出问题

研究与鉴定人才、策展人才、文物修复人才是目前博物馆的主要紧缺人才。分别有79.0%和76.0%的博物馆反映目前主要紧缺的人才是研究与鉴定人才和策展人才，反映文物修复人才紧缺的占63.7%，另有52.5%和50.0%的博物馆反映缺少藏品征集人才和综合管理人才（图57）。国有博物馆反映紧缺的人才前三位

分别是研究与鉴定人才（81.5%）、策展人才（77.9%）和文物修复人才（67.6%）。除鉴定人才（54.3%）、策展人才（57.1%）外，非国有博物馆有 51.4% 反映缺少综合管理人才。

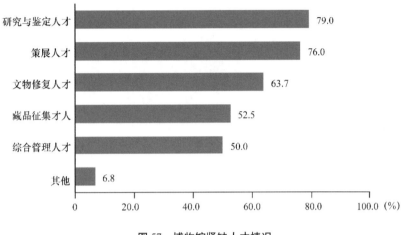

图 57　博物馆紧缺人才情况

下 篇

研究报告

主报告　博物馆事业迈上新台阶，高质量发展成鲜明导向

2020 年 6—8 月，课题组采用科学抽样方法，对全国 31 个省（自治区、直辖市）各级各类博物馆（含美术馆和科技馆）开展了全国博物馆发展现状调查。此外，课题组还充分挖掘官方统计数据，查阅梳理研究文献，通过组建调研小组赴多地开展实地调研访谈。通过研究，对中国博物馆的发展提出判断如下。

第一节　中国博物馆事业呈现繁荣发展总体态势

中国博物馆事业起步相对较晚，新中国成立为博物馆事业发展翻开了崭新的篇章，特别是在党和政府的高度重视和强有力的行政支持下，中国博物馆事业得以快速发展。进入 21 世纪，特别是党的十八大以来，习近平总书记高度重视文化文物工作，为做好新时代新形势下的博物馆工作指明了目标方向、提供了基本遵循，中国博物馆事业出现繁荣发展的大好局面，取得前所未有的巨大发展，已经发展成为人们了解历史文化艺术、获取科学知识乃至休闲旅游的重要文化场所，参观博物馆成为一种社会时尚和新的生活方式。

一、博物馆政策环境持续优化

党的十八大以来，博物馆发展政策持续优化，为博物馆事业繁荣发展提供强大动力。以习近平同志为核心的党中央对于文博事业高度重视，习近平总书记多

次参观考察博物馆、纪念馆，先后一百多次就文化文物工作作出重要指示批示。习近平总书记立足中华民族伟大复兴的战略全局，站在传承中华文脉、增强文化自信、建设文化强国的高度，提出"博物馆是保护和传承人类文明的重要殿堂，是连接过去、现在、未来的桥梁，在促进世界文明交流互鉴方面具有特殊作用"，"中国各类博物馆不仅是中国历史的保存者和记录者，也是当代中国人民为实现中华民族伟大复兴的中国梦而奋斗的见证者和参与者"，①要求让收藏在博物馆里的文物、陈列在广阔大地上的遗产、书写在古籍里的文字都活起来，把凝结着中华民族传统文化的文物保护好、管理好。习近平总书记的重要论述，涉及博物馆建设、文物保护利用、展览展示、教育传播和国际交流等方方面面，深刻阐明了博物馆工作所担负的重要使命任务，把新时代博物馆事业重要性提升到前所未有的新高度，为我们做好博物馆工作指明了前进方向，提供了行动指南。

这一时期，中共中央、国务院先后印发了《关于培育和践行社会主义核心价值观的意见》《关于加快构建现代公共文化服务体系的意见》《关于实施中华优秀传统文化传承发展工程的意见》《国家"十三五"时期文化发展改革规划纲要》《关于加强文物保护利用改革的若干意见》《关于实施革命文物保护利用工程（2018—2022年）的意见》等重要文件，提出明确要求，方向目标、任务举措都很具体。例如，2013年12月，中共中央办公厅印发《关于培育和践行社会主义核心价值观的意见》，明确提出利用五四、七一、八一、十一等政治性节日，党史国史上重大事件、重要人物纪念日等，举办庄严庄重、内涵丰富的群众性庆祝和纪念活动，在国家博物馆设立英模陈列馆。再如，2015年1月，中共中央办公厅、国务院办公厅印发《关于加快构建现代公共文化服务体系的意见》，强调开展优秀文化遗产、高雅艺术进校园、进社区，统筹数字图书馆博物馆建设，促进优秀传统文化瑰宝和当代文化精品网络传播。又如，2018年10月，中共中央办公厅、国务院办公厅印发《关于加强文物保护利用改革的若干意见》，明确文物保护利用改革的十六项任务，明确激发博物馆创新活力，发展智慧博物馆，打造博物馆网络矩阵。博物馆法规体系不断健全，博物馆质量评估体系逐步确立，理事会制

---

① 《习近平关于社会主义文化建设论述摘编》，中央文献出版社2017年版，第192页。

度建设有序推进。各类政策文件强调推动博物馆由数量增长向质量提升转变，对文博事业发展做出系列重要安排，为做好新时代的博物馆工作创造了良好的政策环境和政治氛围。当前形势下党中央对文博工作的重视和支持前所未有，文博事业发展的政策环境持续优化，政策环境之好前所未有。

二、支持博物馆发展的力度日益增强

新时代中国博物馆建设经费投入、馆舍建设、人才和技术支撑等方面都达到前所未有的高度，推动博物馆快速发展。财政拨款是博物馆的主要收入来源。据统计，中国博物馆得到的财政拨款由 2012 年的 120.4 亿元增长到 2019 年的 276.6 亿元，增长了 129.7%，2020 年财政拨款略有下降，但仍达到 266.6 亿元，且历年财政拨款在博物馆总收入中都占到 80% 左右。自《关于全国博物馆、纪念馆免费开放的通知》下发以来，以博物馆为代表的公共文化机构向社会公众免费开放，这是改革开放以来中国政府在公共文化领域的一项重大惠民政策，中央及各级政府财政一直为博物馆免费开放提供补助经费。国家财政向博物馆免费开放投入的经费由 2012 年的 86.8 亿元增加到 2017 年的 243.8 亿元，六年间共计投入超过 685.6 亿元。2020 年，国家财政给免费开放的博物馆财政拨款 210.1 亿元，按照中国总人口（不含港澳台及海外华侨人数）14.1 亿人计算，相当于国家一年给每个参观人次补贴了 14.9 元的文化消费红包。2021 年备案博物馆总数达 6183 家，其中 5605 家博物馆实现免费开放，占比达 90% 以上。

与此同时，博物馆建筑面积越来越大。新建成省级博物馆建筑面积一般都在 10 万平方米以上，地市级博物馆面积大致也都在 5 万平方米以上，按传统标准也都属于大型博物馆了。例如，2020 年新开馆的江西省博物馆新馆建筑面积 8.6 万平方米，2021 年开馆的郑州博物馆新馆总建筑面积约 14.7 万平方米，2023 年底竣工的首都博物馆东馆总建筑面积 9.97 万平方米，上海博物馆东馆总建筑面积为 11.32 万平方米。

为确保博物馆能够更好满足人民群众的文化需求，对博物馆的科技和人才支持不断得到强化，如大力推动实施智慧博物馆项目，进一步调动博物馆利用馆藏资源开发创意产品的积极性，建设国家文献战略储备库、革命文物资源目录和大数据库。实施人才培养"金鼎工程"，加快文博领军人才、科技人才、技能人才、复合型管理人才培养，大力建立健全中华优秀传统文化传承发展重大项目首席专家制度，培养造就一批人民喜爱、有国际影响的中华文化代表人物。对为中华优秀传统文化传承发展和传播交流作出贡献、建立功勋、享有盛誉的杰出海内外人士授予功勋荣誉或表彰奖励。这些都为博物馆事业发展提供了强大助力。

三、博物馆发展规模快速壮大

党的十八大以来，中国博物馆总量规模很大，且持续处于快速增长之中。统计显示，2012 年全国博物馆总量 3866 家，2013 年 4165 家，2014 年 4510 家，2015 年 4692 家，2016 年 4826 家，2017 年 5136 家，2018 年 5354 家，2019 年 5535 家，2020 年 5788 家，2021 年中国新增备案博物馆 395 家，博物馆数量达 6183 家，相比 2012 年，全国博物馆的数量十年间增长 59.9%，规模已超一般发达国家。博物馆数量近年来持续呈现爆发式增长，截至 2021 年底全国备案博物馆 6183 家，数量是 1949 年的 200 多倍、1978 年的 15 倍，且仍以每年 200 家左右的速度增长，平均不到两天就有一座新的博物馆向社会开放。2021 年，全国博物馆平均每万人博物馆建筑面积 243.85 平方米，比 2012 年增长 124.2%，类型丰富、主题多元的现代博物馆体系已经基本形成。

与此同时，"博物馆之城"的概念在全国多个城市兴起，中国博物馆事业又迎来一次大发展机遇。很多城市规划建设博物馆规模空前，如郑州提出三年内建设博物馆 100 座，深圳将在 2023 年建成 80 座博物馆，北京、西安、潮州等地政府明确提出建设"博物馆之城"的目标，目前国内建设"博物馆之城""博物馆之都"的城市已接近 30 座。一些城市已经启动实践并取得了初步成效。截至 2022 年 2 月，在百度搜索"博物馆之城"共有约 4590 万个搜索结果，搜索"博物馆之都"共有 1660 万个搜索结果；在知网搜索关于"博物馆之城"的文献共有 77 篇，搜索关于"博物馆之都"的文献共有 35 篇。全国"博物馆之都"建设规模空前，"博物馆之城"建设成为新趋势。

博物馆藏品规模也不断扩展。统计显示，全国博物馆藏品量从 2012 年的 2318 万件 / 套持续增长到 2021 年的 4665 万件 / 套，博物馆藏品占全国文物藏品数量的比例常年不低于 2/3 的份额，呈稳步上升发展态势。第一次全国可移动文物普查数据公报数据显示，截至 2016 年 10 月 31 日，中国可移动文物共计 10815.5 万件 / 套，其中按照普查统一标准完成登录备案的可移动文物约 2661.1 万件 / 套，实际数量 6407.3 万件，博物馆（含纪念馆）收藏可移动文物藏品为 4214.9 万件，占全国完成备案可移动文物总量的 65.78%。2020 年全国博物馆收藏珍贵文物共 3710525 件 / 套，占藏品总数的 17.11%，其中一级品 85515 件 / 套，二级品 588192 件 / 套，三级品 3036818 件 / 套，一般文物 17975172 件 / 套。

四、博物馆组织体系更加健全

伴随博物馆数量和规模的稳步提升，各类型博物馆不断发展，博物馆形式多样，内容主题各异，体系日益健全，总体形成了门类丰富、特色鲜明、专题突出、分布广泛的博物馆发展新格局。从博物馆性质看，国有博物馆是中国博物馆的主体。据统计，在 2021 年全国 6183 家博物馆中，国有博物馆 4194 家，占博物馆总数的 67.8%，非国有博物馆 1989 家，占 32.2%。尽管非国有博物馆总体数量偏少，但非国有博物馆近年来成长迅速，有 96 家被评定为定级博物馆，已日益成为中国博物馆体系的重要组成部分和有益补充。从博物馆类型来看，中国博物馆类型体系基本完备，国有博物馆进一步发展壮大，行业博物馆蓬勃发展。据统计，在 6183 家博物馆中，文物部门所属国有博物馆 3252 家，占 52.5%，其他部门所属行业博物馆 942 家，占 15.2%，且基本以历史展示为主，行业博物馆成为中国博物馆组织体系不可忽视的方面。

革命旧址、纪念馆类博物馆快速增长。据统计，在 2021 年全国 6183 家博物馆中，以近现代革命历史事件、烈士人物为主题的纪念馆有 922 家。2021 年，为庆祝中国共产党成立 100 周年，中国共产党历史展览馆、中国共产党第一次全国代表大会纪念馆、中国共产党早期北京革命活动纪念馆等一批具有重大意义的新建、扩建场馆相继落成开放，革命纪念馆建设不断创新突破。延安市政府于

2021 年发布了《陕西延安革命文物国家文物保护利用示范区建设实施方案》，计划用三年时间将延安建设成为彰显红色文化的中国革命博物馆城，将完成中国革命文艺家博物院、南泥湾大生产纪念馆、陕北"三战三捷"纪念馆、延安博物馆、中国人民抗日军政大学纪念馆基本陈列布展。

从博物馆的宏观管理看，中国博物馆由政府直接管理，在管理体制上是全方位的。在国家层面，故宫博物院、中国国家博物馆和恭王府博物馆由文化和旅游部直管，鲁迅博物馆由国家文物局直管，各部委也大多拥有自己的行业博物馆。国家文物局内设博物馆与社会文物司负责全国博物馆管理。各省、自治区、直辖市设有文物局，下设博物馆处，负责地方博物馆管理。但中国博物馆级别体制差异较大，省一级博物馆行政级别不同，如南京博物院是副局级博物馆，而湖北省博物馆则是正处级博物馆，一些重要博物馆基本是副处级或科级建制。因为行政级别不一，博物馆发挥作用和社会影响也存在很大的差异。

五、博物馆展陈水平稳步提升

展览是博物馆最重要的公共文化产品。新时代以来，博物馆展览数量和质量都有了明显的提升。统计显示，2012 年全国博物馆举办展览总数 1.2 万个，到 2020 年增长到 2.9 万个，数量增长了近 1.5 倍，2021 年全国举办展览 3.6 万个。全国博物馆基本陈列数由 2002 年的 8230 个增加到 2019 年的 13844 个，临时展览数量则由 3655 个增加到 14857 个，翻了两番。稳定高质量的基本陈列和频繁更新的临时展览相辅相成，不仅提高了藏品利用率，也使展览服务的覆盖面持续扩大，充分体现了近年来博物馆事业的活跃程度。当前各大博物馆的通史类陈列基本都完成改陈提升，馆藏丰富的大博物馆也推出了多个专题展览，展陈理念、展陈内容、展陈形式上都有所创新，补充了不少新发掘、新征集的文物，与时俱进，更好地满足了广大人民群众日益增长的文化生活的需要。

围绕国家战略和时政热点策划举办主题展览，是中国博物馆特别是国有博物馆办展的最基本方向。很多重大主题展览由于准确回应了社会需求而引发"现象级"参观热潮，如各博物馆 2018 年围绕改革开放 40 周年这一重大时间节点策展，2019 年结合馆藏特色推出主题展览为国庆献礼，2021 年围绕中国共产党成立 100 周年举办展览等，都广受公众好评。同时，立足博物馆定位和馆藏资源，围绕博物馆特色或特定主题组织系列展览成为当前博物馆展览的新现象，展览品牌的构想和实践端倪初现。

新技术、新模式创新实践，博物馆展览通过跨界融合拓展展览边界，技术和信息基础设施的普及和新冠疫情的影响，使线上展览成为博物馆展览的常态化形式。疫情发生以来，线上传播基础较好的大型博物馆开始推出"云游"博物馆线上传播服务，千余项"云展览"集中推出，以"互联网＋"的形式向观众提供文化服务。2021 年，全国博物馆策划 3000 余个线上展览，1 万余场线上教育活动，网络总浏览量超过 41 亿人次。"无围墙"的展览也令人关注，如中国国家博物馆与大兴机场联合在国际进港区域推出"文化中国"长廊等，展览形态的延伸使展览成果产生多元效益，发挥更大社会功能，展览新业态发展初见成效。

六、博物馆社会影响力大幅度提升

快速发展的博物馆在不断推出高质量展览的同时，越来越突出观众在博物馆发展中的地位，重视公众需求，强化观众服务，履行社会责任，强化公共文化机构属性成为博物馆的共同追求。博物馆的社会关注度也显著提高，"博物馆热"成为文化现象，"到博物馆去"成为一种社会时尚和新的生活方式。

进入 21 世纪以来，各博物馆积极探索创新，增强社会参与度，积极采取措施加强媒体公关和社会推广，塑造提升博物馆的社会公众形象，促使博物馆公众形象由保守、刻板、迟钝向有趣、亲民、开放转变，通过公众服务实现社会责任，通过优质产品获取公众认可。许多博物馆还充分利用新媒体不断提升亲和力、影响力，塑造良好的公众形象，同时推出科学探索、模拟制作、示范表演、志愿讲解、专题讲座、知识竞赛、学术研讨等丰富多彩的互动活动，拉近与公众的关系，使更多的公众从旁观者变成了参与者。统计显示，在新冠疫情影响下，2021 年全国 6000 余家博物馆推出教育活动 32.3 万场，线上教育活动 1 万余场。在馆校合作的大框架下，全国各级各类博物馆与中小学校联合举办 10 余万次专题教育活动，博物馆青少年教育课程体系不断丰富完善，受到广大学校和青少年的一致好评。博物馆的文创产品以其独特的魅力广受公众追捧，成为文化消费新增长点，在购物车里"考古"、在电商平台上"博物"成为年轻人追求生活质量的首选。

人民群众对博物馆的关注参与程度显著提高。参观量是衡量一家博物馆受欢迎程度的重要指标，统计显示，中国博物馆的年接待观众量从 2007 年的 2.8 亿人次增长到 2019 年的 11.22 亿人次。其中，从 2012 年到 2019 年，中国免费开放博物馆参观人数由 4.4 亿人次上升到 9.1 亿人次，八年间免费开放接待参观人次累计达到 49.2 亿人次，是全国总人口的三倍多。2021 年，全国博物馆接待观众 7.79 亿人次。"跟着博物馆去旅行""为一座博物馆赴一座城"成为更多游客青睐的出游形式，节假日期间观众参观需求增长导致常常出现一票难求甚至黄牛倒票的现象。根据中国旅游研究院的统计，2019 年春节七天旅游观众达到了 4.15 亿，其中 40% 以上旅游观众走进了博物馆。博物馆观众构成更加多元，未成年观众由 2012 年的 1.55 亿上升到 2019 年的 2.87 亿，同比增长了 85%，2012—2019 年未成年观众占博物馆观众总量的比例基本保持在 28% 左右，占比较大，可见，未成年观众与博物馆观众总量均保持相对稳定的增长。

特别值得指出的是，博物馆在对外文化交流中扮演着越来越突出的重要角色。配合领导人出访的海外交流展览展示、在建的海外中国文化中心、对外交流展等日益增多。"十三五"期间，全国共举办 300 个文物进出境展览，"汉风""秦汉文明""华夏瑰宝""大美亚细亚"等展览引发国际社会热议，成为中国文化外交的"金色名片"。配合国家外交大局在博物馆举办的文化交流活动日益频繁，许多重要外事活动首选在博物馆举行，博物馆在"一带一路"文化交流与合作中发挥着促进人文合作、推进民心相通的积极作用，无不彰显着新时代博物馆在国家文化软实力方面的重要窗口作用。

第二节　博物馆发展中的问题亟待在深化改革中加以解决

一、博物馆藏品征集工作进展缓慢，总体形势不容乐观

藏品征集是博物馆履行藏品研究、展览展示、社会教育等基本职能的前提与基础，越来越受到关注和重视。但近年来该项工作的进展总体上并不十分乐观，藏品征集工作可谓任重道远。

一是全国范围的博物馆藏品征集数量缺乏可持续增长。统计显示，2012—2019 年中国博物馆征集藏品量总计 660.64 万件 / 套，年均 82.5 万件 / 套，全国 5000 多家博物馆平均下来就稍显失望了。同时，每年藏品征集量的增长态势又极不稳定，个别年份如 2015 年、2018 年、2019 年的增速反而出现了较大幅度的回落，分别达 -52.72%、-65.00%、-6.56%，中国博物馆在新时代出现了藏品征集速度无法与场馆建设速度匹配的情况。

二是博物馆藏品征集来源比较单一，过度依赖征集购买方式。调查显示，2017—2019 年博物馆新增藏品最主要的来源为征集购买，馆均征集购买 488.2 件 / 套，其次为接受捐赠（411.4 件 / 套），接受调拨移交（151.8 件 / 套）等征集方式则居于更次要地位。馆际互换基本空白。越来越多的地方国有博物馆采取政府采购的市场化方式，大大节省人力时间成本，经费执行更加规范。

三是博物馆藏品征集渠道较为狭窄。调查显示，有 26.4% 的博物馆认为征集渠道不畅是藏品征集工作所面临的主要困难之一。考古发掘品的移交在相当长的时期里曾是博物馆接受调拨文物的主要来源，近年来，一些地方考古机构自行建设博物馆，导致考古发掘品的移交越来越困难，考古掘品移交滞后十分常见。司法罚没文物移交由于没有形成稳定的工作机制，随意性突出，即使省内各地博物馆接受调拨移交文物藏品的情况也参差不齐。接受捐赠的随机性大，受到捐赠意愿、社会文化、可捐藏品量等因素影响，公众捐赠热情不足。许多珍贵文物往往

由于得不到及时入藏而遭到破坏或流失海外。

四是博物馆藏品征集能力亟待提升。博物馆普遍存在对高水平专业征集人员的渴求。调查显示，53.3%的博物馆没有专职征集人员，40.3%的博物馆认为缺乏专业人员的程度仅次于缺少资金。文物鉴定专业性强，培养人才周期长，是造成各博物馆文物鉴定人才普遍缺乏的重要原因。此外，部分博物馆缺乏成熟的征集思路，缺乏大局观和宏观思维，未立足自身功能定位、从党和国家发展的战略高度开展征藏体系建设，体系化工作思路有待形成。

二、博物馆的藏品管理水平有待大幅提升

藏品是博物馆立身之本，是博物馆首要资源。要不断提升博物馆藏品管理能力，以科学的藏品管理体系实现对藏品最好的保护，为博物馆各项事业发展提供强大支撑和保障。

一是博物馆藏品结构体系亟待优化。博物馆藏品以考古发掘品为主，古代历史类藏品居多，且藏品的国际化程度不高。博物馆藏品的区域分布很不均衡，截至 2021 年，4600 余万件藏品分布在 6000 多家博物馆中，属地化管理原则催生了各博物馆藏品分布的区域化特征。由于缺乏顶层设计和宏观统筹，见证中华五千年文明发展的标识性文物分散在各地，难以完整系统地展示中华文明源远流长、绵延不绝、博大精深的风貌。

二是藏品管理路径依赖比较明显，规范化管理还处于起步阶段。多数博物馆仍是新中国成立以来的藏品保管模式，账目管理以日常抄录为基础工作，库房点交以手工检视为主要形式，文物是否需要修复以人为发现为主要手段，藏品管理迈向现代化的步伐较为缓慢。统计显示，2020 年全国博物馆藏一级品 85515 件 /套，二级品 588192 件 / 套，三级品 3036818 件 / 套，占博物馆藏品总数的 8.59%，作为博物馆基础工作的藏品定级工作仍有大量的工作有待推进，博物馆中的大部分藏品是没有经过鉴定、确定价值这个环节的。

三是博物馆藏品数字化程度不高。博物馆普遍较为重视藏品数据采集工作，但存在藏品数字化效率低、数据分散割裂、集成度低、缺乏统一标准等问题。调

查显示，89.2%的博物馆启动了藏品数据化工作，其中有69.3%已完成七成以上藏品数据采集，13.6%完成的份额不足三成；博物馆数据采集以二维图像存储（71.2%）为主，20.8%采用三维扫描模型方式存储，30.5%采用音视频方式存储，其他为35.1%。

四是博物馆标准化藏品库房覆盖面相对较低。中国博物馆的分类保管体系基本以藏品材质分类为主，调查显示，近1/4（24.4%）博物馆未按照藏品材质进行分类库房或专柜保管，超半数（52.2%）博物馆库房未安装恒温恒湿控制系统，四成多博物馆库房未安装气体灭火系统（41.7%）和远程库房监控系统（42.2%）。各类藏品保管条件的建设情况均与博物馆隶属行政层级水平呈正相关。

五是博物馆藏品保护能力急需提高。博物馆藏品大多面临自身材质脆弱、自然老化等问题，统计显示，大约四成可移动文物需要修复。博物馆藏品修复复制规模却十分有限，调查显示，2017—2019年，博物馆馆均完成124.7件/套藏品修复，每年的藏品修复量则更低，有些小馆甚至把修复难作为首要困难。目前已经专设修复机构的博物馆仅有23.3%，76.7%未设文物保护修复机构，文物保护和修复技艺的传承困难，后继者青黄不接是重要原因。

三、博物馆学术研究基础总体薄弱，特色建设任重道远

学术研究是博物馆业务工作的基础。学术研究工作是提高博物馆业务工作质量，提升博物馆综合实力，建设高质量博物馆的重要途径。目前博物馆学术研究基础亟待夯实。

一是学术研究浅层次、碎片化严重。实践中博物馆学术研究的宏观视野和战略把握不足，学术研究水平和贡献远远无法满足当下社会对博物馆的期待，在支撑博物馆事业发展、落实国家文化发展战略中独特作用有待释放。博物馆学术研究呈现小、碎、偏等倾向，缺乏系统梳理和顶层设计，大局意识、整体高度不够，表现出对某个历史、考古或文物的片段问题或细枝末节的过度专注，容易陷入创意缺失、水平低下、自娱自乐的困局。对于博物馆工作中的认知与思考未能及时提炼转化为学术成果，限制了学科建设和整体理论体系的构建。

二是博物馆学学科体系建设滞后。博物馆对自身的学科定位不明确，学科理论体系建设薄弱。在博物馆研究内容与博物馆学之间的界定上模棱两可、含糊不清。博物馆学涉及人文社会科学、自然科学、工程技术科学等各种学科，为交叉学科。中国博物馆学尚未建立起适合于自身发展的学科体系，"文物与博物馆学"是属于考古学的二级学科，博物馆学未成为独立学科。学科体系顶层设计缺失导致重点性的研究方向引导不足，博物馆无法有效整合研究人才合力攻关重大科学问题。

三是学术研究管理引导能力不足，成果转化机制不完善。博物馆的学术研究长期以来没有独立的研究和管理部门，依附于展览展陈、文物保护、征集鉴定等业务部。尽管近年来部分学术水平领先的博物馆增设了专门的学术研究和科研管理部门，但还十分有限。大量博物馆缺乏对自身科研管理链条的完整认知，对管理闭环中各个环节没有进行整体设计、统筹管理与监督评估，导致学术研究与业务需求之间的匹配度较差，项目制科研模式尚不成熟，学术研究积极性不高，科研成果也无法得到有效转化和实际应用。

四是学术研究缺乏全球视野、国际交流不足。博物馆科研不能关起门来搞研究，调查显示，2019 年东中西部博物馆参与国外学术活动的次数均值不到 1 次；除了自然科学类博物馆均值是 1.2 次，其余类别均不足 1 次。受科研资源所限，博物馆学人相对缺少参加国际学术交流的客观条件，内在动力相对不强，全球视野的缺位降低了中国博物馆学术研究在国际学术研究领域的影响力和话语权。

四、策展理念陈旧，展览能力水平亟待提高

展览是博物馆藏品与观众连接的基本方式，是博物馆保管、研究、设计等综合水平的体现，也是教育、传播、文创等工作开展的基础。策展能力是博物馆的关键能力，亟须创新体制机制，满足人民日益增长的美好生活需要。

一是展览质量参差不齐，策展理念有待更新。从整体看，博物馆展览存在类型主题单一、研究能力较弱、吸引力不足等问题，甚至个别展览出现展假、造假、史实有误等负面舆情，如以"晒宝""赛宝"为主，刻意追求展品的高规格、

展览中一级品数量和占比等，造成文物历史"两张皮"；展览主题固守某一品类、材质、地域或人物；书画展、周年展以及捐赠展仍是多数博物馆经常举办的展览类型；展览设计精细化不足、区分度不高；等等。展览原创力待提升，策展理念需更新。

二是受体制机制所限，展览社会作用发挥不充分。调查发现，由于前期科学论证机制缺位、后期运营管理滞后、博物馆多头管理等问题，许多县市区级的小型博物馆重建设轻管理，成为典型的"交钥匙工程"，基本陈列一展到底，基本上不举办临时展览，致使博物馆建成初期门庭若市，三五年后门可罗雀，基层中小博物馆与大型博物馆之间的差距正在逐渐拉大。展览评价机制不完善，宏观上展览奖项设置不足。展览国际交流受到较为严格的制度约束，文物出境展览手续繁琐，展览内容出国出境审查制度缺失，极大地限制了博物馆在国际上发挥作用。

三是展览输出与大国地位不符，缺乏全球化视野。博物馆参与国际展览交流程度较低，特别是展览输出能力较弱，在讲好中国故事、传播好中国声音的当代使命中严重缺位。调查显示，2019年全国博物馆平均引进国际展览仅0.3个，输出国际展览仅0.2个，超过3/4的博物馆没有参与展览国际交流。

四是新技术运用与展览脱节，缺乏理性判断和文化思考。展览与新技术的融合充分扩展了传统实体展览的空间和时间。调查显示，触摸屏、二维码和智能导览是全国博物馆展览中广泛运用的互动体验方式，覆盖率分别为75.8%、63.2%和58.1%。虚拟现实、增强现实、沉浸式体验和数字展厅等技术运用较为有限，仅能覆盖30%左右的博物馆展览。新技术在内容和形式设计上都缺乏创新思维，展览所呈现的藏品形态还不丰富，对展品信息解读不够充分新颖。

五是展览与观众对话程度不够，社会参与度与预期存在差距。博物馆观众大幅度增长，在一定程度上模糊了观众对展览质量的评价反馈。调查显示，96%的博物馆认为本馆展览很受群众欢迎或比较受欢迎，且区域、类别、性质和等级性差异不大。但调查反馈，观众往往对多数展览印象不深，这与博物馆自我评价有较大差距。

五、社教服务亟须创新机制，融合优质社会资源

博物馆教育包括讲解导览、教育活动、馆校合作、志愿服务等多种形式，教育功能伴随博物馆事业发展愈发凸显。

一是社教活动向分众化转型，有待进一步均衡深入。博物馆教育活动由"大众教育"向"分众教育"发展成为总体趋势，其中导览的分众化势头尤为显著。但博物馆分众实践偏重儿童及青少年的社教活动，能实现全年龄段教育的并不多，具有示范意义且可推广的分众教育模式尚未成熟，分众社教的内容设计、内容覆盖、课程体系也有较大发展空间。

二是馆校合作仍处于探索阶段。馆校合作是博物馆发挥社会教育功能的重要体现，但不同地区、不同级别博物馆的合作频率、成效等差异较大。合作形式和内容较为单一，甚至出现固化现象，最常见的是联合研发基于博物馆的教育课程或校本教材，及基于课程研发的科普读物、策划开发相关教育活动。有些博物馆以"名馆＋名校"的方式开展合作，很难形成行业示范与模式推广，馆校合作难以真正制度化、常态化、普及化展开。

三是专业化的社教人员匮乏，服务与研发未合理兼顾。多数博物馆社教人员大量使用劳务派遣人员，人员流动性较大。有限的人员往往同时承担社教活动开发实施和相关组织运营、后勤保障服务等工作，无法投入到相关研究中，使社教研究表现出注重实践总结、理论提炼升华欠缺的特点，高水平的研究成果相对缺失，基于工作实践的研究成果尚未充分转化。

四是教育活动呈同质化趋向，体验模式缺乏个性创新。博物馆教育活动的发展起步晚、发展过快、思考较少，缺少构建完整教育体系的思维和意识，教育活动课程面临内容和形式的同质化、创课思维的固化、成果品质的参差不齐等问题，还未形成应对研学旅行的教育活动机制，难以形成具有自身特色的课程建设。

五是志愿服务形式较为单一，相关管理机制有待完善。博物馆志愿服务多围绕社教讲解、教育活动展开，在志愿者岗位设置上较为单一，分工不精细，涉及其他业务部门极为有限，以至于志愿讲解成为国内博物馆志愿服务的代名词。部

分博物馆未建立完善的志愿服务管理机制，缺乏对志愿服务体系的规划建设，存在管理松散、培训不规范、考评体系不健全等问题，志愿者服务效能难以充分释放。

六、博物馆对传播工作认识不足，观念举措有待创新提升

新时代博物馆肩负着解码中华文脉基因，展示中华文明生生不息的历史积淀和思想传承，弘扬中华优秀传统文化、革命文化和社会主义先进文化（"三大文化"）的文化使命，要准确把握博物馆传播的时代特征和面临的挑战，交出令人满意的高质量答卷。

一是博物馆对自身的媒介功能认识不足，对传播特点把握不准。博物馆的传播工作与自身馆藏研究的结合深度有限，对博物馆在新媒体、新技术环境下的媒介功能缺乏科学认识。博物馆的媒介化趋势与人类进化、时代发展高度契合，博物馆的意识形态属性、文化遗产的公共性等使博物馆容易进入大众传媒的视线。博物馆以藏品作为信息表达传播的载体，借助展览展示等博物馆业务活动传达专业的判断和评价。博物馆文化传播绝非无源之水，藏品深蕴的历史文化信息是博物馆做好文化传播的强大资源。

二是对传播工作重视不够，形象塑造缺乏整体设计。调查显示，全国仅17.1%的博物馆设置了专门负责新闻管理和传播工作的部门，多数博物馆未将传播工作作为与征集、保管、研究、陈列同等重要的主业。设置新闻传播专职部门的博物馆往往会比未设置的博物馆接待更多的参观观众。国有博物馆和100万以上年参观人次的博物馆受中央和地方主流媒体的关注和曝光率较高，明显高于非国有博物馆。规模越小、参观量越低的博物馆，其合作媒体数量也越少，越不利于博物馆传播力的提升和社会关注度的提高。

三是对传播技术的变革意义认识不到位，传播方式转型推进进程不一。博物馆信息化、智慧化的发展水平总体上仍滞后于社会信息化发展水平，国内博物馆常常把应用新传播技术简单等同于增设新媒体平台，博物馆传播工作人员所掌握的技术手段相对落后，特别是中小型博物馆数字化、智慧化进程相对缓慢，网上

展示传播手段不丰富、设计不够美观，缺乏三维建模、虚拟现实、增强现实、人工智能等相关技术让公众看到文物细节，缺乏经费与必要设备。在线讲解或直播等影响传播效果，限制教育传播职能的充分发挥。

七、博物馆观众服务体系不健全，能力建设应进一步强化

中国博物馆观众服务工作虽然取得了长足发展，但观众对博物馆服务的期望值越来越高，博物馆应当在服务方法和内容上不断创新，提升参观服务的供给能力，更好满足观众不断增长的文化需求。

一是博物馆观众接待能力差别很大。2008—2019 年，大中型博物馆的观众年接待量持续增长，小型博物馆和非国有博物馆参观人数总体不乐观，有些博物馆甚至可用门可罗雀来形容。2019 年，58 家博物馆的参观人数没有数据，参观人数为 0 的博物馆高达 195 家，年参观人数低于 10 万人次的博物馆为 3240 家。即使是同一地区、同一城市，各博物馆观众人数也会差距悬殊。

二是博物馆分众化服务水平不能满足观众的多层次需求。中国博物馆分众化服务研究主要基于社会人口学角度，类型单一，现阶段大部分博物馆的服务仍关注于多数群体，对服务需求较高但人数较少的观众群体关注不够；比较关注设备、设施等硬件方面的"无障碍"，但很少在细节上关注到视力残疾人、听力残疾人、肢体残疾人、智力残疾人不同的参观痛点，针对外国观众提供多语种服务也是博物馆亟待提升的能力。

三是博物馆硬件设施不完善降低了观众服务实际效果。面对快速增长的观众量，博物馆的较大挑战之一仍是空间不足，一些博物馆在节假日不得不采取限流措施，大大降低了观众满意度。博物馆内导视系统不清楚，参观标识混乱，信息不明确，难以快速引导观众到达目的地，影响观众参观体验。不同规模博物馆之间公共配套设施的差距也比较明显。

四是观众服务系统协同运行不足。受智慧化发展的规划和制度建设影响，从部分博物馆观众服务角度来看，票务预约系统、导览系统、观众投诉反馈系统、博物馆会员管理系统、数据整合与分析系统等智能辅助系统不协调、运行效率低

下，已建成的数字博物馆系统平台各自为政、互不兼容，为未来智慧博物馆整合和网络资源共享传播埋下隐患，对观众大数据的收集、整理和分析工作停留在表面，难以为博物馆改善观众观展体验提供技术支持。

八、博物馆文创开发能力水平亟须提高

博物馆文创是以馆藏资源为基础，对馆藏资源进行再创作、再开发的新型业态，是增加收入和传播优秀文化的重要途径，也是博物馆充分发挥文化功能和文化窗口作用的重要载体。尽管博物馆文创发展进入快车道，但博物馆文创定位和高质量发展仍存在诸多亟待解决的问题。

一是博物馆文创发展支持政策落实不到位。博物馆一般不具有经营资质，文创产品开发销售活动受到政策限制。从所在城市推动文化文物单位文化创意产品开发方面执行政策的情况看，调查显示，23.7%的博物馆反映省（自治区、直辖市）未出台落实国家文件精神的政策文件且也无法直接适用国家文件精神，39.6%的博物馆适用的是省（自治区、直辖市）为落实国家文件精神出台的细化政策，27.6%的博物馆直接适用国家文件精神，受政策执行效果的影响，57.2%的博物馆反映制约博物馆文创产业发展的瓶颈是受博物馆体制影响文创资金难以实现市场化运作。

二是博物馆文创发展的不平衡不充分问题比较突出。主管部门预期与博物馆实际文创发展能力之间、社会公众期待与博物馆实际文创发展能力之间的差距较大，部分大型博物馆IP开发做得较好，大量中小型博物馆并没有真正意义上的文创IP，而由于文创IP开发需要大量投入，很多地方博物馆依靠国有大型博物馆开发IP，自己只做代销。博物馆设计和产品存在"千馆一面"的问题。

三是博物馆文创的价值挖掘未能充分体现。文创开发的研究积淀不足，挖掘不够，突出体现在文创产品大多注重文物的视觉元素，过于追求"爆款"而忽视文化内涵，对博物馆馆藏文化资源的科学研究不够，对文物承载的历史故事或精神元素挖掘和提炼不够。IP授权和管理研究还不够深入，在操作层面缺乏有效细化的指南。文创开发IP泛化，存在简单搬用、模仿和移植等抄袭现象，大多

是"可复制"产品。

四是文创开发和营销手段单一。尽管目前线上销售方式发展很快,但馆内销售仍然是最主要的销售方式,博物馆要开设自营文创店需要前期投入,又存在一系列具体问题。博物馆文创缺乏长远的商业规划,有调查显示,在 2000 多家从事文创开发活动的中国博物馆中,实现盈利的仅 18 家,占比不足 1%。

五是设立专门文创开发机构的博物馆比例较低。调查显示,只有 30.5% 的博物馆设立了专门的文创经营开发机构,不足总量的 1/3。非国有博物馆中设立专门机构的比例为 40.0%,高于国有博物馆的 29.5%。此外,设立专门机构的比例与博物馆定级水平、博物馆参观观众量呈正相关。

九、博物馆人才基础薄弱,急切呼唤名家大师

人才队伍建设是博物馆事业持续、健康发展的关键环节,是从根本上增强博物馆发展的核心动力。但是,目前中国博物馆行业在破除人才发展障碍、培育人才成长土壤、建立激发人才活力机制等方面依然任重道远。

一是博物馆人才总量不足,基础薄弱。博物馆从业人员增长速度与博物馆事业发展速度和需求不相匹配,2020 年中国高校考古文博类专业毕业人数 3078 人,距离国际博物馆协会副主席、中国博物馆协会理事长安来顺提出的"全国博物馆系统每年 1 万人的人才需求"存在较大缺口。中国博物馆仍然以管理和工勤人员为主体,专业技术人员占从业人员总数的比例不足 40%。2011—2020 年,博物馆从业人员增加 5.5 万人,其中管理人员增加 4 万、专业技术人员增加 1.5 万。2020 年,全国博物馆平均每馆不到 8 名专业技术人员,尚未形成以专业技术人员为主、相对成熟的人才队伍结构。专业技术人员占在编人员比例,全国各地不一。

二是博物馆高层次人才和领军人才匮乏。2011—2020 年,博物馆正高职称占专业技术人员的比例由 2011 年的 4% 提升到 2020 年的 5.5%;副高职称占比从 12.2% 提升到 15.2%。2020 年,全国博物馆高层次人才占专业技术人员的比例为 20.7%,全国博物馆馆均正高职称 0.3 人、副高职称 1 人、中级职称 2.8 人。领军人才更为稀缺,2018 年全国 4000 多位入选国务院政府特殊津贴专家中博物

馆行业仅有 8 人，而全国各类高校（不包括科研院所）享受当年国务院政府特殊津贴的专家超过 800 人。2019 年度"国家百千万人才工程"遴选 414 名专家并授予"有突出贡献中青年专家"荣誉称号，没有一位来自文博行业。

三是博物馆人才断层问题日益突出。调查显示，52.6%的博物馆存在人才断层现象。博物馆特色的专业人才断档，最紧缺人才依次是文物研究与鉴定、策展、文物修复、藏品征集以及综合管理人才。应用型、技术型、复合型人才和创新实践型人才匮乏，且远远滞后于当前文博事业快速发展的需求，从而导致博物馆文创、管理、设计人才及复合型的高水平科技人才普遍紧缺。博物馆高层次人才普遍年龄大、数量少、后继乏人。博物馆高级职称人才主要集中在 50 岁以上，且人数平均到每家博物馆仅 0.3 人。造成这种现象的原因，是博物馆从根本上缺乏这类人才成长发展的土壤。

四是博物馆人才培养难以满足行业需求。一方面，博物馆学科课程体系和培养模式不完善，博物馆学专业长期面临着底子薄、师资缺、生源少、地位低、话语权弱、待遇差等问题，人才培养模式与博物馆实际脱节。另一方面，缺乏适合博物馆特点的系统学习培训，博物馆工作的实操性特点使人才成长更多依赖岗位实践培养，而一大批年纪较大的专家学者因政策原因，没来得及完成接班人的培训锻炼就已退休，老专家"传帮带"作用发挥不足。博物馆人才培养形式单一、效能低下，尤其缺乏展览设计、文创、销售、运营等针对性培训机制。

五是博物馆人才评价激励机制有待完善。博物馆工作内容门类庞杂，但现行评价缺乏对不同专业、不同岗位、不同层次的分类评价，评价标准单一，存在重论文、轻业绩的倾向，人才评价结果与薪酬待遇脱节，博物馆人才评价体系"评"和"用"脱节。在人才培养和引进方面没有竞争力，博物馆人才考核流于形式，职称、职务晋升渠道相对狭窄，工资福利稳定有余、灵活不足。

十、博物馆安全运维专业化、精细化管理更加凸显

安全运维是博物馆的基石，是保护文物安全的生命线，是传承古老文明的历史责任，是功在当代、利在千秋的大事。各级各类博物馆高度重视博物馆安全运

维工作，中国博物馆安全事故发生率总体较低，但仍不可掉以轻心，应大力提升精细化专业管理水平。

一是观众激增、部分观众安全意识不强，增加安全风险。由于观众安全意识较为淡薄，携带物品成为博物馆的潜在威胁，如自拍杆、打火机、水果刀等。调查显示，2019 年，73.5％的博物馆安检出危险品，易燃品比例最高，达 51.8％，管制刀具占 31.0％，爆炸品占 5.7％，腐蚀品占 5.1％，危险性极高。博物馆参观人次越多，检出危险品的比例越高，观众拥挤插队而发生吵架斗殴等现象时有发生，博物馆防盗压力也较大。

二是博物馆安保队伍数量持续增长，专业能力有待提升。中国博物馆安全保卫人员力量总体情况较好，但专业素质水平和稳定性不高是安保人员管理的主要问题。调查显示，58.7％的博物馆反映安保人员专业素质水平不高，53.8％反映安保人员稳定性低、流失率高，应急管理部、文化和旅游部、国家文物局三部委在博物馆和文物建筑消防大检查中发现一些博物馆普遍存在消防控制室值班人员对控制室管理及应急处置程序不熟悉，微型消防站人员应急处置能力差，组织扑救初起火灾能力弱等问题。

三是不同博物馆间的安保机构设置和队伍配备差异明显。博物馆的专门安保机构和安保队伍分布不均衡。调查显示，各区域博物馆设立专门安保机构的差异不大，但拥有专职消防人员的比例则差异明显，东、中、西部和东北地区分别为55.8％、63.5％、55.9％、47.8％。按照机构类型来看差异很大，特别是艺术类和自然科学类比例较低。国有博物馆和非国有博物馆的差异悬殊，从等级来看，博物馆级别越高、参观人次越多，设立专门安保机构的比例越高。

四是博物馆安全存在隐患，博物馆安全系统建设待完善。尽管中国博物馆安全态势总体较为平稳，但隐患较多，安全事故仍时有发生，如国家文物局通报2019 年以来发生六起文物火灾事故，不容忽视。很多博物馆安防和消防两大系统大多各自配置主机，同一系统的各子系统也有各自为战的现象，存在着使用过程中形成功能割裂以及发生安全事故时联动处理时间长、效率低的情况。博物馆自身的安防系统、消防系统也未与公安系统、消防系统有效联动，难以高效识别和及时化解安全隐患。

第三节　对策与建议

博物馆是保护和传承人类文明的重要殿堂，是连接过去、现在与未来的桥梁。博物馆工作一头连着文物藏品，一头连着人民群众，是文化文物工作的重要组成部分。进入新时代，中国博物馆在场馆建设、文物保护、藏品征藏、学术研究、展览陈列、社教传播、国际交流等方面不断取得新进展，但面对百年未有的世界变局，各种不稳定性、不确定性为中国博物馆发展带来了新的挑战和机遇。博物馆要不断深化改革，坚持在改革中化解发展难题，不断提供高质量的公共文化产品和服务，努力满足人民对美好生活的向往。

一、统筹规划博物馆体系，优化顶层设计

着力解决博物馆事业发展不平衡不充分的问题，切实落实"以观众为中心"的服务理念，不断健全普惠均等的公共文化服务体系，加强东、中、西部横向和国家馆、省级馆、基层国有博物馆纵向的联系，统筹不同区域、不同类型、不同性质、不同层级博物馆的发展，优化博物馆体系布局，推动博物馆内涵式发展。要健全大型馆与中小微型博物馆的交流合作，建立常态化帮扶合作机制，推进区域性、同类型博物馆互相借鉴、互通有无、共同进步，促进博物馆体系内部良性互动。在积极完善博物馆发展布局的同时，要加强博物馆特色建设，克服同质化、"千馆一面"等低水平发展模式，特别是发挥行业博物馆、非国有博物馆的特色，同时遏止个别展览中存在的媚俗、低俗、泛娱乐化、泛商业化现象和倾向，真正在专、精、特上下功夫、做文章。

进一步推进博物馆体系优化完善，以完整全面、层次丰富的博物馆体系，完整展示多元一体的中华文明起源和发展的历史脉络、灿烂成就和对人类文明的重大贡献，生动传播社会主义先进文化、革命文化和中华优秀传统文化。发挥各类博物馆的特色与优势，建立健全博物馆考评监督机制、质量评价体系、信用体系

等，开展系统研究，丰富表现方式，用系统和整体的观念加强藏品的安全防范工作，进一步加强藏品的集中与分散、和平与战时管理的顶层设计。提升保护能力，推进完善藏品档案信息化、标准化和数据库建设，实施馆藏文物保护修复计划，强化预防性保护，完善博物馆安全消防制度建设和设施配备，加强标准库房和智慧库房建设。

二、完善管理体制，创新组织形态

不断健全博物馆制度，坚持开放办馆，支持多元主体参与博物馆运营管理，探索创新博物馆管理体制。推动建立健全科学合理的决策执行或监督咨询机制，发展壮大博物馆之友和志愿者队伍，构建参与广泛、形式多样、管理规范的社会动员机制。推动博物馆公共服务市场化改革，引入竞争机制，促进博物馆与教育、科技、旅游、商业、传媒等跨界融合，发挥好博物馆在文旅融合中的积极作用。大力推进博物馆法及配套法规体系建设，在不改变藏品权属、确保安全的前提下，探索国有博物馆资产所有权、藏品归属权、开放运营权分置改革，提升博物馆公共服务效能。

勇于创新，探索与新时代博物馆发展相适应的组织形态，在博物馆建设热潮中充分发挥大型博物馆、特色博物馆的优势，适当推进博物馆总分馆建设，突出组织形态的多样性和创新性。借助总分馆建设大力推进博物馆管理的标准化、规范化，带动不同区域博物馆治理能力和水平提升，面向广大观众提供更多高水平的均等化文化产品和服务，最大限度发挥博物馆品牌、藏品、展览、人才和研究优势，最大限度辐射服务区域文化建设，通过优化配置实现效益最大化，实现博物馆集群效应，推动博物馆治理能力和治理水平不断提升。

三、畅通机制，优化资源配置

博物馆要积极转变征集思路，优化征藏体系，强化"四史"相关藏品征集，注重反映经济社会发展变迁物证的征藏，丰富科技、现当代艺术、非物质文化遗产等专题收藏，改进工作方法，加强与捐赠者的联系，引导社会各界积极无偿捐赠藏品。着力畅通征集渠道，强化考古出土文物和执法部门罚没文物移交工作机制和考评机制，按时移交，确保文物得到有效保护和利用。提高展陈质量，深挖展示中华优秀传统文化中跨越时空的思想理念、价值标准、审美风范，全面展示中华文明起源、发展历史脉络、灿烂成就和对人类文明的重大贡献，支持联合办展、巡回展览、流动展览、网上展示。培养造就政治过硬、功底扎实、国际接轨的博物馆策展人队伍，支持中国专家学者在国际博物馆组织中发挥作用，增强话语权；探索独立策展人制度，优化展览策划制作流程，鼓励公开征集选题，推广以需定供菜单式展览服务。发挥教育功能，加强对中华文明的研究阐发、教育普及和传承弘扬，加强爱国主义教育和革命传统教育，制定博物馆教育服务标准，丰富博物馆教育课程体系，将各类博物馆数字资源接入国家数字教育资源公共服务体系。优化传播服务，推进博物馆大数据体系建设，主动对接国家文化大数据体系建设，推动博物馆文化扶贫，深化博物馆与社区合作，推动博物馆虚拟展览进入城市公共空间，加强与融媒体、数字文化企业合作，创新数字文化产品和服务，构建线上线下相融合的博物馆传播体系。

建立博物馆经费保障制度，创新博物馆发展多元化投入机制，让向博物馆进行公益性捐赠的企业或个人真正享受所得税扣除政策。鼓励博物馆开展与教育、科技、旅游、传媒等的跨界融合与实践，对取得明显成效的单位适当增核绩效工资总量。发挥博物馆在文明交流互鉴中的作用，增进国际合作，博物馆展览作为国际文化交往和传播的重要平台，在连接古今、沟通中外、增信释疑中发挥着越来越重要的支撑作用。增强以我为主意识，在出境展览传播实效上进一步提质增速，推出更多全面反映中华优秀传统文化的原创性展览。

四、强化博物馆学术研究，夯实发展基础

提升博物馆学术研究站位，从国家文化战略层面做好学术研究规划，坚持多学科、多角度、多层次、全方位的联合攻关，为回答好中华文明起源、形成、发展的基本图景、内在机制以及各区域文明演进路径等重大问题发出博物馆的声

音。要发挥好博物馆以物证史的学术研究传统和优势，加强基础研究，重视对策研究，阐释发掘好文物的历史价值、文化价值、审美价值、科技价值、时代价值，着力为社会主义先进文化、革命文化和中华优秀传统文化研究作出原创性贡献。强化问题导向，加强对策研究，聚焦于如何在构建公共文化服务体系时发挥好博物馆优势和作用、服务人民美好生活等课题。坚持从中国现实问题出发，增强博物馆学内部的统一性和协调性，联合设置中国议题，建立中国特色、中国风格、中国气派的学术研究学科体系、学术体系、话语体系，提升中华文明影响力和感召力，为建成世界博物馆强国的实践提供有力理论支撑。

加强统筹规划和科学布局，建立高效有序的科研管理部门和专门的学术研究部门，合理配置资源，搭建高水平学术交流平台，促进内外协作。明确博物馆的科研事业单位属性，使从业人员享受科研机构和科研人员相应的政策待遇。建立以博物馆业务发展需求为导向的跨领域多学科团队研究机制，完善科研评价和激励机制，紧扣主责主业，明晰科研评价的导向作用，促进学术成果有效转化，提升成果转化的创新性。加强学风建设，培养形成浓厚的学术氛围。深化博物馆与高校、科研院所合作，建立馆校联合实验室、科研工作站等，"博学研"协同开展科学研究与成果示范；与高等院校联合开展在职培训与学历教育，在博物馆设立流动岗，吸引高校、科研机构人才兼职，积极接收高校学生到博物馆实习，以增强高校研究资源到博物馆的落地应用。

五、坚持以人为本，推动博物馆事业高质量发展

人才资源是第一资源。遵循博物馆特有的人才成长规律，盘活博物馆人才队伍存量。切实提高博物馆在职教育培训的针对性和有效性，开展专业化能力精准培训和分类分级培训；坚持在重大工作和活动中培养使用人才，在急难险重工作和基层一线培养锻炼人才；注重交流轮岗制度和挂职锻炼，培养复合型人才；充分发挥"师徒制"等博物馆传统人才培养优势，补充藏品修复、研究等人才。加速人才成才和实施博物馆高级专业人才延迟退休政策，设置60—65岁的弹性退休区间。统筹推进人员岗位调动、优化编制、创新机制等，有步骤、有规划地完

善博物馆人才队伍结构，双向弥补人才不足和断层。实行更加积极、开放、有效的人才引进政策，通过建立特聘专家、兼职专家制度、博士后工作站等，多渠道引进优秀人才，弥补高层次人才短缺；增强人才使用的科学性和灵活性，体现人才管理的弹性。充分挖掘博物馆劳务派遣资源潜力，健全以岗位为基础的派遣员工管理制度，将丰富的劳务用工提升为人才培养，将劳务派遣人力资源转化成人才资源。

建立与完善注重实绩的人才管理机制。博物馆应根据不同专业、不同岗位、不同层次和不同类型的人才，建立分级分类评价机制，人才类型不同、成果表现不同、考核侧重不同。人才选拔上，突出人才的工作态度、能力和业绩评价。岗位管理上，实现身份管理向岗位管理转变，使人才真正能进能退、能上能下，提升人才发展的原动力；对急需紧缺、业内认可、业绩突出的极少数高级人才，设置高层次人才岗位。人才评价上，突出评价人才的业绩水平和实际贡献，注重考核人才的工作绩效和创新成果；丰富评价手段，科学灵活地采用考试、评审、考评结合、个人述职、面试答辩、实践操作及业绩展示等多种方式，提高评价的针对性和精准性；完善人才绩效考核，增强惩戒激励作用；建立动态的人才评价体系；建立健全符合文博行业特点、覆盖各级各类文博专业人员的职称制度，发挥用人单位在职称评审中的主导作用，切实破除职称评审中的"四唯"。着力提升博物馆工资总额在文物事业经费中的比重，使博物馆人员的平均工资收入水平不低于当地公务员平均工资水平。

分报告一　藏品征集进展明显，制约因素不容忽视

藏品征集是博物馆最重要的功能职责和最核心的业务，是博物馆履行藏品研究、展览展示、社会教育等基本职能的前提与基础。因此，博物馆的首要任务就是做好藏品征集工作，从而保证博物馆的可持续发展。在新时代，中国各级各类博物馆作为收藏反映社会主义先进文化、革命文化和中华优秀传统文化代表性物证的机构，要更好珍藏民族集体记忆、传承国家文化基因，引导人民群众提高文化自觉、增强文化自信，就必须认真思考如何在新形势下做好藏品征集工作。

第一节　博物馆藏品征集工作总体形势不容乐观

进入新时代以来，中国博物馆事业进入高速发展时期，文物与博物馆越来越受到社会关注，全社会对博物馆文物藏品征集工作的重视程度也迅速提高。但通过对有关统计数据分析不难发现，近年来该项工作的进展总体上并不乐观，博物馆藏品征集工作可谓任重道远。

一、就全国范围而言藏品征集数量缺乏可持续增长

新时代以来，在中国博物馆数量呈现爆发式增长的大背景下，各级各类博物馆对于藏品征集工作都比较重视。特别是 2019 年 12 月国家文物局修订的《博物馆定级评估办法》《博物馆定级评估标准》《评分细则计分表》系列文件，专

门设置了每一个级别博物馆的藏品数量门槛，如一级博物馆藏品总量达到20000件/套或三级以上珍贵文物2000件/套以上，从而直接促使很多博物馆特别是以评定一级博物馆为目标的博物馆都开始大力加强藏品征集工作。调查显示，2017—2019年，84%的博物馆三年间都有新征集藏品，而且无论从区域、类别、性质还是级别等层面进行对比，这一比例基本上没有太大差距，各地区博物馆以及自然科学类博物馆、综合类博物馆，一级博物馆和二级博物馆有新征藏品的比例均超过了90%。

然而必须看到，有增长并不意味着快增长，实际上新时代以来中国博物馆每年藏品征集的总量并不乐观。一方面，根据历年中国文化文物统计年鉴的数据，2012—2019年八年间各类博物馆征集藏品量总计660.64万件/套，年均82.5万件/套。这个增量就绝对数字而言比较可观，但考虑到全国5000多家博物馆的庞大数量，平均下来就稍显不足了。另一方面，新时代以来中国博物馆每年藏品征集量的增长态势极不稳定。2012—2019年，中国博物馆的数量由3866家一路稳定增长到5535家，而全国博物馆藏品征集数量的增速却并未相应持续，个别年份如2015年、2018年、2019年的增速反而出现了较大幅度的退步，分别下降-52.72%、-65.00%、-6.56%（表3）。特别是2017年达到1917712件/套，之后，2018年、2019年出现了持续性的减少，分别为671258件/套、627190件/套。这一统计结果表明，中国博物馆在新时代出现了藏品征集速度无法与场馆建设速度匹配的情况。调查显示，2017—2019年博物馆平均新征集藏品数为1497.6件/套，也就是说一年平均还不足500件/套，这个三年统计绝对数字客观上讲实在算不上耀眼的成绩。

表3 2012—2019年各类型博物馆藏品征集情况

单位：件/套

年份	综合性	历史类	艺术类	自然科技类	其他	合计	同比增速
2012	125843	72491	6109	16046	36451	256940	54.36%
2013	208837	188501	23494	21042	108403	550277	114.17%

续表

年份	综合性	历史类	艺术类	自然科技类	其他	合计	同比增速
2014	500586	241792	14703	22971	177754	957806	74.06%
2015	207980	105574	9924	15008	114336	452822	−52.72%
2016	655055	263224	20084	127376	106700	1172439	158.92%
2017	211284	1472146	13697	52679	167906	1917712	63.57%
2018	350319	129485	18421	73615	99418	671258	−65.00%
2019	247393	93250	15181	163352	108014	627190	−6.56%
汇总	2507297	2566463	121613	492089	918982	6606444	

数据来源：2013—2018年《中国文化文物统计年鉴》，2019年《中国文化和旅游统计年鉴》，2020年《中国文化文物和旅游统计年鉴》。

二、各级各类博物馆藏品征集数量呈现不均衡局面

一是中西部地区博物馆藏品征集相对缓慢。调查显示，从区域看，东部地区博物馆无新征藏品者占比 15.0%、中部为 15.7%、西部为 21.7%、东北地区为 0，东北地区表现最优，西部稍显落后。从区域看，2017—2019 年，东部地区博物馆平均新征集藏品数为 2217.6 件 / 套，西部地区次之，为 1190.6 件 / 套，中部地区 827.6 件 / 套，东北地区为 923.7 件 / 套（图 58）。总体上看，在全国范围内博物馆藏品征集增速起伏不定的背景下，还呈现出明显的区域间不平衡，即东部地区博物馆进展最为显著，而中西部地区博物馆增长相对缓慢。

二是历史类博物馆藏品征集相对滞后。调查显示，从类别看，历史类博物馆无新征藏品者占比 23.1%、艺术类为 19.0%、自然科学类为 6.7%、综合类为 9.8%、其他（含专题类）为 18.6%，说明历史类博物馆在藏品征集方面进展滞后。统计显示，从类别看，历史类博物馆平均新征集藏品数为 693.1 件 / 套、艺术类 508.6 件 / 套、自然科学类 7386.6 件 / 套、综合类 1236.3 件 / 套、其他类（含专题类）1950.2 件 / 套，自然科学类和综合类遥遥领先，历史类依然较为落后，基本和艺术类博物馆处于同一水平（图 59）。

三是非国有和三级以下博物馆藏品征集工作较为落后。调查显示，从性

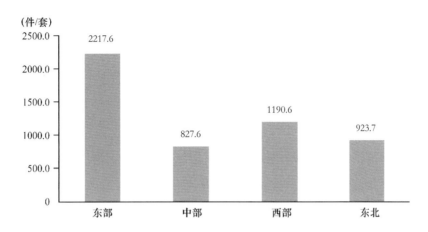

图58 2017—2019年各地区博物馆平均新征集藏品数

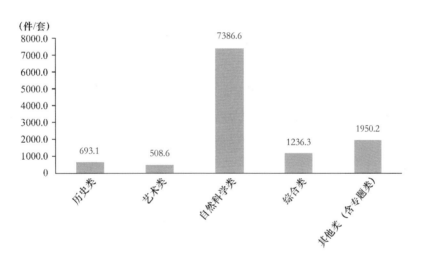

图59 2017—2019年各类别博物馆平均新征集藏品数

质看，国有博物馆2017—2019年无新征藏品者占比16.3%，非国有博物馆为13.8%；从级别看，一级博物馆无新征藏品者占比7.1%、二级博物馆为6.1%、三级博物馆为21.7%、未定级博物馆为21.2%，一、二级博物馆明显要好于三级以下博物馆。虽然在该项相对数量上非国有博物馆要高于国有博物馆，但如果具体到数量上就要逊色许多了。

关于2017—2019年新征集藏品数量，从性质看，国有博物馆平均新征集藏品数为1607.9件/套、非国有博物馆490.2件/套，国有博物馆明显占优。尽管国内也不乏个别非国有博物馆拥有雄厚的馆藏并保持着高速的藏品增长，如建川博物馆馆长樊建川曾表示"平均每年要买四十万件东西"①，但这只是特殊的个案。从全国范围来看，非国有博物馆在藏品规模上仍处于较为落后的局面。例如，云南省 2018 年的统计显示，全省 22 家非国有博物馆登记藏品数量为 7.1 万件 / 套，平均每家博物馆仅为 3200 余件 / 套；陕西省文物局 2018 年的统计显示，全省范围内 74 家非国有博物馆登记藏品总量为 230773 件 / 套，平均为 3118 件 / 套。这些从一个侧面也反映出非国有博物馆开展藏品征集工作的艰难程度。

从级别看，一级博物馆平均新征集藏品数为 1654.4 件 / 套、二级博物馆 2882.2 件 / 套、三级博物馆 704.2 件 / 套、未定级博物馆 933.9 件 / 套，二级博物馆增长最为迅速（图 60）。这表明，三级以下的博物馆在藏品征集方面要远远落后。在当前形势下，这些原本就藏品数量有限的博物馆能够开展征集工作的空间极其有限，与一、二级博物馆相比，它们的藏品征集工作举步维艰。而藏品征集工作的艰难又直接导致大量小型博物馆文物藏品数量匮乏、质量不高、种类单一，严重影响了这些博物馆正常业务工作的开展和博物馆事业的健康发展。

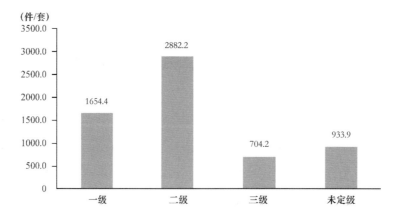

图 60　2017—2019 年各级别博物馆平均新征集藏品数情况

① 解宏乾：《樊建川：梦想建一百座博物馆》，《国家人文历史》2013 年第 15 期。

三、博物馆藏品征集来源比较单一

一是过度依赖征集购买方式。博物馆的藏品征集来源一般包括捐赠、征购、调拨、交换、考古发掘、实地调查等，其中接受调拨移交和捐赠曾经在相当长的时期里是主要入藏方式。调查显示，目前博物馆的新增藏品最主要的来源为征集购买，其次为接受捐赠，接受调拨移交、馆际互换等征集方式则居于次要地位。统计显示，2017—2019 年间 227 家博物馆平均征集购买 488.2 件 /套藏品。从区域看，东部地区博物馆平均为 492.3 件 / 套、中部为 203.9 件 /套、西部为 652.8 件 / 套、东北为 1047.9 件 / 套，东北和西部地区要远高于东部和中部地区；从类别看，历史类博物馆平均为 490.3 件 / 套、艺术类为 369.1件 / 套、自然科学类为 630.2 件 / 套、综合类为 452.9 件 / 套、其他类（含专题类）为 605.1 件 / 套，各类博物馆之间总体差别不大（图 61）；从性质看，国有博物馆平均为 488.3 件 / 套、非国有博物馆为 493.0 件 / 套，二者基本持平；从级别看，一级博物馆平均为 830.5 件 / 套、二级博物馆为 660.4 件 / 套、三级博物馆为 136.2 件 / 套、未定级博物馆为 341.2 件 / 套，一、二级博物馆远高于三级以下博物馆。

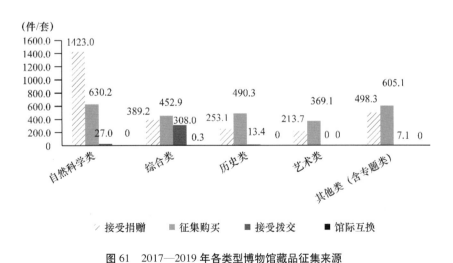

图 61 2017—2019 年各类型博物馆藏品征集来源

值得注意的是，为完成各种专门征集项目，近年来越来越多的地方国有博物馆采取政府采购的市场化方式。这种方式的优势是大大节省了人力和时间成本，充分考虑到了文物、艺术品的特殊性，同时在经费执行方面更加规范。"博物馆头条"2018年的一项统计表明，"单一来源"已成为多数地方博物馆文物征集常见采购方式（表4）。通过这些采购项目不难看出，在现行制度下，由于各级国有文物商店未经批准设立最主要的合法文物交易市场经营主体，因此很多地方博物馆的大批量文物征集项目往往根据《中华人民共和国政府采购法》《政府采购非招标方式管理办法》等相关法律规定，除个别项目为文化艺术品公司中标外，绝大多数都是文物商店中标，由他们给馆方提供相关文物（展品）购买服务。

表4　2018年部分博物馆以"单一来源"征集文物藏品项目

项目名称	供应商	金额（万元）
金昌市博物馆文物征集项目	金昌钰鑫文物商店	60
安庆博物馆文物（展品）征集项目	安徽省文物总店（安徽省文化艺术品交流中心）	1902
山西博物院文物征集项目	山西省文物交流中心	368
黔西南州博物馆文物及艺术品征集项目	贵州峰林玖九传媒有限公司	100
广州市黄埔区文化广电新闻出版局购买清嘉庆东京镶楠木雕文字屏风项目	广东省文物总店	350
吉安市博物馆古代碑刻文物征集项目	江西省文物商店	231.66
长沙市文物征集采购项目	长沙文物总店	202
四川省成都市武侯祠博物馆文物征集（青铜摇钱树）项目	成都浣花雅集艺术品有限公司	143.5
湖北省非遗中心2018（第四批）实物征集项目	楚式漆器髹漆技艺（荆州市唯楚木艺有限公司、武汉和之和艺术创作有限公司）	18
北京市东城区文化委员会东城区非遗博物馆征集作品项目	北京玉尊源玉雕艺术有限责任公司	98

　　2019年来，这种藏品征集模式依然广为采用。例如，2019年7月，为丰富藏品形态，改善藏品结构，更新陈列内容，经安徽省六安市财政局政府

采购监督管理办公室批准，六安市皖西博物馆向安徽省文物商店征集一批清、民国时期的瓷器、金属器精品共计 82 件，采购预算金额为 152.44 万元，资金来源为 2019 年文物征集专项经费，通过单一来源采购。2019 年 12 月，辛亥革命博物馆也通过类似方式，向代理机构湖北中盛汇金项目管理有限公司采购了总成交金额 27.18 万元的藏品。此外，中国三峡博物馆探索在旧货市场直接购买的方式获得藏品，以便为生活物证类藏品的征集提供比较宽广的网络。①

　　二是接受捐赠分配不均。在接受捐赠方面，受调查博物馆平均接受捐赠 411.4 件 / 套藏品。从区域看，东部地区博物馆平均为 550.4 件 / 套、中部为 203.8 件 / 套、西部为 466.1 件 / 套、东北为 159.7 件 / 套，表明东部和西部地区藏品捐赠较为活跃（图 62）；从性质看，国有博物馆平均为 448.8 件 / 套、非国有博物馆为 48.6 件 / 套，说明国有博物馆仍是藏品捐赠的主要接受方；从级别看，一级博物馆平均为 617.2 件 / 套、二级博物馆为 677.4 件 / 套、三级博物馆为 457.5 件 / 套、未定级博物馆为 134.8 件 / 套，一、二、三级博物馆之间差距不大，但未定级博物馆明显处于劣势（图 63）。

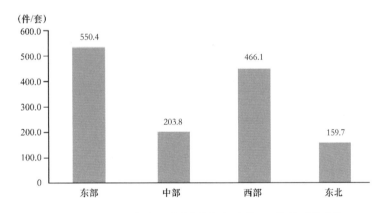

图 62　2017—2019 年各区域博物馆新征集藏品平均接受捐赠数

---

① 　胡承金、刘薇：《浅谈博物馆现代生活物证类藏品征集——以重庆中国三峡博物馆为例》，《长江文明》2019 年第 4 期。

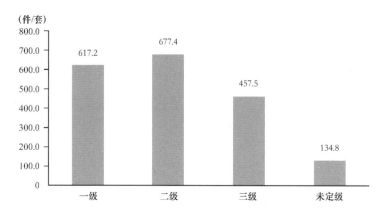

图 63　2017—2019 年各级别博物馆新征集藏品平均接受捐赠数

　　三是接受调拨移交随机性明显。《中华人民共和国文物保护法》第三十七条规定："国有文物收藏单位还可以通过文物行政部门指定保管或者调拨方式取得文物。"相比于征集购买和接受捐赠，接受调拨移交在中国博物馆藏品征集来源中总体居于次要地位，数量规模稍显不足。调查显示，接受过调拨移交藏品的博物馆占受调查数总量的 52.3%，这些博物馆平均接受的数量不过 151.8 件。从区域看，东部地区博物馆平均为 92.9 件 / 套、中部为 338.6 件 / 套、西部为 57.9 件 / 套、东北为 36.9 件 / 套，中部地区表现最为抢眼（图 64）；从类别看，历史类博物馆平均为 13.4 件 / 套、艺术类为 0 件 / 套、自然科学类为 27.0 件 / 套、综合类为 308.0 件 / 套、其他类（含专题类）为 7.1 件 / 套，综合类博物馆资源获取优

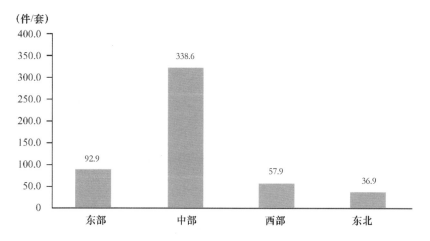

图 64　2017—2019 年各区域博物馆新征集藏品中平均接受调拨移交数

势明显（图65）；从性质看，国有博物馆平均为166.7件/套、非国有博物馆仅为2.1件/套，国有博物馆占有明显的体制便利；从级别看，一级博物馆平均为241.7件/套、二级博物馆为205.4件/套、三级博物馆为24.6件/套、未定级博物馆为127.1件/套，一、二级博物馆数量远高于三级以下博物馆（图66）。

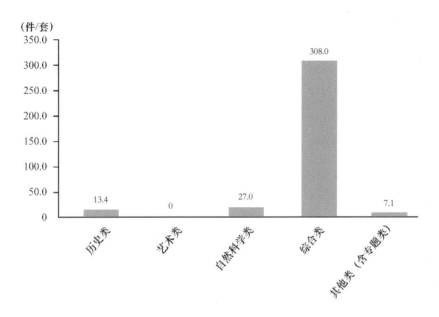

图65　2017—2019年各类别博物馆新征集藏品中平均接受调拨移交数

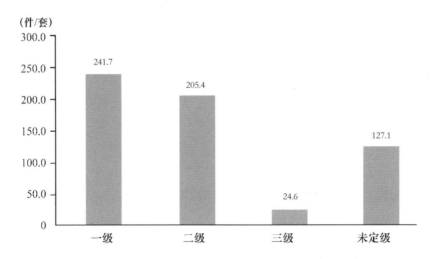

图66　2017—2019年各级别博物馆新征集藏品中平均接受调拨移交数

应该看到，在一些文物大省，博物馆接受藏品调拨移交的情形近年来已屡见不鲜。例如，在山西省，2019 年以来该省公安厅向省文物局移交追缴文物共 45493 件 / 套，陈列于山西青铜博物馆、山西晋商博物馆等单位，包括一级文物 257 件 / 套，二级文物 416 件 / 套，三级文物 1314 件 / 套，一般文物 43506 件 / 套。在辽宁省，朝阳市公安局、市检察院 2019 年分别向朝阳市文化旅游和广播电视局移交涉案文物 1762 件 / 套、4739 件 / 套。在甘肃省，2020 年 6 月，天水市公安局向天水市博物馆移交 59 件 / 套被盗文物。在湖南省，2020 年 10 月，长沙海关向湖南省博物馆移交一批涉案文物，包括中国唐、宋、清代及外国钱币等 106 枚，汉代青铜釜 3 件 / 套，元代陶堆塑罐 4 件 / 套，这也是长沙海关近年来首次大规模向地方移交文物。尽管如此，中国博物馆接受文物藏品调拨移交的规模整体来看仍很不稳定，随机性很明显。浙江省的统计表明，2017 年全省 275 家博物馆共接收文物藏品 15754 件 / 套，2018 年全省 308 家博物馆却仅接收文物藏品 756 件 / 套。在江苏省，2018 年 322 家博物馆共接收文物藏品 4510 件 / 套，2019 年 329 家博物馆共接收文物藏品仅 1479 件 / 套，2020 年 345 家博物馆共接收文物藏品又多达 17280 件 / 套，年度波动很大。

四是馆际互换基本属于空白。《中华人民共和国文物保护法》第三十九条规定"国有文物收藏单位可以申请调拨国有馆藏文物"，因此国有博物馆可以根据自己陈列展览工作的需要，向上级文物行政部门申请进行藏品调拨和交换，这也是博物馆文物藏品收集的重要渠道。不过从目前来看，通过馆际互换渠道获得藏品方面，中国博物馆基本还处于空白局面。调查显示，2017—2019 年博物馆平均互换藏品仅为 0.1 件 / 套，即无论区域、类别、性质、级别如何，在此方面的数据都几乎为零。

四、近现当代藏品成为新的征集热点

面对博物馆藏品征集总体进展较为缓慢的形势，新时代以来，越来越多的博物馆开始将近现当代藏品作为征集重点，从而推动该领域成为新的增长点。长期以来，近现当代藏品主要分布在各类革命类纪念馆中，综合历史类博物馆则整体上比较少。根据第一次全国可移动文物普查公布的数据,中国清代及以前的藏品共 4186 万件 / 套,占藏品总数的 76.49%,这基本符合博物馆以古代文物为收藏主体的判断。值得注意的是,相比于清代和民国时期,中华人民共和国成立以来的可移动文物占比略显不足,共 364.9 万件 / 套,仅占总量的 6.67%。[①] 这也直接反映出中国博物馆界曾长期普遍存在厚古薄今的现象,即重视古代文物轻视近现当代文物,甚至认为近现当代历史物证不算文物,许多博物馆"文物藏品征集范围基本上定位在 1949 年 10 月 1 日中华人民共和国成立之前"[②]。

不过在新时代,这种现象逐渐得到较大转变。党的十八大以来,党中央高度重视革命文物工作。习近平总书记明确指示,革命文物承载党和人民英勇奋斗的光荣历史,记载中国革命的伟大历程和感人事迹,是党和国家的宝贵财富,是弘扬革命传统和革命文化、加强社会主义精神文明建设、激发爱国热情、振奋民族精神的生动教材。2018 年 9 月,中共中央、国务院印发的《乡村振兴战略规划(2018—2022 年)》明确提出"实施乡村经济社会变迁物证征藏工程"。2018 年 7 月,中共中央办公厅、国务院办公厅印发的《关于实施革命文物保护利用工程(2018—2022 年)的意见》强调,展览要"有物可看、有史可讲、有事可说"。2021 年 5 月,中宣部等九部委联合发布的《关于推进博物馆改革发展的指导意见》中关于"优化征藏体系"明确要求"树立专业化收藏理念,强化党史、新中国史、改革开放史、社会主义发展史相关藏品征集,注重旧城改造、城乡建设等反映经济社会发展变迁物证的征藏,丰富科技、现当代艺术、非物质文化遗产等专题收藏"。《国家文物事业发展"十三五"规划》也明确提出要实施"经济社会发展变迁物证征藏工程",鼓励博物馆征集反映经济社会发展变迁的物证类藏品。

在此背景下,越来越多的博物馆意识到,近现代这一百年是中国社会迅速发展、变动最大的时期,许多近现代文物,尤其是新中国成立以后的实物资料正以惊人的速度退出或消失,导致时代越近,存世数量越少的局面。因此,以强烈的

---

① 刘书正:《中国博物馆藏品规模与结构研究》,《中国博物馆》2021 年第 2 期。

② 张旻新:《新形势下文物藏品征集的几点思路》,《中国文物报》2019 年 7 月 2 日。

使命感和危机感大力开展近现当代藏品的征集，正成为许多博物馆的共识。例如，重庆中国三峡博物馆 2017 年发布了《文物藏品及经济社会发展变迁物证征集启事》，广泛征集反映经济社会发展变迁的生活物证类藏品。自启事发布之日至 2019 年 10 月，该馆通过接受捐赠、市场购买等方式，共征集现代生活物证类藏品 4128 件／套。[①] 2020 年 3 月，国家文物局发出关于新冠疫情防控代表性见证物征集和保存工作的通知，要求各类博物馆优先征集：反映党和政府领导人民抗击疫情历程的代表性见证物；各类医疗单位、医护人员的请战书、旗帜、工作日记、书信等实物资料；在疫情防控一线的人民解放军、公安民警、社区工作者和志愿者的出入证、登记表等。总之，随着博物馆事业和相关理论的发展，藏品的内涵与外延也逐渐发生了变化，为拓展藏品来源提供了新的视角和有利条件。藏品的时空概念不断拓展，许多现代和当代物品，特别是与百姓生活息息相关、反映近现代甚至当代社会生活变迁的实物和档案资料成了博物馆的征集对象。藏品的类型不断丰富，科技、现当代艺术、非物质文化遗产类的物品也成为博物馆藏品征集关注的热点。

第二节　藏品征集工作面临突出困难，资金和渠道是重要制约因素

新中国成立以来特别是改革开放以来，博物馆藏品征集工作取得了令人瞩目的成绩，根据第一次全国可移动文物普查统计，超过 67% 的藏品都是改革开放以来通过各种方式入藏的。然而，随着近年来中国博物馆事业的快速发展，藏品征集工作从全国的角度来看面临着一系列困难。

---

① 胡承金、刘薇：《浅谈博物馆现代生活物证类藏品征集——以重庆中国三峡博物馆为例》，《长江文明》2019 年第 4 期。

一、缺少资金成为博物馆反映最突出的问题

一是经费支持受区域经济水平制约现象严重。在藏品征集所面临的困难方面，调查显示，认为缺少资金的占比平均高达85.1%，这一比例远远超过其他困难选项（图67）。从区域看，东部地区博物馆为80.4%，中部地区为91.0%，西部地区为87.5%，东北地区为78.3%，中部地区对此呼声最高（图68）。

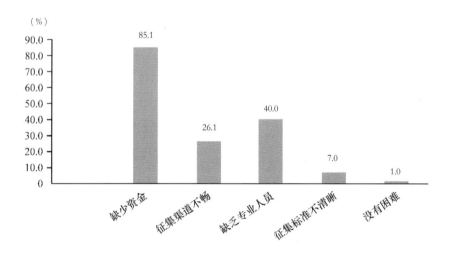

图67 博物馆藏品征集工作面临的主要困难

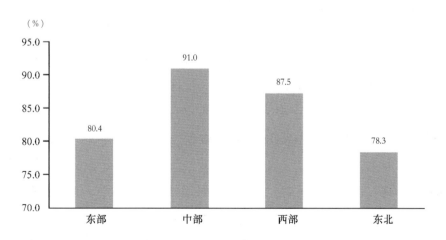

图68 各区域博物馆对藏品征集工作缺少资金的反映比例

　　调查显示，2019 年博物馆藏品征集经费平均为 1131.2 万元，应该说这个数字已经较为可观了。这也说明，新时代以来，得益于经济社会的高速发展以及从中央到地方的高度重视，中国博物馆可支配的藏品征集经费已初具规模。但如从区域看，东部地区博物馆藏品征集经费平均为 2726.8 万元、中部为 41.1 万元、西部为 56.2 万元、东北为 105.6 万元，东部地区远远高于其他地区，这显然是与区域经济发展水平密切相关的（图 69）。

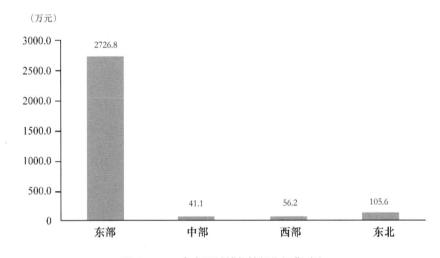

（万元）

图 69　2019 年各区域博物馆征集经费对比

　　众所周知，国有博物馆的征集经费一般来源于财政拨款，而文物征集经费的多少某种程度上也取决于地方的财政状况。近些年，地方对文化建设重视程度逐渐提高，文博单位获得财政的支持力度也有了大幅度提升，博物馆可以在一定权限内使用固定资金用于藏品征集。但文物价格飙升、居高不下的市场行情和有限的征集费用又形成了鲜明的对比，使博物馆往往心有余而力不足。特别是经济欠发达地区，许多中小博物馆基本没有征集资金，只能眼睁睁地看着部分有收藏意义的物品消失或被民间藏家收藏。例如，2019 年 7 月，安徽省文物总店（安徽省文化艺术品交流中心）针对"全省博物馆馆藏文物征集工作现状分析及思考"的调查就表明，31 家省内各级各类博物馆中，90% 反映文物征集资金不足，特别是在经济欠发达地区的博物馆，文物征集资金几乎为零，现有资金只能勉强维持博物馆开放运营。即便是安徽博物院这样一个省级大型博物馆，每年财政仅安排 50 万元文物征集经费。有文物征集经费的博物馆中，接近 42% 的博物馆每年的文物征集经费在一万元以内。在实际操作过程中，由于年度周期内的征集经费不足，一些博物馆不得不采取"分期付款"方式购买文物。因为缺乏足够经费，导致大量文物不能征集入馆，严重阻碍了博物馆事业的发展。[①] 特别是近年来，由于从中央到地方持续压缩一般性财政支出，博物馆藏品征集作为非刚性需求，对缺少资金的感受也随之日益突出。而由于各地财政支持力度差异较大，在具体落实有关政策时也凸显出不平衡的局面。

　　二是非国有博物馆在征集经费保障方面微乎其微。调查显示，从类别看，博物馆在缺少征集资金方面属于普遍情况：历史类博物馆为 83.5%，艺术类为 95.7%，自然科学类为 81.0%，综合类为 88.5%，其他类（含专题类）为 76.8%，艺术类比例最高（图 70）。关于 2019 年征集经费具体数额的统计表明，历史类博物馆平均为 18.7 万元、艺术类为 122.6 万元、自然科学类为 451.6 万元、综合类为 2550.4 万元、其他类（含专题类）为 37.3 万元（图 71）。考虑到综合类博物馆一般规模较大，

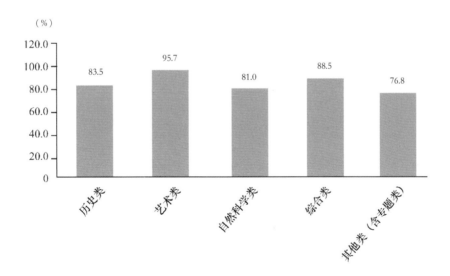

图 70　各类别博物馆对藏品征集工作缺少资金的反映比例

---

① 钮小雪：《关于博物馆馆藏文物征集现状的思考和建议》，《文物鉴定与鉴赏》2021 年第 9 期。

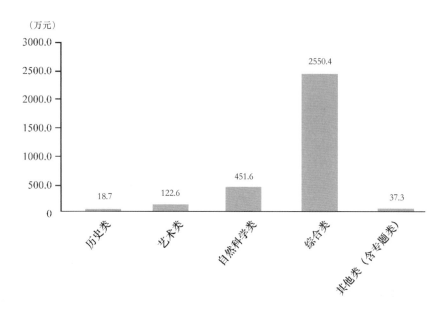

图 71　2019 年各类别博物馆征集经费对比

　　这种局面尚属正常。但若从性质上分析就会发现，非国有博物馆在征集经费保障方面显然处于更困难的局面，高达 94.9% 的非国有博物馆认为征集工作面临的最主要困难就是缺少资金。2019 年的征集经费具体数额，非国有博物馆平均仅为 36.6 万元，远远低于国有博物馆的平均 1261.9 万元，二者境遇差别巨大。很显然，在现行机制下，藏品征集经费主要拨付的对象为国有博物馆，而非国有博物馆所能调动的资金则极其有限，从而极大程度上影响了藏品征集工作的开展。

　　三是中小博物馆在经费获取方面处境艰难。调查表明，从级别看，2019 年一级博物馆平均征集经费为 244.4 万元、二级博物馆为 4259.6 万元、三级博物馆为 29.3 万元、未定级博物馆为 44.7 万元，三级以下博物馆与一、二级博物馆征集经费相差悬殊（图 72）。这种征集经费苦乐不均的局面，折射出数量众多的中小型博物馆所面临的困境。不难想象，如此微不足道的经费，很难支撑这些博物馆取得藏品征集成效。虽然近年来随着中国社会经济的高速发展，各级地方政府逐步加大了对博物馆建设方面的资金投入，许多城市还提出了建设"博物馆之城"的口号，但却存在重场馆建设资金投入、轻文物藏品征集和陈列展览经费配给的

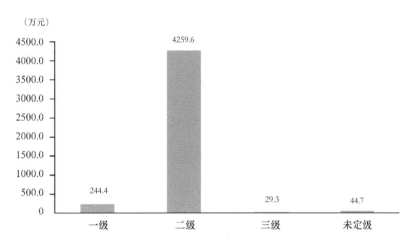

图 72　2019 年各级别博物馆征集经费对比

问题。① 特别是近年来，绝大多数国有博物馆的藏品征集经费不升反降，开展工作时更感捉襟见肘。另外值得注意的是，许多博物馆从业者反映，现行的藏品征集经费使用程序较为烦琐，在执行、审计等环节没有充分考虑文物的特殊性。②

二、博物馆藏品征集渠道较为狭窄

一是考古发现调拨移交滞后。调查显示，有 26.4% 的博物馆认为征集渠道不畅，成为藏品征集工作所面临的主要困难之一，其中考古发现调拨移交滞后无疑是最受关注的原因。传统意义上讲，考古发掘品的移交是博物馆藏品收集的重要途径之一，在新中国成立后相当长的一段时期里，考古发现曾是博物馆接受调拨文物的主要来源。《中华人民共和国文物保护法》第三十四条规定："考古发掘的文物，应当登记造册，妥善保管，按照国家有关规定移交给由省、自治区、直辖市人民政府文物行政部门或者国务院文物行政部门指定的国有博物馆、图书馆或者其他国有收藏文物的单位收藏"。《中华人民共和国文物保护法实施条例》第二十七条规定："从事考古发掘的单位提交考古发掘报告后，经省、自治区、直

---

① 田国杰：《新形势下中小型国有博物馆文物藏品收集利用工作的对策和出路》，《中国博物馆》2020 年第 3 期。

② 焦丽丹、黄洋国：《国有博物馆藏品征集的瓶颈问题与建议》，《中国博物馆》2021 年第 4 期。

辖市人民政府文物行政主管部门批准，可以保留少量出土文物作为科研标本，并应当于提交发掘报告之日起6个月内将其他出土文物移交给由省、自治区、直辖市人民政府文物行政主管部门指定的国有博物馆、图书馆或者其他国有文物收藏单位收藏。"2019年5月，国家文物局下发的《关于进一步加强考古管理的意见》也对考古发掘报告整理和考古出土文物移交工作提出了具体的工作要求。然而实际上，近30年来，博物馆能够通过此渠道获取藏品的机会日益减少。全国第一次文物普查统计的数据表明，有近1/3的文物收藏在博物馆以外的收藏机构，包括文物商店、考古所和一些国家机关单位之中。[1] 一些机构往往不具备专业的藏品保管库房和人员，对文物的安全造成巨大隐患。由于种种原因，由考古发掘部门进行保管收藏的考古发掘品，除了行业部门之间的业务交流展示外，大多闲置于文物库房之内而造成文物资源的浪费。特别是一些考古部门，由于一些考古发掘报告未能及时完成，导致考古发掘出土的文物不能及时按照法律法规及时移交给国有博物馆等收藏单位进行展示和利用，从而无法充分发挥出土文物应有的展示和利用价值。

20世纪90年代以来，很多省（自治区、直辖市）的考古发掘和研究机构逐步从博物馆分离出来，二者之间的利益冲突日益凸显，很多博物馆从分家之后就没有接受过考古移交的文物，更遑论文物精品。调研中很多博物馆反映，分家最初基本上处于"陶片随便挑，精品要不着"的状态，近十年来，很多博物馆基本就没有接收过考古移交文物。不少考古发掘单位自行建库收藏，以考古报告未完成为由拖延新出土文物的移交，变相占为己有，甚至在博物馆建设热潮中建馆展示。某古墓博物馆称："我们两个墓葬的发掘是1979年组织的，40年了，到现在报告就没出来。文物考古这种现象还是比较多的，我知道这可能不是唯一的，但是考古（报告）没报过就不用做移交，那时候参与的老人家有些都去世了。"曾经在考古所工作的一名博物馆工作人员就描述，由于考古发掘和制作考古报告需要很多时间，大多数情况下，"时间一长，就忘了还要移交（文物）"；有些年轻的考古发掘机构人员表示，入职以来都没有做过移交工作，不熟悉相关流程。近

---

[1]　刘书正：《中国博物馆藏品规模与结构研究》，《中国博物馆》2021年第5期。

年来，一些地方考古机构也开始自行建设博物馆，从而导致考古发掘品的移交越来越困难，其结果就是博物馆藏品的最主要来源被迫转变为征集购买。

二是司法移交尚无固定机制。《中华人民共和国文物保护法》第七十九条明确规定："人民法院、人民检察院、公安机关、海关和工商行政管理部门依法没收的文物应当登记造册，妥善保管，结案后无偿移交文物行政部门，由文物行政部门指定的国有文物收藏单位收藏。"因此，依法接收公安、工商、海关、检察院等部门案件办结后的涉案文物也是博物馆开展文物藏品收集工作的有效途径之一。第一次全国可移动文物普查数据显示，截至2016年10月31日，全国各国有文物收藏机构共收藏罚没移交文物3906038件/套，约占全国国有可移动文物实际数量的6.1%。但实际上，在司法罚没文物移交方面，由于没有形成稳定的工作机制，即便是同一省份内，各地区博物馆在接受调拨移交文物藏品方面的情况也参差不齐，更谈不上什么规律可言，随意性表现得非常突出。以经济社会发展水平较为良好的江苏省为例，该省的统计年鉴表明，2017—2019年全省13个地区中，接受文物的情况主要集中于南京、无锡、徐州、淮安等地的博物馆，其他地区则寥寥无几，资源分配的不均衡性也非常明显（表5）。

表5　2017—2019年江苏省各地区博物馆从有关部门接受文物情况

（单位：件/套）

地区	2017年	2018年	2019年
全省	4510	1479	17280
南京	2471	439	28
无锡	345	303	4
徐州	1037	0	0
常州	244	0	0
苏州	0	2	156
南通	0	0	4
连云港	4	0	0
淮安	399	130	17060

续表

地区	2017 年	2018 年	2019 年
盐城	0	0	0
扬州	0	0	11
镇江	0	0	0
泰州	1	9	1
宿迁	0	0	8

数据来源：2018—2020 年《江苏文化和旅游年鉴》。

三是公众捐赠热情不足。博物馆作为公益性公共文化机构，其健康持续发展本应得到社会公众的广泛关注，藏品征集工作更应如此。西方发达国家博物馆的藏品有很大比例都来自社会各界的捐赠，相比之下中国博物馆则差距悬殊。除了自然科学类博物馆社会捐赠藏品的比例较高外，其他类型博物馆目前征集藏品的首要方式均为征集购买。调查显示，在接受捐赠方面，从类别看，历史类博物馆平均为 253.1 件 / 套、艺术类为 213.7 件 / 套、自然科学类为 1423.0 件 / 套、综合类为 389.2 件 / 套、其他类（含专题类）为 498.3 件 / 套，只有自然科学类表现较为突出（图 73）。

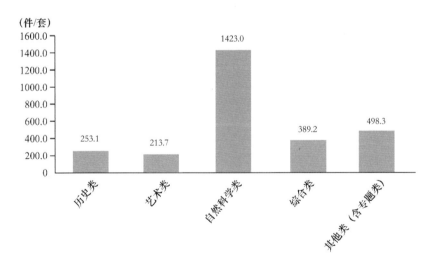

图 73　2017—2019 年各类别博物馆新征集藏品接受捐赠数

接受捐赠的随机性强，受到捐赠意愿、社会文化、可捐藏品量等因素影响，稳定性不高。近年来，博物馆除直接征购外的各类渠道规模都十分有限，调研中有的博物馆领导称"博物馆藏品来源枯竭"。尽管近年来社会上也有一部分名人后裔、私人藏家捐赠文物，回馈社会，但是"随着市场经济的发展，文物的经济价值也得到人们的重视，大家捐赠文物的积极性不高"①。特别是由于近年来"国宝帮"等收藏乱象丛生，文物艺术品市场大肆炒作，受收藏市场的负面影响，加之博物馆缺乏相应激励机制和政策宣传，社会对博物馆捐赠的良好氛围尚未形成。面临复杂的社会环境，许多珍贵文物往往由于得不到及时入藏而遭到破坏或流失海外。特别是在经济建设的过程中，由于社会发展迅速，生产生活方式快速迭代，各领域的发展变化巨大，人们的"文物"意识淡薄，导致一些具有时代特性，反映时代面貌的具有历史性、艺术性和科学性的时代物证流散和消失的速度加快，客观上造成了文物征集的紧迫性及工作的难度。在现实中，大量的习俗生活用品由于未得到及时收集而被淹没，一些材质脆弱的物品难以长久保存，而一些无形文化遗产则很容易失传甚至永远消失。特别是随着文物市场经济的建立，文物的市场价值不断上升，民间收藏之风大为兴盛，目前全国至少有数千万收藏爱好者，收藏的对象五花八门，而同时博物馆却因无能为力致使许多珍贵的文物流入民间甚至海外。②

三、博物馆藏品征集业务能力明显不足

一是专业化人员较为匮乏。藏品征集工作是一项能动性极强的工作，但目前博物馆的藏品征集人员普遍存在能力不足的现象。对博物馆关于藏品征集工作面临困难的调查显示，40.3%的博物馆认为缺乏专业人员，这一比重仅次于缺少资金选项，甚至超过了反映较为突出的缺乏政策支持（33.3%）和征集渠道不畅（26.4%）（图74）。

实际上，大多数博物馆在藏品征集人员配置方面不完善，一些中小博物馆的

---

① 许鹏：《浅谈博物馆开展文物征集工作存在的问题及建议》，《文物鉴定与鉴赏》2017年第7期。
② 陈淑娟：《国立博物馆征集工作的现状与文物征集一些思考》，《中国民族博览》2018年第6期。

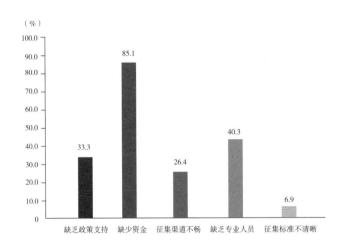

图 74   博物馆藏品征集工作面临的主要困难

藏品征集工作由非专业人士兼任，他们缺乏专业的藏品鉴定知识和征集工作经验。[1] 调查显示，多达53.3%的博物馆没有专职征集人员，只是东部地区博物馆、艺术类博物馆和一、二级博物馆等具体情况稍好一些。而即便是设有专职征集人员的博物馆，平均总数也仅为4.9人。从人员专业结构看，文史专业居多，平均为2.9人，理工、艺术及其他专业类则平均不足1人，且与博物馆自身类型紧密关联。具体到组织架构，尽管大多数博物馆设有文物征集部门或配备专业人才，但"基本都是由保管部门负责此类工作。有的博物馆则是建立征集小组，以设置文物征集岗位的方式开展工作。不少地方博物馆仍未建立征集部门，单打独斗，缺乏专业团队的支撑，为文物鉴定、评估带来一定困难"[2]。

二是征集专门人才存在短板。博物馆藏品征集工作需要历史、文物、科技、艺术等多个领域的专业知识，同时离不开长期的经验积累，因此培养代代相传的专业人才极为重要。但是目前即使就国家层面而言，也存在影响博物馆征集人才建设的因素。自1983年国家文物鉴定委员会正式成立以来，由于部分专家因年龄偏大行动不便，部分专家去世，委员会成员却没有增补，造成一线鉴定专家短缺。例如，2005年增设的近现代历史文物组7名专家中，已有3名专家去世。

① 罗雄：《从一级博物馆藏品评估报告谈藏品征集的四个维度》，《中国文物报》2012年11月23日。
② 钮小雪：《关于博物馆馆藏文物征集现状的思考和建议》，《文物鉴定与鉴赏》2021年第9期。

顶级权威专家的断层，导致在开展一些重大征集项目时，一些博物馆只能聘请长期从事某类文物保管研究并取得高级专业技术职称，学问学识和人品都得到认可的二线专家来担任鉴定工作。[①] 近年来，国家加大了对文博人才的培养，在展陈策划、文物保护方面开展培训，但"在文物征集方面的培训相对较少，实践性相对不强，许多地方博物馆从业人员多数专业不对口，无法满足文物藏品征集工作的需要"[②]。例如，关于征集工作至关重要的鉴定环节，有专家指出，目前文博系统普遍存在文物鉴定人才"青黄不接"、人才断档的状况，也存在鉴定水平不高、能力不强的现象。由于文物鉴定专业性强，培养人才周期长，造成各博物馆文物鉴定人才普遍缺乏。而藏品征集项目管理人才同样匮乏，导致"八成以上的博物馆的文物征集采购工作只涉及文物收集采购、文物研究等传统的文博方面的钻研与考究，导致国际领先的、符合现代博物馆发展的管理学思想的匮乏"[③]。

三是征集思路不够清晰系统。藏品征集作为博物馆一项常态化的业务，理应有体系化工作思路，要有大局观和宏观思维，要立足自身功能定位，从党和国家发展的战略高度和维度去思考问题。国家文物局、财政部印发的《国有博物馆藏品征集规程》明确提出："博物馆应建立藏品征集管理制度，明确征集范围、方式、条件，进行公开征集；设立专门机构或明确责任部门，拟订藏品征集总体规划、中长期规划和年度计划，规范有序开展征集工作。"在新时代，中国各级各类博物馆越来越面临不同于以往的使命任务，发展思路、工作模式也应与时俱进。在这种背景下，"收藏什么、不收藏什么，这在很大程度上决定着一座博物馆的性格和品位，体现着博物馆的评价水平和价值导向，决定着未来对我们这个时代的认识和把握。这就要求我们必须牢记责任、紧贴时代，决不能脚踩西瓜皮，滑到哪里算哪里，让随意性随机性决定一座博物馆的收藏行为和内在价值追求"[④]。

① 杨海峰：《新时代博物馆文物征集工作的守正与创新——以中国人民革命军事博物馆为例》，《中国博物馆》2020 年第 5 期。
② 钮小雪：《关于博物馆馆藏文物征集现状的思考和建议》，《文物鉴定与鉴赏》2021 年第 9 期。
③ 杨栋：《MMC 博物馆面向文物征集项目的采购管理研究》，硕士学位论文，东华大学，2016 年。
④ 王春法：《充分发挥博物馆的评价功能》，《中国政协》2018 年第 18 期。

调查显示，6.9%的博物馆认为自己征集标准不清晰：从区域看，西部地区博物馆这一比例高达10.6%；从类别看，艺术类、自然科学类和综合类博物馆这一比例分别达8.7%、9.5%、8.8%；而从级别看，三级博物馆则高达10.7%。同时，博物馆的藏品征集工作大多缺乏系统性规划。有研究表明："仅有16%的博物馆定期开展文物征集工作，平均周期为一年一次。对于大部分市县级博物馆而言，文物征集并不是一项定期开展的工作，随意性较大，且计划性不足。"[①] 甚至有研究发现，进行持续性文物征集工作的只有一、二级博物馆，大部分中小博物馆只会短期进行目的性的文物征集。[②] 调查显示，超过10%的西部博物馆、三级博物馆认为本馆开展工作时征集标准不清晰。特别是一些基层博物馆，由于没有立足当地历史文化特色开展藏品征集，更缺乏系统梳理，结果就导致很多藏品相似度较高，"一定程度上存在文化割裂现象，无法使观众在观赏过程中感受当地的文化传统，不利于地方历史文化的传播，没有更好地肩负起社会服务的职能"[③]。许多行业博物馆同样面临类似的问题。大多数行业博物馆由于成立时间较短，藏品基础薄弱，再加上藏品来源单一、缺少政策支持等原因，导致很难形成征集体系。即使像农业博物馆这样的大型行业博物馆，也面临藏品种类、数量严重不足，质量更难以令人满意的局面。[④]

第三节　新时代博物馆藏品征集需要上下协同发力扭转局面

中国博物馆藏品数量庞大，品类丰富，从藏品数总量来看可以跻身于博物馆

---

①　钮小雪：《关于博物馆馆藏文物征集现状的思考和建议》，《文物鉴定与鉴赏》2021年第9期。

②　李义峰：《论博物馆文物征集工作现状与对策》，《收藏界》2019年第3期。

③　程晓励：《基于区县级文博单位文物征集困境及优化措施——以广州市海珠区文物博物馆理中心为例》，《文物鉴定与鉴赏》2021年第22期。

④　陈红琳：《破解行业博物馆发展困局——中国农业博物馆藏品体系建构实践分析》，《中国博物馆》2021年第3期。

藏品大国行列。尽管如此，中国博物馆藏品仍然在规模和结构上具有很大的发展提升空间，藏品征集工作面临诸多亟待解决的问题。特别是与14亿多人口规模相比、与中华民族五千年文明史相比、与中国共产党领导中华民族实现伟大复兴所取得的巨大历史成就相比、与新时代博物馆所承担的使命相比，中国博物馆还需要从深层次上进行变革。面对博物馆藏品征集工作目前遇到的一系列困境，各级有关行业主管部门、广大文物博物馆工作者都应该以更强的使命感、责任感积极行动起来，协同发力尽快扭转局面。

一、积极盘活各方资源

2021年5月，中宣部等九部委印发的《关于推进博物馆改革发展的指导意见》明确提出，要"健全考古出土文物和执法部门罚没文物移交工作机制，适时开展文物移交专项行动"。2021年6月，全国政协专门围绕"推进新时代博物馆事业高质量发展"召开协商座谈会，与会委员们建议要健全出土文物移交机制和开放共享机制，让文物"动"起来、"活"起来。在解决藏品征集渠道不畅方面，尽管国家文物管理部门不断加强顶层设计，先后出台多项政策法规，但在具体落实方面仍需从深层次入手予以解决。

一是加强督导协调，推动考古发掘出土文物加快向博物馆调拨移交。针对考古部门向博物馆调拨移交考古发掘品方面日益滞后的局面，作为文物行政管理部门，亟须进一步健全和完善考古发掘品的调拨移交制度和机制建设，加大对考古发掘部门长期积压的考古发掘报告的整理、清理和提交的督促监督工作，提供必要的经费和人员保障，同时督导考古发掘资质单位做好考古出土文物向国有博物馆的移交工作，加快和便捷考古发掘品的调拨移交工作程序，协调双方形成互惠互利、合作双赢、可持续科学发展的新模式，真正"让文物活起来"。例如，2019年10月，国家"十三五"重大文化工程——二里头夏都遗址博物馆正式建成开放后，中国社会科学院考古研究所就将下属的二里头遗址考古工作队自1959年以来的考古发掘成果移交给二里头夏都遗址博物馆用作基本陈列的展品，既满足了博物馆基本陈列工作的藏品需求，也为二里头遗址考古成果提供了极佳的展示平台，是很好的可借鉴案例。

二是加强沟通协作，主动与执法部门建立罚没文物移交工作机制。近年来，在查办文物盗掘、文物走私及各类腐败案件过程中，执法部门依法查扣、收缴了大量文物藏品，在案件办结后需要依法移交给文物部门保管。因此，国有博物馆可以通过国家和地方文物主管部门协调，主动加强与执法部门的沟通协作，合法接收这些涉案文物，从而既为这些文物找到理想的归宿，也增加了国有博物馆的馆藏。可喜的是，近年来已有部分地区在这方面进行了有益探索。例如，作为文物大省的甘肃，仅在 2020 年，中共甘肃省纪律检查委员会办公厅两次向甘肃省文物局移交象牙雕刻及张大千书画作品，兰州市中级人民法院向甘肃省文物局移交古生物化石、动物标本、矿石标本等 95 件 / 套，由甘肃省文物局指定甘肃省博物馆收藏；天水市公安局向天水市博物馆移交文物 59 件 / 套；径川县公安局城关镇派出所向径川县博物馆移交文物 2 件 / 套、资料品 4 件 / 套；兰州市公安机关追缴的 29 件 / 套文物经甘肃省文物局批准指定由兰州市博物馆接收；等等。有关方面认识到，"各级司法机关和纪委监委系统所查办案件中的涉案文物增多，文物保护管理也存在账卡册和登记信息不完整，涉案文物保护管理基础工作相对薄弱，有的文物保存环境不达标、不利于文物长期保存等问题，办案单位也深感涉案文物安全保管的责任与压力"。2020 年 11 月 17 日，甘肃省文物局、甘肃省纪委机关、甘肃省监察委员会、甘肃省高级人民法院、甘肃省人民检察院、甘肃省公安厅、甘肃省（自治区、直辖市）市场监督管理局、兰州海关等单位，以《中华人民共和国文物保护法》《中华人民共和国刑事诉讼法》和国家文物局、财政部、公安部、海关总署、国家工商行政管理局《依法没收、追缴文物的移交办法》，最高人民法院、最高人民检察院、国家文物局、公安部、海关总署《涉案文物鉴定评估管理办法》等有关政策法规为依据，在全国率先联合制定出台了《甘肃省涉案文物管理移交暂行办法》，该办法"涵盖涉案文物保护管理移交的全流程，为进一步规范和加强全省涉案文物保护管理工作提供了制度支撑"①。无独有

① 徐秀丽：《甘肃省八部门联合出台措施　加强涉案文物管理移交工作》，《中国文物报》2020 年 12 月 4 日。

偶，自 2019 年以来，四川省文物局与有关部门密切合作，共同做好罚没追缴物品移交工作，建立起高效、便捷、畅通的工作机制，丰富四川省文物收藏单位馆藏，推动移交物品研究、保护和展示，先后接收海关、国资、公安、军事法院等部门移交的各类物品逾 2000 件 / 套。

三是解放思想，积极探索各级各类博物馆间藏品共享模式。针对目前馆际互换几乎处于空白的局面，中国各级各类博物馆应该顺应时代潮流，立足新时代，进一步解放思想，勇于创新，深化馆际的全方位合作，探索文物藏品资源的共享，从而进一步拓展藏品征集渠道。近年来，一些拥有丰富文物藏品资源的省、市级国有博物馆，在确保本馆正常陈列工作和科研工作需要的前提下，甄选出部分同类同质文物藏品，通过建立总分馆制或博物馆联盟等模式，加大对本地区地市级、县级博物馆所需藏品的支援力度，取得了良好的社会效果。例如，南京市博物总馆、重庆中国三峡博物馆、山西省大同市博物馆、青海省博物馆等实行的总分馆制，以及中国西南博物馆联盟、萧山博物馆联盟、甘肃博物馆联盟、客家文化博物馆联盟、全国茶博物馆联盟、黄河流域博物馆联盟等，均通过对各类新模式的探索，为新时代博物馆藏品征集利用提供了积极的借鉴。[①]

二、统筹解决资金问题

关于解决缺少资金问题，一方面，博物馆自身应立足财政实际合理安排征集项目，积极寻求社会资源的支持。另一方面，各级主管部门应该立足实际，对各地各级各类博物馆细化实施政策，避免简单化一刀切。例如，2020 年 6 月，财政部印发的《关于下达 2020 年博物馆纪念馆逐步免费开放补助资金预算的通知》显示，2020 年财政部合计向 36 个地区下发 308450 万元补助资金，13 个地区补助资金预算超 1 亿元，其中江苏预算最多，为 23916 万元，其次分别为湖南和四

---

① 田国杰：《新形势下中小型国有博物馆文物藏品收集利用工作的对策和出路——以洛阳市国有博物馆文物藏品收集利用实践为例》，《中国博物馆》2020 年第 3 期。

川，补助资金预算分别为 19831 万元和 19106 万元。 2021 年 5 月，中宣部等九部门正式印发《关于推进博物馆改革发展的指导意见》，其中明确提出应加强政策支持，按照国务院办公厅《公共文化领域中央与地方财政事权和支出责任划分改革方案》部署，落实博物馆有关支出责任，向财力困难地区倾斜。①

在经费使用实际操作层面，征集程序上过于复杂影响工作效率的情况也值得重视。尤其是对国有博物馆而言，文物藏品征集固然需要规范的行政手续，但有时因机制过于僵化，其结果往往是经层层上报，等好不容易得到明确指令下达后，却又发现优秀的藏品已被他人所获。另外，当前许多地方博物馆为规避财务、真伪等方面的风险，多达 70% 的博物馆采取委托第三方征集，即公开招投标的方式进行，但由于文物的特殊性，这种单一来源采购方式有时并非最佳选择。这也需要相关主管单位能够视情况放宽限制，适当减少环节手续，② 给予博物馆在藏品征集决策运行方面一定自主权。

三、广泛动员社会力量

藏品征集是一项具有挑战性和创造性的工作，人的主观能动性往往能发挥很大作用。因此必须大力提倡主动征集，切实拓宽思路，充分动员社会各方力量。博物馆除了要积极加强对外合作，扩大同文物艺术品市场、文物商店以及相关机关、企事业单位的沟通联系外，尤其应重视民间收藏的力量。近年来，随着民间收藏市场的迅速发展，民间收藏家收藏的文物较为细致且成系列，其中个别收藏家的文物品相、种类甚至超过国有收藏机构。在此背景下，许多国有博物馆越来越认识到民间收藏利于完善国有博物馆的馆藏，并日益重视与民间收藏家的合作。不过由于部分民间收藏长期处于文博事业的灰色地带，加上对相关的法律、法规没有明确掌握，导致很多珍贵藏品进入博物馆时面临一系列障碍，③ 这种情

---

①　徐秀丽、李瑞：《各地文物部门全力以赴　坚决打好汛期文物保护主动仗》，《中国文物报》2020年 7 月 14 日。

②　钮小雪：《关于博物馆馆藏文物征集现状的思考和建议》，《文物鉴定与鉴赏》2021 年第 9 期。

③　陈淑娟：《国立博物馆征集工作的现状与文物征集一些思考》，《中国民族博览》2018 年第 6 期。

况也亟须从国家政策层面着手解决。

博物馆还应该广泛进行宣传，号召社会公众参与到博物馆的藏品征集工作中来。近年来，许多博物馆纷纷通过多种渠道发布文物藏品征集公告，扩大社会影响，以尽可能快速实现馆藏增长。许多博物馆还在实践中通过举办捐赠专题展览的方式，提高了捐赠者的积极性。例如，抗日战争纪念馆于 2016 年举办"社会各界捐赠文物史料展"，所展出的文物是自 2015 年来社会各界捐赠给抗战馆的物品，收到了良好效果。又如，中国华侨历史博物馆 2019 年除征集购买广东省文物总店、广州市文物总店的涉侨类文物和中国书店文物 2167 件 / 套，以及赴陕西、广东、江西、云南、福建等地征集与接收藏品 558 件 / 套外，还先后在北京、陕西、云南、江西等地开展口述采访工作。采访共计 18 人次，采录共计 48 个小时影像，同时获得部分藏品和征集线索，完成部分口述历史音频及视频资料分类整理工作。特别是对于广大中小博物馆来说，立足本区域和自身特色吸引尽可能多的捐赠者尤其重要。另外，国外一些博物馆、艺术馆如法国蓬皮杜国家艺术和文化中心等近年来尝试的共同收购藏品模式，对于中国博物馆也不失为一种有益的启示。[①]

四、切实加强人才培养

做好藏品征集工作，人才是核心因素之一，一支高水平的专业队伍是决定藏品征集质量的首要前提。总体上讲，藏品征集人员应该具备良好的思想素质、知识素质、鉴定素质等综合素质。针对目前博物馆普遍存在的鉴定人才青黄不接等问题，一些专家建议国家文物鉴定委员会牵头带动和促进文物鉴定人才的培养，加强传帮带，或通过馆校结合，发挥院校专业课程和文博单位实践基地的优势互补，等等。在新形势下，一名高素质的藏品征集工作者既要有敬业精神，也要有较高的博物馆学专业水平；既要有一定的宣传能力，也要掌握

---

① 岳妍：《新时代背景下法国艺术博物馆的藏品来源及影响因素研究——以蓬皮杜中心为例》，《美术大观》2019 年第 1 期。

摄影、录音、计算机的操作等现代化办公技能，适应时代发展的需要。因此，博物馆必须有意识地培养专业征集队伍，提升专业素养，增加知识储备；定期聘请相关领域专家，对征集人员进行培训，提升理论水平，并将理论与实践相结合，提升征集人员的综合素养；鼓励征集人员多去其他文博单位进行学术交流与调研，增长见识，开阔眼界，提升与人沟通、与人交往的能力，为征集工作创造机会，打下坚实基础；同时要创新人才评价机制，注重实践，增强绩效考核。

五、明确构建评价体系

进入新时代以来，博物馆作为重要的公共文化机构，在珍藏民族集体记忆、保存优秀文化基因等方面被赋予了越来越重要的职责。在这种时代背景下，博物馆的藏品征集方向，究竟是征集古代文物，还是近现当代文物，这就体现了一个社会评价问题。古代文物大多是历史上综合评价选择和自然淘汰遗存的结果；而近现当代实物征集，是一个人为选择的过程，究竟要将哪些实物保留下来，传给子孙后代，我们的选择就体现了社会对重大事件、重要人物的评价，这种评价决定了一家博物馆在收藏近现当代实物过程中的征集方向。①

作为承担国家文化建设重要使命的博物馆，面对新时代，必须在藏品征集工作方面及时转变思路，特别要进一步扩大博物馆收藏范围，避免过分看重兼具历史价值、文化价值和艺术价值的文物藏品，征集重点更应兼顾能够体现人民美好生活的见证物，大力发掘现当代藏品的时代价值、科学价值和审美价值。同时应该看到，不同形式层次的博物馆决定了博物馆评价指标是多层次多样化的复杂体系。这些各具特色、不同层次的博物馆的存在，一方面代表了对文物藏品、展览展示和社会传播的选择与评价，因而构成一个潜在的系统的指标体系。另一方面是分层次的——越往基层走，博物馆的社会评价功能越受到地方价值观念的影响，文化功能和娱乐功能越突出；越往上走，则其社会评价功能就越受到主流意

---

① 王春法：《充分发挥博物馆的评价功能》，《中国政协》2018 年第 18 期。

识形态的影响，社会评价功能和价值引领功能就越突出。[①] 这就要求各级各类型博物馆都应及时转变观念，增强主动征集意识，挖掘当地藏品资源，尤其是行业、地区发展成就，非物质文化遗产，以及体现新中国、改革开放以后生产生活新面貌的见证物等，不让具有时代价值、凝结文化和科技发展精华的时代见证物蒙尘，"为明天收藏今天"，使博物馆真正成为当代中国的见证者和参与者。

六、严格执行规章制度

针对博物馆藏品征集工作具体操作过程的一些特殊性，新时代以来先后出台了一系列行业法律法规，有效推进了中国博物馆藏品征集工作的制度化规范化。为进一步规范国有博物馆藏品征集工作，优化国有博物馆藏品体系，国家文物局、财政部于2021年5月印发《国有博物馆藏品征集规程》，对博物馆征集藏品过程中的专家鉴定、估价建议等工作程序进行了明确规定。另外，2021年3月，财政部、国家文物局联合印发的《国有文物资源资产管理暂行办法》明确规定："管理收藏单位购买、征集文物资源资产，按照国家有关规定需要进行资产评估的，应当进行资产评估。"一些地方省（自治区、直辖市）主管部门也出台了类似的规章制度，如江苏省就制定了《江苏省博物馆藏品征集规程（试行）》，其中规定"凡接受捐赠的物品，博物馆向捐赠者颁发捐赠证书，并可根据需要给了捐赠者适当奖励，奖励比例原则上不超过估价的30%"。在具体实践中，各级各类博物馆也在围绕藏品征集的运作机制积极探索，拓展新的工作思路。不少博物馆在其官方网站上专门公布了文物征集办法，使社会公众可以清晰地了解博物馆的藏品征集工作程序，这一公开透明的举措值得借鉴。各博物馆在执行重大征集事项时，都能恪守严格的审查制度。

与此同时，为提高工作效率，一些博物馆也在积极探索新的工作机制，简化程序宏观控制，具体操作权下放。中国人民革命军事博物馆在征集收购方式上进行创新，近年来陆续以奖励性方式收购了国内外收藏家的军事类文物上万件/

---

① 王春法：《充分发挥博物馆的评价功能》，《中国政协》2018年第18期。

套，聘请第三方机构的专家对这些军事类文物进行真伪鉴定和价值评估，保守评估总价值有上亿元人民币。① 一些地方博物馆行政主管部门和财政部门只是制定一个大框架、大方向，具体操作权力下放博物馆，从而达到文物征集程序的灵活"共赢"局面。比如，东莞市在这方面就做得比较合理，东莞市文广新局制定《东莞市市属博物馆藏品管理办法》，大致规定了文物征集程序及相关事宜，具体事务由各博物馆具体实施，博物馆操作起来也切实可行。②

---

① 杨海峰：《新时代博物馆文物征集工作的守正与创新——以中国人民革命军事博物馆为例》，《中国博物馆》2020 年第 2 期。
② 许鹏：《浅谈博物馆开展文物征集工作存在的问题及建议》，《文物鉴定与鉴赏》2017 年第 7 期。

分报告二　藏品管理初具体系，规范化标准化亟待加强

藏品是博物馆的立身之本，是博物馆的首要资源，是博物馆赖以生存和发展的重要因素和根本保证。没有藏品，就没有博物馆。没有藏品，博物馆展陈、教育、研究等各项工作就无从谈起。反过来，博物馆是藏品的永久性、专业性的保管机构，是藏品最好的归宿。科学的藏品管理体系才是对藏品最好的保护。因此，分析全国博物馆藏品管理的现状，有几个指标可供参考：（1）藏品总量情况；（2）藏品账目健全情况；（3）保管专业机构和人员配备情况；（4）藏品分类分级保管情况；（5）藏品库房保护设备完善情况；（6）藏品数据化情况。本报告的分析建立在这六个方面的统计数据基础上，对全国博物馆藏品管理体系形成以下判断。

第一节　藏品管理体系初步形成

谈博物馆藏品管理，一是要立足于博物馆藏品结构的特点、博物馆藏品的特色，谈博物馆藏品管理的特点；二是要根据时代、技术发展的情况，谈博物馆藏品管理理念的提升、博物馆库房管理条件的改进等。博物馆藏品管理的目的是加强博物馆藏品管理体系建设，提升博物馆藏品管理的有效性，更好地实现文物保护利用。

一、藏品总量持续增长

在新中国成立之时，全国可移动文物藏品总量约 1038 万件 / 套，[①] 仅有博物馆 25 家。在党和政府的关怀支持下，各地大力兴建博物馆、推动科学考古挖掘，随着博物馆事业不断蓬勃发展，全国博物馆藏品数量也日益增多。特别是党的十八大以来，全国博物馆藏品数量持续呈现增长势头。根据历年《中国文化文物统计年鉴》《中国文化和旅游年鉴》《中国文化文物和旅游统计年鉴》的数据，全国博物馆藏品数从 2012 年的 2318 万件 / 套持续增长到 2020 年的近 4319 万件 / 套，增加了 2000 多万件 / 套，这一增幅数字明显超过了 2006 年全国博物馆藏品数量（1302 万件 / 套），充分体现了近年来博物馆藏品数量增长迅速（表 6）。截至 2021 年底，全国博物馆藏品数量超 4665 万件 / 套，比 2012 年增长 101.2%，保持一直以来的增长势头。

表 6　2012—2020 年文物业和博物馆藏品情况

年份	文物业藏品数 （件 / 套）	博物馆藏品数 （件 / 套）	博物馆藏品在 文物业藏品中占比
2012	35054763	23180726	66.13%
2013	38408146	27191601	70.80%
2014	40635827	29299673	72.10%
2015	41388558	30441422	73.55%
2016	44558807	33292561	74.72%
2017	48506647	36623080	75.50%
2018	49604379	37540740	75.68%
2019	51293830	39548334	77.10%

[①]　国务院第一次全国可移动文物普查领导小组办公室、国家文物局：《第一次全国可移动文物普查数据公报》，《中国文物报》2017 年 4 月 8 日。

续表

年份	文物业藏品数 （件／套）	博物馆藏品数 （件／套）	博物馆藏品在 文物业藏品中占比
2020	50891012	43190898	84.87%

数据来源：2013—2018 年《中国文化文物统计年鉴》，2019 年《中国文化和旅游统计年鉴》，2020、2021 年《中国文化文物和旅游统计年鉴》。

博物馆藏品规模绝对数量持续提升，博物馆藏品在全国文物机构藏品总量中常年保持不低于 2/3 的份额，甚至还展示出了稳步上升的发展态势。根据历年《中国文化文物统计年鉴》《中国文化和旅游统计年鉴》《中国文化文物和旅游统计年鉴》的数据，如表 6 所示，中国博物馆藏品数量占全国文物藏品数量的比例从 2012 年的 66.13% 逐年持续攀升，到 2020 年达到 84.87%，这与近年来博物馆数量的增长以及博物馆藏品数量的增长趋势有直接关系。

国家文物局公布的相关数据也反映出博物馆在可移动文物藏品收藏方面的重要地位。根据 2017 年公布的《第一次全国可移动文物普查数据公报》，截至 2016 年 10 月 31 日，中国可移动文物共计约 10815.5 万件／套，其中，按照普查统一标准完成登录备案的可移动文物约 2661.1 万件／套，实际数量 6407.3 万件。中国博物馆（含纪念馆）收藏各类可移动文物藏品为 4214.9 万件，占全国完成备案可移动文物总量的 65.78%，远远高出了其他类（19.5%）、图书馆（11.02%）、档案馆（4.15%）和美术馆（0.29%）。[①] 博物馆馆藏可移动文物藏品达到 65% 以上，这种规模的藏品总量，对博物馆藏品管理提出的要求是较高的。

二、藏品管理规范程度逐渐提高

入馆藏品经过鉴定、确定价值后，应立即全部登入藏品总登记账，然后分

---

① 国务院第一次全国可移动文物普查领导小组办公室、国家文物局：《第一次全国可移动文物普查数据公报》，《中国文物报》2017 年 4 月 8 日。

类入库。[①] 藏品总登记账是藏品账目体系最重要的部分。完整的藏品管理账目体系还包括藏品档案，包括藏品入藏时调拨移交、捐赠、借入、寄存的凭证等，应进行年度归档造册，还包括藏品流传经过、著录情况、修复情况等基础信息。

博物馆藏品入藏时都会有基本的藏品清单，这是最基础的藏品入藏凭证。但仅有藏品清单，并不意味着博物馆就建立起完备的藏品账目管理体系了。如何呈现全国博物馆藏品账目管理体系的情况，可以从藏品整理、藏品定级这两个指标来侧面反映。藏品整理和定级工作，本质上是在完善藏品账目体系，完善藏品的基础信息，鉴别藏品的内容，认定藏品的价值。藏品研究与藏品管理没有必然的联系。我们经常会把藏品整理和藏品研究混淆在一起。但是藏品整理、藏品定级是为了提高藏品管理水平，其中的一个结果是为藏品研究提供便利条件，并不能认为藏品研究是藏品整理的目的。所以，从博物馆藏品管理角度来看，藏品整理、藏品定级等工作情况反映了藏品账目管理体系建设的情况，说明博物馆基本形成有账有物、账物相符的藏品管理架构。

从全国博物馆统计数据来看，中国博物馆普遍较为重视藏品整理这一基础性工作。调查显示，78.5%的博物馆完成了馆内藏品整理工作，还有21.5%的博物馆没有完成藏品整理工作。从类型看，自然科学类博物馆进展稍慢，已经完成的比例为63.2%，明显低于综合类（82.0%）、艺术类（78.9%）、其他类（78.3%）和历史类（77.4%）。完成馆内藏品整理工作的非国有博物馆为82.6%，国有博物馆为78.1%，说明博物馆内部藏品管理的规范程度在提高。

根据《中国文化文物和旅游统计年鉴2021》的数据，2020年全国博物馆收藏珍贵文物共3710525件/套，占藏品总数的17.11%。其中一级品85515件/套，二级品588192件/套，三级品3036818件/套，一般文物17975172件/套。这说明，作为博物馆基础工作的藏品定级工作还远远没有达到要求，全国83.9%的博物馆藏品是没有经过鉴定、确定价值这个环节的。博物馆藏品账目管理系统建设还需要持续加强。中国博物馆珍贵文物数量（2012—2019年）见表7。

[①]　国家文物局：《博物馆藏品保管工作手册》，群众出版社1992年版，第42页。

表 7　中国博物馆珍贵文物数量（2012—2019 年）

年份	珍贵文物 （件/套）	一般文物 （件/套）	藏品总数 （件/套）	珍贵文物占比 （%）
2012	3690402	19490324	23180726	15.92
2013	3864086	23327515	27191601	14.21
2014	3928646	25371027	29299673	13.41
2015	4427833	26013589	30441422	14.55
2016	4200075	29093486	33293561	12.61
2017	4121723	32501357	36623080	11.25
2018	3423358	34117382	37540740	9.12
2019	3628886	18917167	22546053	16.10

数据来源：2013—2018 年《中国文化文物统计年鉴》，2019 年《中国文化和旅游统计年鉴》，2020 年《中国文化文物和旅游统计年鉴》。

三、藏品管理专业化程度持续增强

博物馆设置专职的保管机构和保管人员，是衡量博物馆藏品管理水平的基础指标。藏品保管部门是基础业务部门，主要的职责是进行博物馆藏品的保护管理、提供利用和科学研究，保管专业化首先体现为有机构保障和人员保障。从全国博物馆样本调查的数据来看，无论是国有博物馆还是非国有博物馆，无论是东部地区博物馆还是中西部地区博物馆，设有专职保管人员的比例在 94% 以上，其中东部地区 98.1%，中部地区 97.9%，西部地区 98%；国有博物馆 98.5%，非国有博物馆 94.3%。有专职的保管机构一定有专职保管人员，有专职保管人员一般会有专职的保管机构，但也存在只设专职保管人员的情况，两者不完全统一。从以上数据可以大致推论：绝大多数博物馆都设有保管机构和保管人员，这符合博物馆行业的特点。

专职保管人员的学历特点：主要分布在大专、本科、硕士三个学历层次，其中每家博物馆保管员中大专学历的均值是 1.1 个，本科是 2.1 个，硕士是 1.5 个。保管员中博士研究生学历较少，均值为 0.2 个，中专及以下学历也不多，均值为 0.6 个。这说明，整体上专职保管人员的学历处于较高的水平。

还有少部分博物馆没有设置专门的保管机构或保管人员，显然不利于藏品的保管工作。根据博物馆藏品管理的要求，藏品账目与藏品实物必须分开专人管理，防止交叉。每间库房应设置至少两名专职保管人员，同时入库，同时提用藏品。如果不设置专职保管人员，或者专职保管人员数量过少，难以形成藏品保管的内部控制体系，藏品保管存在较大安全隐患。

四、藏品结构以中国古代文物为主

中国博物馆历史类藏品占博物馆藏品总量的 70% 以上，这是一个显著的特点，这也和我国是一个历史文化积淀深厚的国度有关系。调查显示，从博物馆藏品的类型来看，各类博物馆平均拥有历史类藏品 11850.4 件／套、艺术类藏品 2531.1 件／套、其他类藏品 2223.5 件／套。

从藏品所属的历史时期来看，古代文物仍是博物馆藏品的主体，且主要集中收藏于综合类博物馆中。根据文物所属历史年代，将博物馆藏品分为古代藏品和近现代藏品（包含新中国成立后的藏品）。调查显示，博物馆古代藏品的平均数量是 20115.6 件／套，占博物馆平均藏品总数的 70.5%，明显高于博物馆近现当代藏品（29.5%）（图 75）。从古代文物在各类型博物馆中的分布来看，综合类博物馆平均拥有的古代文物为 41216.9 件／套，远远超过历史类的 4990.99 件／套、其他类的 4389.3 件／套、自然科学类的 2723.7 件／套、艺术类的 447.5 件／套。这些藏品基本上是反映中华文明和中华民族复兴奋斗历程的文物，国外其他文明文化成果的文物收藏较少，说明中国博物馆藏品的国际化程度还不高。

历史类藏品的高份额是与中国博物馆机构类型特点息息相关的。文化和旅游部 2020 年底发布的统计数据显示，截至 2020 年底，中国有 5452 家博物馆，包

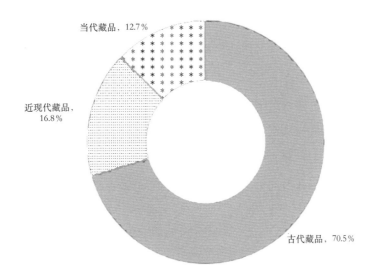

当代藏品，12.7%

近现代藏品，16.8%

古代藏品，70.5%

图 75　不同历史时期博物馆藏品数量分布情况

括综合类 1910 家、历史类 1856 家、艺术类 556 家、自然科技类 204 家和其他 926 家，即综合类和历史类博物馆数量占博物馆总量的 69.07%，两类机构藏品量占全国博物馆藏品总量为 65.41%。调查显示，历史类博物馆中的历史类藏品、艺术类藏品和其他类藏品的均值分别为 7818.6 件 / 套、347.2 件 / 套、356.1 件 / 套，综合类博物馆中三类藏品均值分别为 21554.0 件 / 套、4698.7 件 / 套、3542.2 件 / 套，历史类藏品在历史类博物馆和综合类博物馆中占明显优势，助推了历史类藏品的突出位置。

五、藏品分类保管体系基本形成

中国博物馆的分类保管体系基本上是根据古代历史类藏品的材质情况进行分类的，这也是一个特点。近现当代藏品的分类体系稍微不同，有按主题进行分类的，但在内部保管上仍然保持着与古代历史类藏品的一致性，也基本遵循分类保管的要求。

从实际情况来看，中国博物馆基本上是按照两种分类体系来进行入库保管的，这两种分类体系并没有本质的不同：一是按照不同材质进行分类分库保管。

有非金属类的陶器、瓷器、印章、石器、石刻等，有金属类的铜器、铁器、金银器、铅锡器，有木器、竹器、漆器、丝织品、书画等有机质地。库房的温湿度范围、微生物菌落、光照度会对不同质地藏品产生不同的影响。所以，按照不同材质进行保管是大多数博物馆采取的做法。二是根据藏品主题或专题进行保管。比如民族文物，按照族别来集中存放；外国文物，按照国别来集中存放；考古发掘出土文物，按照出土墓葬或发掘地来集中存放。这些集中存放的藏品，往往有多种材质或综合材质，其内部也尽量按照不同材质分成大类来保管，如非金属类的或金属类的分库房保管或分柜保管。除了分类保管，还有分级保管的情况。对国家一级文物保管是有专门要求的。

根据调查情况，全国博物馆75.6%的藏品库房都是按照藏品材质进行分类库房或专柜保管的。分类库房或专柜保管的地域性差异不明显，东、中、西部和东北地区的比例分别为77.1%、75.8%、73.5%、73.%。但分类库房或专柜保管的类型差异显著，分类保管程度最高的是综合类博物馆和其他类博物馆，分别为81.9%和80.3%，明显高于自然科学类（73.9%）、历史类（68.3%），最低的艺术类博物馆仅为56.5%。分类库房或专柜保管在收费和免费博物馆之间的差异也比较明显：免费博物馆高于收费博物馆近15个百分点，分别为77.1%和62.2%。一级、二级、三级和未定级博物馆建设按材质分类库房或专柜保管的分别为90.3%、80.8%、75.0%、67.9%，一级博物馆比未定级博物馆高出22个百分点。

全国博物馆珍贵文物库房数量较少，仅有30%的博物馆建设了珍贵文物库房，分级保管情况不佳。即便是设置比例最高的一级博物馆，尚有近半数（48.4%）尚未设置珍贵文物库房。从博物馆类型看，仍然是综合类博物馆最高（35.4%），艺术类博物馆最低（17.4%），历史类29.7%、其他类22.7%、自然科学类21.7%。收费博物馆高于免费博物馆近10个百分点，分别为37.8%和28.5%。一级、二级、三级和未定级博物馆设置有珍贵文物库房的比例分别为51.6%、43.8%、33.9%、14.5%，一级博物馆比未定级博物馆高出37个百分点。

六、库房保管条件明显改进

博物馆藏品库房建设是博物馆藏品保管的基本条件。博物馆藏品保存对外部环境要求较高，各种环境因素都可能对藏品造成损伤，如温度、湿度、光线、污染气体、微生物、虫害等，而且很多时候几种因素相互关联、共同影响。

在库房安全管理方面，近60%博物馆库房安装了气体灭火系统（58.3%）和远程库房监控系统（57.8%）。近半数（47.8%）博物馆库房安装了恒温恒湿控制系统，而东部地区博物馆为59.3%，明显高于中部（38.9%）、西部（41.2%）和东北地区（43.5%）。

从博物馆所隶属的行政层级来看，各类藏品保管条件的建设情况均与博物馆隶属行政层级水平呈正相关，即越是基层的博物馆，藏品保管的条件水平越有限。调查显示，隶属省（区、市）、地（市）、县（市、区）的博物馆建设按材质分类库房或专柜的分别为81.5%、78.9%、68.0%，不同定级水平的博物馆安装气体灭火系统的占比分别为78.5%、62.7%、43.4%，安装远程库房监控系统的博物馆分别为64.6%、60.8%、50.0%，安装恒温恒湿控制系统的分别为66.2%、49.4%、35.2%。

从不同定级水平的博物馆藏品保管条件来看，各类藏品保管条件的建设情况均与博物馆定级水平呈正相关，即定级水平越高，博物馆库房系统越完备。更重要的是，定级博物馆特别是一级博物馆的藏品保管条件与未定级博物馆之间的差距十分显著。调查显示：一级、二级、三级和未定级博物馆安装气体灭火系统的占比分别为79.0%、75.3%、50.0%、45.9%，一级博物馆比未定级博物馆高出33个百分点；安装远程库房监控系统的博物馆分别为75.8%、67.1%、55.4%、46.5%，一级博物馆比未定级博物馆高出近30个百分点；安装恒温恒湿控制系统的分别为71.0%、67.1%、42.9%、32.1%，一级博物馆比未定级博物馆高出近39个百分点。博物馆库房条件情况如图76所示。

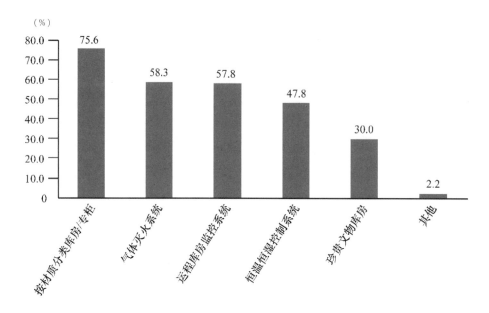

图 76　博物馆库房条件情况

七、藏品数据化已成主流趋势

藏品数据化是建设现代化博物馆的一个条件，也是引入先进科学技术进博物馆的一个窗口。从调查数据来看，中国博物馆普遍较为重视博物馆藏品数据采集工作。全国已经有 89.2% 的博物馆启动了藏品数据化相关工作，仅有 10.8% 的博物馆未开展相关工作。

其中，东部、中部、西部和东北地区博物馆已经启动藏品数据采集工作的分别为 89.5%、90.7%、87.6% 和 86.7%，国有博物馆和非国有博物馆分别为 89.2% 和 88.9%，免费博物馆和收费博物馆分别为 89.2% 和 87.9%。定级博物馆明显更关注藏品数据采集，启动数据采集工作的一、二、三级博物馆分别为 96.5%、95.6% 和 95.8%，不仅普遍高于平均水平，更比未定级博物馆（82.1%）高出 10 多个百分点。从博物馆类型看，艺术类和综合类博物馆启动藏品数据采集的范围更广，达到 95.0% 和 95.2%，明显高于其他类（90.0%）、历史类（81.9%）、自然科学类（78.9%）博物馆。

在已经进行藏品数据采集工作的博物馆中，69.3% 的博物馆已完成 70% 以上藏品的数据采集工作，13.6%完成采集的份额不足30%，进度为30%—70%的博物馆占开展数据采集工作博物馆总量的17.1%。定级博物馆的采集进度仍明显好于未定级博物馆（57.5%），完成70%以上进展的一、二、三级博物馆分别为76.1%、80.6%和82.4%。

第二节　藏品管理与文化强国建设要求不适应问题依然突出

博物馆藏品管理存在的问题，主要是应对新时代博物馆藏品管理如何达到现代化水平的问题，集中体现在如何处理传统藏品管理的模式与建设现代化藏品管理体系的关系上，主要体现在五个方面。

一、藏品区域分布不均衡，见证中华五千年文明发展的标识性文物分散在各地

中华文明经历五千多年的历史变迁，是没有中断、延续发展至今的文明，始终一脉相承，沉淀着中华民族最深层的精神追求。博物馆是保护和传承人类文明的重要殿堂，博大精深的中华文明是中国博物馆事业发展的强大根基，提供了源源不竭的动力。

尽管中国博物馆的藏品规模已取得较大进步，但仍在一定程度上受限于中国博物馆事业的发展水平。新中国成立以来，中国博物馆藏品数量从1000万件／套增长到超4600万件／套。但放眼全球，中国博物馆的藏品规模仍然有较大的提升空间。英国自然历史博物馆官网显示，其藏品总数超过8000万件／套，远高于中国全部博物馆藏品数量。美国建国不过200多年，但美国史密森学会官方公布的下属博物馆集群共拥有藏品1.4亿余件／套，甚至比中国全部可移动文物总量还要多。此外，大英博物馆的藏品量达800余万件／套；莫斯科国家历史博物馆藏品超过450万件／套，俄罗斯冬宫博物馆藏品270万件／套；大都会艺术博

物馆藏品 330 余万件／套。这些博物馆藏品的数量都明显高于中国单馆的馆藏数量。目前，中国绝大多数博物馆藏品量还远不如上述世界大型博物馆。

从历年《中国文化文物统计年鉴》《中国文化和旅游统计年鉴》《中国文化文物和旅游统计年鉴》中各省（自治区、直辖市）的统计数据来看，各地博物馆事业发展水平参差不齐，中国博物馆藏品的区域分布很不均衡。除港澳台地区之外的全国 31 个省（自治区、直辖市）中，[①] 2020 年中国博物馆藏品超过百万件／套的省（自治区、直辖市）有 14 家，分别为北京、四川、陕西、山东、上海、江苏、湖北、云南、山西、浙江、广东、河南、内蒙古、黑龙江。其中山东省藏品最多，约为 460.7 万件／套；紧随其后的四川省和陕西省分别为约 458.8 万件／套和 385.2 万件／套。与博物馆藏品量较低的省（自治区、直辖市）相比，省际差距十分明显，如博物馆藏品量最少的西藏仅 7.2 万件／套、青海 7.4 万件／套、海南 17.6 万件／套，与藏品大省相差数十倍。

博物馆藏品总量的区域分布呈现东部领先、西部紧随和中部、东北地区稍逊的状况。文化和旅游部的统计数据显示，2019 年中国东部地区 10 个省（自治区、直辖市）博物馆共有藏品约 1491.1 万件／套，西部地区 12 个省（自治区、直辖市）博物馆共有藏品约 1263.9 万件／套，中部地区 6 个省（自治区、直辖市）博物馆共有藏品约 647.0 万件／套，东北地区 3 省的博物馆共有藏品 222.2 万件／套。同样的情况也体现在调查数据中。调查数据显示，中国博物馆平均藏品数量为 37083.7 件／套，50% 的博物馆藏品数量在 5894 件／套以上，25% 的博物馆藏品数量在 23594 件／套。东部地区博物馆平均藏品总数为 43614.2 件／套，超过全国平均水平，其中 25% 的博物馆藏品总数在 30274 件／套以上；西部地区博物馆平均藏品总数为 40504 件／套，超过全国平均水平，其中 25% 的博物馆藏品总数在 21117.5 件／套以上；而中部和东北地区博物馆平均藏品总数分别为 24630.6 件／套和 32676 件／套，博物馆藏品主要集中于东部和西部地区。如果考虑到各省（自治区、直辖市）中的博物馆数量差异，各区域省均博物馆藏品分布则为东部遥遥领先，中西部基本持平，东北地区垫底的分布特点：东部地区省均博物馆藏品规

①　统计数据中缺少香港、澳门、台湾的数据。

模为约 149.1 万件 / 套，西部地区博物馆藏品约 105.3 万件 / 套，中部地区博物馆共有藏品约 107.8 万件 / 套，东北地区博物馆藏品约 74.1 万件 / 套。

更值得关注的问题是，中国博物馆藏品没有形成规模效应，中华民族多元一体的文明形象的标志性文物分散在各个博物馆中，全国博物馆藏品对中华五千年文明的阐释能力还有很大的提升空间。博物馆藏品是展示悠久历史文化发展进程的实物载体，蕴含着丰富的历史信息，丰富系统的藏品是完整展现历史、证实历史、补充历史的重要物证。博物馆重要藏品分散各处，各个博物馆的藏品规模不足，形成不了历史见证系统，是藏品管理的一个潜在问题。中国 4600 多万件藏品分布在 6000 多家博物馆中，属地化管理原则催生了各博物馆藏品分布的区域化特征，缺乏顶层设计和宏观统筹，呈现出明显的随机性、碎片化的分布特点，难以完整系统地展示中华文明的源远流长、绵延不绝、博大精深的风貌。

二、藏品管理目标不明确，路径依赖比较明显

博物馆藏品管理目标是服务于博物馆建设目标的。从全国博物馆行业发展的趋势来看，每家博物馆的发展都从属于新时代中国博物馆事业的发展大潮，服务于新时代社会主义现代化文化强国建设的目标，因此建设新时代具有世界一流水平的博物馆，成为很多国内博物馆发展的既定目标。作为博物馆重要内容的藏品管理建设，要与世界一流水平的博物馆相称。

博物馆的目标涉及博物馆管理理念、管理机制和人才结构等方面的创新与变革，与此相应，博物馆的藏品管理也涉及藏品管理的理念创新、管理机制创新和人才建设等几个方面。那么，建设一个什么样的藏品管理体系才能适应一流博物馆要求的藏品管理架构？第一，藏品管理的标准化。中国博物馆同类型的藏品管理体现出标准化的界面，包括内部组织机构的标准化、藏品编目分类体系的标准化、藏品分类保管的标准化、藏品保管环境的标准化等。第二，藏品管理的智慧化。建构以藏品管理系统为根本应用的藏品全流程管理机制，从藏品征集、藏品登编、藏品入库、藏品排架、藏品修复到藏品出库，实现线上线下相匹配管理，通过全程留痕的线上管理系统，改变原来的传统的藏品管理模式，实现藏品管理

的迭代更新。

目前，中国博物馆还处于传统藏品管理的阶段，路径依赖比较明显。大多数博物馆仍然是新中国成立以来形成的藏品保管模式，账目管理以日常抄录为基础工作，库房点交以手工检视为主要形式，文物是否需要修复以人为发现为主要手段，藏品管理迈向现代化的步伐较为缓慢。全国虽然建设了大量的博物馆，但是真正具有示范意义，在管理体制和机制上有创新的现代化博物馆较为缺乏，大量市县的新建博物馆，根据不同的层级，复制有业界影响力的大型博物馆或专业博物馆的管理模式。所以，建设一个新型的现代化藏品管理体系，需要改变这种传统的路径依赖，通过顶层设计和技术手段，革新藏品管理方式。

三、藏品资源整合利用水平不高

新时代对博物馆提出了"让文物'活'起来"的要求，这是针对大量的博物馆藏品深藏在库房之中，因为没有展览的需要而难以向观众展示。让更多的馆藏文物走出库房，走向展线，是加强文物保护利用的必然要求。所以，博物馆藏品资源的整理利用要达到一个新的水平。

博物馆藏品资源丰富多样，既有古代藏品、近现当代藏品，也有艺术类藏品、科技类藏品，这些藏品分布在各个不同类型的博物馆之中，因此，博物馆藏品资源存在着两种层面的整合：一是博物馆之间的藏品资源整合。国内博物馆界已经开始进行藏品资源整合，如京津冀博物馆之间的合作机制等。但这种整合还主要以藏品借展为主要形式，这种借展受限于展览策划的主题和时间，规模难以扩大。二是博物馆内部不同库房藏品资源的整合。这种整合每家博物馆不同。藏品数量较少的博物馆，藏品可以进行有效整合。藏品数量较多的博物馆，藏品整合的难度较大。第一，珍贵文物与一般文物的使用率不同。大量的展览主要使用的是珍贵文物，对于一般文物使用较少。第二，策展团队倾向于使用已经在展览中使用过的藏品，这导致藏品的重复利用率较高，而以前没有使用过的藏品使用率反而越来越低。第三，藏品检索的工具需要完善。有条件的博物馆建立数字化藏品管理系统，便于藏品的检索与提用，但也受限于藏品管理水平的高低和藏品管理系统中藏品信息的完善程度和准确性。没有建立数字藏品管理系统的博物馆，对于藏品资源的整合利用就处于相对较低的水平，藏品资源的利用效率不高。

总体来说，全国博物馆无论是博物馆之间的藏品资源整合，还是内部藏品资源的整合，都还处于较为初级的阶段，没有达到高效利用藏品，特别是高效利用非典型藏品的程度。

四、藏品数字化水平总体较低

博物馆藏品数据采集是利用博物馆藏品数字资源的第一步，是博物馆数字化、智慧化建设的起点和基础。馆藏数字化的深入发展不仅可以推动博物馆藏品信息的线上共享，还为线上布展提供了可能，甚至启动全球办展模式，真正实现馆藏数字资源共享。

通过调查样本分析不难发现，中国博物馆藏品数字化进程仍有较大提升空间。目前中国博物馆藏品数据采集是以二维图像存储方式为主，调查显示，仅20.8%的博物馆采用三维扫描模型方式存储，以二维图像的方式存储占启动数据采集工作博物馆总量的71.2%，30.5%的博物馆采用音视频方式存储，采取其他方式存储的为35.1%。深入分析发现，采用三维扫描模型存储方式多的博物馆，往往与较多采用二维图像存储方式博物馆重合，但仅为一小部分博物馆。如从类型看，表现较好的仍是综合类博物馆，不仅有30.6%采用三维扫描模型，而且采用二维图像存储的博物馆占比达到79.9%，明显高于其他类（72.5%）、艺术类（69.6%）、历史类（63.8%）、自然科学类（62.5%）中采用二维图像存储的博物馆占比。从定级水平看，一级博物馆采取三维方式的比例最高，为50.0%，同时采用二维方式的为96.8%，明显高于二级（85.1%）、三级（72.9%）和未定级（56.4%）的博物馆。

调查显示，博物馆藏品数字采集还存在藏品数字化效率低、数据构成分散割裂、集成度低、缺乏统一规范标准等问题。故宫博物院是国内文物藏品数据采集工作进展较快、质量较高的博物馆，走在全国各大博物馆的前列，已形成常态化

的文物数据采集流程、系统性的文物数字化保护工作体系和规范，采集超过 64
万件／套院藏文物影像数据，以及超 1700 个点位、覆盖 57.6 万平方米（占故宫
总面积的 80%）的古建筑 360 度高清全景数据，仅 2020 年，故宫博物院就采集
超过 6 万件／套文物的高清影像。然而，作为国内博物馆藏品数字化佼佼者的故
宫博物院，与大英博物馆、卢浮宫等博物馆相比，其传播手段、研究角度仍存较
大差距，基础数据采集、整理和数字化水平有待提升。大英博物馆、中国台北故
宫博物院等已将采集到的文物图片、数字化信息放到网站上供公众下载收藏，国
内博物院这方面的工作相关规章制度相对滞后，在一定程度上也限制了数字化的
进程。而且，中国绝大多数博物馆的藏品数字化工作是完全无法和故宫博物院相
提并论的，绝大多数博物馆在被问及相关工作进展时的答复都是："基本没怎么
开展，我们一没有经费，这个很烧钱的；二也没有人才，怎么做？"

藏品数字化是基础，智慧博物馆正成为博物馆界的趋势。2011 年，日内瓦
试验性地搭建了智慧博物馆平台，创造性地整合互联网技术与文化遗产保护工
作，是智慧博物馆概念提出初期的一个实践。[1]2013 年，中国对于智慧博物馆领
域的研究初见成果。陈刚分析了从数字博物馆到智慧博物馆的发展趋势，提出了
"智慧博物馆＝数字博物馆＋物联网＋云计算"的智慧博物馆发展模式。经过六
年的发展，智慧博物馆的研究已成规模。学者多将目光集中在智慧博物馆的建设
上，王春法[2]、陈刚[3]、王裕昌[4]、张小朋[5]等学者从概念、内涵、特点、发展脉络
等角度进行理论研究，对智慧博物馆建设进行顶层设计和方向引领。焦俊一[6]、
邵小龙[7]等从技术层面出发，探讨互联网、物联网、5G、射频识别、虚拟现实、
增强现实、云计算等新兴科技在智慧博物馆建设中的应用。智慧博物馆建设的基

---

[1] Schaffers H, Komninos N, Pallot M, et al: Smart Cities and the Future Internet: Towards Cooperation
Frameworks for Open Innovation，Future Internet，2011.

[2] 王春法：《关于智慧博物馆建设的若干思考》，《博物馆管理》2020 年第 3 期。

[3] 陈刚：《智慧博物馆——数字博物馆发展新趋势》，《中国博物馆》2013 年第 4 期。

[4] 王裕昌：《浅谈智慧博物馆发展新趋势》，《甘肃科技》2014 年第 16 期。

[5] 张小朋：《智慧博物馆核心系统初探》，《东南文化》2017 年第 1 期。

[6] 焦俊一、闵浩：《基于物联网技术的智慧博物馆综合管理系统》，《物联网技术》2014 年第 5 期。

[7] 邵小龙：《以互联网思维推进智慧博物馆建设》，《中国博物馆》2015 年第 3 期。

础是对藏品的智慧管理，是建立以藏品管理系统为核心的智慧管理，包括对库房内物理环境的动态即时感知，对库房生物环境的动态即时感知，还包括对人员进出、文物移动的动态即时感知，对文物囊匣柜架、文物本体的动态即时感知等。遗憾的是，目前国内智慧博物馆、智慧库房成型的基本没有。

五、藏品保管质量和水平亟待提高

博物馆藏品历经岁月沧桑，大多面临自身材质脆弱、自然老化等问题，有些还因人为因素的影响，存在不同程度腐蚀、损坏的状况，亟待加强保护和修复。第一次全国可移动文物普查显示，6400多万件／套可移动文物中，保存状态稳定且不需要修复的文物约占总量的59.97%，已修复的占1.09%。部分损腐需要修复的约为2322.3万件／套，占37.12%；腐蚀损毁严重急需修复的约为113.5万件／套，占1.81%。40%可移动文物需要修复。这种修复需求即便在珍贵文物中也较为普遍，不容乐观。上述四类完残程度的文物在珍贵文物中占比分别为66.40%、1.47%、29.20%和2.94%，即将近1/3（32.14%）的珍贵文物需要修复。

与急切和较为普遍的藏品修复需求相比，博物馆藏品修复复制规模却十分有限。文化和旅游部统计数据显示，2015—2019年全年博物馆修复文物总量分别为6.13万件／套、5.22万件／套、6.00万件／套、5.35万件／套和4.85万件／套。调查显示，在2017—2019年三年时间中，博物馆平均完成124.7件／套藏品修复。从类型看，修复数量最多的综合类博物馆为223.9件／套，其次为自然科学类123.3件／套；从定级水平看，修复数量最多的一级博物馆为345.7件／套，其次为二级博物馆12.2件／套；从门票类型看，免费博物馆稍高于收费博物馆，分别为124.3件／套和119.4件／套。三年内博物馆平均完成的藏品复制数量为17.4件／套。从类型看，复制数量最多的自然科学类博物馆为33.9件／套，其次为综合类博物馆8.6件／套；从定级水平看，复制数量最多的一级博物馆61.4件／套，其次为未定级博物馆8.8件／套；从门票类型看，收费博物馆明显高于免费博物馆，分别为29.0件／套和16.0件／套。以上均为三年均值，如果计算中国博物馆每年藏品的修复复制数量则更低。

在调研中也发现，各层级的博物馆都提出藏品修复需求十分迫切，但即便是迫切的修复需求仍难以得到及时有效的满足，而且这种情况越往基层越突出。很多省级大型博物馆都提出在文物修复方面有压力，"有些文物已经到了不修不行的地步了，但是，文物不能随随便便修，必须找有资质的机构修，能找的就是那几家，人家自己也有东西要修啊，不一定要排到什么时候，更不可能到馆里来修了"。如果是地市或县级的小型博物馆，这样的困难就更大了，有些小型博物馆甚至把修复难作为当前的首要困难提出来。

另外，博物馆库房环境建设应提高到更高的水平。有条件的博物馆应建设好库房恒温恒湿系统，建设好光线、污染气体、微生物、虫害等预防系统，对于消防安全也要特别重视。

第三节　藏品管理问题的原因分析及建议

一、博物馆藏品管理定级工作开展不及时，文物信息不完善

近年来，中国博物馆藏品定级工作并没有得到及时有效的开展。

一是因为定级工作耗时费力，博物馆积极性不高。藏品定级的专业性极强，需要以大量细致专业的研究工作为基础，并且组织过程十分耗时，仅数十件藏品就耗费半年时间定级的情况十分常见。在实践中，很多博物馆大力推动藏品定级工作的目的性极强，往往都是为了博物馆评估的需要。若不是由于博物馆定级需要有珍贵文物比率这个指标项，很多博物馆是不愿投入时间、精力进行藏品定级工作的。

二是定级工作的开展难度大。博物馆藏品定级的标准比较抽象，分类不细，实操性不强，难以有效地指导藏品定级工作。这也导致藏品定级对专家组评审能力水平的高度依赖。开展定级工作对评定专家组的组建要求较高，对包括鉴定经验、专业技术水平、专业领域等多方面都有限制，大多数博物馆不具备开展藏品

定级工作的条件，即使愿意推动藏品定级也无法完成。调研中，有一家颇有影响力的博物馆提出，该馆的二级、三级藏品定级都是向省级文物局申请的，文物局会根据申请情况适时开展。但是，对一级藏品的定级近两年都没有开展，虽然该馆有几件藏品想申报一级，但由于一级藏品评定对专家组要求较高，一直没有组织成功，所以这几件藏品迟迟无法定级。

三是藏品级别对于藏品管理、展览展示等工作的开展并未起到有效的指导作用。虽然藏品定级制度对藏品的分级保护管理以及挑选展品等工作具有十分重要的价值，但鉴于当今全国博物馆的藏品保管条件参差不齐，严格落实分级保管的难度较大。同时，珍贵文物特别是一级文物，在馆际藏品借展、出境展览等方面都有严格的限制规定，需要报审的环节也更复杂，在一定程度上对博物馆开展展览交流造成了影响和阻碍，增加了展览成本，甚至有些藏品资源丰富的博物馆受此影响，在一定程度上反而排斥博物馆藏品定级工作。

此外，博物馆珍贵文物藏品偏少并不仅仅是博物馆自身的问题，也和中国文物定级的整体情况紧密相关，而且特点完全相符。第一次全国可移动文物普查数据显示，中国一、二、三级文物和一般文物分别为 218911 件／套、551192 件／套、3086165 件／套和 24353746 件／套，分别占可移动文物实际数量的 0.34%、0.86%、4.82% 和 38.01%，即已参与定级的文物中，一般文物与珍贵文物数量比约为 6∶1。此外，全国仍有未定级文物 35863164 件，占比 55.97%。

二、藏品保护和修复能力建设需要加强

博物馆在藏品保护和修复方面之所以规模受限，根本在于博物馆自身的藏品保护和修复能力不强。调查显示，中国博物馆尚未普遍设立文物保护修复机构，目前已经专设修复机构的博物馆比例较低，仅有 23.3%，不足 1/4，仍有 76.7% 的博物馆没有专设文物保护修复机构。专设比例不高的问题不存在明显的区域性差异或性质差异，东部、中部、西部、东北地区博物馆的专设比例分别为 21.4%、26.0%、22.7%、26.1%，国有和非国有博物馆分别为 23.3% 和 22.0%。修复数量最多的综合类博物馆和一级博物馆的专设比例也最高，分别为 28.0%

和 56.5%；复制数量最多的自然科学类博物馆的专设比例竟然是各类型中最低的，仅为 16.7%，甚至低于历史类（18.8%）、艺术类（22.7%）和其他类（23.9%）博物馆。免费类博物馆稍高于收费类博物馆，分别为 23.3% 和 20.9%。

文物保护和修复技艺的传承困难也是当前博物馆修复能力提升受限的重要原因。为了更好地保护文物修复技艺，目前来自 7 个申报地区或单位的 9 项文物修复技艺被收录在国家级非物质文化遗产代表性项目名录中，共有非遗传承人 16 人。其中 6 人在中国非物质文化遗产网注明了出生日期，另有 4 人出生日期可查，这 10 人的平均年龄为 63 岁。值得一提的是，带出一个手艺精湛的徒弟至少需要 10 年的时间，而且高龄化的传承人所能教授的人数范围有限。国内目前开设文物保护修复专业的工艺美术类院校只有 17 所，招生也不紧俏，文物修复技艺传承主要依靠"师傅带徒弟"的传统方式，且必须经过长时间才能见成效。另外，行业标准缺失，培养机制不健全，都使得中国的文物修复工作面临技能危机。

三、专业人才队伍支撑不足是制约博物馆藏品管理水平提升的瓶颈

博物馆藏品管理专业性极强，对人才专业技术能力和综合素质依赖性很强，而缺乏人才是目前博物馆藏品管理能力水平提升的瓶颈，在藏品管理的各个环节上都显示出人才队伍的支撑不足。调查显示，40.3% 的博物馆认为缺乏专业人员是工作中面临的主要困难。一、二、三级与未定级博物馆反映专业人员缺乏的比例分别为 25.0%、33.8%、44.6% 和 47.4%。从类型上看，艺术类（43.1%）、综合类（41.9%）博物馆缺乏专业人员比例最高，高于其他类（37.7%）、自然科学类（33.3%）和艺术类（30.4%）。国有博物馆缺乏专业人才的比例明显高于非国有博物馆，分别为 41.8% 和 28.2%。

博物馆专业文保修复人才不足也较为突出，文物修复工作即将"断层"，后继者青黄不接。在 2015 年开展的文博系统首次关于全国文物修复人员的调研中，参与调查的 533 家文博单位中，92% 的单位认为文物修复人员配备不足。据调研

估算，全国文物保护修复人员缺口约为 26000 人[①]。文物修复是一项寂寞、艰辛的工作，它不仅需要具有多门学科的专业知识，更需要极大的耐心和毅力，同时要承担着巨大的责任。中国历史悠久，出土文物众多，文物修复师类别有钟表室、铜器组、摹画室、裱画室、木器室、漆器室六大部分，六大部分内又分为粘、画、贴三部分。种类多，要求严格，这也使得能够或愿意从事文物修复工作的人才稀缺。相关数据表明，2012 年中国仅有文物修复工作者 2000 多人，这几年人员数量并无多少增长。[②]

在藏品数字化工作中，人手不足和技术水平也是重要的制约因素。以故宫博物院为例，其资料信息部相关负责人表示，故宫博物院自 20 世纪 90 年代起开始数字化工作，至今仅有 10 人左右的摄影师队伍。院藏 186 万件 / 套文物，根据文物管理政策，每次提取文物需要两人配合，故宫自身人手相当有限，影响数字化工作的进度和效率。而其他大多数中小博物馆的藏品数字化人才队伍则远远比不上故宫，很多小型博物馆因为没有相关人才而放弃相关工作。

藏品保管部门是博物馆的主要业务部门，虽然人才队伍数量方面的问题不突出，但在结构方面的问题也值得关注。调查显示，中国 98.1% 的博物馆都有藏品保管人员，每馆平均有 4.9 名藏品保管人员，70% 的博物馆藏品保管人员在 4 名及以下。综合类博物馆藏品保管人员最多，馆均拥有 6.3 名；最少的是艺术类博物馆，平均为 2.8 名。博物馆高学历的藏品保管人员较少，仅 9.6% 的博物馆有具备博士学位的藏品保管人员，51.0% 的博物馆有具备硕士学位的藏品保管人员。业以才兴，面对人才瓶颈，博物馆领导只能慨叹："没有高素质的人才队伍，何谈博物馆的高质量发展 ?"

四、资金不足、配置不合理是重要制约因素

资金投入对博物馆工作的影响程度足以从中国博物馆免费开放政策实施前后

[①]　澎湃新闻：《故宫文物修复师走红，但这个行业比想象的缺人》，2019 年 7 月 18 日，见 https://www.thepaper.cn/newsDetail_forward_3948110。

[②]　张英：《勿让文物修复者后继乏人》，《三湘都市报》2019 年 2 月 14 日。

博物馆事业发展的明显差异看出来。藏品管理工作的各个环节对资金投入的依赖程度较高。比如藏品保管中的库房建设，要满足不同类型藏品对温度、湿度、光线、污染气体、微生物、虫害等的严苛要求，特别是开展数字化、智能化建设，无一不是以资金保障为前提和基础的。事实上，隶属不同行政层级的博物馆的藏品保管条件差异主要与博物馆经费水平相关。根据文化和旅游部的统计数据，2019 年隶属中央、省（区、市）、地（市）、县（市、区）的博物馆年收入分别为 19.7 亿元、78.0 亿元、104.0 亿元和 135.9 亿元，馆均年收入则分别为 65734.2 万元、5198.7 万元、925.3 万元和 352.6 万元（表 8）。尽管按不同隶属关系区分的博物馆年收入总量呈现出越往基层总量越高的特点，但这只是表面现象，实际上越往基层博物馆数量越多，使得基层博物馆馆均年收入被摊薄，即越往基层博物馆馆均年收入越低。

表 8　2019 年中国不同隶属关系博物馆年收入情况

按隶属关系分	博物馆数（个）	年收入（千元）	馆均年收入（千元）
中央	3	1972028	657342.7
省（区、市）	150	7798104	51987.4
地（市）	1124	10399930	9252.6
县（市、区）	3855	13593358	3526.2

尽管经费额度各地差异明显，但博物馆对自身资金缺乏问题的认同度却非常高，既不存在地区间差异，也不存在类型差异。从区域看，东、中、西部和东北地区均以资金缺乏为首要问题，占比分别为 80.4%、91.0%、87.5% 和 78.3%；从类型看，综合类、自然科学类、历史类、艺术类和其他类面临资金困难的分别为 88.5%、81.0%、83.5%、95.7% 和 76.8%；从门票类型看，免费和收费博物馆分别为 86.6% 和 75.6%。随着文物市场在中国的建立和不断繁荣，博物馆通过购买以及接受捐赠的方式获得藏品的难度越来越大。一些重要的文物在拍卖会上的价格动辄上亿元，远远超出了一般博物馆的购买能力。可见，尽管资金困难程

度有所差异，但资金困难是各地各类博物馆面临的首要问题。

针对以上原因，为进一步使藏品得到充分保护与利用，发挥藏品在博物馆展览、研究中的支撑作用，建议着重从以下方面改进提升。

一是进一步加强藏品的集中与分散管理方面的顶层设计，发挥不同层级藏品应有的作用。中国目前的博物馆采取属地管理的模式，博物馆藏品地区分布不均衡，藏品集中与分散管理的现状与各地的经济文化水平有很大关系。在国家财政还不够富裕的情况下，发挥各地的积极性对藏品进行属地管理是有优势的，但属地管理不是万能的，同时会带来藏品的碎片化管理，不利于藏品的社会作用的发挥，有时也不利于藏品的安全保管。应当在藏品的集中与分散管理方面适当平衡，既解决质量高的文物往上集中的问题，也解决不适宜地方保存和展示的问题，反映国家和中华文明层面的文物适当向上集中的问题，特别是对于没有明显属地管理属性的中央级博物馆，应有专门的政策和措施来保障藏品的来源。

二是进一步加强藏品安全防范研究，加强平战结合藏品管理的顶层设计。博物馆藏品安全是第一位的。藏品安全包括馆舍安全、展览安全、藏品安全、设备安全等不同层面。要用系统和整体的观念来加强藏品的安全防范工作。首先，各地博物馆应加装安防、消防的设备设施，确保应有尽有；其次，设置专业的藏品保管机构，配备专业的藏品保管人员，确保应有尽有；最后，在藏品的运输、展示等方面有良好的安全保障措施。另外，面对流行病感染、国际社会还不安宁、战乱频仍等情况，还要进一步加强藏品和平与战时管理的研究与设计，借鉴国际上疫情防控，遭受战乱的博物馆藏品受损害等情况，对于一旦出现疫情感染、战争风险等，对如何实现库房的消杀，博物馆藏品如何及时迅速转移，都要有紧急的预案和处置手段，优先保证国家一级藏品等珍贵藏品有可靠的防爆防核等战备措施。

三是进一步加大文物保护专项经费投入，加强标准库房和智慧库房建设，改善藏品保管的环境，提升藏品保管的水平。藏品保护的基础之一是标准库房建设，应加大文物保护专项投入，使博物馆藏品库房环境符合国家标准，藏品柜架和囊匣符合文物保存标准，藏品提用符合相关规定。在标准库房建设基础上，探索建设智慧库房，使博物馆藏品管理的手段智慧化，利用人工智能等技术，以"智慧保护、智慧管理、智慧服务"为原则，以"透彻感知、泛在互联、智慧融合、自主学习、迭代提升"为技术路线展开智慧库房建设，使博物馆藏品管理更加现代化、智能化，并通过科学技术手段，实现对藏品管理从传统的人工管理向技术管理的转变，实现对传统藏品管理模式的迭代更新。

四是进一步夯实藏品管理基础，持续开展藏品定级整理和数字化采集工作，加大藏品文物修复的力度，夯实藏品保护利用的基础。各地博物馆对藏品本身的认识有较大的差异性，藏品定级整理的工作没有普遍开展起来，藏品的基础信息、档案信息没有完全建立起来，这使得藏品信息不准确、不完善，导致难以利用的情况，因此，许多博物馆都存在着迫切需要开展藏品定级的情况。应把藏品定级作为一项基础性工作尽早开展起来，逐步完善藏品信息。藏品的数字化工作是一项基础工作，各地都在进行，但仍然存在着数字化水平差异很大的情况，需要逐步投入经费加以解决。藏品的修复工作是一个持续不断的科学研究过程，不仅需要长期的经费与人员投入，还需要技术的传承与不断创新。藏品修复作为一项长期的基础建设应引起足够重视。

五是进一步加强藏品科学研究，深入整理发掘文物背后的故事，形成新的文物活化点，发挥文物的宣传教育作用。文物"活"起来的方式很多，基础是对藏品加强科学研究。藏品的科学研究是综合性的，不同门类的藏品涉及不同学科，同一件藏品的不同方面也需要不同学科的参与。需要多学科共同参与，深入挖掘藏品背后的故事，使藏品充分发挥在展览展示、宣传教育等方面的重要作用。要对藏品进行分类整理工作，按照不同时期、不同类型、不同内容进行差异化的整理工作，提炼出可供研究或展览的整理主题。把一些优秀的藏品整理工作课题化或项目化。

六是进一步培养文物研究和修复专家，壮大藏品保护的专家人才队伍。藏品的安保、修复、保管、研究等工作都需要一大批具有专业知识的人来推进。藏品整理和藏品活化项目的实施不仅仅是为了提升藏品管理的水平和质量，保障藏品的安全，也是为了出成果、出人才，特别是培养一批在文博领域具有一定影响力的文物修复师、文物鉴定师、文物研究专家等，使文博事业具有可持续发展的人才基础。要通过藏品修复、藏品定级、藏品整理等专项工作，来带动一批专家学者成长起来，让他们在实践中得到理论的升华、技能的进步和专业的增长，成为学有专长的能手。

分报告三　学术研究基础总体薄弱，
特色建设任重道远

　　学术研究在博物馆各项工作中具有基础性和战略性地位。加强博物馆学术研究，是提高博物馆业务质量、增强博物馆社会服务功能、提升博物馆综合实力、推动博物馆高质量发展、促进中国博物馆与国际博物馆接轨的重要途径。进入新时代以来，中国博物馆在场馆建设、文物保护、藏品研究、陈列展览、开放服务、教育传播、国际交流等方面的学术研究不断取得新进展。2021年5月，中宣部等九部门联合印发《关于推进博物馆改革发展的指导意见》，提出"到2035年，中国特色博物馆制度更加成熟定型，博物馆社会功能更加完善，基本建成世界博物馆强国"。同年11月，国务院办公厅印发《"十四五"文物保护和科技创新规划》，要求"重点培育10—15家代表中国特色、引领行业发展的世界一流博物馆"。但也要看到，博物馆发展不平衡不充分与人民美好生活需要之间的矛盾仍很突出，在发展定位、体系布局、功能发挥、体制机制等方面学术研究的质量尚待提升。本报告以调查数据为基础，结合统计数据和相关研究，对全国博物馆学术研究发展现状、存在问题及其原因进行深入分析，并就如何加强高水平学术研究、推进博物馆事业高质量发展进行了积极思考。

第一节　新时代中国博物馆学术研究不断取得新进展

　　进入新时代，中国博物馆事业迎来新的发展高潮，无论是博物馆的增长数量，还是建设规模，都是前所未有的。据统计，截至2022年底，全国博物馆总数已经达到 6565 家。问卷调查发现，目前中国博物馆的学术研究呈现总体向好态势，具体表现在：学术研究领域拓展，学术成果类型多样，科研项目数量丰富，交流平台初具规模，学术研究与管理机构作用初现，学术人才数量逐年递增等。

一、研究领域不断拓展，主业突出

中国博物馆研究领域宽广，既有馆藏文物研究，也有展览、文保等研究；既有人文社会科学研究，也有自然科学和工程技术研究；既有基础性研究，也有应用型研究。其中最主要的是馆藏文物研究和博物馆学研究。广义的文物研究除包括对藏品本身的研究外，也涵盖考古、历史、文物保护等方面的研究，博物馆学研究则包括博物馆学基本理论、博物馆基本工作、博物馆事业、博物馆法规等。调查数据显示，在全国自行组织开展科研课题的 223 家博物馆中，56 家有针对馆藏文物研究的课题，超过总数的 25%。博物馆的学术研究是以文物为中心的研究，这是博物馆学术研究的资源优势，也是与高校学术研究最大的区别。

在知网"文博行业知识资源库"中检索"博物馆研究"和"文物研究"，从2017 年至 2022 年，通过对数据进行分析，以"博物馆研究"为主题的文献发表量总体呈平稳态势，每年维持在 2 万篇左右；而以"文物研究"为主题的文献数量在 2017 年较少，自 2018 年开始呈上升趋势，之后趋于平稳。（图 77、图 78）

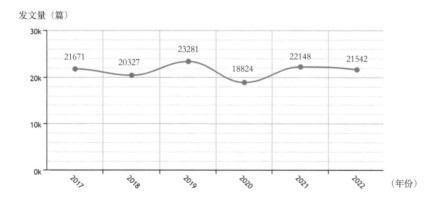

图 77　2017—2022 年以"博物馆研究"为主题的文献发表年度趋势

发文量（篇）

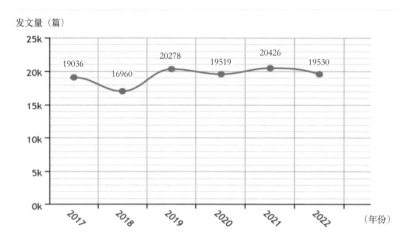

图 78   2017—2022 年以"文物研究"为主题的文献发表年度趋势

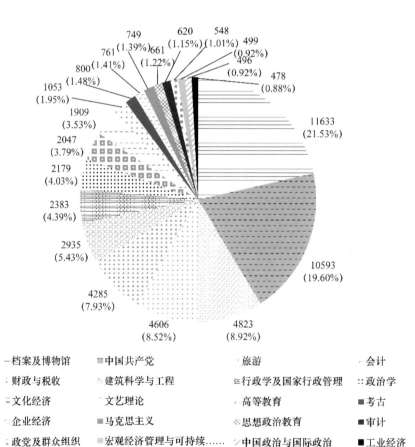

图 79   2017—2022 年博物馆研究领域文献学科分布

同时，按发表文章的学科划分，2017—2022 年博物馆学术研究涉及学科分布情况如图 79 所示。

关于博物馆学术研究所涉及的研究领域，以中国国家博物馆为例，2021 年中国国家博物馆研究人员在各级各类期刊发表论文 300 多篇，涉及领域包括博物馆学、书画研究、考古研究、文物保护研究、古代史、青铜器研究、墓志碑帖研究、近现代史、展览设计、近现代文物研究、舆服研究、艺术学、文献研究、玉石器研究、陶瓷器研究、宗教学研究、佛造像研究、钱币研究等，基本反映了博物馆学术研究涉及领域的现状（图 80）。

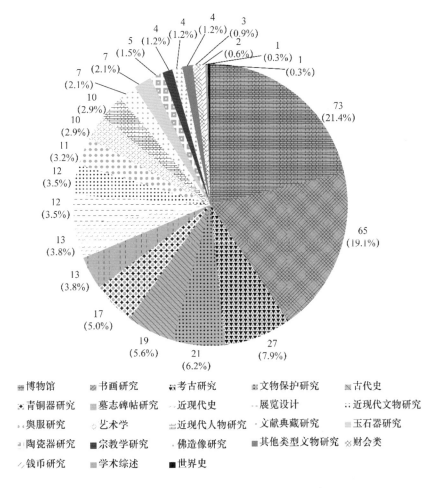

图 80　2021 年中国国家博物馆发表的论文涉及领域分布

同时检索近五年与博物馆研究和文物研究相关的文献，发现在来源数据库分布上有比较明显的特征，即数据库分布类别广泛、发表平台类型较为集中。来源数据库分布类别涉及期刊、报纸、硕博士论文、国内外会议、法律法规、专利、标准等。大部分文献发表于学术期刊，占总文献发表量的 61%，可见期刊发表依然是博物馆学术研究成果的主要输出方式（图 81）。

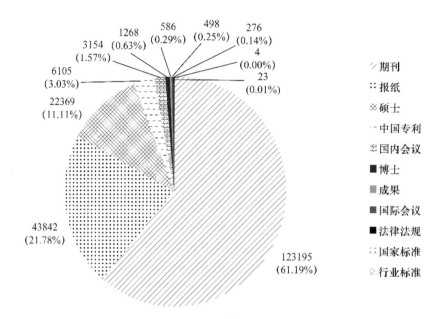

图 81　2017—2022 年博物馆、文物研究领域文献来源数据库分布

从研究层次上来看，中国博物馆学术研究折射出类别丰富广泛、水平参差不齐的特点。2017—2022 年以博物馆和文物研究为主题的文献，所属性质涵盖基础研究、行业指导、政策研究、应用基础研究、文艺作品、大众文化、职业指导、高等教育、大众科普、专业实用技术、党的建设、标准与质量控制等。其中，大部分文献是基础研究和行业指导性文章，占文献总发布数量的 72%（图 82）。

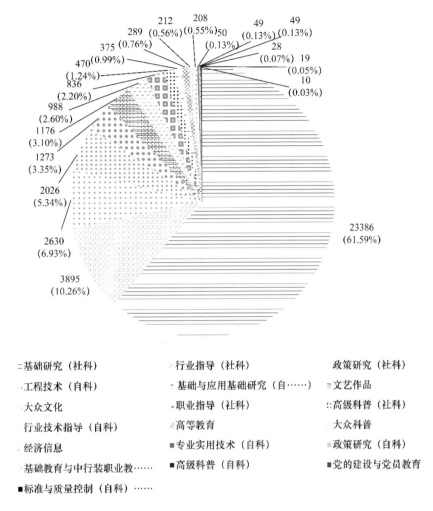

图82 2017—2022年博物馆、文物研究领域文献研究层次分布

二、学术成果类型多样，数量丰富

博物馆的学术研究工作具有多层次性。根据博物馆学家苏东海的观点，博物馆学术研究可分为学术性研究、普及性研究和服务性研究。研究成果有的以学术报告、论文、专著的形式向社会传播；有的转换为各种文创产品，进一步拉近博物馆与普通大众的距离；有的则直接应用于博物馆业务工作实践中，如藏品保管中的鉴定、鉴选、分类、编目、保存，陈列工作中的陈列体系的建立、陈列主题思想的构思、陈列布局的规划、陈列艺术形式的设计、陈列品的组合，各种讲解词的创作、对观众的研究以及运维保障工作中新方式方法的探索等。

在《博物馆定级评估标准（2019年12月）》中，将学术研究成果作为博物馆评估的重要指标，要求一级博物馆"定期出版高质量的学术刊物；馆内人员经常在核心期刊发表专业论文、出版学术专著"。从历年《中国文化文物统计年鉴》和《中国文化文物和旅游统计年鉴》来看，当年各博物馆完成的主要科研成果指标分别是：省部级及以上科研课题、专利、专著或图录、论文（图83）。

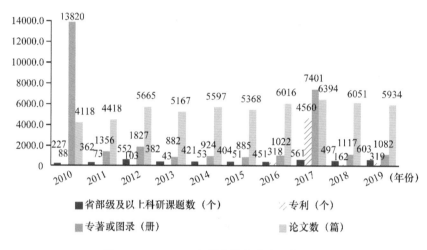

图83　2010—2019年博物馆完成科研成果总量

从课题组统计数据来看，全国各区域博物馆的论文发表篇数较多且相对比较平衡，平均数为10—17篇；各类别博物馆科研人员发表的论文篇数中，除艺术类博物馆平均为8篇外，其余各类博物馆均超过10篇；博物馆级别与发表论文的篇数呈正相关，一、二、三级博物馆发表的论文平均篇数分别为34.7篇、12.3篇和4.3篇。此外，发表核心期刊论文的数量、出版的学术专著数量、展览图录数量、科普读物数量等与博物馆的关系也与上述情况类似。在图书出版方面，展览图录与学术专著是国内博物馆主要聚焦的两大类型。在参与统计的近300家博物馆中，展览图录和学术专著的出版数量分别占总出版图书数量的83%和80%，紧接着是占比68%的音像制品和占比48%的普及读物。

由于博物馆学术研究具有涉及面广、综合性强、应用指向明确等特点，博物馆的学术研究成果转化形式多样，可直接服务于博物馆的主责主业，为社会公众提供高质量的文化服务产品。展览、文物保护修复品、文物复（仿）制品、技术方案、数据库、标本库、文创产品、文化传播等，都是博物馆学术研究成果转化的有效形式。其中，展览是博物馆最重要的服务产品，策展能力是博物馆学术研究能力最核心、最直观的体现。从展览选题的设计论证、资料的收集与整理、展品的遴选与组织、展纲的撰写与修改、展厅的设计与表现，直至最终展览的呈现，都需要进行大量的基础性学术研究工作，才能做到科学合理、规范有序、灵活生动，同时富有教育意义。文物保护修复和复制仿制，是在对文物形制、纹饰、材质、制作工艺进行充分研究的基础上，利用现代先进科学技术手段，对文物进行保护和利用的有效形式。数据库、标本库都是博物馆基于自身藏品多维度数据或考古发掘所得之样品标本，通过分析管理建设而成的全面丰富的数据和标本集合，可作为展示、研究、教育的有效材料。文创产品是博物馆基于馆藏文物的基本价值和衍生价值，通过知识产权的开发和运用，借助现代科技手段进行聚焦、演绎和创造而产出的，受到公众普遍欢迎的文化产品。文化传播则是博物馆根据展览、活动等进行的讲解展示、音视频制作推广、互动应用传播、教育实践活动等，这也是博物馆通过传播实现教育功能的有效方式。

三、科研课题制逐步完善

科研课题制已经成为当下国内博物馆学术研究的通行组织形式。特别是随着课题立项范围的拓展和研究内容的不断丰富，课题研究已经基本涵盖了博物馆业务的方方面面，为博物馆事业的全方位发展奠定了基础；课题资助不仅成为当下博物馆吸引人才、培养人才的重要方式，同时成为与国内其他科研院所乃至国际科研机构交流合作的重要途径。课题资助渠道不断拓宽，类型多样，不仅设置有国家级和省部级的常规性科研课题，也有各科研单位面向社会和其他合作单位的开放性课题。

以国家社会科学基金为例，作为与博物馆研究内容密切相关的社会科学领域的国家级课题，自 1992 年设立以来，博物馆研究人员在 30 年间共获批立项近100 个项目。尤其是 2017 年以来，博物馆研究人员的立项数量显著增多，立项数量从每年四至五项，增长到十余项，充分说明博物馆在近五年间的科研水平显著提高，研究选题与质量均有较大突破。就覆盖学科来看，博物馆立项的国家社科基金项目主要为考古学、中国历史这两个与博物馆藏品研究密切相关的基础学科。另外，还涉及民族学与民族问题研究、中国文学、宗教学、语言学、哲学、理论经济等相关学科。由此可见，考古学与中国历史等博物馆传统核心研究领域在研究深度和成果质量方面有继续提高的空间，是提升博物馆学术研究的优势学科。

与此同时，省部级科研课题强调博物馆学术成果转化和社会价值呈现，不断增加与博物馆业务相关的资助类型，尤其强调博物馆应用实践方面的研究，有力地支持了博物馆各项研究的开展，成为国家级课题外的重要补充。例如，文化和旅游部多年来持续支持科技创新方面的研究项目，为智慧博物馆建设、博物馆社会服务等博物馆新兴研究领域提供了有力支持。国家文物局在已有的重点科研基地的基础上不断优化管理模式，鼓励基地自主探索合作科研方式，以项目促科研，形成了考古、保护、科研于一体的全面立体研究链条。

各大博物馆尤其是国家级博物馆在近些年以科研课题为抓手，不断探索与其他单位和科研人员的交流合作机制。例如，故宫博物院持续向外单位开放申报院级科研课题，2021 年开放课题立项了 37 家单位的 41 个项目。同年，中国国家博物馆馆级科研项目也开始面向战略合作单位、访问学者开放申报，共收到了来自 12 家战略合作单位研究人员的积极响应。实践表明，科研课题制已经成为带动博物馆科研的重要形式，各层级的科研项目相互补充，全面覆盖到博物馆涉及的各个学科领域。科研课题也成为提升博物馆学术研究质量、培养文博领域人才、促进文博单位合作交流的有效手段。

四、学术交流平台渐成体系

高水平学术交流平台是促进学术研究的重要途径之一。博物馆在学术交流平台建设方面起步较晚，目前主要由学术刊物、学术会议和出版机构组成。调研数据表明，2019 年文博行业有相关核心学术期刊 343 种、全国博物馆举办学术活动

2000 余场、拥有独立出版机构 1 个。这些平台相互呼应、相互助力，为新时代博物馆提升学术研究水平、讲好中国故事、传播好中国声音提供更多机会和舞台。

（一）学术期刊明显增加

学术期刊是博物馆学术研究成果传播交流的重要平台。在中国知网文博行业知识资源库的期刊库总共收录了约 1428 条和文博行业相关的期刊记录，其中核心期刊 343 条。总目录下分为：博物馆与文化遗产、考古与文物、历史与文化、民族与民俗、哲学与宗教、文学与艺术、建筑与科技、政治与政党、经济与管理、档案与情报、心理与教育、地理与生物、休闲与科普、语言与文字、新闻与出版等具体栏目。其中"博物馆与文化遗产"和"考古与文物"栏目是跟博物馆学术活动直接相关的。

在"博物馆与文化遗产"栏目中，总共有 29 条期刊记录，其中核心期刊有 4 条记录（表 9）。

表 9　博物馆与文化遗产类文博期刊

序号	期刊名称	是否核心期刊	主办单位	复合影响因子	综合影响因子
1	故宫博物院院刊	是	故宫博物院	0.669	0.317
2	中国国家博物馆馆刊	是	中国国家博物馆	0.451	0.268
3	博物馆管理		中国国家博物馆		
4	中国博物馆	是	中国博物馆协会	0.823	0.411
5	文博	是	陕西省文物局	0.324	0.173
6	紫禁城		故宫博物院		
7	中国美术馆		中国美术出版总社		
8	博物馆研究		吉林省博物馆学会、吉林省考古学会		
9	中华遗产		中华书局		

续表

序号	期刊名称	是否核心期刊	主办单位	复合影响因子	综合影响因子
10	上海文博论丛		上海博物馆		
11	国际博物馆（中文版）		译林出版社		
12	上海博物馆集刊		上海博物馆		
13	福建文博		福建省考古博物馆学会、福建博物院	0.063	0.014
14	科学教育与博物馆		上海科技馆		
15	湖南省博物馆馆刊		湖南省博物馆		
16	孔庙国子监论丛		中国社会科学出版社		
17	辽宁省博物馆馆刊		辽宁省博物馆		
18	陕西历史博物馆论丛		陕西省历史博物馆		
19	沈阳故宫学刊		沈阳故宫博物院		
20	首都博物馆论丛		首都博物馆		
21	中国博物馆文化产业研究		中国博物馆协会文创产品专业委员会		
22	中国纪念馆研究		中国人民抗日战争纪念馆、中国博物馆协会纪念馆专业委员会		
23	博物院		中国科技出版传媒股份有限公司	0.528	0.226
24	秦始皇帝陵博物院		秦始皇帝陵博物院		
25	人类文化遗产保护		西安交通大学文化遗产现代科技保护研究院		
26	自然博物		浙江自然博物馆		
27	自然科学博物馆研究		中国自然科学博物馆协会、科学普及出版社、中国科学技术馆	0.438	0.083

续表

序号	期刊名称	是否核心期刊	主办单位	复合影响因子	综合影响因子
28	安徽文博		安徽博物院、安徽省博物馆协会		
29	博物馆发展论丛		博物馆发展论坛组委会		

在"考古与文物"栏目中，总共有 86 条期刊记录，其中核心期刊有 17 条记录（表 10）。

表 10　考古与文物类文博核心期刊

序号	期刊名称	是否核心期刊	主办单位	复合影响因子	综合影响因子
1	文物	是	文物出版社	1.168	0.582
2	考古学报	是	中国社会科学院考古研究所	2.238	1.024
3	考古	是	中国社会科学院考古研究所	1.815	0.937
4	人类学学报	是	中国科学院古脊椎动物与古人类研究所	0.98	0.618
5	江汉考古	是	湖北省文物考古研究所	0.802	0.356
6	中国陶瓷	是	中国轻工业陶瓷研究所	0.48	0.33
7	中原文物	是	河南博物院	0.732	0.333
8	华夏考古	是	河南省文物考古研究所、河南省文物考古学会	0.782	0.367
9	北方文物	是	北方文物杂志社	0.369	0.188
10	农业考古	是	江西省社会科学院	0.344	0.234
11	东南文化	是	南京博物院	1.037	0.534
12	四川文物	是	四川省文物局	0.793	0.459
13	考古与文物	是	陕西省考古研究所	0.909	0.457

续表

序号	期刊名称	是否核心期刊	主办单位	复合影响因子	综合影响因子
14	文物保护与考古科学	是	上海博物馆	0.851	0.613
15	敦煌研究	是	敦煌研究院	0.678	0.481
16	南方文物	是	江西省文物考古研究所	0.385	0.264
17	敦煌学辑刊	是	兰州大学	0.75	0.139

　　2020 年北大中文核心期刊和 2021—2022 年 CSSCI 期刊关于博物馆学术研究的刊物对比见表 11。

表 11　北大中文核心期刊（2020 年）和 CSSCI 期刊（2021—2022 年）

领域	北大中文核心期刊（2020 年）	CSSCI 期刊（2021—2022 年）
博物馆学、博物馆事业	中国博物馆	
文物考古（含博物馆事业）	北方文物	故宫博物院院刊
	东南文化	江汉考古
	敦煌学辑刊	考古
	敦煌研究	考古学报
	故宫博物院院刊	考古与文物
	华夏考古	人类学学报（新增）
	江汉考古	文物
	考古	
	考古学报	
	考古与文物	
	南方文物	

续表

领域	北大中文核心期刊（2020 年）	CSSCI 期刊（2021—2022 年）
文物考古 （含博物馆事业）	四川文物	
	文博	
	文物	
	文物保护与考古科学	
	中国国家博物馆馆刊	
	中原文物	

通过对比表 9、表 10 和表 11，发现知网"文博行业知识资源库"期刊库收录的关于博物馆及相关文博行业的核心期刊一直有细微调整和变化。总体来看，与博物馆相关的刊物主要包括文物考古类刊物、收藏鉴赏类刊物和博物馆类刊物，而文物考古类刊物中的核心期刊数量是最多的。

据统计，全国博物馆主办的学术期刊有 134 种，其中核心期刊 21 种，在期刊这一重要的学术平台利用和建设方面初见成效。以中国国家博物馆为例，2019年《中国国家博物馆馆刊》栏目改版后，12 期共刊发论文 158 篇。其中特稿 2 篇，专题 5 个共 15 篇，考古研究 31 篇，墓志碑帖研究 11 篇，舆服研究 2 篇，青铜器研究 12 篇，陶瓷器研究 2 篇，玉石器研究 2 篇，金银器研究 2 篇，书画研究30 篇，文献典藏研究 4 篇，近现代文物研究 7 篇，近现代人物研究 9 篇，馆藏文物研究 9 篇，文物保护研究 5 篇，博物馆研究 15 篇。持续刊登考古研究、古代史研究、近现代史研究、历史研究、文物研究、博物馆研究等方面高质量论文，为展示中国文博领域最新研究成果、促进馆内外学术交流、引领博物馆学术发展发挥了重要作用。2019 年底，为适应新时代博物馆发展趋势、充分发挥行业头雁作用，中国国家博物馆创办《博物馆管理》。截至 2020 年 3 月已刊印两期，共刊发论文 22 篇，其中特约稿 8 篇、博物馆发展趋势 4 篇、展览管理 4 篇、观众管理 4 篇、会议综述 1 篇、藏品管理 1 篇。《博物馆管理》注重对博物馆全业务领域的实践研究和理论探索，为博物馆业务实践与博物馆学的发展提供了优质的交流平台和强有力的学术支撑。

（二）学术交流主题多样

学术活动是学术交流平台的重要组成部分。目前，博物馆举办的学术活动包括讲座和会议两类，又以讲座居多。调研数据显示，2019 年 64.7% 的博物馆举办了学术活动，平均举办 9.1 场，其中学术会议 3.1 场，学术讲座 6.3 场，2/3 的学术活动以单向知识输出方式开展。这些学术活动根据研究和业务需求的不同，逐渐发展出具有行业特色的学术活动品牌，如中国国家博物馆的"中国梦研究论坛""中国古代青铜器研究论坛""中国古代服饰研究论坛""智慧博物馆建设论坛""国博讲堂"，故宫博物院的故宫学学术年会、宫廷戏曲研究学术论坛、故宫研究院学术讲坛，上海博物馆的青铜器研究论坛，陕西历史博物院的壁画论坛，等等。

学术会议占比较低，不过会议主题几乎涵盖了博物馆业务的各个领域，涉及博物馆学、考古学、历史学、教育学、新闻传播学、心理学、管理学、信息技术等多个学科，既探讨博物馆定义、功能、管理等理论问题，也关注与藏品研究、保管及保护、展览策划、观众服务等核心业务相关的重要实践问题，充分反映了博物馆行业兼容并包的特点。其中交叉学科学术研讨占据一定比例，如中国国家博物馆举办的第五届艺术与科学国际作品展暨学术研讨会——"AS-Helix：人工智能时代的艺术与科学融合"、首都博物馆举办的"当代博物馆建设及展览诠释"国际研讨会、故宫博物院举办的"文化＋科技"国际论坛、上海博物馆举办的"2021 年全球视野下缂织艺术与技术研究"国际学术研讨会等。

同时，在国际关系紧张的局势下，博物馆积极从文化领域探索国际交流合作契机，搭建对外学术交流平台。以响应国家共建"一带一路"为例，中国国家博物馆牵头成立"丝绸之路博物馆联盟"，举办全球博物馆馆长论坛——"丝绸之路国家博物馆的功能与使命"、中德博物馆合作论坛——"博物馆交流的潜力与多样性"、与兰州大学共同主办"'一带一路'：历史艺术女性文化"等专题学术论坛，为"一带一路"沿线国家博物馆间的交流合作提供有力智库支撑；故宫博物院与希腊研究与技术基金会电子结构和激光研究所（IESL-FORTH）共建"中国—希腊文物保护技术'一带一路'联合实验室"，并举办学术研讨会；中国自然科学博物馆学会举办"2021'一带一路'科普场馆发展国际研讨会（BRISMIS 2021）暨2021世界公众科学素质促进大会专题论坛"，探讨全球疫情背景下"一带一路"科普场馆如何发挥自身独特优势，共同实现高质量复苏；上海中国航海博物馆举办"丝路连通的中国与世界"学术研讨会暨中国航海博物馆第十届学术研讨会，就重释"中国与世界的古今丝路关系"进行跨学科探讨；敦煌研究院与普利兹克艺术合作基金会联合举办"6—9世纪丝绸之路上的文化交流"国际学术研讨会等。

另外，学术团体也是博物馆学术交流平台建设的主要推动力量。中国博物馆协会、中国自然科学博物馆学会、各地方博物馆学会等社团性质的学术组织在团结文博工作者、开展学术交流与研究、增加相互联系与了解、普及文博知识、培养文博人才、提高博物馆工作水平、编辑出版文博书籍和科学著作、发表学术论文、完善博物馆学科建设等方面发挥了重要作用，如中国博物馆协会持续举办"中国博物馆及相关产品与技术博览会""国际博物馆青年论坛""5·18国际博物馆日青年论坛"等专题学术论坛，为推进中国博物馆的学术交流平台建设、学术人才培养等奠定了坚实基础。

（二）学术出版影响力持续提升

调查结果显示，返回问卷的博物馆中，267家在2019年有出版项目，占总数的近70%，平均出版图书超过24种。图书类别包括学术专著、展览图录、科普读物等，其中展览图录的数量占绝大多数。博物馆利用图书出版这一有效途径将自身学术研究成果向社会公众广泛传播，提升学术影响力，同时获得社会效益和经济效益。对故宫博物院、中国国家博物馆及8家中央地方共建重点国家级博物馆2019—2021年的出版物研究可以看出，大多数博物馆进行图书出版时选择的出版社范围均相对固定，主要包括如文物出版社、科学出版社、社会科学出版社等文博行业的知名出版社和所在地区实力雄厚的出版社（图84）。

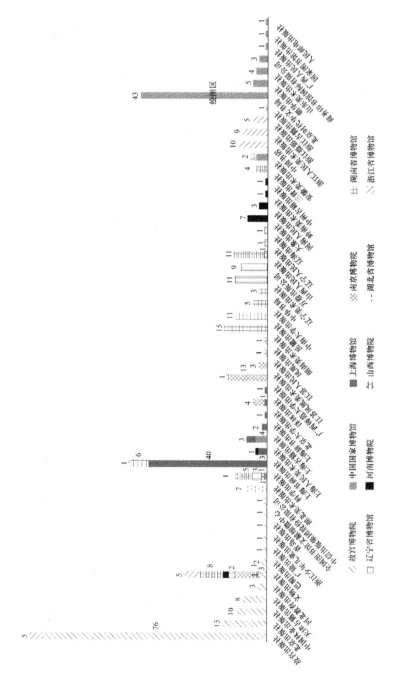

图 84　2019—2021 年 10 家博物馆选择出版社情况

五、专职科研管理与研究机构明显增多

博物馆学术研究机构是从事专职研究的学术部门，负责为博物馆各类业务的开展提供学术支撑，而科研管理机构是为博物馆的学术研究进行顶层设计、统筹管理、资源分配、宣传推广的综合管理部门，是引领博物馆学术研究方向、优化资源配置、搭建交流平台、保障科研条件的重要组织机构。二者优势互补、协同发展，是提高博物馆学术水平的有力抓手。

目前中国各级各类博物馆逐渐开始重视学术研究和科研管理机构对推动博物馆事业发展的重要作用，但尚未全面将之作为博物馆的必要组成部分。调查数据显示，2019 年被调研博物馆中设置学术研究机构的比例为 37.6%，设置科研管理部门的比例为 33.8%，将近 1/3 的博物馆未设置相关机构。历史类、艺术类博物馆中两类机构的设置比例略高于其他类别博物馆，自然科学类博物馆设置比例最低（图 85）。不同级别博物馆在两类机构的设置比例上差异较大，博物馆级别与两类机构的设置比例呈正相关。在《博物馆定级评估标准》中，"学术机构健全"是博物馆等级评定要求之一，但没有明确规定需要设置科研管理机构。调研数据显示，不同级别博物馆学术研究和科研管理机构的设置比例分别为：一级博物馆为 69.4% 和 75.8%，二级博物馆为 50% 和 45.9%，三级博物馆为 36.7% 和 25%，

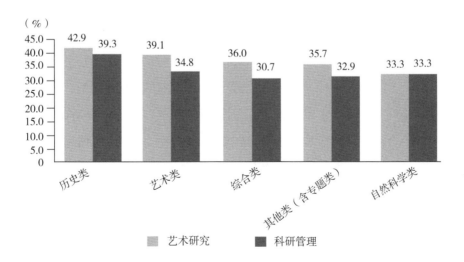

图 85　不同类别博物馆学术研究机构与科研管理机构设置比例对比

未定级博物馆为 22.4% 和 18.6%。

从当前国内各博物馆的情况来看，学术研究水平领先的博物馆大多设有组织健全、特色鲜明的专职科研管理与学术研究机构。中国国家博物馆作为行业头雁，经过 2018 年的格局重塑、流程再造和组织重构后，进一步加强顶层设计，成立了以科研管理处和四大院（文保院、研究院、考古院、书画院）为主的学术机构，研究院按照馆藏文物的类别设立多个研究所，每个研究所以少数专职研究人员为中心，聘请馆内兼职专家、馆外特聘专家组成柔性科研机构，形成"小中心、大外围"、能够彰显国家博物馆头雁作用的学术研究平台，着眼建成国内领先、世界一流的大型博物馆，引导研究人员深入钻研馆藏文物，努力为藏品征集、保管、展览、社教、文创等提供智力支持和学术支撑。故宫博物院的学术机构主要由科研处、书画部、器物部、宫廷历史部、文保科技部与故宫研究院（非建制机构）等组成，其中故宫研究院于 2020 年底初步形成"一室、一站、二十四所、三个研究中心"的基本架构，引领故宫学术发展，制定科研规划，考评学术成果，整合了故宫博物院已有的学术研究力量，使原本分散的、专业方向单一的研究机构集合起来，形成合力，有利于学术研究体系的合理规划、研究力量的加强、不同专业之间的沟通及高水平研究成果的产出。敦煌研究院设置了科研管理处、保护研究部、人文研究部和艺术研究部，在科研规划，各级各类科研课题申报与实施，科研项目及成果的评估、鉴定、奖励，国内外学术交流与合作，知识产权管理制度制定及实施等方面发挥重要作用。

目前全国博物馆对科研管理职能的重视程度普遍低于学术研究，专职科研管理机构数量明显少于学术研究机构。据博物馆不同级别中两类机构设置情况显示，一级博物馆的科研管理机构多于学术研究机构，3/4 的一级博物馆设置了科研管理部门。就博物馆类别而言，仅自然科学类博物馆中两类机构数量均等，历史类、艺术类、综合类和其他博物馆中的科研管理机构数量均少于学术研究机构。总体来看，科研管理机构在推进博物馆学术研究发展方面的作用开始显现，但其建设和发展仍有较大提升空间。

六、学术人才数量逐年增长

与高校和科研院所以"学术研究"为核心的定位不同，博物馆的学术研究与"收藏、展览、教育"等业务的开展紧密相关。学术研究人员是保障博物馆藏品征集、藏品保管、展览展示、社会教育、新闻传播、运营维护、安全保卫等工作质量的重要主体，是促进博物馆事业可持续发展、落实文化强国目标的战略性资源。目前，在博物馆中从事学术研究的人员主要分为两类：一类以文物藏品的研究为主责，从自身专业出发开展学术研究，为博物馆各项业务提供学术支撑；一类以自身业务为主责，着重从工作实践中获得经验总结规律，结合工作实践进行学术研究。前者主要在专门的学术研究部门工作，后者则分布在博物馆相关业务部门中。数据显示，2011—2019 年，博物馆专业技术人员数量逐年增多（图 86）；37.6%设有学术研究机构，62.3%的博物馆拥有专职研究人员，一级博物馆中这两项比例分别达到 69.4%与 85.2%，约 40%的研究人员分布在业务部门。

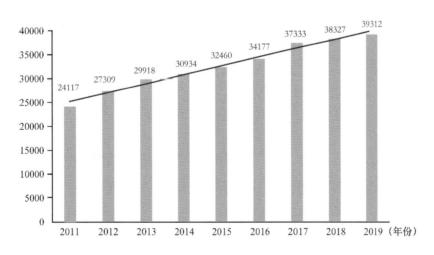

图 86　博物馆 2011—2019 年专业技术人员数量统计

博物馆专职研究人员平均占比不足 1/5，不同博物馆间专职研究人员数量差异巨大。数据显示，全国博物馆平均拥有专职研究人员 7.3 人，约占编制总数的

16.2%、在编人员的 18.3%，但 1/2 的博物馆专职研究人员占编制数不足 7%。从不同类型博物馆的专职研究人员平均数量来看，综合类、其他类（含专题类）博物馆人数超过平均值，分别为 11 人和 7.8 人；历史类、自然科学类、艺术类博物馆人数均低于平均值，分别为 5.8 人、4.4 人和 1.5 人。尽管综合类博物馆专职研究人员平均数量最多，但拥有 6 人及以上的仅占 1/4，50% 的综合类博物馆拥有专职研究人员不超过 1 人。不同级别博物馆间专职研究人员数量分布差异更为明显，全国一级博物馆平均拥有专职研究人员 25.5 人，远高于其他级别博物馆（平均 3—5 人），其中 1/4 的一级博物馆拥有专职研究人员 35 人及以上，1/2 的一级博物馆仅有不超过 7.5 名专职研究人员。一级博物馆在专职研究人员数量上具有绝对优势。

统计发现，博物馆专职研究人员在优质学术研究成果产出（如核心期刊论文、学术专著）、承担科研项目等方面作用较为明显。在拥有专职研究人员的博物馆中，发表过学术文章的博物馆占 74.3%，出版过图书的博物馆占 53.6%，仅 1/4 博物馆未产出学术论著。其中，全国一级博物馆平均发表论文 34.7 篇（其中核心期刊论文 2.7 篇），出版学术专著 1.6 部，参与国内外学术活动 17.7 次，承担科研课题 8.8 项；而二级博物馆平均发表论文 6.7 篇（其中核心期刊论文 4.4 篇），出版学术专著 1.1 部，参与国内外学术活动 4.7 次，承担科研课题 3.8 项。对比来看，一级博物馆平均专职研究人员数量约为二级博物馆的 5 倍，但在核心期刊论文发表数量上仅为二级博物馆的 61.4%，出版学术专著数量为二级博物馆的 1.27 倍，与人员规模不成正比（图 87）。

在高层次学术人才培养方面，依托博物馆设立博士后科研工作站是一条重要途径。目前，全国博物馆博士后科研工作站数量、人才规模远低于高校和科研院所。数据显示，2019 年全国共有博士后科研流动站、工作站 8340 个，博士后总数约 2.5 万人，而截至 2020 年底，在全国正式备案的 5788 家博物馆中，设有博士后科研工作站的博物馆仅 6 家，占博物馆总数的 0.08%，分别为中国国家博物馆、故宫博物院、敦煌研究院、成都文物考古研究所（成都博物院）、中国美术馆和上海博物馆（表 12）。2019—2020 年，这 6 家博士后科研工作站进站博士后总计仅 73 人。

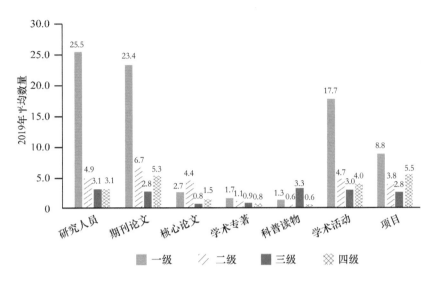

图 87　2019 年博物馆平均专职研究人员数量与学术论著、学术活动、项目数量对比

　　虽然博物馆博士后人数较少，但在高质量研究成果产出方面成绩突出。据统计，2020—2021 年，中国国家博物馆博士后在站期间主持各级各类科研项目达45 项，其中国家级课题 18 项；出版著作 9 部，发表论文 136 篇，申请发明专利2 项；提交内参 19 份，部分内参成果受到了中央领导同志的批示；获得国家级奖励 1 项，省部级奖励 2 项。博士后在博物馆丰富的藏品资源和业务实践支持下，迅速成长为适合博物馆发展需求的高层次学术人才，推动了博物馆学术水平的整体提高。截至 2022 年 4 月，中国国家博物馆博士后科研工作站、博士后创新实践基地招收博士后人数累计达到 59 人。

表 12　博物馆博士后科研工作站进站与计划招收人员情况

机构名称	2019 进站	2020 进站	2021 计划招收	2022 计划招收
中国国家博物馆博士后科研工作站	29	14	9	20
故宫博物院博士后科研工作站	5	8	21	17
敦煌研究院博士后科研工作站	1	1	3	10

机构名称	2019 进站	2020 进站	2021 计划招收	2022 计划招收
成都博物院博士后科研工作站	0	1		
中国美术馆博士后科研工作站	0	3	6	9
上海博物馆博士后科研工作站			2	
四川博物院博士后创新实践基地				1
陕西历史博物馆博士后创新实践基地				1
成都杜甫草堂博物馆博士后创新实践基地			1	1

第二节　当前中国博物馆研究中存在的主要问题

在看到博物馆学术研究发展总体向好的同时，我们也应该清醒地认识到，尽管拥有丰富、形态多样的文物藏品资源，但中国博物馆整体学术研究基础依然薄弱，与新时代新形势提出的新要求相比、与广大人民群众的殷切期盼相比、与博物馆事业高质量发展的迫切需求相比，主要存在六个方面的主要问题。

一、学术研究浅层次、碎片化严重

从调研情况来看，目前多数博物馆的文物藏品研究还停留在碎片化、浅层次研究，历史文物研究仅体现在对历史史实的拾遗补阙，缺乏对中华文明发展演进、中华人民共和国国史、中国共产党历史以及中国特色社会主义道路和制度的历史关照，也没有上升到对社会主义先进文化、革命文化、中华优秀传统文化创造性转化和创新性发展的理论关照。

一是研究课题呈现小、碎、偏等倾向明显。研究发现，大多数专业技术人员在进行研究时，往往缺乏对既往研究的系统梳理和顶层设计，往往只关注自己感兴趣的某个历史、考古或文物的片段问题或细枝末节，过度专注于个人兴趣，课题研究呈现小、碎、偏等倾向，缺乏大局意识和宏大主题叙事研究。虽然成果数量不少，但是大多呈碎片化，整体性、系统性明显不足，难以充分展示博物馆学者应有的格局和视野，陷入创意缺失、水平低下、自娱自乐的困局。以业务实践为主责的专业技术人员在工作中虽然有些突出成绩，但很容易忽视、轻视经验总结以及学术研究积累和学术沉淀，缺乏将工作中的认知与思考上升形成规律性的思想认识和行动自觉，未能及时提炼转化为学术成果，对于学科建设和整体理论体系的构建贡献有限，造成学术传承中断、研究与工作后继无人等局面。

二是学术研究对国家发展大战略关照不足。苏东海先生早在 20 世纪 90 年代就提出"文博事业是超前的事业"，文物的概念早已从"古物"发展演变为今天的"文化遗产"，"在国家和社会的眼光中博物馆已经不是一个古老的故事，而是一个与现代生活息息相关的现代行业……没有哪个行业比我们更直接地为后人服务，我们文博事业是把历史和未来衔接起来的事业，是一个超前的事业。因此，文博事业要加强前瞻性研究，加强战略性研究"①。新时代的博物馆，需要鼓励更多政治站位高、战略视野开阔的学术研究。目前，博物馆学术研究缺乏宏观视野和战略把握，没有充分意识到博物馆作为特殊的学术研究机构与文化传播平台，与国家文化战略大局的关系。学术研究水平和贡献远远无法满足当下社会对博物馆的期待，很难支撑 21 世纪蓬勃发展的博物馆事业，在推进国家文化复兴的伟大事业中显得力不从心，在落实国家文化发展战略的过程中破题不易、举步维艰。

二、学术交流平台同质化现象严重

博物馆自主搭建的学术交流平台是展示研究成果、探讨学科理论、传播学术信息、扩大学术视野的媒介和平台，目前由于发展目标和定位的不明确，导致数量和质量良莠不齐，同质化现象较为严重，平台特色不突出，学术出版物、期刊

---

① 苏东海：《文博事业是超前的事业》，《中国博物馆通讯》1997 年第 5 期。

与学术会议间的联动性不足。

一是学术期刊差异化、特色化不足。博物馆类刊物的主办单位大多是各省（自治区、直辖市）博物馆以及博物馆学会，侧重于馆藏文物、博物馆学的研究与探讨，涉及考古研究与历史文化研究，但所占比重较少，其栏目大多为文物研究、文物保护、博物馆学研究、文博简讯。此类期刊中的核心期刊非常少，目前仅有《中国博物馆》一家，有的刊物目前仍以书代刊，或者为内刊。调查发现，有 40.6% 的博物馆 2019 年没有在核心期刊上发表过论文，而发表过核心期刊论文的博物馆平均发文数量也较低，仅有 2.8 篇，自然科学类博物馆发表的数量最多，有 8.5 篇，非国有博物馆发表篇数为 0。这种情况足以说明博物馆学术研究同本地域的高校及其他科研院所的差距比较明显。随着各类博物馆的迅速扩张，博物馆行业的整体学术研究水平应该要给予博物馆行业扩张一定的理论储备和支持。但是，目前文博类学术研究的主要阵地还是高校和相关学术研究机构和团体，而博物馆界除个别有实力的大型博物馆外，更多的博物馆缺乏产生高水平学术论文的条件，更没有经营高水平学术类期刊的能力和实力。从仅有的核心类刊物也能够看出这样的窘境。

二是专业出版机构严重缺乏。除故宫博物院拥有自己的出版社外，其他博物馆均没有主办的出版社，这与全国高校几乎都主办有出版社的情况截然相反。缺少主办的出版社，就导致博物馆的学术研究很难直接并迅速地转化为响应社会关切、关注时代热点的重量级出版物，在促进中华优秀传统文化创造性转化和创新性发展、让文物活起来等方面，手段比较单一，渠道比较狭窄，不能更好地把文物保护好、管理好、运用好，发挥好博物馆的"大学校"作用，塑造好中华文化整体形象。

三是学术会议质量不高。目前博物馆的会议组织倾向于单独举办，尽管近年来与高校开始有一些合作，但与政府机构、企业、协会等广泛社会力量共同举办的会议数量仍然非常有限，不利于跨行业跨领域的多方交流。在 2019 年公布的112 场博物馆领域相关学术会议中，社会机构参与、主办或协办的学术会议仅有11 场。而在会议主题方面，过度追求热点导致大量主题相同或相近的博物馆学术会议短时频繁举办，邀请的主旨报告专家群体范围有限，报告内容大同小异，缺乏积累沉淀与创新。这主要源于博物馆在会议筹备过程中，没有结合自身业务发展需求，设置清晰明确有区分度的目标和任务，没有从战略高度上将业务需求和学术前沿融合起来。同时，学术会议与学术期刊、出版物的联动较为松散，尚未形成协同发展促进的良性循环。近年来，博物馆的学术会议成果常以内部出版物或期刊专题的形式出现，传播范围十分有限，博物馆行业缺乏从全局角度统筹整合国内外相关领域和博物馆研究资源的学术论坛与文集设计，较少以深入发掘博物馆自身特色、促进博物馆个性发展为目标的学术会议与期刊专刊专题组织，是对博物馆有限学术资源的浪费。

三、学术成果转化机制薄弱

党的十八大以来，中国文物事业得到很大发展，文物保护、管理和利用水平不断提高。但博物馆事业从量变到质变仍有很长一段路要走，高质量学术成果输出不足、成果转化率低，支撑博物馆陈列展览的力量薄弱等现象日益凸显。博物馆现有的学术研究常常止步于论文和著作，未能有效服务于博物馆的各项工作，也未形成突出鲜明的博物馆学术特色。近年来博物馆学术研究成果取得了一定成绩，单从发表的论文和出版的论著数量来看，可以称得上硕果累累，但客观来讲，这些科研成果中真正能够有效推动博物馆各项事业发展的精品少之又少。

检索中国知网 2017 年以来发布的博物馆和文物研究领域文献，在"机构"一栏中显示出发文量排名前 20 的单位，分别是：北京大学（424）、故宫博物院（369）、中国人民大学（294）、西北大学（287）、中国国家博物馆（282）、中国社会科学院考古研究所（277）、首都师范大学（252）、郑州大学（245）、四川大学（229）、上海大学（224）、复旦大学（223）、陕西师范大学（219）、吉林大学（217）、清华大学（212）、山东大学（206）、武汉大学（202）、南京大学（191）、北京师范大学（177）、浙江大学（167）、南开大学（167）。（图 88）

排名前 20 的机构中，只有故宫博物院和中国国家博物馆两家博物馆单位。由此可见，在全国博物馆中，故宫博物院和中国国家博物馆的学术成果产出

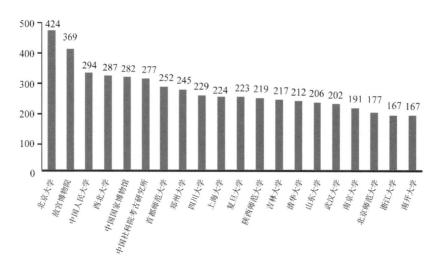

图88　2017—2021年博物馆和文物研究领域文献发表机构发文数量情况

和影响力最为突出。但从整体上看，全国博物馆在"文物研究"和"博物馆研究"领域的学术影响力不及高校、相关科研院所和团体。调查数据表明，全国博物馆年均发表论文14.8篇，其中发表的核心期刊论文数占比不足10%，绝大部分学术论文成果都未能在核心期刊发表，仅发表在普通期刊和报纸上。以中国国家博物馆为例，2018年中国国家博物馆共发表论文309篇，出版论著47部，举办展览66个（其中新举办展览41个）；2019年发表论文324篇，出版学术论著39部，共举办展览63个（其中新举办展览47个）；2020年发表论文305篇，出版学术著作30部，共举办展览41个（其中新举办展览26个）。举办展览数量与发表论文和出版学术论著数之比仅为1∶10左右。可以说，学术成果零散、高质量研究输出不足、成果转化率低是国内博物馆在学术研究中普遍存在的问题。

学术研究成果转化率低的原因，首先是由于大多数研究人员仅从个人兴趣出发，从增加个人学术成果的目的出发，未将学术研究与博物馆主责主业相结合，也未能从促进博物馆可持续发展的战略高度选题，最终导致研究成果无法实现及时有效转化，未能更加有效地服务于博物馆各项工作。其次，文物藏品管理体制机制也对学术研究成果转化构成严重约束，藏品来源渠道亟待拓宽。再次，藏品的分类、整理研究工作基础极为薄弱，大部分藏品尚未定级，由此导致以学术成果为支撑的策展能力较弱。最后，从传统上来看，博物馆对信息网络技术和材料科学等新技术领域了解不多、应用不足，对行业发展最新动态和趋势掌握不够，藏品数字化建设推进缓慢，藏品数字信息的缺失往往会影响到学术研究工作的滞后甚至停摆，在把中华优秀传统文化精神标识提炼出来、展示出来方面缺乏深刻理解和准确把握。

在将学术研究成果转化为公众读物方面，博物馆也存在明显差距。数据显示，科普读物在国内博物馆学术研究的投入产出中处于弱势地位，这与研究人员对博物馆科普教育的认识不足有很大关系。大多数研究人员身处博物馆之中，往往醉心于所谓学术研究的深度和突破，而忽视了博物馆本身在公共教育方面的功能性。2022年8月，国际博协特别全体大会通过新版博物馆定义，指出博物馆是为社会服务的非营利性常设机构，它研究、收藏、保护、阐释和展示物质与非物质遗产。它向公众开放，具有可及性和包容性，促进多样性和可持续性。博物馆以符合道德且专业的方式进行运营和交流，并在社会各界的参与下，为教育、欣赏、深思和知识共享提供多种体验。[1] 博物馆的作用首先是为社会发展服务，教育和知识共享是其重要的功能之一，因此，提高研究人员对科普教育的认知程度，加强博物馆科普教育基础设施建设也十分必要，它关乎文化的传承、精神的延续。

四、学术人才队伍结构不合理

人才是提升藏品研究、保护、利用和管理水平的关键所在，是促进博物馆事业发展、确保文化强国战略目标实现的战略性资源。当前中国文博事业的快速发展迫切需要大批创新实践人才，但人才缺口巨大，应用型、技术型和复合型高层次人才匮乏的问题仍比较突出。在人才结构上，国内博物馆界普遍面临的一个共同问题就是学术人才队伍整体结构不合理，梯队建设存在断层。调研数据和文献

---

[1] 　中国博物馆协会：《国际博协特别全体大会通过新版博物馆定义》，2022 年 8 月 25 日，见 https://www.chinamuseum.org.cn/cma/detail.html?id=12&contentId=12403。

显示，市、县两级的基层博物馆文博专业人才非常稀缺，一个约有 50 多人的县级博物馆没有一名文物专业技术人员，一个市级博物馆也未能有一名专业的考古研究人员，专业人才数量和质量完全不能满足目前博物馆事业发展的实际需求，其中能够承担学术研究的人员更是少之又少。专业技术人员研究领域较为分散，难以形成合力在重点领域开展研究，业务人员的年龄结构分布不合理，缺少在各专业领域具有影响力的学科带头人等。这种现状与基层文博专业技术人员编制紧缺、待遇偏低、晋升困难等因素有直接关系，博物馆高级技术职称以上的岗位设置数量非常少。数据显示，截至 2019 年底，在 16 万余文博单位从业人员中，专业技术人员仅占从业人员总数的 33%，其中，中级职称只有从业人员总数的 13.5%，拥有副高级职称以上人员不到 6.25%，而高级职称仅占从业人员总人数的 5.5%。[1]

整体而言，在学术研究人才储备方面，博物馆自身的人力资源尚未转化为人才资源优势。博物馆的学术研究综合性强，需要基础扎实、知识面广、素质过硬、具有科学创新精神的复合型人才，目前具备多领域综合素养与学术研究能力的人才储备严重不足，高层次学术研究专才、通才稀缺，学术大家和领军人物几乎断层。在人才引进方面，博物馆的学术研究以应用为导向，高校、科研院所脱离博物馆实践进行的理论研究与教学培养出的研究人才，难以快速适应和满足博物馆学术研究的实际需要。

在学术研究人才培养激励方面，多数博物馆存在"重引进、轻培养"的问题，未能从战略高度整体规划学术人才的利用和发展，在引导专业技术人员研究方向、制订培养计划、建立学术研究传承机制等方面关注较少，为学术人才提供的奖励和激励机制不完善。在人才待遇与研究条件方面，经济发展水平和学术环境对高层次学术人才流动具有明显导向作用，高层次学术人才倾向于选择经济发展条件好和科研实力雄厚的单位工作，[2] 而博物馆提供的薪酬福利、科研经费等与其他科研机构相比处于明显劣势，一些在业务实践中培养成长起来的博物馆优秀专家学者纷纷流向资源优势更大的高校和科研院所，严重影响了博物馆学术研究

---

① 乔国荣：《从政策层面解析基层文博专业技术人员晋升难题》，《中国文物报》2019 年 5 月 14 日。

② 乔锦忠、陈秀凤：《高层次学术人才流动是否影响学术生产？——以生命科学领域为例》，《大学与学科》2021 年第 2 期。

的健康有序发展。在面对常态化疫情防控和中央财政继续过紧日子的新形势，如何加大投入、加大力度，大力培养引进优秀学术研究人才的同时，留住人才、优化人才结构，是博物馆亟待解决的主要问题。

五、博物馆学学科体系建设滞后

博物馆学是一个开放复杂的巨型系统，涉及人文社会科学、自然科学、工程技术科学等不同类别的交叉学科。长期以来，国内博物馆学人对构建中国特色博物馆学体系进行了艰苦探索，但迄今为止仍未建立起适合于自身发展的学科体系。近年来，中国博物馆学的相关研究取得了一定的成果，但总体来看，与国外先进的学科模式体系还存在一定的差距，尚不能满足中国博物馆发展的现实需求。博物馆学涉及的学科众多，也造成了长期以来博物馆对自身的学科定位不明确，学科理论体系建设薄弱。在博物馆研究内容与博物馆学之间的界定上模棱两可、含糊不清。与博物馆相关的学术论文数量急速飙升，从藏品研究、文物保护、展览策划到信息技术、传播教育，从国有博物馆、一级博物馆、综合类博物馆到地方博物馆、专题博物馆，都有研究人员不同程度地对博物馆的不同问题展开研究，从行业整体来看，每个领域的研究都在推进，也都不断有研究成果涌现。然而，具体到某一家博物馆，其内部的学术研究是否能构成逻辑清晰、分工明确、支撑起自身业务发展需求的研究系统、是否能够匹配博物馆的学科体系，除了分类明确的藏品研究情况略好之外，恐怕绝大多数博物馆都是做不到的。如何在质疑和批评的基础上探索，促进博物馆学实践理论、基本理念和研究方法的发展，是中国博物馆学学科需要思考的命题。

当下，中国博物馆学正在经历高速发展阶段。而作为应用型的社会科学，博物馆学与许多相邻学科联系紧密。博物馆学科体系顶层设计的缺失使得其学术研究水平和贡献远远无法满足当下社会对博物馆的期待，很难支撑 21 世纪蓬勃发展的博物馆事业。同时，缺乏重点性的研究方向引导，也让博物馆无法有效整合研究人才合力攻关重大科学问题，"让文物活起来"的时代号召也很难通过系统研究得到强有力的诠释和注解。如何在全球化中发挥作用的同时，又实现多样化和特色化发展，是博物馆亟待解决的战略性科学问题之一。

六、学术研究的管理和引导能力不足

中国博物馆具有以藏品为核心、以应用为导向、以满足人民日益增长的精神文化需求为目标的鲜明特色，一方面是为了充分阐释藏品中蕴含的中国文化，为展览展示、文化传播提供学术支撑，另一方面是深入探讨博物馆各项业务的科学开展，为博物馆发展提供咨询指导。博物馆的学术研究管理既包括以馆藏文物研究为核心，涵括博物馆管理、藏品保护、陈列展览、教育传播、社会服务、运营管理等重点领域的学术研究图谱，又包括从应用需求着手的研究方向设计、项目立项、学术研究、成果出版、宣传推广与转化利用的全方位管理体系，两方面综合形成具有博物馆特色的学术研究链条和科研管理闭环。长期以来，由于博物馆事业的综合性和特殊性，中国博物馆的学术研究长期以来依附于展览展陈、文物保护、征集鉴定等业务部门，对博物馆学术研究规律和科研管理规律缺乏深入研究和思考。近年来随着博物馆对自身学术研究重视程度的加深，一些学术水平领先的博物馆根据自身建设需求增设了专职学术研究和科研管理部门，但就全国范围来讲，这两个部门的设置比例较低。大部分博物馆仅设有学术研究部门，而没有设立科研管理部门，没有科学规划与组织学术研究，尚未从战略高度认识到科研管理工作的重要意义。

从目前国内博物馆的整体形势来看，绝大多数博物馆缺乏对自身科研管理链条的完整认知，对管理闭环中各个环节没有进行整体设计、统筹管理与监督评估，导致学术研究与业务需求之间的匹配度较差，科研成果也无法向实际应用有效转化。近年来，虽然中国博物馆的学术论文、论著、专利等数量不断呈现出强势增长的趋势，但客观来讲，这些学术成果中能称之为名作的很少，对各博物馆业务发展和功能发挥的实际提升亦十分有限，更遑论建立相应的奖励激励办法来有效刺激和激发博物馆工作人员的科研积极性，当然也就无法形成开放、灵活、多元、高效，适合新时代博物馆事业发展需要的科研组织体系。项目制科研模式尚不成熟，学术研究积极性不高。

博物馆科研项目从本质上说是对博物馆研究方向和研究内容的高度提炼和集中表现，一定程度上可以反映出博物馆的学术水平。但是目前来看，以项目促科研的博物馆科研机制虽已成为未来博物馆科研的主要趋势，但在具体落实中存在很多问题，这也是博物馆科研面临的主要问题。通过调研地方博物馆发现，小型博物馆更愿意将有限的财力、物力和人力集中到更加切合自身发展实际的业务部门上，比如展陈、社教等部门。相比于学术研究，重视展陈或社教业务所收到的成效，更加符合规模和体量较小的博物馆的发展。像甘肃省某一市级博物馆，目前没有专职研究人员，工作人员只能在工作之余开展学术研究，馆内只有馆长是正高级职称，学术成果主要以馆长的个人成果为主，馆内有省级科研项目1项、地市级项目1项，总科研经费约13万元。这是地市一级博物馆面临的共同问题，而县乡镇一级的博物馆基本上没有进行学术研究的条件。可以说，自主科研意识薄弱，导致博物馆的科研人员缺少了在各级科研课题，尤其是国家级科研课题中历练、提高自身研究水平的机会与平台。

七、学术研究缺乏全球视野，国际交流不足

博物馆科研不能关起门来搞研究，对外学术交流与互访是博物馆科研保持活力的重要手段。数据显示，在对外学术交流和国际学术话语权方面，博物馆之间差距非常明显。在调研所获近400个博物馆有效样本中，2019年参与国外学术活动的次数总计仅147次。从博物馆的区域来看，东部、中部和西部博物馆参与国外学术活动的平均次数不到1次；从博物馆的类别来看，除了自然科学类的博物馆平均参与次数是1.2次外，历史类、艺术类、综合类和其他类博物馆的平均参与次数都不足1次；从博物馆的性质来看，国有博物馆和非国有博物馆的均值都不到1次；从博物馆的级别来看，一级博物馆的平均参与次数是1次，二级博物馆、三级博物馆和未定级博物馆的平均参与次数分别是0.7次、0.1次和0.3次。从发表的英文论文来看，以中国国家博物馆为例，2018—2022年共发表学术论文1200余篇，但其中发表于国际期刊、国内期刊英文版和提交国际会议的英文论文不足30篇，且研究领域主要集中在文物保护研究和科技考古，以及博物馆

信息化、博物馆管理等方面。这些数据在很大程度上反映了国内博物馆对外交流的实际情况。

博物馆关起门来搞学术研究，未站在百年未有之大变局的高度来规划布局学术研究工作。究其原因在于：首先，国内博物馆学术研究的对象以馆藏文物为主，客观上国际参与度本就不高。其次，研究人员普遍不重视参加国际会议、发表国际期刊论文、争取国际话语权，成果的影响力也往往局限于小范围的研究圈子，难以引起广泛影响。最后，出国门槛高，出国的花费颇巨，由于缺乏清晰的目标和任务，本身不受重视而没有更多科研资源的倾斜和支持，博物馆学人就更少了参加国际学术交流的内在动力和客观条件，造成中国博物馆学术研究整体在国际上影响力不足，话语权羸弱。

第三节　提升博物馆学术研究质量水平的对策建议

中宣部等九部门联合印发《关于推进博物馆改革发展的指导意见》明确要求，重点解决博物馆在发展定位、体系布局、功能发挥、藏品阐释、成果转化、体制机制等方面学术研究不足的问题，促进中国博物馆高质量发展。博物馆应抓住并切实用好中国当前发展的重要战略机遇期，坚持以习近平新时代中国特色社会主义思想为指导，做好学术研究规划，厘清总体思路、发展目标、主要任务和重大举措，建立鲜明的问题意识和较高的学术站位，加强基础研究，重视对策研究，鼓励交叉学科和跨学科研究，重视学术人才梯队建设，积极参与全球博物馆学术交流与合作，着力推出有实践指导意义、有决策参考价值的研究成果。

一、进一步提升博物馆学术研究的战略地位

一是从国家文化战略层面把握博物馆学术研究。博物馆学术研究要立足博物馆学术研究的特点，阐释和发掘文物的历史价值、文化价值、审美价值、科技价

值、时代价值。例如，国家博物馆的"古代中国""复兴之路""复兴之路新时代部分"三大基本陈列，是国内唯一能用珍贵文物全面呈现中国古代、近现代和当代历史发展进程的展览。这三个展览大纲的历次修改，是博物馆学术研究对国家不同历史时期发展需要的响应。博物馆的学术研究应该走出故纸堆，积极主动从中国特色社会主义文化强国的战略部署中找位置、选题目、做文章，为持续推动社会主义先进文化、革命文化、中华优秀传统文化的传播提供有力的学术支撑。

二是聚焦构建公共文化服务体系等时代主题加强应用研究。博物馆研究要立足国家文化事业发展需求，着眼于文化事业发展过程中具有战略性、前瞻性和紧迫性的重点难点问题，力求将最新的研究成果转化为国家战略的有力学术支撑。针对博物馆藏品"博"的特点，鼓励交叉学科和跨学科研究，不断探索交叉学科研究机制，充分发挥博物馆学术研究在各领域的桥梁纽带作用。同时，博物馆还应对自身社会定位有更高认知，通过学术研究成果来提升博物馆的权威性，以及在文化和国计民生中的影响力。

三是积极参与构建中国特色哲学社会科学学科体系、学术体系、话语体系。博物馆不应该是固化的物体，而应该是出理论、出思想的"思想库""智囊团"；博物馆文物承载文化作用的价值大小，不在于数量多少，关键在于通过学术研究，深度挖掘文物资源，形成新的知识，能够从中提炼出多少有益于当今社会发展进步的思想，以及为人类社会发展创造出多少新知来丰富人类知识的宝库，让广大人民群众获得更多的灵感和激情，汲取新的文化创造力量。与此同时，博物馆不仅仅是文化机构，还是意识形态阵地，应纳入党的宣传工作大局中加强管理。因此，要坚持马克思主义在学术研究领域的指导地位，把意识形态阵地和文化机构两种属性统一起来，积极参与中国特色哲学社会科学学科体系、学术体系、话语体系的构建，优化学科布局，夯实学术根基，提升科研水平，加强服务能力，扩大国际影响，以坚定的文化自信建设新时代中国特色社会主义。

二、强化顶层规划设计，发挥科研管理和研究机构作用

针对博物馆科研力量分散的特点和紧迫的战略发展需求，当今的博物馆科研

尤其需要借助管理手段和方式高效合理地配置科研资源，破除博物馆内部门建制的隔阂壁垒，建立以问题为导向的协作研究机制，推动博物馆的整体研究能力和学术水平稳步提升。

一要建立高效有序的科研管理部门。建立或完善科研管理部门是推动博物馆科研最直接有效的组织方式。博物馆的科研管理部门不仅应当发挥协调调配整个博物馆研究力量的行政作用，创新管理方式，借助新媒体时代中的技术手段，提升管理流程效率，不断革新科研管理体制机制，更重要的是加强科研管理部门的统筹规划，不断提升学术研究顶层设计的能力，能够在习近平新时代中国特色社会主义思想的指导下，结合文博行业发展趋势，通过一系列强有力的举措科学谋划整个博物馆的科研发展布局，以中国博物馆事业发展中的重大需求为引领，从战略高度来部署科研课题，力求在涉及博物馆发展的主要研究领域、瓶颈问题和关键点上取得重大突破。从而使博物馆的整体学术研究具有明确的指向性和引导性，与国家文化发展战略相结合，真正服务于中国的文化复兴大业。

二要建立专门的学术研究部门。博物馆应根据自身特色设置专门的研究部门，进一步夯实基础研究，加强对策研究，鼓励交叉学科和跨学科研究。博物馆的学术研究最终要服务于藏品管理、保护、展览、教育等业务工作，只有达到较高的研究水准，才能保证各项工作的服务质量。从国际上看，国外许多知名的博物馆不仅藏品丰富，而且是重要的学术研究重地，如美国史密森博物学院、大英博物馆、芝加哥艺术博物馆等。国内一些博物馆为了加强研究，专门设置研究部门并主办学术刊物，如中国国家博物馆设有文保院、研究院、考古院、书画院等，故宫博物院设有故宫研究院，河南博物院设有研究部等。同时，组建符合博物馆自身发展需求与学术目标的学术专家库是有效提升学术研究能力的途径之一，充分发挥馆内外专家在促进学术交流合作、构建柔性科研机构等方面的作用，按照"不求所有，但求所用"的原则，调动馆内研究人员积极性，加强与有关研究单位、学术团体的联系与协作，聘请优秀人才以专、兼职等方式共同参与博物馆学术研究。

三要倡导"开门式"学术研究，加强博物馆与社会力量共建学术研究联合体。博物馆应当充分利用学术团体的研究资源，开展"开门式"学术研究，加强博物馆与社会力量共建学术研究联合体。从 20 世纪 70 年代末到 80 年代初，全国性和地方性的博物馆群众性学术团体相继成立。比较著名且发挥过巨大作用的有中国博物馆协会、中国自然科学博物馆协会以及其他省市级的博物馆协会。作为社团性质的学术组织，各级博物馆协会不定期组织召开规模和影响力较大的学术讨论会、学术报告、座谈会、调研会，还有论证会、鉴定会、交流会、咨询活动、陈列艺术设计、陈列大纲讨论、博物馆学知识讲座、技能培训以及博物馆知识普及活动等，在团结文博工作者、开展学术交流与研究、增加相互联系与了解、普及文博知识、培养文博人才、提高博物馆工作水平、编辑出版文博书籍和科学著作、发表学术论文、完善博物馆学科等方面起到了重要作用。这类数量众多、内容丰富的学术活动，使中国博物馆界洋溢着浓厚的学术研究气氛，解决了中国博物馆工作中的许多实际问题，在博物馆学理论研究上取得了显著的成就，为深入开展中国博物馆的学术研究奠定了坚实的基础。

三、推动学术成果高效转化

博物馆的研究是以应用为导向的研究，只有对成果进行高效转化，才能充分发挥博物馆功能定位，服务社会大众，服务国家文化事业大局。

一要紧扣主责主业，自觉将学术成果转化应用于业务工作中。博物馆的学术研究工作应紧扣主责主业，促进学术成果有效转化，服务工作大局，充分发挥连接藏品与展览的重要中介纽带作用。比如，深入开展藏品基础研究、丰富策展大纲、完善展陈体系、精准开发文物，为体现博物馆优势的展览和周边产品增质增量；充分开展对文物进行初步的分类、整理、信息补充工作，为库房保管工作献计献策；快速推进开展博物馆信息化研究，制定智慧博物馆建设的统一标准，实现博物馆管理运营的智慧化、定制化、科学化；加强考古工作，有效拓展馆藏文物来源。

二要强化激励奖励，建立健全成果转化机制。博物馆应强化激励机制，建立健全成果转化机制，践行让科研经费为人的创造性活动服务的理念，定期开展学术成果评选奖励活动，加强学风建设，培育形成浓厚学术氛围，推进学术成果转化。博物馆应以激励机制为抓手，运用多种激励手段并使之规范化和相对固定化，对研究人员产生推动力和吸引力，并使之萌发学术研究内在驱动力。激励机制包括目标结合、有形激励与无形激励相结合、公平合理、直观和公开、时效性、按需激励等原则。要建立以"聚集主责主业""以科研促业务"为导向的科研工作评价和激励制度，激发专业技术人员的研究活力，引导和调动开展学术研究工作的积极性。

三要秉持科学的评价制度，提升成果转化的创新性。进一步完善科研评价标准与评价方式，明晰科研评价的导向作用。坚持分类评价，按不同学科特点和科研人员的职称、学历情况建立有利于学术创新的科研评价制度，将成果转化的成效作为评价的重要指标。同时，建立公平化、多元化的激励制度，当激励制度不符合实际需要时，要做出动态调整，确保激励制度与馆内其他管理制度的衔接和配套，提高激励制度的适应性和实用性。要进一步加大资助力度，逐步建立体现机会公平、规则公平的科研管理模式，通过各种手段鼓励研究人员围绕博物馆工作大局进行研究，提升成果转化的创新性。定期评选优秀学术成果和成果转化实践案例，召开科研工作大会，对成绩突出的工作人员给予表彰奖励，对研究人员参加国际会议给予支持，在推优评优中重点向研究人员倾斜，加大职称评审推举力度。在多角度、全方位的多种措施激励下，博物馆的学术研究将形成良性循环，夯实科研创新基础，促进研究水平的提升，推进学术成果高效转化，推动科研创新稳步发展。

四、构建博物馆学理论框架新体系

要解答"在全球化中发挥作用的同时，又实现多样化和特色化发展"这一博物馆亟待解决的战略性科学问题，需要以习近平新时代中国特色社会主义思想为引领，以中华优秀传统文化、革命文化和社会主义先进文化为源泉，从中国现实问题出发，提炼中国议题，增强博物馆学内部的统一性和协调性，不断调整充实学科内容，构建具有中国特色、中国气派和中国风格的博物馆学学科体系，推动中国博物馆事业发展。

一是抓紧构建中国特色、中国风格、中国气派的博物馆学理论框架体系。2019 年 11 月，中国国家博物馆牵头组建博物馆学名词审定委员会。依托博物馆学名词审定委员会工作，全国博物馆与高校、科研机构的知名专家学者，群策群力，科学谋划，系统部署对博物馆基础理论的深入研究。通过对博物馆基础理论的研究，建立跨越多个学科的博物馆学理论框架体系。明确学科定位，以博物馆各项工作特点为出发点，按一级学科→二级学科→三级学科的层级，确定各分支学科，明确多层级学科目录呈现方式。同时，根据社会观念与思潮、信息技术革命等新的时代特征，博物馆内涵与外延、功能与任务的嬗变，对中国博物馆学的概念进行重新厘定，不断开拓中国博物馆学研究新课题、扩大中国博物馆学的研究领域与研究深度，显著提升博物馆基础理论研究能力和水平。强化基础理论研究对博物馆管理、藏品保护、陈列展览、教育传播、社会服务、运行管理等重点实践领域的直接指导作用。

二是抓紧编撰博物馆学系列教材。在博物馆学理论框架体系下，围绕国家文化文博事业大局，结合业务工作实践，提炼中国博物馆学学科特色，组织高校与博物馆知名专家联合编撰博物馆学系列教材，将博物馆学理论与博物馆实践相结合。与高校合作，集中优势力量，创新机制，突破现有的博物馆学教育模式，构建特色鲜明的博物馆学教育模式，培养适合新时代博物馆需要的专业人才。

三是推进依法依规管理，发挥社会组织优势力量。加强博物馆法规建设基础研究，统筹规划，确立框架，基本形成全面覆盖、协调配套、科学合理、实施有力的中国特色博物馆法律法规体系，加快博物馆法规建设进程。抓紧出台规范博物馆管理的行政法规——博物馆管理条例。研究制定保障博物馆事业发展的基础性法律——博物馆法。健全博物馆管理办法、博物馆登记办法和规范博物馆藏品保护、陈列展览、社会服务、专业队伍，以及建筑、设施、环境、安全等方面的部门规章。建立面向应用、重点突出、科学规范、便于操作的博物馆行业技术标准、管理标准、工作标准和基础标准或技术规范体系框架。

五、重点培养复合型人才，夯实博物馆学术人才

在博物馆，每个领域都有开展学术研究的空间，每个岗位都有成为学术人才的机会，博物馆发展建设对学术人才的综合能力提出了更高要求，亟须掌握历史知识和展览技巧、理解教育理念、懂得设计美学、拥有文创才华、具备管理能力等综合素养的高端复合型人才。只有既懂业务，也爱钻研的人，才能适应新时代博物馆的工作需求。博物馆复合型人才数量和质量的提升可从内外两方面着手。

一是对博物馆内部而言，需要优先将自有专业技术人员培养为既懂业务工作又懂学术研究的复合型人才。首先，建立动态调整机制，专业技术人员适时轮换工作岗位，"理论＋实践＋研究"三管齐下，促进业务与学术研究的融会贯通。其次，健全学术人才培养机制，为专业技术人员提供清晰明确的研究目标规划、技能学习途径，制订适配不同研究方向的培养计划，匹配专项研究导师，促进学术传承。再次，优化学术研究环境，通过提供开放共享的研究资源与藏品资源数据库、实时更新学术动态、保障科研经费、建立评价奖励机制等举措，营造人人积极思考问题、人人自觉研究问题的学术氛围。最后，打破学科壁垒，加强专业技术人员跨部门联合研究，打造合作研究平台，组建高素质、高水平、跨领域的学术研究团队。

二是高素质的学术人才队伍既需要博物馆自身培养，也需要与学术机构深入开展交流合作。博物馆应本着"不求所有，但求所用"的原则，充分发挥高校、科研院所的学术人才优势，将其转化为博物馆学术研究的有生力量。以中国国家博物馆为例，2018年机构改革以来，国家博物馆多措并举充实学术力量，根据自身业务需求启动博士后、访问学者招收工作，聘任离退休专家作为终身研究馆员，聘请馆外专家担任兼职研究员，建立"小中心、大外围"的柔性科研组织体系，初步打造出一支学科齐全、结构合理、专业互补、务实高效的高素质学术人才队伍，为推动博物馆学术研究的稳步发展提供强有力的人才保障。

三是博物馆应发挥自身藏品与业务优势，加强与国内外高水平大学、科研机构的学术合作，通过战略合作协议建立起人才双向交流通道，优势互补，资源共享。一方面利用高校和科研机构的专业实力培养自身学术研究人才，补齐短板，

提高理论水平；另一方面只有参与到高校人才的专业培养中，博物馆的优秀学术研究人才可通过兼职等方式进入高校师资队伍，将实践经验带入课堂，也可通过为学术机构人员提供实践机会，促进理论与实践相结合。在考古学方面相关工作已经启动，2022 年教育部和国家文物局联合开展考古学国家急需高层次人才培养专项，共提名 16 家联合培养单位与高校共同培养考古学博士，其中博物馆占三席，分别为中国国家博物馆、故宫博物院和敦煌研究院。未来五年这些专项人才将通过博物馆业务实践与高校教学的结合，尽快成为能够支撑考古核心技术突破和行业发展的急需高层次人才，为提升中国考古自主创新能力作出更大贡献。在博物馆学、藏品研究等相关领域，类似工作还有待进一步开展。

六、积极参与全球博物馆学术交流与合作

2021 年 11 月 24 日，习近平总书记主持召开的中央全面深化改革委员会第二十二次会议审议通过了《关于让文物活起来　扩大中华文化国际影响力的实施意见》，其中指出要准确提炼并展示中华优秀传统文化的精神标识，不断扩大中华文化国际影响力。2021 年 7 月 16 日，习近平主席向联合国教科文组织第四十四届世界遗产大会致贺信，清晰阐明保护好、传承好、利用好世界文化和自然遗产，是人类文明赓续和世界可持续发展的必然要求。只有不断提高博物馆学术研究的国际视野，才能使文物成为国家文化的名片，使博物馆成为国家的文化客厅。

一是大力拓展全球视野，充分阐释中华文物的世界意义。文物研究应当更多地聚焦中华优秀传统文化与世界文化之间的关系，中华文明对人类文明的重大贡献等课题。杨瑾《博物馆进入全球化 3.0 时代，藏品研究需拓展全球视野》一文，具体提出了以下四点：第一，博物馆藏品研究的新转向。全球化带来了很多新的学术研究思潮与范式，如新历史主义、新全球史、新社会史等，在新全球史理论范式下，博物馆作为一部综合性全球史及其学科的构成部分，在藏品研究方面应建立以全球为导向的方法论，以挖掘文物背后的历史意义和文化价值。第二，理解博物馆藏品的新语境。新全球史观为创新博物馆藏品的研究方法提供了一个新

视角，即在"传承"与"交流"的宏大历史背景下，探寻博物馆藏品的历史生成机制及其动力（贸易、旅行、征服战争、宗教和文化传统的传播、技术的扩散、传染病的流行等）。第三，博物馆藏品研究的新范式。藏品研究中采用全球视角的研究方法最典型的例子是 2002 年大英博物馆推出的研究、传播、展览及教育项目"100 件藏品中的世界历史"。新全球史强调的"对话""互动""传承""交流"等核心理念在"大英博物馆 100 件文物中的世界史"展览中得到了充分展示。概言之，新全球史视角的藏品研究不仅要研究人类的过去及其漫长岁月经历的各种变化、发展和改造，更要关注宗教、社会组织模式、思想和理念、农业、科学、技术跨越地理空间的传播对人类社会的影响力。

二是积极开展博物馆国际交流与合作，增进文明交流互鉴。将博物馆的学术研究纳入科研机构管理的模式之中，从经费保障和因公出境制度等方面，扫除制约博物馆"走出去"和"请进来"的阻碍，加强对外学术交流与互访。一方面可以选派研究人员"走出去"，对国内外同类质博物馆进行访问、进修或参观考察，撰写调查研究报告，起到取长补短、自我完善的作用。另一方面，也可以邀请国际知名专家（"请进来"）到博物馆作学术报告，使博物馆学术研究工作紧跟国际趋势。了解国际研究前沿，承办真正意义上的国际学术会议，而不是务虚的政策类会议，研究要对标博物馆的国际主流，有和国际对话的可能，而不是自说自话，方能真正增进文明交流互鉴，展示中华文化的博大精深，增强中华文化的国际影响力。

三是发挥文物资源在国际交往中的独特优势，服务国家"文物外交"大局。搭建国际化的合作平台，实现优质学术资源的交流共享，构建具有全球视野的权威性专业化中华文物研究数据库。通过向世界提供更加开放的文物和文化资源，促进全球汉学的发展，调动世界人民对了解、学习中华优秀传统文化的热情，从而增进世界各国人民之间的文化理解和认同。加强与国际社会的文物合作交流是推动中华优秀传统文化走出去的重要途径。唯有深入透彻地研究，才能讲好藏品中的中国故事、中国精神，才能讲清楚中华文明在世界文明发展过程中的历史地位和作出的贡献，才能打造出更多让世界人民认同的中华文化精品，更精准对接并服务于国家"文物外交"大局。

　　四是加强学术研究的宏观统筹，建立中国博物馆的学术研究话语体系。通过各种专项拨款和国家基金的扶持，从宏观的视角进行科研管理和规划，将分散的学术力量统筹起来，融入世界史、全球史研究的大背景，结合新世界史学潮流，构建适应全球化未来发展潮流的新诠释体系，力争建立中国的博物馆学术研究的话语体系。世界主要国家都十分重视博物馆学术研究，通过科学规划，用文物来重建区域历史与人文脉络。例如，大英博物馆通过规划馆藏文物的研究，试图重构全球史，掌握对人类历史发展与演变的解释权。因此，中国的博物馆要在国际对话中进一步巩固自身的话语体系，用国际学者能够接受的表达方式充分展现中国文化，促进学术思想，以及与世界文明的碰撞交流，不断提升自身的话语权和影响力，讲好中国故事、传播好中国声音，为世界贡献中国智慧、中国方案。

分报告四 展览规模形态迅速增长，差异化专业化渐成趋势

展览是博物馆最重要的公共文化产品，策展能力是博物馆的核心竞争力，历来受到博物馆领域研究者和从业者的高度关注。对博物馆展览的研究涉及展览现状、展陈设计、策展、评估、交流等方面，基本涵盖展览工作的全过程。此外，对博物馆展览的研究还常与博物馆教育、传播、数字化等工作领域相结合，构成对博物馆总体发展的综合性研究。本报告以面向全国博物馆开展发展现状调查为基础，结合统计数据和相关研究，对全国博物馆展览工作发展现状、存在问题、原因及对策进行较为全面的剖析。调查对全国备案博物馆进行重点抽样，涵盖全国各地不同级别、不同体量、不同类型的博物馆，有较好的代表性。

第一节 当前中国博物馆展览的主要特点

一、总量持续增长，布局结构失衡

党的十八大以来，中国博物馆数量增长 50%，2020 年有 5788 家，其中近 90% 免费开放，县域覆盖率达到 76%，博物馆年举办展览数量、年参观人次分别增长 144%、119%。① 根据历年《中国文化文物统计年鉴》《中国文化和旅游

---

① 李群：《党领导文物事业发展的重大成就和历史经验》，《学习时报》2021 年 11 月 24 日。

统计年鉴》《中国文化文物和旅游统计年鉴》的数据统计，2012 年全国博物馆举办展览总数 11885 个，到 2016 年增长到 23109 个，数量翻了一番；到 2019 年持续增长到 28701 个（图 89）。特别是 2013 年，展览数量同比增长 41.5％，为 2012—2019 年涨幅最大，这与 2013 年博物馆数量以及藏品数量的快速增长趋势是相一致的。新冠疫情发生以来，2000 余项"云展览"集中推出，以"互联网＋"的形式向观众提供文化服务，展览新业态发展初见成效。

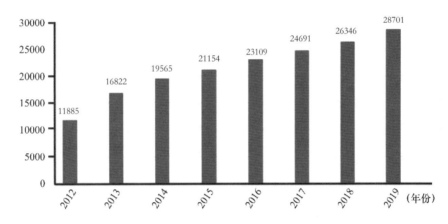

图 89　2012—2019 年全国博物馆展览数量

　　然而，不同地区、不同类别的博物馆在展览数量上表现出较大差异。从地区来看，博物馆举办展览数量受所在地区社会经济发展水平影响。东部地区展览总量最多，返回问卷的 112 家东部地区博物馆 2019 年平均举办展览 15.2 个，其中一半博物馆举办展览 13 个以上，1/4 的博物馆举办展览超过 20 个，仅 1/4 的博物馆举办展览不多于 9 个。东北地区次之，但内部差异悬殊，返回问卷的 20 家博物馆年均举办展览 12.7 个，一半博物馆举办展览超过 11 个，1/4 的博物馆举办展览超过 19 个，但同时有 1/4 的博物馆举办展览不多于 3 个。中部和西部地区博物馆举办展览数量略少，内部差异较大：返回问卷的 79 家中部地区博物馆平均举办展览 10.1 个，仅 1/4 的博物馆举办展览超过 14 个，同时有 1/4 的博物馆举办展览不多于 5 个；返回问卷的 85 家西部地区博物馆平均举办展览 11.5 个，有 1/4 举办展览超过 17 个，同时也有 1/4 举办展览不超过 6 个。总体上看，博物馆的展览数量和内部差异与所在地区的社会经济发展水平呈正相关关系，社会经济发展水平较高、产业结构多元化的东部地区，展览数量多、内部差异大，但极化现象不显著；与之相对的是，经济结构较为单一的东北地区，虽然平均举办展览数量较多，但数据呈现比较明显的极化现象。

从博物馆类别来看，艺术类和综合类博物馆举办展览最多，历史类和其他类博物馆次之，自然科学类博物馆举办展览数量较少。返回问卷的 17 家艺术类博物馆 2019 年平均举办展览 16.4 个，其中一半举办展览超过 17 个；返回问卷的127 家综合类博物馆平均举办展览 14.9 个，其中一半举办展览超过 14 个。返回问卷的 80 家历史类博物馆 2019 年平均举办展览 10.3 个，其中 1/4 举办展览超过 14 个，同时有 1/4 举办展览不到 5 个；返回问卷的 50 家其他博物馆平均举办展览 10.7 个，其中 1/4 举办展览超过 14 个，同时有 1/4 举办展览不到 5 个。自然科学类博物馆举办展览数量最少，返回问卷的 21 家博物馆平均举办展览仅 8.4 个，其中 1/4 举办展览超过 10 个。

二、常设展览推陈出新，临时展览量多质高

博物馆展览具有复杂多样的特征，不同的展览服务不同的人群，发挥不同的作用，共同组成了中国博物馆的展览结构。目前，博物馆的展览类型结构按照展期分为常设展览和临时展览，有一定规模的博物馆又会将常设展览分为基本陈列和专题展览。随着新建博物馆数量的井喷式增长和各地博物馆改扩建工程的启动，各大博物馆基本陈列和专题展览的数量和质量都有了显著提高。与此同时，临时展览以其常换常新、运作灵活、形式多样、专题性强的特点，成为各博物馆增加展览数量、优化展览结构的主要途径。稳定高质量的基本陈列和频繁更新的临时展览相辅相成，不仅提高了藏品利用率，也使得展览服务的覆盖面持续扩大。2012—2019 年，全国博物馆基本陈列数由 8230 个增加到 13844 个，增长了68.2%，且历年增长幅度都较为平稳。临时展览数量则由 3655 个增加到 14857个，翻了两番，充分体现了近年来博物馆事业的活跃程度（表 13）。

表 13　2012—2019 年全国博物馆两种类型展览数量

（单位：个）

类别	2012 年	2013 年	2014 年	2015 年	2016 年	2017 年	2018 年	2019 年
基本陈列	8230	7650	9036	9977	11321	12189	12723	13844
临时展览	3655	9172	10529	11177	11788	12422	13623	14857
总数	11885	16822	19565	21154	23109	24691	26346	28701

从当前国内各博物馆的情况来看，各大博物馆的通史类基本陈列都经历了改陈提升，馆藏丰富的大博物馆也推出了多个专题展览，展陈理念、展陈内容、展陈形式上都有所创新，补充了不少新发掘、新征集的文物，与时俱进，更好地满足了广大人民群众日益增长的文化生活需要。专题展览则是博物馆根据自身馆藏特点和优势推出的一种常设展览，与基本陈列不同，并非所有博物馆都有能力推出专题展览。中国国家博物馆常设展览被誉为"教科书式"的展览，"中国古代书画""中国古代瓷器艺术展""中国古代钱币""中国古代玉器艺术""中国古代服饰"等专题展览，在品质上并不亚于其"古代中国""复兴之路"等享誉中外的基本陈列。故宫博物院推出的专题展览有古建、书画、陶瓷、雕塑、青铜器、钟表、珍宝、戏曲、家具等，上海博物馆的专题展览分为雕塑、青铜、书法、玺印、绘画、家具、陶瓷、玉器、钱币等几大类，南京博物院有"历代雕塑陈列""历代绘画陈列""历代书法陈列"等常设展览。近年来，一些博物馆发挥地区和行业特色，也推出不少优秀专题展览，如晋江博物馆的"海天万里故园情——晋江华人华侨历史展"、大同市博物馆的"大同恐龙"、中国丝绸博物馆的"更衣记：中国时装艺术展"等。

数据显示，综合类博物馆举办临时展览的数量最多，而且每年都超过基本陈列的数量，并维持在平均约 6000 个，占所有临时展览的半数左右。2018 年临时展览的数量更是超过了 7000 个。历史类博物馆青睐于组织严谨的基本陈列，尽管近年来临时展览保持每年 3000 个左右的规模并持续增长，但整体尚未超过其基本陈列数量。艺术类博物馆的临时展览明显多于基本陈列，自然科技类博物馆的临时展览数量很少，不及基本陈列半数，其他类博物馆临时展览的增长速度赶不上其基本陈列的增长，几年来一直在 1000 个左右徘徊，还有提升的空间。

三、展览题材多样，以古代文物类和艺术类为主

基本陈列和专题展览最能体现博物馆的性质，但在推出后的较长时间内都不会有大的改动。随着观展需求的变化，临时展览以其常换常新、运作灵活、形式多样、专题性强的特点，成为各博物馆增加展览数量、优化展览结构的主要途径。调查数据显示，2019 年博物馆平均有在展常设展 4.5 个、举办临时展 7.5 个，其中一半博物馆举办临时展览 6 个以上，1/4 博物馆举办临时展览 11 个以上。作为常设展览的补充，临时展览的频繁举办有利于提升藏品利用率、增强对观众的吸引力、增进博物馆活力。

临时展览以古代文物类和艺术类展览为主。从博物馆的角度来看，艺术类博物馆举办临时展览最多，平均举办 11.3 个，一半艺术类博物馆举办临时展览超过 10 个，1/4 艺术类博物馆举办临时展览 18 个以上；综合类博物馆次之，平均举办临时展览 9.6 个，一半综合类博物馆举办临时展览 8 个以上，1/4 举办临时展览 13 个以上，远高于平均水平。从展览主题来看，全国博物馆 2019 年平均举办艺术类临时展览 3.8 个、历史文化类临时展览 2.8 个，多于上级安排展览（1.2个）、革命文物展览（1.5 个）和其他类型展览（1.9 个）。中国国家博物馆汇编的《博物馆动态 2019》收录 2019 年展览新闻涉及展览 576 个，其中以古代历史文物为主题的展览 207 个，近现当代史展览 68 个，重大主题展览 4 个，艺术类展览 125 个。[①] 由于二者数据来源和分类标准差异，各类展览的比例有所不同，但艺术类展览和历史文化类展览占多数的总体形势基本一致。2019 年全国博物馆各类展览占比如图 90 所示。

博物馆临时展览类型相对集中，与中国博物馆类别、藏品结构和从业人员专业背景具有一致性。按 2019 年统计数据，全国登记备案的 5132 家博物馆中，综合性博物馆有 1821 家，历史类博物馆 1769 家，艺术类博物馆 518 家，自然科技

---

① 王春法主编：《博物馆动态 2019》，安徽美术出版社 2020 年版，第 2—3 页。

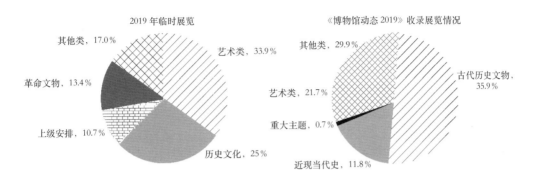

图90　2019年各类展览占比

类博物馆191家，其他博物馆833家。① 中国的综合性博物馆实际上也多以历史文物和艺术品收藏为主，为历史文化类展览和艺术类展览提供了较为丰富的藏品基础。据本次调查数据，全国博物馆工作人员2017—2019年平均有5.6人接受在职学历教育，历史学（1.9人）、文学（1.2人）、艺术（0.9人）专业的进修人员累计占总进修人员的71%以上。考虑到在职进修与工作的相关性更强，可以认为目前历史文化和艺术方向的工作在博物馆仍占据主流。历史类和艺术类展览高居首位，与中国当代艺术市场高度繁荣和博物馆馆藏文物种类有很大的关系，与博物馆的传统定位以及大众对博物馆的印象是吻合的。

四、围绕党和国家中心工作选题策展，社会影响大幅度提升

围绕国家战略和时政热点策划举办主题展览，是中国博物馆特别是国有博物馆办展的最基本面向。很多重大主题展览由于准确回应了社会需求而引发"现象级"参观热潮，广受公众好评。

2018年是马克思诞辰200周年，也是改革开放40周年，围绕这些重大时间节点举办大型主题展览是2018年博物馆展览的一大特色，引起全社会高度

---

① 中华人民共和国文化和旅游部编：《中国文化文物和旅游统计年鉴2020》，国家图书馆出版社2020年版，第276页。

关注。2018 年中国国家博物馆举办的"伟大的变革——庆祝改革开放 40 周年大型展览""复兴之路""真理的力量——纪念马克思诞辰 200 周年主题展览"三大主题展览在社会上引起强烈反响。特别是"伟大的变革——庆祝改革开放 40 周年大型展览",展览面积近 2 万平方米,是国家博物馆新馆建成以来第一次为一个展览提供全部一层展示空间,累计接待观众超过 423 万人次,成为近年来国家博物馆观众数量最多的展览,创造了国家博物馆展览的新奇迹。与此同时,其他博物馆也纷纷推出反映地方 40 年变化的展览,如在陕西历史博物馆展出的"波澜壮阔·三秦华章——陕西改革开放 40 周年成就展"、深圳改革开放展览馆展出的"大潮起珠江——广东改革开放 40 周年展览"(非博物馆举办)等,都受到了观众的广泛欢迎。

2019 年 10 月,新中国成立 70 周年,博物馆纷纷结合自身馆藏特色,推出主题展览,为国庆献礼。例如,广东华侨博物馆推出"粤侨情中国梦——广东华侨华人与新中国 70 年专题展",集中展示了新中国成立 70 年来海外侨胞、港澳同胞、归侨侨眷支持参与广东以至中国社会主义革命、现代化建设和改革开放事业的光辉历程和巨大贡献。上海博物馆少数民族工艺馆推出"花满申城——上海博物馆少数民族工艺馆新陈列",展览在原有基础上增加 14 个民族的文物,集齐 55 个少数民族,集中呈现了中国少数民族工艺文物的艺术特色和文化内涵。中国人民抗日战争纪念馆推出"华侨与祖国——招思虹暨《金山之路》读者团队和旧金山涵芬楼外楼同仁捐赠文物史料展",通过实物、报刊、战时新闻照片等,重点反映了广大华侨在抗日战争和解放战争中的爱国情怀。国家文物局主办的"跨越时空的文明对话——新中国出入境文物展览 70 年回顾"在颐和园开幕。中国地质博物馆推出"壮丽 70 年·奋斗新时代——庆祝新中国成立 70 周年矿业展",生动展现了新中国成立以来自然资源事业走过的光辉历程,展示了矿业行业实施转型升级、绿色发展的新成就,树立矿业新形象,传播矿业正能量。中国电影博物馆推出"光影抒华章　奋斗新时代"主题展。同时,庆祝新中国成立的主题展览,也成为当时外宣展览的重要组成部分。2019 年 9 月,"庆祝新中国成立 70 周年主题图片展"在哈萨克斯坦国家博物馆开幕,展览分为"中国人民站起来""改革春风里""砥砺奋进新时代"三部分,呈现了中国人民为创造美好生活进行的共同奋斗和取得的伟大成就。"庆祝中华人民共和国成立70周年大型主题联展"在孟加拉国国家美术馆开幕，联展包括"美丽中国·我们的丝路"图片展、"一路有你·携孟同行"摄影大赛获奖作品展、"用画笔讲述中国故事"孟青年艺术家画作展和第18届"我心中的中国"全孟少儿绘画作品展四部分。①

"一带一路"是习近平主席在2013年提出的国家级顶层合作倡议。"一带一路"提出后，即成为博物馆展览策划的重要主题之一，各地各级各类博物馆相继推出多层次多角度诠释"一带一路"文化精神的主题展览。2019年2月，"山宗·水源·路之冲——一带一路中的青海"在首都博物馆开展，展览以青海历史发展为主线，从农耕与游牧的大视角切入，展示青海由于地理位置的重要性所蕴含的文化特征，在展览中单列出青海与丝绸之路相关的内容，充分展示青海在"一带一路"中的地位与作用。此后，这一展览先后在青海藏文化博物院、深圳博物馆等多地巡展。3月，宁波博物馆联合新疆维吾尔自治区博物馆推出"走进西域——新疆丝绸之路文物精品展"，展品中既有青铜器，又有陶器，说明源自中原黄河流域的彩陶技术和源于西方的青铜冶炼技术在西域交汇。展品中高昌故城出土的波斯萨珊王朝银币、吐鲁番阿斯塔纳墓葬出土的五铢钱、东罗马金币等，折射出古丝绸之路上东西方经济贸易往来的繁荣景象；南北朝时期"胡王"锦记录了胡人商队往来于丝绸之路上的忙碌景象。展览还展出了佉卢文木牍、龟兹文木简、粟特文文书等，以及由唐代西州学生写就的《开元四年〈论语〉郑氏注》，反映出中原文化对西域的深刻影响。②

2021年是中国共产党成立100周年，文化和旅游部、中共中央宣传部、中央党史和文献研究院、国家发展和改革委员会联合发布了"建党百年红色旅游百条精品线路"，其中多条线路包含博物馆展览。例如，"伟大征程·历史见证"精品线路中包含中国国家博物馆、新文化运动纪念馆、李大钊故居、中国人民革命军事博物馆、中国人民抗日战争纪念馆、长辛店"二七"纪念馆等多个博物馆；

---

① 王春法主编：《博物馆动态2019》，安徽美术出版社2020年版，第703、709—710、713、720、724、704、26页。

② 王春法主编：《博物馆动态2019》，安徽美术出版社2020年版，第221页。

"不忘国耻·英勇抗战"精品线路中包含辽宁省沈阳市"九·一八"历史博物馆、本溪市本溪满族自治县东北抗联史实陈列馆、本溪市抗联第一路军西征会议遗址、本溪市桓仁满族自治县东北抗日义勇军纪念馆等;"共和国长子·新时代工业"精品线路中包含了辽宁省沈阳市沈飞航空博览园、沈阳市中国工业博物馆、沈阳铁路陈列馆等。许多博物馆围绕建党百年举办主题展览。湖南省博物馆举办大型原创展览"芳草之地　红色潇湘——湖南省博物馆馆藏革命文物专题展",以中国共产党在湖南的革命历史为主线,选取新民主主义革命时期重要党史人物的代表性文物,阐释文物的文化内涵和时代价值,解读文物背后的故事,展示"红色芳草"的革命精神和崇高品格。

五、馆际战略合作交流频繁,探索建立博物馆联盟机制

目前,馆际交流已成为博物馆举办展览的重要方式之一。调查数据显示,2019 年全国博物馆平均举办的 7.5 个临时展览中,自主策划展览 4.7 个,国内引进展览 2.7 个,即超过 1/3 的临时展览是通过国内馆际交流获取的。据此次返回的近 400 份问卷显示,超过一半的博物馆反馈了输出展览的信息。参与展览馆际交流的强度与博物馆自身建设水平、策展能力、经费情况、行业影响力和社会影响力有密切关系。从博物馆等级来看,一级博物馆参与展览馆际交流最为活跃。返回问卷的近 50 家一级博物馆 2019 年平均引进国内展览 3.9 个,其中一半引进国内展览 3 个以上;平均向国内同行输出展览 4 个,其中一半输出展览 3 个以上。从博物馆类型来看,综合类博物馆参与展览馆际交流最为活跃。返回问卷的近 100 家综合类博物馆 2019 年平均引进国内展览 3.5 个,其中一半引进国内展览超过 2 个;向国内同行输出展览 2.4 个,其中一半输出展览 1 个以上。从博物馆观众流量来看,年参观人数超过 100 万的博物馆平均引进国内展览 3.2 个、向国内同行输出展览 3.6 个,其中一半以上引进国内展览超过 2 个、输出 3 个,1/4 引进和输出国内展览 5 个以上;而年参观人数少于 15 万的博物馆平均引进国内展览仅 1.5 个、输出仅 0.9 个,其中一半以上没有参与国内展览交流。从博物馆性质来看,国有博物馆参与展览馆际交流的强度大于非国有博物馆,但非国有博

物馆对国内同行输出展览的水平高于国有博物馆。国有博物馆平均引进国内展览2.9 个，其中一半引进展览超过 2 个；输出展览 2.3 个，其中一半输出展览 1 个以上。而非国有博物馆平均引进展览仅 0.2 个，输出展览 1.1 个。根据《博物馆动态 2019》博物馆展览新闻统计判断，中国博物馆展览省际交流活跃，特别是国家级、省级博物馆较为普遍地推出巡展，一定程度上强化了地方城市文化氛围，拉近了珍贵文物与百姓的距离。

近年来，跨地域、多行业的博物馆联盟如雨后春笋般应运而生，具有区域性和国际化的特点，通过合作交流、资源整合，推进优势互补、共同发展。2009年，由甘肃省博物馆牵头，国内 23 家博物馆发起，70 余家博物馆为成员单位的中国博物馆协会"丝绸之路"沿线博物馆专业委员会成立，推出"丝绸之路——大西北遗珍展"并长期在各地巡展，取得了良好的社会效益。2019 年以来，黄河流域博物馆联盟、大运河博物馆联盟、长江流域博物馆联盟等相继成立，结合地方文化、自然资源，塑造展览品牌，形成协同文旅发展的全域产业链条。国家博物馆在展览联动中，积极倡导推动开门办馆，按照"不求所藏、但求所展，开放合作、互利共赢"的原则，与中国社会科学院、故宫博物院、京津冀三地博物馆、清华大学、吉林大学等单位以及甘肃、陕西、新疆、江苏、山东等省文化文物部门签署多项战略合作协议，联合举办展览，有序推进文物资源合作共享，促进馆藏文物活化。同时，牵头成立金砖国家博物馆联盟、丝绸之路博物馆联盟、上海合作组织博物馆联盟等国际组织，推动国际交流合作展览，努力在增强文化自信、促进中外文明交流互鉴、建设社会主义文化强国方面发挥更大作用。

六、新技术、新模式创新实践，推动展览跨界融合

随着文旅融合的不断发展，人民群众文化消费需求持续旺盛，展览的维度逐渐发生了变化，"无边界""无围墙"的展览正在打破传统展览模式，促使展览成果产生社会、文化、经济等多元效益，发挥更大的社会功能。广州地铁与当地博物馆联合举办了"指间的广州制造"系列展览，在地铁 2 号线越秀公园站台开展。2019 年 5 月，广东省博物馆与广州地铁联合主办的"指间的广州制造——

外销扇文化展"在广州地铁 2 号线越秀公园站展出。展览以广东博物馆原创展览《风·尚——18 至 20 世纪中国外销扇》为基础制作，展出内容分为四大部分，其中包括展现广州制造外销扇中精湛工艺及细节的"广州造"、介绍欧洲名媛如何使用扇子沟通的"扇中语"。2020 年 5—6 月，广州博物馆与广州地铁联合主办的"指间的广州制造——'广府旧事'通草画文化展"在广州地铁 2 号线越秀公园站展台文化长廊展出。通草水彩画是指 18、19 世纪，在当时的世界名城广州，一种承载于通草纸片上的特殊画作，多为表现当时广州的市井生活风情和珠江风貌，被誉为"东方明信片"。展览突出与观众的互动性：设置趣味打卡点，观众在观展时可与"画中人"同框，亲身感受 19 世纪广州地区的风土人情；开通"通草画微课堂"线上讲座，由广东省内唯一非遗通草画传承人为观众讲述通草画前世今生的故事；组织线上品味"通草画文化展"活动，鼓励观众参与线上互动观展。

2019 年 11 月，国家博物馆与大兴机场联合，在国际进港区域推出"文化中国"长廊，将国家博物馆馆藏精品以图片展的形式展出，展览分为古代青铜器、古代瓷器、古代绘画及古代佛造像四个展区。2020 年 12 月，第二期展示内容更新，选取"妙合神形——中国国家博物馆藏明清肖像画"和"记住乡愁——山东民艺展"两个临时展览内容，分别展示馆藏特色书画精品，从不同方面展示了明清肖像画的历史、文献与美学价值，以及中国人民在传统乡村生活中创造的丰厚的物质和精神财富，反映了山东地区传统乡村社会的生产生活面貌及蕴于其中的价值取向和审美意趣。同时，国家博物馆"文化中国"长廊第二期新增了线上互动环节。旅客们使用手机扫描二维码就可以欣赏"文化中国"长廊专题 H5，通过专题网页、虚拟展厅、短视频等多种形式，遨游云端国博，欣赏精品展览，在候机时学历史品文化。

随着新技术和信息基础设施的普及，线上展览日益成为博物馆展览的新形式，受到许多博物馆的重视。据调查，超过 84% 的博物馆认为"线上展览代表未来发展方向，要大力发展"，8% 的博物馆认为"线上展览是应对疫情的一时之策，未来不明朗"，仅不到 3% 的博物馆认为"线上展览不如线下体验精彩，不考虑发展"。不同类别的博物馆对线上展览的预期大体相似，历史类博物馆、综合类博物馆和其他类（含专题）博物馆对线上展览持乐观预期的比例分别为87.6%、84.5%和87.9%，艺术类博物馆和自然科学类博物馆对线上展览持乐观预期的比例稍低，分别为78.3%和79.3%。国有博物馆对线上展览的信心远高于非国有博物馆：近87%的国有博物馆认为线上展览代表未来发展方向，持此看法的非国有博物馆仅有不到67%；仅2%的国有博物馆不考虑发展线上展览，持此看法的非国有博物馆则超过8%。

2020年以来的新冠疫情加速了线上展览的发展。据调查，2020年上半年博物馆普遍执行闭馆措施期间，全国博物馆平均举办线上展览3.7个，一半博物馆举办至少1个线上展览，1/4博物馆举办3个以上线上展览。从博物馆性质来看，国有博物馆在疫情期间举办线上展览数量远多于非国有博物馆。国有博物馆平均举办线上展览4个，非国有博物馆仅1.3个；一半国有博物馆举办至少1个线上展览，而仅1/4的非国有博物馆举办了1个以上的线上展览。这或许与国有博物馆承担更多公共文化服务职能有关。从博物馆类别来看，综合类博物馆是举办线上展览最多的博物馆，平均举办线上展览6.9个；艺术类次之，平均举办线上展览4个；自然科学类博物馆举办线上展览最少，平均举办线上展览仅1个。

结合举办线上展览所需条件，可以推测，举办线上展览的数量及对线上展览发展前景的预期，与博物馆藏品类型、技术水平和综合发展水平呈正相关。从藏品类型来看，藏品类型集中、形态相对单一的博物馆，对数字化技术要求相对有限，完成线上展览的前期成本更可控；而藏品类型丰富、形态多样的博物馆，完成藏品数字化面临较大压力，举办包含不同种类文物的线上展览成本较高。从博物馆综合发展水平来看，综合类博物馆通常具有一定的办馆规模、职能部门配置比较默契，特别是可能有比较完整的信息化部门，有利于发展需要多领域协作完成的线上展览。2020年1月下旬，全国博物馆在疫情防控紧急状态下普遍宣布闭馆，同时，以国家博物馆为代表的一批线上传播基础较好的大型博物馆开始推出"云游"博物馆线上传播服务，并逐渐成为常态化服务项目。到2021年5月，新浪微博"国博邀您云看展"话题阅读量累计达到1.7亿次，讨论量1.6万次；中国文博、新浪旅游、文博头条、微博文博等联合发起的"云游博物馆"超级话题累计阅读量超过 6 亿次，讨论量近 16 万次；"博物馆奇妙漫游"累计阅读量 3.3 亿次，讨论量超过 42 万次；"云游全球博物馆""博物馆说"等话题的阅读也超过 1000 万次。2020 年 4 月，国家博物馆联合中国空间技术研究院推出"永远的东方红——纪念'东方红一号'卫星成功发射五十周年云展览"，展览基于 5G 技术，是国家博物馆制作的第一个无实体的线上展览，展览开幕当天进行 1.5 小时的开幕式 5G 直播和专家讲解，在 9 个平台 22 个直播间共吸引 1780 万观众，媒体纷纷聚焦报道，获得社会广泛关注和强烈反响。

七、立足博物馆定位和馆藏资源，构建特色展览系列

随着博物馆策展能力的提升，在充分挖掘馆藏资源的基础上，围绕博物馆特色或特定主题组织系列展览，成为当前博物馆展览的一种新现象。以此为基础，展览品牌的构想和实践端倪初现。目前展览系列化主要有三个方向。

一是主题导向，即围绕周年、纪念日、节日庆典等特定节点，组织一系列题材内容形式各异的展览。例如，从 2019 年 9 月起，国家博物馆围绕新中国成立 70 周年这一重要节点，举办了一系列主题展览。其中有以馆藏文物和艺术品为主题的"屹立东方——馆藏经典美术作品展"，也有与相关单位联合举办的"回归之路——新中国成立 70 周年流失文物回归成果展""书影中的 70 年——新中国图书版本展"等专题展览，从不同角度表现新中国成立这一重大主题。无独有偶，2019 年底，故宫博物院公布了围绕 2020 年紫禁城建成 600 周年这一关键时点，计划举办的一系列主题展览，题材内容涵盖古代建筑、专题书画、古代器物和中外文明交流互鉴等方面。其中既有展示紫禁城建筑营造、修缮、改造、保护历程的主题展"紫禁城建成 600 年展"，也有充分发挥馆藏资源优势，满足观众文化需求的"往昔世相——故宫博物院藏古代人物画展""千古风流人物——苏轼主题书画特展"等，还有体现 18 世纪中国与欧洲文化交流的"中国与凡尔赛展"。虽然受 2020 年特殊客观环境影响，最终举办的只有"丹宸永固——紫禁城建成六百年"展和"千古风流人物——故宫博物院藏苏轼主题书画特展"两个展览，但其在展览策划方面体现出的系列化思想

已经较为明朗。

二是馆藏导向，即以特色馆藏为基础，围绕同一主题内容举办系列展览，此类展览通常规模较小，特色鲜明，需要相互结合才能完成对特定主题的完整展示，同时在时间上往往以陆续推出的方式组织，构成博物馆"常看常新"的重要基础。此类展览早有实践探索，如故宫博物院武英殿书画馆自 2008 年起陆续推出 9 期"故宫藏历代书画展"，为适应书画类文物对环境的要求，每年只在 4—11 月展出，每期展示两个月。到 2016 年已展出超过三轮。"故宫藏历代书画展"结构固定，以时间为序，分为"晋唐宋元""明""清"三部分，每期展览只更换展品，不调整结构。虽然这一系列展览的设计基本满足对书画类文物的保护需求，但以馆藏优势资源为基础组织系列展览已形成较为成熟的实践模式。2020 年，沈阳故宫博物院按照季节变化，次第推出"春色满园""夏香远溢""秋声无尽""冬雪妖娆"馆藏四季景色书画展，在同类型、同主题馆藏文物的基础上，进一步提炼特色，体现了此类策展思路的发展和完善。

三是征集导向，将展览与特色藏品征集相结合。以举办展览的形式扩大博物馆影响力，成为博物馆拓展藏品征集渠道的一种重要方式。2019 年 5 月，中国华侨历史博物馆首次以玩具为主题举办展览，展览在策划阶段发起了"我与玩具的故事"主题征集活动，收到许多老华侨捐赠的玩具藏品和老照片。2018 年，辽宁省博物馆策划推出"当代海外华人名家书画系列"展览项目，以此吸引海外文化艺术资源回流，实现部分藏品征集。2019 年 8 月开展的"云水双绝　裂罅无俦——傅狷夫书画作品展"是该项目的第二个展览，展出的近 200 件作品部分来自海外，部分来自浙江美术馆，展览开幕式上，傅狷夫子女向辽宁省博物馆无偿捐赠傅狷夫遗作 20 幅；12 月开展的"天地有情　万物吾与——郑月波绘画作品展"是该项目的第三个展览，展览结束后，郑月波家属向辽宁省博物馆无偿捐赠郑月波立足中国传统水墨画基础上的创新作品——以中国传统的十二生肖创作的隔纸画《十二生肖》一套 12 件。

第二节　博物馆展览发展面临的主要问题

近年来，党和国家高度重视博物馆工作，博物馆事业也取得了突破性的进展，但是展览的发展与人民日益增长的美好生活需要仍有一定差距。

一、展览发展不均衡，供需矛盾突出

根据前文调研情况分析，中国博物馆展览供给因地域分布、层级规模、群体不同存在较大差异，呈现出不均衡的特点。展览数量的快速增长和质量水平的发展集中在博物馆大省及各省的大型博物馆，数量庞大、服务覆盖面更广的中小博物馆由于馆藏文物、科研、人才等资源不足，举办的展览绝对数少、策展水平比较有限。从地域分布来看，2015—2019 年文化和旅游部的统计年鉴数据显示，2015—2019 年，连续五年举办展览在千个以上的省有 6 个，分别是江苏、浙江、山东、河南、广东、陕西，其中以山东举办展览数量最多，这与各省博物馆数量呈正相关。相比之下，举办展览相对较少的省（自治区）为西藏、青海、海南、宁夏、贵州、新疆等地。从博物馆层级规模来看，大型博物馆和基层中小型博物馆的差距逐渐拉大。2016 年，隶属中央的 3 家博物馆举办了 35 个基本陈列展和 74 个临时展览，平均每家博物馆举办约 25 个临时展览；而隶属县(市、区）的博物馆有多达 3000 余家，但当年仅举办了 6525 个临时展览，平均每家博物馆 2 个。从群体来看，基层群众对展览的需求呈上升趋势，而当前针对老人、少年儿童、边疆民族地区群众等的展览资源相对较少，展览针对性不强。如何逐步提高博物馆整体的展览水平，解决"大型博物馆一票难求，小馆无人问津""大型博物馆无处可展，小馆无物可展"等问题，是当前博物馆事业全面平衡发展中面临的难题。潮水式发展造成展览资源配置扭曲，相对于宏伟的博物馆建筑和动辄面积过万平方米的展厅资源，展览的服务能力发展滞后，办展的随机性较强，无法真正聚焦自身的功能、价值及定位，有效满足人民群众对公共文化产品的需求。

二、展览质量参差不齐，策展理念有待更新

随着"博物馆热"的持续升温，各博物馆在策划原创展方面尽量突出馆藏特色，但从整体来看，仍然存在类型主题单一、研究能力较弱、吸引力不足等问题，甚至有个别展览出现过展假、造假、史实有误等负面舆情。主要表现在：一是展览策划以"藏品"为中心，展品选择以"猎奇""晒宝""借宝"为主，刻意追求展品的高规格，造成文物历史"两张皮"，缺乏学术研究基础，忽视文物价值的挖掘和阐释，没有形成"讲故事"的叙事理念。二是展览主题既守旧又跟风，固守某一品类、材质、地域或人物，书画展、周年展以及捐赠展仍是多数博物馆经常举办的展览类型，缺乏展览的独特价值，其中尤以书画展为最。据不完全统计，故宫博物院、首都博物馆、天津博物馆等20家一级博物馆中超过半数的博物馆在2019年举办过馆藏书画展，共举办22个，占总数的1/3。① 三是展览设计精细化不足，区分度不高。空间设计缺乏层次，对于"柜""龛""台"等展示用具的设计缺乏整体观念；平面设计缺乏文化内涵、文字量没有统一标准；灯光设计与文物不匹配，影响观众参观。四是举办临时展览的主要方式为引进国内外成熟展览，原创力不足。公开数据显示，国内外交流展已经成为博物馆临时展览的主要组成部分，其中国内交流引进展占一半以上，而基于馆藏研究并自主策划的原创展数量略显不足。五是大型博物馆和基层中小型博物馆之间的差距正在逐渐拉大，大型博物馆可以充分利用博物馆发展红利，挖掘馆藏资源优势，搭建交流平台，举办高水平展览，而一些中小型博物馆由于自身不具备办展能力，出现将展览项目全盘外包给公司的现象。

---

① 此统计系笔者根据浙江省博物馆、故宫博物院、河北博物院、南京博物院、天津博物馆、吉林省博物院、首都博物馆、山西博物院、湖南博物院、黑龙江省博物馆、甘肃省博物馆、安徽博物院、陕西历史博物院、宁夏固原博物馆、山东博物馆、辽宁省博物馆、上海博物馆、四川省博物院、云南省博物馆、湖北省博物馆的公开信息进行整理统计，能够在一定程度上反映中国大型博物馆的展览特点。

三、展览与观众对话程度不够，社会参与度与预期存在差距

2008 年以来，中国国有博物馆开始实行免费参观。免费政策鼓励公众参观，使博物馆的观众流量大幅度增长，提高了博物馆公共文化服务的普及程度。但值得注意的是，由于相当一部分观众在免费政策的鼓励下来到博物馆参观，参观人数对于展览本身的吸引力而言不再是有说服力的测评指标，免费参观政策在一定程度上模糊了观众对展览质量的评价反馈。

前述博物馆对本馆展览的自评虽有一定的随意性，但仍表现出一定的差异性，如超过 16% 的博物馆承认本馆藏品利用率不高，超过 25% 的博物馆认为本馆展览的学术基础不够扎实。但在观众对展览的评价问题上，返回调查的博物馆表现出高度的一致性，超过 96% 的博物馆认为本馆展览很受群众欢迎或比较受欢迎，不到 3% 的博物馆认为本馆展览水平一般，但原因是"更新缓慢或长期不更新"，只有 0.8% 的博物馆认为本馆展览水平一般的依据是"不太受欢迎"。换言之，虽然不同博物馆对本馆展览水平的自我评价有所参差，但在"受观众欢迎"这个维度上，全国博物馆不论区域、类别、性质和等级，达成了空前的一致。

甘肃省博物馆在 2017—2018 年连续两年开展了较大规模的观众调查，在针对常设展的观众总体评价中，60% 的观众对"丝绸之路文明展"印象深刻，49.5% 的观众对"甘肃彩陶"印象深刻，46% 的观众对"古生物化石展"印象深刻，40% 的观众对"庄严妙相——佛教艺术展"印象深刻，26% 的观众对"红色甘肃——走进一九四九"印象深刻。[①] 在调查涉及的 5 个常设展中，只有 1 个令半数以上接受调查的观众感到印象深刻。2019 年，辽宁省博物馆针对"又见大唐"展览开展专项观众调查，共计回收问卷 2180 份，其中近 60% 的观众对展览表示满意，99% 以上的观众表示愿意推荐亲朋好友来参观，但只有不到 49% 的观众表示自己愿意再次来参观。[②] 两项微观调查的数据，与全国博物馆自评展览超过 96% 的

---

① 时兰兰：《大数据收集与统计：博物馆免费开放的利弊可视化——以甘肃省博物馆免费开放观众调查为例》，《博物馆研究》2020 年第 1 期。

② 康宁、盛宸霏：《辽宁省博物馆"又见大唐"展览观众满意度问卷调查报告》，《辽宁省博物馆馆刊》2019 年刊。

受欢迎率相去甚远。可以认为，在免费开放政策下，观众对博物馆展览水平的反馈非常模糊，难以起到促进博物馆提升展览水平的作用。

从展览评价方面看，目前已知具有一定公信力的展览评价活动仅有全国博物馆十大陈列展览精品推介一项。该活动始于 1997 年，由中国博物馆协会和中国文物报社主办，受国家文物局指导，为行业系统内展览评价项目。调查数据显示，2017—2019 年，曾有展览获得推介的博物馆不到 8%，超过 92% 的博物馆无缘展览荣誉。这一比例在不同地区差异不明显，在不同类型博物馆中有所体现，与博物馆级别显著相关，获得展览推介最多的是综合类博物馆。2019 年，全国博物馆在展基本陈列 13844 个，举办临时展览 14857 个；而 2020 年国际博物馆日揭晓的 2019 年全国博物馆十大陈列精品推介入围展览，尽管分设特别奖、优胜奖、国际及港澳台合作奖、国际及港澳台合作入围奖等多个类别以增加获得推介的数量，实际颁出 29 项奖（表 14），但相较于当年全国展览的数量而言，仍然微不足道。获得推介的概率如此之低，以至于根本不可能对展览工作团队形成激励。

以 2019 年为例，获得精品奖和优胜奖的展览，多为所在博物馆基本陈列展或专题陈列展，属于集一馆之力举办的大型展览，受所在博物馆馆藏基础、办展方向、资源支持力度等综合条件的影响显著。获奖名录仅列出展览所在博物馆，而不列策展人，可见办展主体仍以馆论，集体工作的特点较为突出，主要专家或主要负责人在其中的作用不明确。一方面，由于推介活动定位的关系，大型博物馆、热点、国宝级文物等因素在其中发挥重要作用，展览获得推介的可能极小，博物馆对此的期待值较低；另一方面，办展主体较为模糊，展览荣誉与博物馆荣誉混同，业务特点不明确，限制了展览人才的发展和展览业务水平的提升，难以实现鼓励展览内容多元化发展、形式多样化创造的作用。

表 14　2019 年全国博物馆十大陈列展览精品推介

特别奖	大美亚细亚——亚洲文明展（中国文物交流中心）为新中国奠基——中共中央在香山（香山革命纪念馆）纪律建设永远在路上——中国共产党纪律建设历史陈列（武汉革命博物馆）

续表

精品奖	浙江自然博物院安吉馆基本陈列（浙江自然博物馆） 百年风华——重庆工业发展史（重庆工业博物馆） 多彩贵州——民族文化陈列（贵州省博物馆） "和合承德"清盛世民族团结展（承德博物馆） 瓷业高峰是此都——景德镇瓷器、瓷业与城市发展史陈列（景德镇中国陶瓷博物馆） 江汉泱泱　商邑辉煌——盘龙城遗址陈列（盘龙城遗址博物馆） 平天下——秦的统一（秦始皇帝陵博物院） 传媒行业与传媒教育发展历程展（中国传媒大学传媒博物馆） 画屏：传统与未来（苏州博物馆） 华夏第一王都——二里头夏都遗址博物馆基本陈列（二里头遗址博物馆）
优胜奖	天津国家海洋博物馆基本陈列（天津国家海洋博物馆） 大哉孔子（孔子博物馆） 灼烁重现——十五世纪中期景德镇瓷器大展（上海博物馆） 大海道——"南海1号"沉船与南宋海贸（广东省博物馆） 山宗·水源·路之冲——一带一路中的青海（首都博物馆、青海省博物馆） 海市蜃楼——17至20世纪中国外销服饰艺术展（杭州工艺美术博物馆） 又见大唐（辽宁省博物馆） 江河源人类史前文明（青海柳湾彩陶博物馆） 朔色长天——宁夏通史陈列（宁夏回族自治区博物馆） 湖湘文化专题陈列（湖南省博物馆） 熊猫时代——揭秘大熊猫的前世今生（重庆自然博物馆） 伟大长征　辉煌史诗——纪念中国工农红军长征胜利80周年展览（延安革命纪念馆）
国际及港澳台合作奖	世界巨匠——意大利文艺复兴三杰（南京博物馆） 三星堆：人与神的世界——四川古蜀文明特展（四川广汉三星堆博物馆）
国际及港澳台合作入围奖	秦始皇——中国第一个皇帝与兵马俑（陕西历史博物馆） 丝绸之路上的文化交流——吐蕃时期艺术珍品展（敦煌研究院）

四、展览主题与新技术手段运用有机融合不足，文化思考有待深入

展览与新技术的融合，在视觉维度上充分扩展了传统实体展览的空间和时间，为博物馆展览展示带来了更多的可能，尤其是将数字技术运用于实体展览中的设计理念，已成为近年来众多博物馆举办新展览或修改基本陈列时新颖的

展陈方式。调查数据显示，触摸屏、二维码和智能导览是全国博物馆展览中运用最广泛的互动体验方式，覆盖率分别为 75.8%、63.2% 和 58.1%；虚拟现实 / 增强现实、沉浸式体验和数字展厅等技术运用较为有限，仅能覆盖 30% 左右的博物馆展览。

虚拟现实 / 增强现实技术和沉浸式体验的运用程度，与博物馆类型密切相关，在自然科学类博物馆中运用最多，覆盖率分别高达 63% 和 40.7%；而在艺术类博物馆中运用最少，覆盖率均为 22.7%；历史类博物馆对这两种技术的运用也低于平均水平，覆盖率分别为 26.4% 和 27.4%。由此不难看出，当前特定技术的适用范围，与展览内容和展品类型密切相关。虚拟现实 / 增强现实和沉浸式体验的技术运用与自然科学类展览的结合有较为清晰的实现路径，而与历史类、艺术类展览的结合面临困难，有效方法尚待探索。

数字展厅是调查列出运用覆盖率最低的新技术，平均应用率仅 27.2%。与虚拟现实 / 增强现实和沉浸式体验相反的是，数字展厅在自然科学类博物馆中的运用最少，覆盖率仅为 18.5%；而在综合类、艺术类博物馆中运用较多，覆盖率分别达到 31.5% 和 27.3%。数字展厅的应用率与博物馆等级和规模呈明显正相关，超过 40% 的一级博物馆和近 30% 的二、三级博物馆应用数字展厅技术，而未定级博物馆的应用率不到 20%。年参观人数 100 万人次及以上的博物馆应用数字展厅的比例高达 40.4%，年参观人数在 40 万（含）—100 万人次的博物馆为 27.3%，年参观人数在 15 万（含）—40 万人次的博物馆为 22.9%，而年参观人数不到 15 万人次的博物馆仅为 18.6%。

总体而言，由于缺乏深入的研究和探索，新技术运用往往流于表面，触摸屏、二维码和智能导览等以传统展陈形式为基础的新技术在博物馆展览中应用较为普遍，趣味性和娱乐性不强。而虚拟现实 / 增强现实、沉浸式体验和数字展厅等对传统展陈形式有一定替代性的新技术在博物馆展览中应用有限，且在运用中多停留在"炫""潮""酷"的感官刺激层面，淡化了展览本身的表现力，在内容和形式设计上都缺乏创新思维，导致展览难以呈现藏品的丰富形态，对展品信息解读不充分、缺创意。

五、展览输出与大国地位不符，缺乏全球化视野

与活跃的国内馆际交流展览相比，全国博物馆参与国际展览交流的程度较低，特别是展览输出能力较弱，博物馆在讲好中国故事、传播好中国声音的当代使命中严重缺位。调查数据显示，全国博物馆 2019 年平均引进国际展览仅 0.3 个，输出国际展览仅 0.2 个，超过 3/4 的博物馆没有参与国际展览交流。从博物馆类型来看，综合类博物馆参与国际展览交流最活跃，返回问卷的综合类博物馆有 1/4 参与了展览国际交流，平均引进国际展览 0.4 个、输出国际展览 0.2 个；艺术类博物馆平均引进国际展览 0.7 个，但输出展览仅 0.1 个。从博物馆级别来看，一级博物馆参与国际展览交流最多，有 1/4 的一级博物馆参与了国际展览交流，分别引进和输出了 1 个以上的国际展览。从博物馆观众流量来看，年参观人数超过 100 万人次的博物馆参与国际展览交流最多，其中 1/4 分别引进和输出了 1 个以上的国际展览。

随着中国国际影响力的提升，在国际上讲好中国故事、传播中国声音的要求空前强烈。以围绕"一带一路"主题展览为例，自"一带一路"提出以来，全国各地博物馆围绕"一带一路"这一主题策划举办的展览数量众多：2017 年，故宫博物院主办的"紫禁城与海上丝绸之路"展览，国家文物局在香港历史博物馆主办的"绵亘万里——世界遗产丝绸之路"展；2018 年，中国航海博物馆展出的"CHINA 与世界——海上丝绸之路沉船与贸易瓷器大展"，国家博物馆展出的"无问西东——从丝绸之路到文艺复兴"展；2019 年，敦煌研究院保护研究陈列中心展出的"丝路秘宝——阿富汗国家博物馆珍品展"。还有各地博物馆举办的"锦衣罗裙——京城西域传统服装联合展""人与神——古代南方丝绸之路文物精华展""海陆丝绸之路与瓷器运销""丝绸之路上的神秘王国——西夏文物精品展"等。尽管博物馆行业在服务国家战略方面作出了巨大努力，策划举办了一系列优秀展览，但相关展览的输出强度远远不够。2014 年，在中国常驻联合国代表团和福建省人民政府的共同努力下，福建博物院承办的"中国·海上丝绸之路文物精品图片展"在纽约联合国总部大楼开幕。尽管展览仅以图片形式呈现，但这一展览已经是近年来唯一的博物馆通过中国文物交流中心以外的政策途径输出的"一带

一路"相关主题展览。

展览输出的严峻性与展览输出的政策性约束有很大的关系。博物馆展览对外输出需经中国文物交流中心统筹协调，按中国文物交流中心官方网站公布信息，根据国家文物局相关规定，出境文物展报国家文物局审批应提供立项报告（省、区、市文物局〈文化厅〉公函，含展览时间、地点、展品件数、一级文物件数、人员、费用等），并附相关材料。这些报批材料包括文物出境展览展品申报表、文物出境展展品汇总登记表、文物出境展结项备案表、协议草案、展品目录、展品单项估价。手续繁复、程序僵化，博物馆在其中的自主性受到较大的制度约束，积极性、主动性也因此有所不足。同时，对外输出展览涉及文物出境，运输和安保压力大，展览过程中面临各种层面的风险，而相应的兜底保障措施尚未完善。一旦发生意外事故，提供展品和策划展览的博物馆将承担无限责任。在这种情况下，博物馆难免抱有"不求有功但求无过"的心态，在对外输出展览方面缺乏积极性。

第三节　结论与政策建议

展览是博物馆藏品与观众连接的基本方式，是博物馆保管、研究、设计等综合水平的体现，也是教育、传播、文创等工作开展的基础。随着中国博物馆事业的快速发展，全国博物馆总体上举办展览数量可观，在满足人民群众文化需求方面作出了应有贡献，年均举办展览超过 13 个，其中临时展览占到半数以上。尽管存在一定地区、类型差异，如东部地区举办展览数量较多、中西部和东部地区举办展览数量相对较少，艺术类博物馆、综合类博物馆举办展览数量较多，其他博物馆举办展览数量相对较少，但展览馆际交流活跃。而展览馆际交流呈现较为明显的方向性，即临时展览从规模较大、等级较高、参观人数较多的博物馆向规模较小、等级较低、参观人数较少的博物馆输送。这在一定程度上促进了公共文化资源均等化建设。

"十三五"规划实施以来，博物馆充分发挥优秀陈列展览的引领作用，打造出一批优秀精品展览，博物馆展览主题与国家战略和时政热点结合紧密。2013年以来，以"一带一路"为主题的展览逐渐增加；2019年，围绕新中国成立70周年这一主题，全国博物馆举办了一系列各有特色的展览；2021年，在中国共产党成立100周年之际，全国博物馆也纷纷举办相关主题展览，博物馆展览主题向国家战略和时政热点的集中，体现了博物馆的意识形态属性。线上展览发展迅速，展览的边界日益延展。部分博物馆的展览呈现出一定的系列策划思想，综合性、品牌化的陈列展览产品建设初见端倪。

在博物馆展览总体蓬勃发展的同时，也存在一些问题。从宏观角度看，当前大型博物馆与基层中小博物馆之间的差距正在逐渐拉大，展览的社会作用发挥不充分，展览评价机制不完善，展览奖项设置不足，展览国际交流受到较为严格的制度约束，文物出境展览手续烦琐，展览内容出国出境审查制度缺失，极大限制了博物馆在国际上讲好中国故事、传播中国声音的作用发挥；从微观角度看，博物馆重建设轻管理、重数量轻质量、重形式轻内容等问题造成的影响也日渐突出，策展思路单一，策展能力与建设文化强国目标不相称，新技术在展览中的应用有限，观众对展览质量和水平的反馈较为模糊，都是限制博物馆展览水平提升的因素。

根据调查数据，当前博物馆倾向于将制约展览发展的原因归结于客观条件。超过80%的博物馆认为，制约展览水平提升的最主要因素是经费不足，超过30%的博物馆认为展品不充足和缺乏场地，仅22%的博物馆认为是主要原因是没有好的策展人，约16%的博物馆认为是展览设计水平和办展创意不足。由于经费、展品和场地因素在一定时期内是难以发生根本改变的客观条件，而策展人、展览设计水平和创意是有较强主观能动性的因素，可以认为，当前博物馆倾向于认为制约展览水平的原因存在于外部。其实，面对展览工作发展中存在的诸多问题，博物馆更需要的是扭转自身认识偏差，站在融合发展的背景下，把办好展览作为立身之本，强本领、补短板，以策展能力提升为抓手，提高展览专业化水平，用高质量展览回馈社会和观众。

一、统筹规划，促进展览均衡发展

从顶层设计角度讲，博物馆展览要遵循"以需求为导向""供需结合"的指导性原则合理配置资源，力求在健全普惠均等的博物馆公共文化服务体系下，运用文旅融合、乡村振兴、文化扶贫、研学教育等发展手段，创建协同创新的展览模式，但不同区域、层级、类别的博物馆在基础和底蕴方面的差异是长期存在的老问题：一是展览资源和支持力度不同。占据中国博物馆主体地位的国有博物馆属于公益性事业单位，经费均来自上级主管单位的拨付，正常运行经费列入国家本级财政预算，由于各地区经济发展水平、政府支持力度、差异的客观存在，对展览的财政支持力度差距明显，中西部地区特别是经济欠发达地区的展览经费存在较大缺口。二是体制机制限制，导致展览自主权相对较低。在调研中发现，由于前期科学论证机制缺位、后期运营管理滞后、博物馆多头管理等问题，许多县（市、区）级的小型博物馆重建设轻管理，成为典型的"交钥匙工程"，基本陈列一展到底，更不要提举办临时展览，致使博物馆建成后，时间不长就门可罗雀，鲜有问津，不仅没有发挥当地文化传播中心的职能，也造成较大的资源浪费。三是人员编制问题。随着文化事业大发展大繁荣，很多地区博物馆面积成倍增长，展览数量呈几何级数增加，但人员编制无法随着服务面积、展览项目、观众数量的增加而增加，很多县（区）博物馆甚至未设专职展览人员，展览工作对社会公司的依赖度过高。

解决老问题需要新办法，一是行政主管部门从大局出发，为博物馆举办展览提供有效的机制化的政策法规支持，特别是对博物馆藏品流动的支持，盘活藏品资源，进而积极引导和推动各地区精品展览的流动。二是创新政府支持形式，增加博物馆展览自主权。推动展览市场化改革试点工作，鼓励社会力量参与展览，探索从传统模式下依赖政府财政支持，到以财政为保障，鼓励社会资源参与展览的多元化格局转变，构建参与广泛、形式多样、管理规范的社会动员机制。三是发挥龙头大型博物馆的示范带头作用，开展对口扶持，探索围绕区域、行业文化建立研究—收藏—展示的策展工作模式，同时加强对基层博物馆、行业博物馆、非国有博物馆的规范和扶持力度，优化展览布局。四是博物馆行业构建双向交流平台，采取博物馆联盟、战略合作、流动展览等多种方式，形成集群效应，促进各级博物馆的展品、展览流动起来。五是不同层级的博物馆的展览要由"全"至"精"，根据各馆实际和区位优势，提高展览质量和供给效率，不求洋求全求大，但求特色鲜明、服务大众。

二、权责清晰，实行严格意义上的策展人制度

随着国内展览事业的快速发展，展览工作走向策展时代，中国博物馆要主动迎接制度变革，探索建立具有中国特色的策展人制度，赋予策展人相应的权利，明确策展人应承担的责任，将策展的主动权真正交给策展人，打开博物馆的大门和专业屏障，打造更具特色的原创展览，提升整体展览水平，避免因部门分割、权责不明导致展览效率低下、质量不高的问题。但目前策展人制度在全国博物馆的实行率很低。调查数据显示，仅 16.3% 的博物馆实行策展人制度。从博物馆类别来看，实行策展人制度比例最高的是艺术类博物馆和综合类博物馆，比例分别为 21.3% 和 21.7%，而实行策展人制度比例最低的自然科学类博物馆，仅为 6.7%（图 91）。从博物馆级别来看，实行策展人制度最普遍的一级博物馆，策展人实行率也不过 32.3%。而在实行策展人制度的博物馆中，策展人数量也十分有限，与举办展览数量极不相称。返回数据的 54 家实行策展人制度的博物馆，平均有策展人不到 8 人，其中 1/4 仅有 1 名策展人。策展人制度在实施过程中也

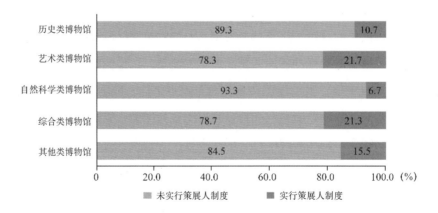

图 91　策展人制度在全国各类博物馆实行比例

面临许多现实问题。如策展人制度与固有的行政体制冲突，难以落地。策展人往往陷入有名无实、有责无权的境地，或没有相应的权限调动策展所需资源，或需要依靠学术地位、行政岗位等固有权威协调策展资源。

策展人制度的优势在于其业务主导性和专业导向性，策展人围绕展览业务统筹跨部门合作，专业研究能力受到尊重，同时垂直管理体系可以使工作更加具体、高效。这不仅是人才政策，更是博物馆领域一场深刻的体制机制变革。2011年，国家文物局印发的《博物馆事业中长期发展规划纲要（2011—2020年)》中指出要"建立策展人制度，建立陈列展览设计、施工单位资质管理制度。强化学术研究对陈列展览的支撑"。针对目前国内策展人制度缺失、策展专业不完整、策展理念较传统、策展制度流程待完善、策展能力不全面等问题，需要继续推动策展人制度在实践中探索和完善，并加强相关配套措施的研究。一是推动建立严格意义上的策展人制度。从国内博物馆建设策展人制度的现实需求，结合中国博物馆内部职能机构划分，分级、分类设立策展人岗位，明确其职责定位，充分发挥策展人策展的积极主动性，畅通策展人办展渠道，构建准入准出的良性循环机制。二是各级博物馆要围绕策展人建立成熟的展览体制，加强规章制度精细化。从源头抓起，提早开展展览申报、避免仓促策展、学术支撑不足，建成以展览团队为主导，藏品、科研、管理、服务等各部门协调一致的展览工作体系，并同时推进与策展人制度相关的配套规章制度，让策展人能够专心于展览内容。三是推动建立多元化的策展方式。广泛吸收社会资源，广纳社会智慧，发挥博物馆常设策展人作用，鼓励发挥专业特长利用馆藏资源策划主题展览，逐步推行双策展人或引进独立策展人等制度，充分调动策展人的积极性、主动性和创造性。

三、夯实基础，持续推动策展能力提升

策展能力是博物馆的核心竞争力。在博物馆高质量发展的要求下，展陈工作应从注重展览数量、规模的快速增长，转向注重增长的可持续性和效益性，以策展能力提升，达到盘活展览存量，提高展览增量质量。一是要转变策展理念。在创新、协调、绿色、开放、共享的新发展理念引领下，使展览主题切入角度更加

新颖，内容设计纵横交织，提高展览内涵的延展性，改变过去围绕以"物"为中心的展览模式，向注重以"人的教育"为核心的方向转变，创新展览叙事方式，学会讲好中国故事，吸引观众听故事。二是用学术研究将藏品和展览连接起来，促进优秀学术成果转化为展览。在内容设计中注重"释展"，探索"菜单式"选题等方式，在观众兴趣点和专业学术知识之间找到关联点，阐释展览背后的主题文化，切忌展览当书写，既需用简明的语言传达展览的学术思想，也要为展示空间设计和平面设计提供文化阐释。三是提高形式设计能力，确保展览设计符合展览初衷。在空间设计方面，要吸收国内外展陈设计先进理念，着力实现"立"起来、"动"起来、"满"起来的博物馆展陈设计新理念；平面设计方面，要确保设计能够准确表达展览主题，生动展示展览内容，凸显鲜明的展览特色，杜绝设计同质化、平庸化、模式化的问题，满足观众的审美需求；灯光设计方面，要在确保展品安全的基础上，通过照明设计营造空间氛围，增添观展趣味性，塑造艺术效果，提升展品关注，丰富空间层次，提高观展质量。

人才是策展能力提升的第一要素，是展览工作实施的关键。受博物馆人事、财务等方面的限制，展览人才流失较为严重，人才培养机制尚不成熟，内发动力不足。目前展览从业人员的学历水平有所提升，但能力水平有待培养和提高。一是缺乏高水平领军人才，从业人员能力不全面。策展人是策展团队的核心，应该是在研究专家的基础上，了解设计、教育、开发等各方面知识，具备决策、组织、沟通、激励等管理能力，但目前策展人培养后劲严重不足，高层次专业人才面临断代或跳槽。二是展览工作流程僵化，内部壁垒重重。长期以来的行政管理模式，以及滞后的规章制度，严重影响了展览团队的创新活力和发展动能。三是人才存在结构性失衡，培养和激励机制缺失。策展人和优秀展览团队的培养需要长期的培训和岗位锻炼，但目前国内高校尚未建立针对策展人的课程设置、实践学习，业界缺乏资格认证、职级晋升、奖惩等的配套制度，相比科研院所和高校，博物馆展览岗位缺乏吸引力。为破解上述问题，需要采取培养和激励相结合的方式：一是以"项目＋人才"的培养方式，实施复合型人才能力提升计划，不断改善展览工作学习条件，为策展人开展研究、学习深造、研修交流搭建平台，提升其专业和管理水平；二是完善策展人考核评价机制，把优秀展览纳入科研成果进行表彰奖励，尝试引进社会优秀人才担任策展人，形成激励机制；三是建立科学化、制度化、规范化、现代化的管理模式，理清工作流程，为展览实施扫清障碍，保障展览团队的可持续发展。

四、多元评估，促进展览更好满足人民文化需求

对标国际大型博物馆展览体现在藏品丰富、综合性强、有话语权、有引导力和有极高的社会美誉度等标准要求，中国博物馆要在展览体系、展览策划、展陈设计和展览制度建设等方面建立开放包容、公正合理的展览评价体系，建立面向公众交流的制度化机制，建立展览奖项荣誉体系，形成统一评估标准的评估细则，促进策展能力提升。目前现有的展览评价机制以少数专家、媒体为主导，而观众这一真正的展览受众群体被排除在展览评价之外，很难对展览的优劣好坏发声。策展团队无法获得有效的观众反馈，而策展办展的过程又多受行政体制的约束，最终导致展览这一博物馆最重要的公共文化产品在生产过程中主要考虑"满足领导的要求"，在展出和宣传过程中主要考虑"满足专家和媒体的要求"，却唯独不考虑满足真正消费这一公共文化产品的广大观众的要求。

参照国际标准建立多元化评估体系，将展览评估与展览奖励相结合，推进建立包括政府、行业、新闻媒体、第三方评估机构、专家学者、观众代表等多元化参与的监督评估体系，是促进展览质量进一步提升，激发策展团队积极性的有效方式。一是从展览荣誉的角度出发，行政主管部门积极推进博物馆行业大奖的设立，同时鼓励在全国、地区、行业等层面设立展览奖项，明确区分专业奖、媒体奖和观众奖，鼓励展览的多元化发展，给不同领域、不同层次、不同面向的展览以充足的发展空间，给策展人以足够的荣誉激励。二是博物馆行业应尽快建立面向公众交流的制度化机制，将展览评价的权力交还给观众，建立开放包容、公正合理的评价体系，让观众反馈成为展览评价的主要依据，让"人民群众喜闻乐见"成为博物馆展览追求的目标之一。三是博物馆要将展览评价与策展能力建设相结合，引入绩效管理模式、第三方测评机制和监督机制，构建适应自身发展的科学化、系统化的展览评价制度。展览的好与坏，既是对已有展览作出的评价，也是

对未来展览目标的描述，策展团队只有获得有效的激励和反馈，才能打破策展思维定式、激发创造活力。

五、科技赋能，推动数字技术与展览有机融合

电子硬件终端和网络基础设施建设在世界范围内迅速普及，深刻改变了人们的生产生活方式，也为博物馆展览的多元化传播提供了技术上的可能性。配套建设线上展览正在成为当前博物馆展览的常规动作。但目前的线上展览多数仅仅是将线下展览的内容搬到线上，对新技术的利用尚不充分。同时，线下办展线上传播的形式一拥而上，使许多博物馆错误地将新传播方式等同于展览形式的创新，而将新技术在展览中的合理应用、提升观众参观体验、满足观众日益增强的文化需求等提升展览水平的实际问题置于不顾。

面对新技术带来的新问题，要从实体展览和虚拟展览两个角度来分析和解决问题。目前，实体展览仍是博物馆展览的主要方式，展览在实体空间内展出，展品的静态美是观众的主要关注点。新技术与实体展览的融合，可以在丰富展品信息、智能化导览、互动体验以及沉浸式展览方面对展览进行改进和优化：一是加快文物数字化特别是高精度三维数据采集进程，让更多文物能够以三维数字模型的形式出现在展览中，改变观众只能从特定角度观看文物的现状，全面呈现文物的多个面向，增强展览展示内容的丰富性。二是合理利用虚拟现实技术和增强虚拟现实技术，创造"身临其境"的参观体验，使观众以简单直观的方式理解文物质地、功能、生产过程、应用场景、文化内涵等多层面的内容，切实提升"以物证史、以物说史"的效果，增强展览展示内容和形式的趣味性。三是将人工智能应用于展览导览和展场管理中，采用智能化设计，让参观更便捷，针对观众参观数量、参观展品停留时间等进行数据统计，为展览评估和提升展览质量提供依据，提高展览的科技含量。

为构建线上线下相融合的博物馆传播体系，以互联网为载体的虚拟展览方兴未艾，充分扩展了传统实体展览的空间和时间，为博物馆展览展示带来了更多的可能，"云看展"成为文化生活新方式。一是要构建相对完善的虚拟博物馆系统，

有条件的博物馆可以通过多元化的展览技术，将展览和代表性藏品进行实际仿真展示，使观众通过在线游览体验虚拟漫游，形成了线上与线下相结合的新型博物馆发展模式。二是打造虚拟博物馆共享平台，将"线上博物馆"与"实体博物馆"进行间接资源整合，打破了传统博物馆"必须有实体空间与实际藏品"的观念，将展览展品、相关研究、教育等内容直接放在交流平台上，增加与观众互动，为展览共享提供无限可能。

六、开放创新，推动中华文化走出去

在全球经济文化交流强度空前、扩大中华文化影响力要求空前的形势下，博物馆展览作为对外文化交流的重要途径，在国家间文明互鉴、增信释疑等方面发挥着重要作用。近年来，中国博物馆在国际交流展方面取得了很多成绩，但面向未来仍存在多重挑战，特别是要扭转展览"引进来"多、"走出去"少的局面，向世界展示中国文化，贡献中国智慧。

针对展览文物交流受制度制约的问题要引起足够重视。一是博物馆行业应有步骤地为出国出境办展松绑，从国家大型博物馆开始试点，逐步实现审批备案权限的逐层下放，建立起与不同层次、不同规模博物馆馆藏特色和办展方向相一致的审批备案程序，将博物馆和出境展览主管部门都从繁复的程序操作中解放出来，让有限的资源更多投入到提升展览质量、做好展览宣传推广中去。二是应该承认文物是不可再生资源，文物资源的损害有不可逆性。鼓励展览输出决不能以牺牲文物保护政策为前提。因此，在为展览输出管制逐步松绑的同时，还应高度重视建设相应的配套保障措施，切实保障展出输出过程中的文物安全。加强文物运输和安全保护方面的专业资质审查，鼓励社会资本和优秀人才进入文物运输和安全保护行业，建立行业标准、规范行业发展，提升文物运输和安全保护专业化水平，适当将博物馆展览团队与运输和安全工作解绑，让专业的人做专业的事，提升总体工作效率。三是建立合理保险和事后处理机制，推动文物安全责任合理分散，改变博物馆承担无限责任的现状，统筹文物利用和保护。鼓励各类保险公司进入文物安全保险领域，为文物运输和展出期间的安全工作承保，改变博物馆承担无限责任的现状。完善文物安全政策制度，制定符合实际的事后处理机制，对于确属不可抗力造成的文物损伤，在行政处置方面适当从宽，从制度上解决博物馆对文物借出的顾虑。

同时，博物馆在国际交流展的策划、设计、合作等方面要增强主观能动性，以高度的责任心和使命感推动不同文明的互相尊重，特别是要把中国精神、中国价值、中国力量阐释好，将当代中国的发展进步向世界展示出来。一是要在引进展览的基础上不断提高展览策划的参与度，逐渐掌握主动权，让"展品交流"从根本上扭转为"展览交流"，充分展示中国博物馆对世界文明多样性的深刻认识；二是配合国家战略，服务外交大局，有计划地组织国际交流展览，充分发挥文化先行的作用，积极向国外推出展览，从"文物外展"走向"理念输出"，让中华文明在世界传播，扩大中国文化的影响力，让世界通过文物资源了解古代的中国，了解现代的中国；三是平衡国际交流展的展览结构，增加展现现当代中国特色社会主义建设成就和社会变迁的专题展览，勇于承担时代赋予博物馆展览的新使命。

分报告五　社教资源整合力度加大，提高质量水平是关键

"博物馆教育被最广义地理解为任何促进公众知识或体验的博物馆活动"[①]，它包括讲解导览、教育活动、馆校合作、志愿服务等多种形式，但无论哪一种形式，传承人类文明、促进世界文明交流互鉴，都是其基本的使命。进入新时代以来，中国博物馆事业蓬勃发展，其教育功能也愈发凸显。现阶段，中国绝大多数博物馆都设有社会教育部门，作为博物馆服务公众、传播文化的重要平台，它们承担着前所未有的历史使命，同样迎来了史无前例的发展机遇。为准确把握博物馆社教工作的现实状况和发展态势，中国国家博物馆组织发起关于博物馆社教工作的问卷调查，以总结经验、查找问题、分析原因，并提出合理化的建议，为博物馆行业决策者提供参考。

第一节　博物馆社会教育成为社会公共文化教育的重要组成部分

一、博物馆教育职能更凸显，文化传播价值更受重视

2007 年，第 21 届国际博物馆协会代表大会将博物馆定义为"为教育、研究、欣赏的目的征集、保护、研究、传播并展出人类及人类环境的物质非物质文化遗

---

① 郑奕：《博物馆教育活动研究》，复旦大学出版社 2018 年版，第 2 页。

产"①，首次把"教育"作为博物馆的第一功能。这表明，博物馆长期以来以"藏品"为中心的发展理念，开始向以"观众"为中心转化，而且"观众"也由以往仅局限于受过良好教育的知识分子群体转向全体社会公众。这种变化的影响，使"观众在博物馆发展中的地位更加突出，重视公众需求，强调观众服务，履行社会责任，强化公共文化机构属性，成为博物馆的共同追求"②。作为社会公共文化设施的博物馆，肩负着"促进公民教育、促进社会文明进步的核心任务和使命"③。进入 21 世纪，特别是党的十八大以来，国内博物馆普遍重视社会教育，其文化传播价值日益得到彰显。一方面党和国家连续颁布多份文件，倡导让文物"活起来"，推动馆校合作，开展研学旅行；另一方面各博物馆，特别是一些大型博物馆依托展览或文物，不断创新社会教育活动，吸引不同年龄、不同职业的群体走进博物馆，并且主动走进学校、社区、军队、机关等，持续拉近与公众的距离。虽然从整体上看，中国博物馆社会教育与发达国家相比存在一定的差距，但可以预见其在未来构建社会公共文化服务体系过程中必将发挥着越来越重要的作用。

二、体验式教育已渐成趋势，主题教育多元丰富

"教育活动是发挥博物馆教育功能的重要渠道，其目的不在于教育公众，而是要根据需要帮助公众学习，为他们创造参与学习的机会并为其提供教育体验的场所。"④ 进入 21 世纪后，国内博物馆越来越注重教育活动的内容建设，在近十年迎来了教育活动的发展高峰，其开展形式主要以体验式教育为特色。大多数博物馆都设有专门的教育体验区或教室，以观众需求为导向，依托博物馆的展览、馆藏等，不断优化、升级日益多元化的教育活动，并注重对教育活动品牌的打

---

① 郑奕：《博物馆教育活动研究》，复旦大学出版社 2018 年版，第 1 页。

② 王春法：《打造新时代博物馆新型智库推动博物馆高质量发展》，《博物馆管理》2019 年第 1 期。

③ 单霁翔：《从"馆舍天地"走向"大千世界"——关于广义博物馆的思考》，天津大学出版社 2011 年版，第 78 页。

④ 杨丹丹：《论博物馆教育活动的可持续发展——以首都博物馆青少年教育活动为例》，《中国博物馆》2010 年第 1 期。

造。体验式教学是开展博物馆教育最有效的手段之一，体验者不仅可以通过博物馆课程获取历史、文物、艺术、科技等相关领域的知识，更重要的是通过博物馆体验式教育课程及活动增进体验者对相关内容的深度认知，提升其技能与综合素养。传统的体验模式多以现场动手操作为主，如依托仿复制文物，进行视、听、触觉等感知体验，进而开展与文物、课程内容相关的手工体验活动。近年来，以"趣味、互动、体验、实践"为宗旨的博物馆体验活动形式不断创新，戏剧表演、音乐欣赏等新的教育体验形式逐渐兴起，其中以戏剧表演较具代表性。戏剧跨界将静态展览与动态观众体验结合起来，旨在给观众提供一个全方位、强互动的参观模式，颠覆以往博物馆较为单一、线性的参观模式。有的博物馆由志愿者、会员、工作人员担任戏剧创作，有的以普通观众为演职人员，利用场馆、展厅、影院作为演出场地，以社会公众为主要服务对象，开展戏剧演出活动。例如，河北博物院的河博剧场，招募普通观众作为演员，经过专业指导，推出《甘棠遗爱》《荆轲刺秦》《完璧归赵》《负荆请罪》《狼牙山五壮士》等多部戏剧，以更加多元立体的呈现方式吸引更多观众。

教育展览策划、科普读物编写等也是近年来博物馆教育活动开展的常见形式，而且在实践过程中逐渐将活动课程化、体系化，并打造了一批含金量较高的教育活动品牌，如首都博物馆的"读城"系列活动，河南博物院采用"连锁"方式经营的"历史教室"，以及中国国家博物馆针对少年儿童策划的"小小讲解员""中华传统文化"系列教育活动等。2016 年，广东省博物馆的教育工作者策划了面向儿童的专题展览"文物动物园"，开创了国内博物馆社教人员面向儿童观众独立策划展览的先河。此外，教育活动的实施空间也不再局限于博物馆内，而是逐渐扩展到博物馆所在地区的学校、社区、商业中心等区域，如广东省博物馆的教育部门已与多个社区建立长期合作机制。也有更多的博物馆将教育活动送到其他省（自治区、直辖市），如中国国家博物馆连续多年依托"春雨工程"和"全国推广普通话宣传周"，将科普流动展送到甘肃、新疆等边远地区，尤其近两年独立策划的"创造——我们的发现之旅""甲骨文密码——汉字寻根之旅"等流动展及配套教育课程，跳出基本陈列框架，创新科普教育内容，取得了良好的社会效益。除了举办教育展览，近年来，各大博物馆还致力于面向青少年编写科普读物或绘本，在更广阔的范围弘扬中华优秀传统文化，如中国国家博物馆历时六年编写的《中国国家博物馆儿童历史百科绘本》（全 10 册）。该绘本依托中国国家博物馆丰富的馆藏资源，从贴近儿童生活的主题入手，为广大少年儿童寻根溯源、了解祖国、认识中华文明提供了有温度、有色彩的链接。

三、社教活动向分众化转型，覆盖人群向最大化发展

根据不同目标观众进行分层的、有的放矢的社教活动，以达到因人施教的效果，是博物馆利用社教资源服务目标观众的有效途径。观众不再是一个模糊的概念，而是由许多个性鲜明的个体组成的复杂群体，博物馆应根据观众的年龄、兴趣、学习方式等需求考量，针对每个群组进行社教活动的策划与实施。伴随着博物馆在国民教育体系中的作用日益突出，各大博物馆开始重视实施分众化的教育活动，策划可覆盖全年龄段、不同职业、特殊人群的教育活动，旨在使博物馆成为全民终身学习的殿堂。博物馆教育活动由"大众教育"向"分众教育"发展成为总体趋势。

（一）分众化教育更趋常态化，形式与内容向纵深发展

近年来，国内的大型博物馆利用大数据进行统计分析，积极开展服务于不同年龄、不同职业（兴趣）的教育活动，根据年龄、职业等观众群体的某项细分特征，对讲解和互动体验活动等过程进行相应的调整，使社教职能更加细化、定位更加准确、教育目标更加清晰明确。例如，南京博物院开展的"清溪学堂"，是开展较早且成效较好的分众教育项目，该项目依托南京博物院常设展览和馆藏文物，服务对象涉及幼儿组、小学组、中学组和成人组，实现了受众的全年龄段覆盖。在实践中，南京博物院针对少年儿童的心理特征，营造身临其境的参观环境，为学生提供有趣的体验活动。面向成年观众，开设专题讲座与导览、构筑文化传播与服务平台、推出亲子教育活动等，并针对视障等特殊观众提供特殊体验活动等。[1] 山

---

① 　郑晶：《谈博物馆的"分众教育"——以南京博物院为例》，《东南文化》2015 年第 6 期。

西博物院按照年龄将观众划分为3—18岁的少年儿童观众，19—60岁的成年观众，60岁以上的老年观众三个层次，立足于观众大数据分析的基础上，区分各年龄阶层的知识结构和参观目的，策划不同类型的教育活动。例如，针对少年儿童举办"小小讲解员团队"系列活动，开展"我是文明小使者""拓展训练""初识晋魂"等课程的体验，以及开发了"晋享巡游棋之纵览山博"的游戏教具。针对中老年观众，博物馆建立了与社区的联系，通过"请进来、走出去"的方式，让更多的社区老年朋友参与博物馆的社教活动，拉近了与社区中老年朋友的距离。

在分众实践中，各博物馆偏重儿童及青少年的社教活动，依据青少年儿童心理特征，打造了博物馆与青少年儿童之间的多种互动可能。例如，上海博物馆基于常设专题展推出面向少儿的系列"探索手册"；武汉自然博物馆基于基本陈列推出了面向中学生的涵盖导览与学习两方面内容的研学手册。除了以年龄进行分众设计外，博物馆还尝试开展针对不同职业的教育活动，如山西博物院与太原海关合作开展文明共创活动，从海关职工队伍中选拔培养一批山西历史文化志愿者讲解员，既丰富了海关工作人员的文化生活，也宣传了山西传统文化。双方的合作共建为精神文明共创活动提供了更多探索方式。

此外，不仅是各类社教活动日益分众化发展，许多博物馆还对其宣传平台进行分众化设计，如故宫博物院和首都博物馆都专门开设了青少网站，网站以新颖活泼的形式设计和贴近青少年群体的内容设计构建了崭新的博物馆青少年园地。首都博物馆的少儿网站下设活动场、游戏区、知识堂、小手艺、看文物学历史、宝典爷爷讲故事、祖爷爷的玩具、身边"国保"知多少、中华民族传统美德、中小学生自我保护等版块，旨在激发青少年儿童对博物馆的兴趣，使之更乐于学习历史文化与文物知识，进而达到发挥博物馆教育作用的目的。

（二）导览的分众化势头显著，实现人群全覆盖成趋势

随着"分众化"理念从教育体验活动向讲解导览的延伸，部分博物馆也开始聚焦并实施分众化的讲解导览，开设针对亲子、青少年、老年人、特殊人群等观众的讲解服务，在内容和实施上由一般性"大众导览"向更趋于精准服务的"分

众导览"发展。例如，上海博物馆较早尝试分众讲解服务，开展面向亲子的导览"陶陶釉釉里的'花花世界'"。浙江省博物馆的微信语音导览，有电台主播、儿童和志愿者等多方参与，内容丰富、语言生动，兼顾了不同类型观众的需要。针对成年观众时间不充裕、已具有一定的人生经历和知识储备等特点，博物馆多以开设专题讲座与导览的形式提供社教服务。例如，上海博物馆针对社会需求，实施了以研究部专家为主体不定期进行的专题性展厅讲解，并推出临展的专家语音导览。广东省博物馆、清华艺术博物馆、浙江大学艺术博物馆等也开展了面向成年人的专家导览。

中国国家博物馆近两年也在尝试推出"分众化"导览讲解，在国家博物馆应用程序上推出了1小时展览推荐、2小时展览推荐，以及半日展览推荐，同时配合路线推荐，推出了"古代中国"2小时、6小时版本的语音讲解，根据时长设计参观线路的做法，为有参观时间要求的观众制定了不同的观展策略。同时针对受众特点，推出了"古代中国"青少版和儿童版，以青少年和儿童的视角观察文物，采用他们的语音讲述文物，拉近文物与青少年儿童的距离，以润物细无声的方式激发青少年儿童对中华优秀传统文化的热爱。在一些特别节日、重大活动期间还举办临时性的专题讲解，例如在全国科技活动周期间开展围绕古代科技智慧，针对成年人或青少年观众的专题讲解，先后推出"古陶瓷科技探秘""解密青铜冶铸技术""文物中的古代医学"等内容的导览，在博物馆"分众教育"的道路上进行了很多的探索实践。

四、沉浸式教育形式受欢迎，新媒体、新技术应用扩大

随着博物馆热、研学热，越来越多的博物馆重视利用跨界资源及新媒体、新技术，提升博物馆教育体验品质，在教育活动极大社会需求的推动下，各馆对实施教育活动的场地建设也愈加重视，越来越多的博物馆着力于教育活动场地规划和设施配备，并通过硬件设施的升级和软件内容的配合打造出新型博物馆沉浸式体验空间。

以往大多数博物馆用于博物馆教学的场地多为展厅或临时场地，在博物馆教

育活动呈常态化发展的当下，规模不等、功能各异的博物馆体验区、教育活动室、学院学堂等先后涌现，并出现了一些具有示范意义的博物馆教育活动区。例如，故宫博物院2016年建立的教育中心，总面积约800平方米，包括综合性教学空间4个、开放型阅览空间2个，可同时容纳200余人，可提供类型多样的教育活动。除了教育中心，故宫博物院还在交泰殿东侧的景和门南端，专门开辟了200平方米的空间，为3—12岁的少年儿童建立"故宫文创儿童体验店"。湖南省博物馆也兴建了总面积约2000平方米的教育中心，并在每个展厅设置了教育互动区。在教育体验区发展过程中，其形式构建与功能构建逐渐完善，从原来单一的"教室"或"场地"性质，向综合性、沉浸式体验区发展。尤其在功能设计上，不仅是能实施教育活动的"教室"，更是能实现集知识学习、动手实践、虚拟体验等技术性设施为一体的沉浸式空间。

近几年，随着新媒体、新技术的迅速发展，许多综合类、科技类博物馆将VR、AR等虚拟体验技术运用到教育活动中，使得观众在体验式教育活动中有了全新且不一般的体验效果。以湖南省博物馆为例，在展厅和教育活动区均配备有先进的多媒体视频展示和互动设计，此外还制作了丰富的线上教育资源，包括视频课程、动画片、小游戏等。南京博物院将VR技术运用到博物馆的教育体验活动中，在2016年8月至2017年1月举办的"法老·王：古埃及文明和中国汉代文明的故事"专题展览中，观众可以戴上特制的头盔和耳机，"变身"一名汉代乐师，身临其境地演奏编钟。中国国家博物馆历时三年打造制作，于2022年初发布的人文科普动漫《甲骨文探秘之旅》，运用有趣的故事情节和生动的动态漫画形式为少年儿童系统介绍了甲骨文知识，使用三维数据360度清晰呈现文物风采，并通过新媒体平台得到广泛传播。

五、响应政策探索馆校合作，构建社会资源联动模式

"所谓馆校合作，指博物馆与学校在国民教育活动中，基于各自的目标，主动调整各自的行为策略，所采取的共建共享的互动行为，这是一种基于教育本身的深度合作，博物馆在这种合作关系中不仅是补充和辅助，还是实际教育活动的

承担者和参加者。"① 近年来，政府从战略层面大力推动馆校合作，馆校合作发展迅速，产学研用紧密连接，但基于社会教育的馆校合作课程体系及合作形式都处于初期探索阶段，成熟的馆校合作机制尚未形成。

（一）政府力推馆校合作，各馆积极响应开展

近十年以来，有关部门相继发布了十多项推进馆校合作的政策和教育改革意见。2014 年，国家文物局启动"完善博物馆青少年教育功能试点"工作。2017 年初，国家文物局在《国家文物事业发展"十三五"规划》中指出，开展博物馆教育示范点建设，建立馆校合作机制，创建与学校教学相结合的博物馆青少年教育活动项目品牌。2018 年，中共中央办公厅、国务院办公厅印发的《关于加强文物保护利用改革的若干意见》明确指出，将文物保护利用常识纳入中小学教育体系，完善中小学生利用博物馆学习长效机制。在政府的大力支持下，馆校合作已成为国内博物馆社会教育工作中的重要内容之一，馆校合作发展迅速。在这一背景下，各类博物馆都极为重视馆校合作工作，并采取了较为丰富的合作方式，包括举办教育体验活动、讲座和研学旅行活动等，此外还有联合编写博物馆读本、设立基地学校、举办教师培训项目、联合开发社教课程等。调查显示，全国有近80%的博物馆都开展了不同形式的馆校合作，最普遍的合作形式是举办研学活动等教育体验活动，在所调研的样本中占比达到 66.8%，其中东部和中部地区的博物馆举办研学活动相较于其他馆校合作形式而言比重较大。此外，建立博物馆基地学校也是馆校合作的发展趋势之一，如上海博物馆目前已建立 40 多所基地学校，南京博物院也有 20 多所基地学校。

（二）馆校合作仍处探索阶段，馆校合作成果形式多元

国内博物馆开展馆校合作的历史最早可追溯到 19 世纪末到 20 世纪 30 年代，②但真正意义上的馆校合作实施则是 20 世纪 90 年代以后。进入 21 世纪后，国内

① 宋娴：《博物馆与学校的合作机制研究》，复旦大学出版社 2019 年版，第 13 页。
② 王乐：《馆校合作的理论与实践》，科学出版社 2018 年版，第 23 页。

博物馆馆校合作发展较快，但就其发展过程而言目前尚处于探索与发展阶段。据统计，截至 2020 年，全国有 80% 的博物馆开展了不同规模和形式的馆校合作，但不同地域、不同级别的博物馆开展馆校合作的频率、成效等均存在较大差距。部分博物馆专门设立了开展馆校合作的部门或负责机构，如中国国家博物馆社教部 2018 年后成立专门对接馆校合作的办公室，近年来与北京四中、北京社会大课堂等教育机构开展馆校合作，推出了基于博物馆的综合实践课程，在课程体系建设和内容策划、实施上进行了有益探索。重庆中国三峡博物馆也开设有"馆校共建"的专题板块，实施开展包括研学实践教育课程、基地学校建设等在内的馆校合作内容。各馆在开展与学校合作的过程中，积累了现阶段馆校合作的丰富经验，并向社会发布，以期联动业内，共同商讨构建馆校合作模式与机制的方案。例如，中国国家博物馆自 2018 年以来多次组织文博界、教育界、出版界等专家学者，基于中学段的馆校合作模式与机制建设进行了学术研讨，并于 2021 年 11 月向社会发布中国国家博物馆与北京四中馆校合作的阶段性成果与经验，为业界提供了馆校合作的实践参考。

馆校合作最常见的合作内容与成果多为馆校联合研发基于博物馆的教育课程或校本读物，这类读物包括科普读本、学习手册、教学手册、"课程包"等。其中馆校合作的博物馆课程发展较早，且因馆而异，内容多元。如 2014 年以后，中国国家博物馆与北京史家小学合作陆续研发了《中华传统文化——博物馆综合实践课程"跟我学"系列》《博悟之旅——写给孩子的传统文化》，并在北京史家小学开设相应的博物馆选修课程。2016 年以来，中国国家博物馆还与北京四中合作，在北京四中的初中和高中课堂上开展"玩转博物馆"选修课程。2017 年广州博物馆与广东实验中学合作，在该校开设面向高一学生的特色选修课——"广府历史文化专题课程"。近些年，部分博物馆在研学旅行背景下，在课程转化或基于课程研发的科普读物方面有所推进，如国家博物馆与北京四中合作推出适用于中学生研学的《中学生博物之旅·古代中国》，是涵盖读本、学习手册、教师手册一套三册的研学丛书。同时还推出了基于馆校合作的线上线下课程、动漫课程、教师培训课程等。国家自然博物馆开发了一套三维虚拟互动课件，将博物馆藏品制作成三维模型，借助 ZSPACE 三维教学系统对模拟软件的操作，使学生身临其境般地全方位观察标本，进行各物种体型、骨骼间的横向、纵向对比学习。此外，在注重培养学生技能和综合素养的前提下，馆校还合作策划综艺栏目、学生体验后的艺术创作、学生撰写展览讲解词、成果展览展示、研发文创产品等，丰富了馆校合作的形式。

除馆校合作外，博物馆与广大社会资源的合作联动也日渐丰富。国内各大博物馆积极尝试与社会力量展开深入合作、跨界合作，策划开发形式多样、品质上乘的教育活动。总体来看，利用社会资源开展深度或跨界合作体现在以下几个层面：一是各地博物馆多注重与本土文化的深度融合，与能反映本地特色文化的机构合作，如上海博物馆社教活动大多聘请手工艺人策划实施，并制定了规范的合作机制。二是博物馆与有实力的社会教育机构合作，共同开发并实施博物馆教育课程，如故宫博物院长期与涂思美育、天禹文化公司等机构合作，共同策划开发基于故宫藏品资源的教育课程。三是博物馆与高校开展合作，借助高校师资或特色资源，策划教育活动，如上海博物馆聘请高校专家参与社教活动的策划实施。四是加强馆际交流，构建博物馆教育联盟，实现资源共享。例如，2016 年，陕西省博物馆教育联盟成立。联盟成员包括陕西省各博物馆、高校以及中小学校，这是全国范围内成立的第一家博物馆教育联盟。联盟成立以来，将博物馆资源与教育资源进行了有效结合，为不同年龄、不同地区的青少年儿童提供了更多的博物馆教育服务。此后，上海博物馆教育联盟、长三角博物馆教育联盟相继成立，国内博物馆在教育活动方面的交流合作不断增强。

六、社教研究逐渐拓展延伸，产学研用初步走向融合

与博物馆社教工作的实践相结合，社教理论研究工作也不断开展。从事社教研究的主体，最早多为高校或研究院所的学者，进入 21 世纪后文博从业者的研究力量有所跟进，近几年还涌现出馆校联合开展相关研究的现象，如高校院所与博物馆联合成立博物馆教育中心或教育研究中心。社教理论研究的主题，自 20世纪 80 年代以来也经历了不断增长、从单一到多元化的发展过程，从早期注重对博物馆教育功能的研究发展到对博物馆教育理念、方式、对象、资源等的细化

研究，逐渐形成关于博物馆教育或社教研究的学术体系，研究向着内涵化与纵深化发展。[①] 这一发展趋势反映出博物馆社教研究注重以研究工作指导教育实践的特点，社教研究工作正朝着研究人员专业化、研究成果品牌化的方向发展。

（一）从实践走向理论，研究成果品牌化

将社教实践提升为理论，是当前博物馆社教研究的一个重要方面。部分国内博物馆将自身长期探索、研究得到的经验及成果以教育培训方式进行理论升华，并在此基础上进行传播与分享。例如，河南博物院将宣讲工作研究及其培训方式进行理论总结和提升的经验值得参考，该院科研人员在对讲解工作研究的基础上编著的河南博物院学术文库丛书《博物馆实用讲解艺术》，作为科研课题成果得以出版，成为河南博物院讲解培训基地讲解工作培训指导用书。该培训基地从省内很快辐射到全国，在文博系统及诸多领域讲解人员培训方面业已形成品牌。上海博物馆将博物馆教育研究列为其教育部门职能的主要板块之一，经过多年探索，打造出品牌化的博物馆教育项目。以名为"SmartMuse"的体系化博物馆教育品牌为例，旗下有七个子品牌。七个子品牌基本囊括了博物馆教育的常见形式与内容，既可以作为菜单，提示博物馆特展教育项目的策划方向，又可以作为索引，帮助博物馆规划其教育的年度计划并检验效果。

（二）研究人员专业化，联合研究渐兴起

随着博物馆教育职能的加强，以及对博物馆教育从业人员专业素养要求的与时俱进，博物馆社教部门参与社教研究的人员越来越专业化。以上海博物馆为例，该馆社教部门未设置讲解岗位，所有在编人员皆为教育员，专职负责教育活动研究和出版工作。该馆还与具有研究能力的高校合作，实现以少量的人员设置完成每年丰硕的研究成果出版，展示出较强的研究策划能力。

产学研用原指高校与企业、科研单位间的一种合作系统工程，是双方在生

[①]　刘迪、刘君杰、周沫、张发亮：《近三十年中国博物馆教育研究主题演化分析》，《博物院》2017 年第 2 期。

产、学习、科学研究、实践运用方面的合作，其目的是结合不同教学环境和教学资源以及在人才培养方面的各自优势，把以课堂传授知识为主的学校教育与直接获取实际经验、实践能力为主的生产、科研实践有机结合的教育形式。博物馆与高校的产学研用也是促进高校研究成果与博物馆实践的结合，使理论研究成果更好地为博物馆社教工作出策出力。例如，2015 年四川博物院和四川省教育科学研究所联合创建了全国首家博物馆教育研究所，这是地方教育科研机构与博物馆深化合作的新举措，通过搭建馆校合作平台，开展教育科研项目的深度合作，有力地促进了博物馆教育与学校教育及教育与科研之间的深度融合。2015 年，黑龙江省博物馆与哈尔滨师范大学联合创建博物馆教育研究中心，其主要职能和工作范围是深入调研博物馆教育现状、研究博物馆教育改革中的问题及分析博物馆教育改革中的政策走向，对博物馆教育改革的战略问题进行前瞻性研究、制定可行性对策。2017 年，天津自然博物馆与天津师范大学共同成立博物馆教育研究与实践中心，旨在探究以心理学、教育学、博物馆学等学科为基础的教育理念与形式。部分高校也设立了专门的研究机构，如北京师范大学教育学部成立中国儿童博物馆教育研究中心，首都师范大学成立博物馆发展研究中心。这些机构都将成为博物馆教育学术研究和教育活动组织的有生力量。

七、志愿者服务队伍结构多元，志愿者服务内容日渐多样

志愿者服务工作也是各大博物馆极为重视的工作之一。经过多年的摸索发展，当前国内博物馆志愿者组织管理模式趋于制度化、规范化、专业化、智能化，志愿者服务的类型与方式趋于多元化，如个人志愿者、团体志愿者和项目志愿者等多种志愿者服务方式并存，馆内馆外、线上线下并重等。志愿者在社教工作中发挥的作用越来越显著。

（一）志愿者服务蓬勃发展，志愿者管理呈制度化

国内博物馆的志愿者工作一般由该馆社教部组织管理。调研数据显示，在调研样本中，有 70.7% 的博物馆设立了志愿者服务机构，其中，接受调研的 349 家

国有博物馆中，设立志愿者服务机构的比例高达 73.9%；抽调的 41 家私人博物馆志愿者服务机构则占比为 46.3%。博物馆级别越高，设立志愿者机构的比例越高，调研的 62 家一级博物馆中设立志愿者服务机构的为 93.5%，70 家二级和三级博物馆设立志愿者机构的比重约为 70%，183 家未定级博物馆设立志愿者机构的比例为 61.2%。参观人数越多，博物馆设立志愿者机构的比例越高，调研的 91 家年参观人数 100 万人次及以上的博物馆设立志愿者机构的比例为 81.3%，其次是 104 家年参观人次在 40 万（含）—100 万的博物馆（79.8%）和 100 家年参观人次在 15 万（含）—40 万的博物馆（70.0%），年参观人数不到 15 万人次的比例最低，94 家接受调研的博物馆设立志愿者机构的占比为 50.0%。通过对 265 家博物馆志愿者人数的调研，每家博物馆的平均志愿者人数为 202.7 人。据接受调研的 252 家博物馆调研结果显示，2019 年志愿者服务总时长均值为 6187.4 小时。分析以上调研数据，可以看出当前国内博物馆志愿者服务发展的总体规模及特点。

在博物馆志愿者服务规模快速发展、志愿者对博物馆影响力日趋加深的同时，其相应的管理机制也在不断健全。调研发现，部分大型博物馆如故宫博物院、上海博物馆、南京博物院、湖南省博物馆、台北故宫博物院等都采用志愿者自我管理模式，但博物馆的社教部门会对志愿者服务方式和服务时长提出具体要求，并制定相应的《博物馆志愿者服务手册》《博物馆志愿者章程》《博物馆志愿者实施细则》等制度，规范志愿者管理。

（二）志愿者队伍结构多元化，志愿者服务内容多样化

近几年，博物馆志愿者服务的全面发展推动着志愿者服务队伍建设的不断完善，志愿者服务队伍人员结构向着多元化的趋势发展。以往博物馆多以个人志愿者为主体，随着志愿者服务内容的丰富和拓展，志愿者服务队伍从以个人志愿者为主，发展为个人志愿者、团体志愿者和项目志愿者共同参与的格局。与之相呼应，志愿者服务内容不再是单一的讲解服务，而是扩大到全馆需要服务的岗位，服务内容日趋多样化。例如，上海博物馆志愿者服务岗位设置深入到博物馆多个职能部门，涉及展厅导览、咨询服务、观众阅览室开放管理，活动与讲座辅助、

课程开发与辅导、学校及社区教育推广等。南京博物院还对志愿者实行了分众化岗位划分，其中成人服务内容涵盖了展厅服务、讲解服务、社教服务、文案、摄影与摄像，学生志愿者主要承担的是辅助组织社教活动。扬州博物馆通过与当地学校社团共建志愿者服务社，招募志愿者，并提供实习岗位，这其中也包括一些未成年的小志愿者。据统计，扬州博物馆 2020 年共开展 10 个左右的共建项目，累计参与者达 500 人次左右。此外，在线志愿者服务也将是未来博物馆志愿者工作的一大趋势。志愿者在博物馆中所发挥的作用越来越显著。

第二节　当前博物馆社教工作的问题及成因

一、专业化的社教人员匮乏，服务与研发未合理兼顾

在博物馆热的大背景下，近十年来各大博物馆参观人数呈现逐年上升趋势，到馆参观的观众对社教活动的需求与日俱增，尽管当前大多数博物馆在社教活动等方面都投入较大人力、物力和资金支持，但仍然不能完全满足社会公众的需求。由于不少博物馆的社教部门工资偏低，还有很多劳务派遣人员，人员流动性较博物馆其他职能部门更为明显。社教工作人员构成学历偏低、学习能力和阐释能力薄弱的问题，也是当前大部分博物馆普遍存在的问题，一定程度上制约着优质社教服务的输出和教育产品的研发设计。无论是人工讲解还是数字导览，作为其输出内容的讲解词是决定讲解导览服务水平与质量的重要因素之一。放眼国内博物馆，讲解词的撰写体例、表述方式、行文风格等五花八门，缺少较为权威或形成制度化的撰写规范要求或标准。与此同时，讲解词不同于对展品的学术说明，当前许多博物馆的讲解词在内容与阐释输出上偏于学术化，尤其基于智能设备或数字导览的讲解内容，对于展览、展品的科普化阐释、趣味性挖掘与输出等，尚不能达到较为理想的程度，以较为学术的语言讲述为多，讲解内容的通俗性、趣味性不够。在实际讲解服务中，人工讲解在导

览方式上多以灌输为主，在参与式互动讲解方面的尝试还存在较大提升空间。同时，在教育产品的研发设计过程中，由于缺少思考和研究实力，导致各博物馆在分众导览和教育活动的形式及内容设计上相互模仿，还有的采取直接"拿来"主义，致使套用的社教活动时常会出现水土不服的情况，使得社教活动整体学术化、专业化程度不高。

除社教人员专业化程度较低外，结合调研情况可知，大多数博物馆的社教人员数量不足，有限的人员往往同时承担社教活动开发实施和相关组织运营、后勤保障服务等工作，任务繁重，使得服务与研发不能兼顾，严重制约了博物馆教育活动的数量、规模、质量和社会影响力。这一情形在物联网、大数据、云计算和移动通信技术为基础的智慧博物馆全面普及之前，短期内较难改变。大多数博物馆在社教活动的设计和实施上仅限于针对基本陈列或常设展览，对于临时展览的社教服务不足，尚不能实现社教服务的全覆盖。在博物馆日益成为学生的"第二课堂"和成年人的"终生课堂"的发展趋势下，社教工作人员的配备能否做到服务与研发兼顾，完成为观众构建精神文化生活的重任已成为博物馆面临的一大现实问题。

二、教育活动呈同质化趋向，体验模式缺乏个性创新

当前国内各大博物馆教育活动的开展如雨后春笋，发展极快。各博物馆基于馆藏、展览，研发与开展博物馆教育活动或课程，尤其针对青少年儿童设计了较丰富的内容，部分大型博物馆也推出了一系列较好的品牌课程和品牌出版物。但应该看到的是，在博物馆教育快速甚至"超速"发展的背后，大多数博物馆的教育活动课程面临内容和形式的同质化、创课思维的固化、成果品质的参差不齐等问题。许多博物馆教育追求活动的多样性，争相模仿借鉴他馆的活动内容和形式，在搭建具有本馆展陈特色或教育特色的课程体系上做的工作还远远不够。在研学旅行兴起的当下，大多数博物馆社教工作还未形成应对研学旅行的教育活动机制，相应的课程体系建设也亟待构建和发展。

造成以上问题的原因主要有：一是博物馆教育人才的严重缺失。许多博物馆

从事教育活动的人员为专职讲解员或志愿者，有的博物馆讲解员和教育员为同一人群，缺少博物馆教育专业背景的专职人员，这对于教育课程研发、活动质量的保障都会产生不良影响。二是国内博物馆教育活动的发展起步晚、发展过快、思考较少。由于起步晚，在教育活动开展形式及内容设计上尽管有向国外博物馆学习借鉴的基础，但有些直接"拿来"的经验在套用到国内博物馆教育活动时面临水土不服。发展过快体现在有些博物馆一味追求教育活动的量，抄袭模仿，降低了对活动的质的要求，也难以形成具有自身特色的课程建设。思考较少，则是注重对具体活动的策划，而忽略对本馆教育活动的长远规划、品牌打造等，缺少构建完整教育体系的思维和意识。

三、分众化教育发展不平衡，教育内容缺少纵深拓展

伴随着博物馆教育活动由"大众教育"向"分众教育"发展，各大博物馆日益重视开展分众化的社教活动，旨在使博物馆成为全民终身学习的殿堂。由于分众教育的发展趋势是近几年形成的，对于分众教育的理论阐释还不够充分，未形成具有指导意义的分众教育机制、内容、形式、实施等方面的规范，分众化教育发展不平衡的问题凸显。

首先能实现全年龄段教育的博物馆并不多，调研数据显示，当前各博物馆分众化教育往往集中于对少年儿童、学生及特殊人群的分众，在受众人群、年龄分层上仍具窄化的特点。许多博物馆的分众化教育分层简单甚至多年未变，如主要以亲子家庭和青少年为主要目标人群，对于面向大学生、成人群体、特殊群体的活动策划不够重视，具有示范意义且可推广的分众教育模式尚未成熟，缺少系统规划和科学的观众研究。其次在分众社教的内容设计、内容覆盖、课程体系上也存在诸多问题，如分众活动多限于基本展览的内容挖掘与体验，具有深度的从展览中提取的主题式课程内容或基于临展的活动内容研发等尚处于探索阶段；依托常设古代展览策划的中华优秀传统文化主题教育课程多见，对革命文化和社会主义先进文化的覆盖尚有较大发展空间；课程内容的研发主要是活动化的散课，缺少统一的总体规划，一些逻辑架构也不完善，没有建立完整的分众化教育课程内

容体系。分众化服务，是通过对专业知识进行不同程度、不同侧面转化，提供具有针对性的服务，这需要社教活动的设计者既具有一定的学术研究水平，又需具备敏锐性和灵活性，结合本馆实际研发适用于本馆、有自身特色的分众导览服务。同时，课程建设过程中还需要相关领域的专家顾问指导，以此来保障课程的科学性和专业性。博物馆将社教工作看作为服务性质，缺少研发支持，以及人员构成学历偏低、阐释能力较弱等原因是造成上述分众教育缺少资源生态链和发展不平衡的一大原因。另一方面，由于较多的博物馆在开展分众活动上发展较慢，大多数已开展分众导览的博物馆尚不能实现人工分众导览的常态化，造成人工分众导览与数字分众导览发展的不均衡。

四、社会教育形式较为传统，对新技术运用程度不一

通过调研发现，大多数博物馆教育活动仍以传统的线下课程或活动为主，在多媒体应用上主要是 PPT 展示，部分博物馆配备了相应的基础性数字设备，但媒体技术手段陈旧，缺少 AR、VR、MR 等技术应用，直接影响活动体验效果。在线上教育活动形式方面，符合青少年群体认知特点和行为习惯的教育动漫课程、教育活动直播等体验项目还属尝试开发阶段。

造成这一问题的原因主要是新媒体、新技术在教育活动中的应用还处于初步发展阶段，将新技术应用于教育活动存在硬件配备、形式与内容设计上的客观制约。在物联网、大数据、云计算和移动通信技术为基础的智慧博物馆发展背景下，许多博物馆没有配备相应的技术力量，教育人员只能自行从碎片化的渠道了解、借鉴、模仿，缺少对新技术的宏观认知和系统培训，限制了对新技术的创新应用能力。

五、馆校合作模式普遍单一，研学机制尚未发展成熟

（一）内容和模式趋同化，缺少可推广的机制

在国家政策支持及研学热的背景下，馆校合作已成为各博物馆关注的主要

问题之一。博物馆社教层面，多与不同级别、不同学段的学校进行合作，但合作形式和内容较为单一，甚至出现固化现象，如多是合作开发博物馆教育活动内容、课程，或服务于学校的校本教材等，有些地区的博物馆还多以"名馆＋名校"的方式开展合作，很难形成行业示范与模式推广。由于业界对基于博物馆学基础的馆校合作博物馆实践课程体系，包括教学目标、教学内容和形式、教师培训、学习材料和配套材料、设施与设备等缺少深入系统的研究，馆校合作难以真正制度化、常态化、普及化展开。大多数馆校合作仅仅是博物馆与学校的合作，是否能联动第三方教育机构和广大社会优质力量加入馆校合作，也是当前馆校合作发展中有待实践和探讨的问题。

造成这一问题的原因在于馆校合作的发展尚处于探索阶段，合作双方在合作理念及合作路径上多处于尝试阶段，其间难免经历曲折和挫折。构建可推广的馆校合作模式或机制，不仅关乎馆校合作的双方主体，更涉及双方合作模式在推广中的转化和调适问题，在未达到一定实践检验的前提下，对于可推广的馆校合作模式仍将处于持续的探索之中。

（二）形式与内容有待拓展，课程体系建设尚不规范

在各博物馆广泛开展馆校合作的今天，活动的形式层出不穷，活动的内容也是丰富多样，编辑出成系列的课程、读本等已不是少见的事情。但总体而言，在纷繁耀眼的博物馆课程研发产品中，能够站得住，建构出具备某个博物馆自身特色甚至可以推广的课程体系案例少之又少。馆校合作的线上线下课程体系不够完善，合作形式较为单调。要实现馆校合作课程由"系列化"到"体系化"的转变，还需要深入摸索与实践。与此同时，大多数馆校合作尚未建构起覆盖全学段的馆校合作内容，相应的机制模式更是滞后。当前大多数博物馆仅仅能做到配合合作学校的理念和需求，基本停留在到馆授课、进校授课、编写校本图书的模式。即便开发出相关系列课程，也难以对博物馆的价值立场和知识结构进行思考和全面展现，不能形成博物馆的特色和模式，更无法形成可向社会普及推广的，从博物馆视角出发的馆校合作经验和体系。为解决人力资源有限与公众教育需求旺盛的矛盾，部分博物馆已开始与社会机构合作，将教育活动的组织运营和后勤保障服

务等工作外包出去，但多为基于单次活动与其他机构或团体开展合作，致使活动呈零散性、非持续性等状态，还没有建立成熟的合作机制和稳定的渠道。

造成这一问题的原因：一是缺少对馆校合作机制的规范性引导，尤其在研学旅行发展的背景下，缺少基于有效合作与探讨背景下的馆校合作课程体系"国家标准"。二是对国内馆校合作机制的理论研究严重缺失，尤其是具备馆校合作经验的博物馆人，从实践层面进行的系统、深入研究不够，缺少对馆校合作的理论指导。而一些博物馆受限于传统的博物馆教育思维，缺少跨界合作、联动合作的尝试和创新，即便是已与外部机构开展合作，也因为管理机制的束缚，难以形成有效的突破。

六、社教研究注重实践总结，理论提炼升华较为欠缺

（一）社教工作经验丰富，社教理论研究不足

当前对于博物馆社教工作的总体研究不足，研究人员仍多集中于高校院所相关专业的研究人员，而博物馆社会教育工作者基于实践的理论建构和有学术价值的研究成果相对不多。究其原因，国内博物馆社教从业人员总体在专业背景、研究能力上的不足，是造成以上问题的主要因素。而作为博物馆的主要业务部门之一的社会教育部门，承担着繁重的一线讲解、教育服务工作，无法抽身投入到相关研究工作当中，为教育工作准备的各类文案、材料以及课程内容等都难以向学术成果转化，研究积极性也大打折扣。

（二）实践与理论待深度融合，缺少高质量的研究成果

由于博物馆社教工作研究群体的局限性，来自高校研究院所的人员虽具备一定的理论研究水平和思想高度，但缺乏博物馆社教工作的实践，其研究多建立在博物馆学基础上。而在博物馆从事社教工作的人员，尽管有丰富的实践经验，但因缺少相关专业背景，其研究多为案例式的叙述总结。这就导致了以博物馆社教工作为主体的理论与实践充分结合、具有高水平的研究成果长期缺失。与此同时，社教研究多围绕博物馆学和教育学展开，与其他学科的交叉研究较少。究其

原因，主要是高水平的、专门的社教研究领军人才缺失，以及缺少以馆校合作形式开展互助研究的探索与尝试。

（三）社教理论研究机制不健全，社教产品的学术转化不够

近几年随着国内博物馆的快速发展，各博物馆有意识重视社教理论研究，虽取得了一定的成效，但依然任重道远。全面系统的研究内容体系有待完善，基于工作实践的研究成果尚未充分转化，且有待探寻合理的转换路径和方式方法。究其原因，主要在于缺乏科学的、合理的研究机制。由于国内博物馆界长期"重展不重教"的观念影响，中国博物馆教育研究机制建设起步晚、阻碍多，许多博物馆未建立起专门的教育研究机制。研究工作常靠挤用日常工作之余突击完成，研究成果缺乏专业深度和实用价值。机制的缺乏直接导致有关社会教育工作的研究呈现出碎片化特点，未形成有规划、有深度、成系统的教育研究内容体系，有影响力的学术研究品牌付之阙如。

七、志愿者服务体系亟须健全，服务评价机制有待完善

（一）服务形式较为单一，服务规模发展失衡

国内多数博物馆志愿服务的形式和主要内容，以围绕社教讲解、教育活动展开，由于多归属于社教部，在具体的志愿者岗位设置上较为单一，分工尚不够精细，涉及博物馆其他业务部门的工作也极为有限。以至于长期以来博物馆志愿讲解成了国内博物馆志愿服务的代名词。这与国外志愿者服务岗位设置丰富，分工精细，几乎涉及博物馆各个部门的情况形成鲜明反差。其中，针对服务于志愿讲解岗的志愿者，存在对其管理过于松散，培训不规范，考评体系不健全的现状，志愿讲解员在承担讲解内容上也不尽相同，有的仅围绕基本陈列和常设展览，有的则针对临时展览和特展。关于志愿者的招募方式，大多数博物馆只有个人志愿者，无团体志愿者和项目志愿者，其服务内容和形式都较为单一，严重影响了志愿者服务效能的发挥。

从全国来看，各地区、各级博物馆的志愿者服务水平与发展情况也不均衡。

调研数据显示，2019 年不同地区设立志愿服务的博物馆占地区调研总数的比例分别是：东部地区为 69.5%，西部地区为 70.3%，中部地区高达 75%，东北地区仅为 60.9%。从志愿者人数平均值看，在调研的全国四个地区中，东北地区最高，调研的 14 家博物馆其志愿者人数均值达到 354.1 人，中部地区调研的 73 家博物馆志愿者人数均值为 268.2 人，西部地区调研的 76 家博物馆志愿者人数均值为 180.7 人，而东部地区调研的 102 家博物馆志愿者人数均值为 151.3 人。各博物馆志愿者个人服务时长及服务总时长等也存在较大差距，其中在服务总时长均值方面，数据显示 2019 年度中部地区最高，达到 6941.3 小时，东部地区为 6136.1 小时，西部地区为 5880.9 小时，而东北地区仅为 4225.7 小时。这种因地、因馆而开展志愿者服务程度、志愿者服务人数以及志愿者服务时长、发挥的实际作用等不均衡的现象，是当前博物馆志愿者服务发展的另一问题，也对建立规范的志愿者服务管理制度提出了挑战。

造成这一问题的原因：一是在于对博物馆志愿者服务的认知不足。作为志愿服务者，是补充博物馆包括志愿讲解、志愿教育活动、实施分众服务、开展辅助研究的重要有生力量，多数博物馆仅仅将其视作承担一两项具体工作的辅助人员，狭隘了志愿者服务的范畴。二是在志愿者管理上的不足。由于大部分博物馆没有建立完善的志愿者服务管理机制，缺乏对志愿者服务体系的规划建设，也影响到博物馆志愿者服务的长久、持续而健康的良性发展。并且志愿者属于体制外人员，管理较为困难，自主管理的模式限定了博物馆的管理权限。三是用于志愿者工作的财政预算相对较少，影响了志愿者工作的有序开展及其规模、程度。

（二）志愿者认定标准需优化，服务评价机制有待完善

由于大多数博物馆在社会教育工作上的人力短缺，许多博物馆设置的志愿服务岗多分流至社教讲解岗或教育岗，或直接从社教口招募志愿者，从而作为社教力量的有力补充。许多博物馆在招募讲解员后，并未重点考虑志愿者的个人经历、专业背景、年龄特点等，只是因为工作所需将其进行调度安排，这是当前大多数博物馆对社教岗志愿人员的使用现状，尤其以志愿讲解服务为代表。这就导致部分志愿者在被安排的岗位上可能出现不能发挥其最大价值的现象。尽管有些

级别高、规模大的博物馆已经注意到这一问题，开始从吸纳志愿者的环节有意进行未来的规划和考虑，以具有针对性、目的性的方式招募某类志愿者，但总体而言为数尚少。例如，有的博物馆志愿者招募渠道过于单一，招募时间过于固定，对年龄、学历、专业等申请条件限定过多，往往仅开放讲解岗位，仅招募个人志愿者等因素，在一定程度上限制了学生群体、在职人员的加入，影响了团队的发展和志愿者服务的多样化。此外，大多数博物馆在志愿者服务评价机制的建设上存在不足，而这也是加强志愿者管理亟须解决的问题之一。

造成以上问题的原因主要在于对志愿服务工作的重要性认识不够，对社教层面的志愿者服务工作内涵外延的把握不准。同时从管理和运行的角度，缺少对志愿者服务反馈与评价机制系统化建设的思考与实践。

第三节　新时代做好博物馆社教工作的几点建议

进入新时代，党中央、国务院高度重视文化遗产保护与公共文化服务工作。习近平总书记在各种场合反复强调文化遗产保护利用和传承优秀传统文化的重要意义，作出了一系列重要指示，国家先后出台《关于加快构建现代公共文化服务体系的意见》《关于进一步加强文物工作的指导意见》《关于推进中小学生研学旅行的意见》《关于加强文物保护利用改革的若干意见》《关于利用博物馆资源开展中小学教育教学的意见》《关于推进博物馆改革发展的指导意见》《"十四五"文物保护和科技创新规划》等多部文件，为中国博物馆事业繁荣发展创造了良好的政策环境和社会氛围，同时为博物馆教育活动的开展提供了方向指引和基本遵循原则。

而且，受"终身教育"理念的影响，博物馆教育职能也在很大程度上发生转变，"被个体化的学习与体验所取代"[1]。现阶段，中国博物馆发展环境和内涵建

---

① 尹凯：《博物馆教育的反思——诞生、发展、演变及前景》，《中国博物馆》2015 年第 2 期。

设方面积极向好，以全民教育和终身教育为目标，创新体验式教学和探究式教学方式，已成为各个博物馆开展教育活动的共识，但如何实现公共文化服务均等化，体现分众化与差异化，充分挖掘文物背后的思想内涵和时代价值，将其更好地融入社会、服务人民，为传承、传播中华文明，培育社会主义核心价值观贡献智慧和力量，仍然面临着诸多问题。笔者不揣浅陋，提出如下建议供业界参考。

一、深耕馆藏文物资源，讲好文物背后故事

近年来，随着中国博物馆事业的飞速发展，很多特色大型博物馆都在绞尽脑汁推出各种教育活动。但如果仔细观察分析这些教育项目会发现，在光彩夺目的形式背后，往往存在着相互模仿、同质重复的嫌疑，多科技包装，少立意特色；多故事讲述，少内涵挖掘。2021 年 11 月，中央全面深化改革委员会第二十二次会议审议通过了《关于让文物活起来　扩大中华文化国际影响力的实施意见》，提出"要准确提炼并展示中华优秀传统文化的精神标识，更好体现文物的历史价值、文化价值、审美价值、科技价值、时代价值"。一家博物馆只有找准功能定位，立足自身特色，深耕馆藏文物资源，根据目标受众的需求，量身定制有效可行的社教传播方案，通过多视角、多维度、多层次地深入挖掘文物价值，再辅以高科技的帮助，才能让文物与历史可见、可感、可亲，实现创造性转化与创新性发展，从根本上避免同质化现象，在品牌和内容上体现出差异化的竞争力。例如，洛阳牡丹博物馆 2021 年 4 月 14 日举办的"牡丹霓裳"大型装束复原秀，以 30 件出土陶俑为原型，深入挖掘文物背后故事赋予其新的生命意义，同时结合大家耳熟能详的《洛神赋图》《簪花仕女图》还原出古人的生活场景，让沉睡千年的文物在古今辉映的洛阳重新"活起来"，吸引了大批观众，引发网络热议。

二、加强政府主导作用，纳入国民教育体系

伴随着教育成为博物馆的第一功能，很多发达国家普遍将馆校合作提升到国家教育战略的高度，明确将博物馆纳入国民教育体系，如英国在 20 世纪 90 年代

推出了基于博物馆的国家课程。中国近年来出台了一系列鼓励馆校合作，发展博物馆教育的指导意见，为馆校融合提供了政策引导。但由于尚无专门立法，致使馆校合作双方权、责、利界定模糊，博物馆主体教育地位缺失，其教育活动在很大程度上难以制度化、常态化、体系化。

早在 2007 年，时任国家文物局局长的单霁翔便在全国两会期间提交过"将博物馆纳入国民教育体系"的提案，一些高校、博物馆界专业人士的呼吁亦从未停止。目前来看，"将博物馆纳入国民教育体系，符合国际博物馆界的发展潮流，既是各馆履行教育使命的需要，也是完善我国现代国民教育体系，形成终身教育体系的必然要求"①。特别是在"双减"政策背景下，传统学校教育重知识传授，轻体验感知，重价值灌输，轻理念思辨等弊端日益凸显，发挥博物馆教育专长，将其纳入国民教育体系不失为有效之策。首先，由政府主导，切实将博物馆纳入国民教育体系。通过相关立法，明确博物馆在社会教育中的主体地位，不再作为一种学校教育的辅助和补充，进而明确其功能要求，阐明馆校之间的合作关系和使命利益。其次，将博物馆纳入义务教育课程。有学者认为，"我国若要制度化地将博物馆纳入现代国民教育体系尤其是青少年教育体系，除了由政府制定法规，明确博物馆纳入国民教育体系的内涵及要求，即主要为青少年教育服务外，重点纳入义务教育体系，通过制定有效的政策措施，切实融入中小学教学计划"②。少年强则国强，少年智则国智，当代中国青少年肩负着实现中国梦的伟大重任，他们是博物馆教育的重点人群，只有将博物馆作为"第二课堂"教育纳入中小学课程安排、课程标准、教材修订等制度层面的规定，才能切实保障馆校的深度融合、有效融合。再次，提供专项经费支持。对一家博物馆而言，"教育活动和展览是整个机构使命以及所有成员工作的最终产品，是现代博物馆经营管理的核心内容"③，她们作为一对彼此紧密关联的姊妹，相互依托、相互包含，又相互成全。但与展览有专项经费保障不同的是，博物馆教育活动尚无专项财政支持。随着体验式、探究式教学理念的深入人心，博物馆教育即讲解的观念已一去

① 郑奕：《博物馆教育活动研究》，复旦大学出版社 2018 年版，第 396 页。
② 郑奕：《博物馆教育活动研究》，复旦大学出版社 2018 年版，第 396 页。
③ 郑奕：《博物馆教育活动研究》，复旦大学出版社 2018 年版，第 3 页。

不返，这并不是简单地将展览语言翻译成通俗的讲解语言即可，而是需要馆校精诚合作花大力气进行研发，同样需要投入一定的人力、物力。提供专项经费支持，无疑是持续产出高品质教育活动的有效保障。

三、分众实施教育项目，推进教育社会融合

分众化本来是一种现代企业的营销概念，"指的是顺应市场分流，以读者需求差异为变量，对市场进行细分的一种营销手段"①。将其引入博物馆教育领域，主要是指将受众群体进行细分，提供针对性的教育活动。国际一流博物馆的讲解导览以观众为中心，注重分众化服务。无论线下线上，人工或是自助，讲解导览的显著特征是多样化，旨在尽可能多地关注和满足不同群体的参观需求。例如，美国大都会艺术博物馆的日常公益讲解有20个主题，10个语种。可预约的收费讲解被细分为成人、学校、社区、特殊人群等多个类型，并提供可选择的相应专题，其中成人导览主题就多达18个。而且该博物馆的教育项目也划分得十分细致，包括儿童项目、青少年项目、成人教育项目、特殊人群教育项目、学者项目等。其中，成人教育项目又分为成人课程、社区和企业项目等。同时，大都会艺术博物馆还对特殊群体进行细分，对失明、失聪、认知障碍症以及孤独症人群都制定了不同的活动方案。

近年来，随着中国深化文化体制改革，构建现代公共文化服务体系的持续推进，促进基本公共文化服务均等化、切实保障特殊人群文化权益，实现全覆盖已渐成文化教育发展的趋势。2016年，习近平总书记在党的新闻舆论工作座谈会上强调，要适应分众化、差异化传播趋势，加快构建舆论引导新格局。可喜的是，博物馆作为社会教育机构的重要组成部分，正在积极探索分众式教育服务，以期使文物更好地融入生活、服务人民。例如，中国国家博物馆近年来也应时而变，主动发力，依托深厚的馆藏资源，面向不同年龄、不同职业的人群策划了精

---

① 潘峻岭、圣章红：《论公共文化服务对象对思想政治教育创新的启示》，《决策与信息》2021年第10期。

彩纷呈的博物馆教育活动，在分众式教育方面进行了一些有益的尝试。目前已初步形成了基于国家博物馆馆藏和展览开设的"稚趣系列"（小学 1—2 年级）、"中华传统文化——博物馆综合实践课程"（小学 3—6 年级）、"博物之旅"系列（中学阶段）等全学段教育课程，初步构建起针对学生群体的分众教育体系。针对远郊区县及特殊学校的学生群体，国家博物馆多次为北京市门头沟区军庄小学、东城区特殊教育学校的学生提供优质的教育课程；面向全国各地及海外留学生，国家博物馆与中国儿童少年基金会、中国华夏文化遗产基金会等多家单位合作，策划开发形式多样的博物馆研学旅行活动，以绵延不断的华夏文脉为线索弘扬中华优秀传统文化，增强留学生群体同文同根的中华文化凝聚力；面向中老年群体，国家博物馆先后策划了"青花幽韵""红楼梦中过大年"等活动，将惠民、为民、乐民的文化服务送进社区。

四、提升科技应用水平，促进科教深度融合

一部人类活动史，也是一部人类与自然、社会的互动史，人们在不断互动中提高认知，创造发明，推动着世界文明的进程。博物馆作为社会公共文化机构，自诞生之日起，也在通过文物、展览、教育活动等各种被定义的媒介符号，加强与公众的互动，而科学技术无疑在这种互动中起着重要的推动作用。特别是近年来，随着大数据、物联网、区块链、人工智能等信息技术的迅速发展，许多博物馆都利用这些先进的科技力量，增强观众的教育体验，并且取得了一定的效果。但如果综合考量的话，中国博物馆教育活动利用科技力量仍然处于一个较低的水平，不平衡、不充分矛盾较为突出，一些边远地区、经济欠发达地区的博物馆，或是一些行业老馆的教育活动与科技融合程度仍然很低，急需提高认识和应用科技手段的能力。从信息时代到人工智能时代，过去在博物馆里沉寂无声的"物"，已经被各种技术赋予了鲜活的生命，有了多种可以"活起来"的渠道和方式。所以，提高科技应用能力，更为重要的并不是运用的技术越多越好，呈现的效果越绚越好，而是应当结合自身特点提升博物馆教育活动的科技应用水平，深度融合科技教育，在准确讲述文物故事、表达思想内涵的基础上，运用各种科技手段使

观众可以在互动中刺激多重感官，加强历史记忆，引起情感共鸣。

五、扩大社会力量参与，探索多元合作路径

社会力量是一个非常宽泛的概念，泛指能够参与、作用于社会发展的基本单元，包括自然人、法人（社会组织、党政机关事业单位、非政府组织、党群社团、非营利机构、企业等）。这里所说的社会力量，一般是指相对于政府之外的社会组织、企业组织、其他机构或个人。近年来，国家连续出台一系列措施，鼓励支持社会力量参与公共文化服务建设。2015 年 1 月，中共中央办公厅、国务院办公厅印发《关于加快构建现代公共文化服务体系的意见》，指出要"鼓励和支持社会力量通过投资或捐助设施设备、兴办实体、资助项目、赞助活动、提供产品和服务等方式参与公共文化服务体系建设"；2020 年 10 月，教育部、国家文物局印发《关于利用博物馆资源开展中小学教育教学的意见》，也鼓励"社会力量参与博物馆教育资源开发"。可以肯定的是，随着文化领域供给侧结构性改革的全面展开，很多博物馆囿于投入成本有限、专业人才匮乏、评估调研欠缺有效跟进等原因，如果仅凭自身单枪匹马，很难有所作为，只有及时认清形势，不断转变工作观念，主动与社会力量开展合作，才能满足人民群众不断增长、日益丰富的文化需要。

从现实来讲，这种合作应该是多元的，全方位的，只有这样才能优势互补，充分挖掘潜能，推出高质量的文化产品。可以是行业内委托经营式的合作，也可以是"跨界"共同研发式的合作。前者如故宫博物院长期与天禹文化集团公司合作，其名下很多品牌教育项目都由天禹文化集团公司策划实施；后者如国家大剧院与中国电影博物馆在 2021 年 3 月签署战略合作框架协议，携手共同探索影院中的超高清演出直播，合作进行舞台影像的常态化或集中展映，探索搭建歌剧电影拍摄技术、舞台美术、场景设计等专业领域的学术交流平台，以期在电影艺术、电影音乐领域中更好地传承、发展、创新优秀传统文化。[1]

---

[1]　国家大剧院官方网站：《国家大剧院与中国电影博物馆签署战略合作框架协议》，2021 年 3 月 26 日，见 https://www.chncpa.org/zxdtxlm/jyxw_2994/202103/t20210326_228034.shtml。

六、加强学术理论支撑，建设社教科研体系

前文已述，博物馆社教研究滞后的一个重要原因是专业人才匮乏，多数研究尚处于一种经验总结阶段。近年来，随着"博物馆热"持续升温，以及博物馆教育功能的日益凸显，很多教育界和文博界人士已经认识到加强博物馆社教理论研究，提升其专业化水平的重要性，并且推出一批优质的科研成果。从整体和长远来看，加强博物馆社教研究任重道远，至少有两个方面值得关注。第一，加强教育学理论支撑。目前，国内已有多所高校设置了博物馆学专业，往往挂靠在历史学院或考古文博学院，也有的如中央民族大学挂靠在民族学与社会学学院，开设博物馆学概论、博物馆陈列设计与藏品管理等课程，但鲜有涉及博物馆教育理论方面的授课，只有少数高校如复旦大学，开设了"博物馆教育活动策划"课程。博物馆教育理论应该是教育学与博物馆学的交叉，否则其专业性无从谈起。从这个意义上来讲，博物馆学的毕业生如果日后进入博物馆社教部门工作，还需要补充教育学方面的知识，深入教育学相关理论研究，只有这样才能将教育学的认知规律与博物馆的特点紧密结合，用以整合数据资源，支撑案例分析。第二，建设博物馆社教科研体系。如同博物馆展陈、藏品管理、文物保护等领域一样，博物馆社教研究也有着自身的框架体系和内在逻辑。如果只见树木，不见森林，各种碎片式的分散研究，根本无法将其捏合在一起。应该从专业建设的角度出发，建设包括展览讲解、教育活动、馆校合作、志愿者服务等多方面，并且具有一定内在逻辑的博物馆社教科研体系，以带动博物馆教育研究的进一步发展。

七、构建研学标准体系，提供行业规范指南

2013 年 2 月，国务院办公厅发布了《国民旅游休闲纲要（2013—2020 年）》，首次以官方文件的形式使用"研学旅行"这一概念，提出要"逐步推行中小学生研学旅行"。此后，教育部连续发布《关于进一步做好中小学研学旅行试点工作的通知》《关于做好全国中小学研学旅行实验区工作的通知》《关于推进中小学研学旅行的意见》《关于利用博物馆资源开展中小学教育教学的意见》等多部文件，

为中小学研学旅行提供了政策支持，也为博物馆找准研学着力点和发力点提供了指导遵循。近年来，随着博物馆研学不断走热，也滋生了预约不畅、收费过高、游而不学、课程凌乱、讲解随意、安全隐患等一系列问题，这里既有监管缺位，也有行业自身缺乏标准规范的原因。

有鉴于此，加快构建研学标准体系，规范博物馆、学校及第三方的研学行为，提供高质量研学活动已是当务之急。通过制定系统性、可操作性的行业标准，明确博物馆、学校、校外机构三方的责任权利，规范研学的组织实施、教师培训、安全保障、经费投入、评价标准、价格标准、课程质量等，形成管理科学、运行有效的研学机制。同时，有必要推出一批精品博物馆研学案例，宣传推广先进经验，为各博物馆研学活动提供分类指导。

八、多元配置服务岗位，健全志愿服务体系

志愿服务一般是指，"任何人自愿贡献个人的时间及精力，在不为任何物质报酬的情况下，为改善社会服务、促进社会进步而提供的服务"[1]，其特点是无偿和自愿。西方国家博物馆开展志愿服务，始于 1907 年美国波士顿艺术博物馆，至今已有 100 多年的历史。中国博物馆志愿服务则起步较晚，兴起于 20 世纪八九十年代，但不可否认的是，这些志愿者为中国博物馆建设发展作出了巨大贡献，在一定程度上推动了博物馆扩展公共文化服务范围，提高了公共文化服务质量。进入 21 世纪以来，在博物馆公共文化属性日益增强的背景下，志愿者桥梁纽带的作用日益得到彰显，招募志愿者一定程度上已成为"扩大各馆社会影响力、拓展观众群的有效途径，是促使博物馆与社区建立起更密切联系、吸收更多社会资源的重要方式"[2]，而这也反过来要求博物馆重新审视自身与志愿者的主客体关系。首先，丰富博物馆志愿者服务岗位设置。目前国内博物馆志愿者服务以志愿讲解为主，有的则涉及志愿者导览或观众服务等方面，但总体而言还缺乏广度和

---

① 冯英编著：《外国的志愿者》，中国社会出版社 2008 年版，第 3 页。
② 郑奕：《博物馆教育活动研究》，复旦大学出版社 2018 年版，第 324 页。

深度。西方发达国家很多博物馆招聘志愿者，往往是由专人根据其专业背景、兴趣爱好等因素，安排或设置相应的岗位。国内博物馆社教部门除了讲解以外，还有许多业务职能，也可以根据志愿者的自身特点，开展撰写讲解词、策划教育活动，甚至是专项课题研究的工作，做到因人制宜，人岗相配，真正调动起志愿者服务的积极性。其次，建立健全志愿者服务体系。博物馆志愿者服务简单来讲仅仅是一项工作事项，而复杂来讲则是一个庞大的服务体系，包括招募、设置岗位、培训、管理机制、观众反馈、服务评估等一系列内容，而每一项又包含着若干的子系统。例如，志愿者招募，至少包含招募对象、招募渠道、招募方式等，而招募对象还可以细分为专业人员招募、退休人员招募、学生群体招募、外籍人士招募等。只有捋清相关线索，建立健全博物馆志愿者服务体系，才能完善博物馆志愿者服务机制，充分发挥他们传播文化的桥梁与纽带作用。

分报告六 博物馆传播上云赋智，文物活起来空间巨大

博物馆肩负着解码中华文脉基因、展示中华文明生生不息的历史积淀和思想传承，传播弘扬中华优秀传统文化、革命文化和社会主义先进文化的文化使命。习近平总书记高度重视博物馆以物证史、以史育人重要作用的发挥，明确要求保护好、管理好、研究和利用好凝结着中华民族传统文化的文物，让历史说话，让文物活过来，给当代人以民族自信和历史启迪。他强调，要"加强考古成果和历史研究成果的传播，教育引导广大干部群众特别是青少年认识中华文明起源和发展的历史脉络，认识中华文明取得的灿烂成就，认识中华文明对人类文明的重大贡献，不断增强民族凝聚力、民族自豪感"[①]。本报告尝试从多视角观察思考新时代中国博物馆传播时代特征，深入剖析当前博物馆传播工作面临的挑战，并在此基础上提出博物馆传播工作高质量发展的几点建议。

第一节 当代中国博物馆传播的时代特征

中国特色社会主义进入新时代，中国博物馆总量规模快速扩张，体系结构和布局不断优化，类型丰富、主题多元的现代博物馆体系基本形成。根据国家文物局统计数据，"十三五"以来中国平均每两天新增一家博物馆。在规模扩大与结构优化的同时，中国博物馆呈现从文化殿堂转向超级链接的显著趋势，社会公众

---

① 《习近平关于社会主义精神文明建设论述摘编》，中央文献出版社 2022 年版，第 233 页。

通过博物馆接触并系统认知传统文化的意愿日益强烈。传统上，博物馆在人们心目中的印象往往是孤傲高冷的文化殿堂，深藏库房的珍贵文物、玻璃柜中的各色展品与大众之间始终存在某种隔阂。伴随着中国社会不断发展进步，党和国家对文博文物工作强有力的政策扶持，博物馆推出的公共文化产品供给越来越丰富，质量水平不断提高。实体展览和社教传播、沉浸式体验、虚拟展厅、纪录片、舞台剧表演、真人秀……当代中国博物馆正以超级链接的形态把展览现场和在线公众紧密联系起来，开创出藏品阐释与展示的多种形态，让传统文化"活"起来，让沉睡的文物从馆舍天地迈向大千世界，引发并延续历久弥新的博物馆热，不断激发出中国人民强烈的家国情怀和文化自信。

总体而言，新时代中国博物馆在场馆建设、文物保护、藏品研究、陈列展览、开放服务、教育传播和国际交流等方面不断取得新进展，日益成为世界博物馆发展的中心和热点。从最初向西方学习，到20世纪中期向苏联学习，再到改革开放以来的全方位对外交流，开放和包容的姿态推动着博物馆事业的持续高速发展，中国博物馆日益走近世界舞台中央，中国博物馆文化传播的国际意义也日益彰显出来。可以想象，当代中国博物馆飞速发展背后是这样一幅崭新的时代大幕：中国特色社会主义进入新时代，中国前所未有地走近世界舞台中央，前所未有地接近实现中华民族伟大复兴的目标。与此同时，处于中国博物馆雁群前列的一批优秀博物馆也正在大步走近世界博物馆体系的中央，逐渐迈入世界一流博物馆的行列。中国国家博物馆在新冠疫情肆虐、全球博物馆守望之际发起的主题为"手拉手：我们与你同在"全球博物馆珍藏展示在线接力活动，就是中国博物馆加大国际传播力度、提升国际话语权和影响力的一个典型案例。中国国家博物馆倡议得到许多具有国际影响力的博物馆馆长的积极响应和热情参与。2020年9月6—14日，包括中国国家博物馆、大英博物馆、俄罗斯国家历史博物馆、澳大利亚国家博物馆等在内的16位世界顶级博物馆馆长在线介绍各馆特色和馆藏珍品，以直播接力的方式带领中外观众走进文化宝库，在云端共享人类文明精髓。活动持续9天，20余家平台参与直播，累计吸引约2.1亿中外观众在线"追剧"，微博话题阅读量1.9亿次，登上微博热搜榜。这种现象级传播说明，在全球化时代，对民族身份、精神传统、核心价值和自身文化命运的深层思考，正在把更多的人推向博物馆去寻找答案。中国新的历史方位与全球角色丰富着中国博物馆讲好中国古老文明和现代故事的内容内涵。在构建人类命运共同体的宏大实践中，文物藏品成为中华文明走向世界的金名片。新时代中国博物馆必须积极发挥在促进文明交流互鉴、构建人类命运共同体中的独特作用，努力增强博物馆国际合作的亲和力、感染力和吸引力，分享文化遗产交流互鉴的中国方案，建立起具有广泛覆盖面和强大亲和力的博物馆朋友圈。正是这样的座谈会传播活动让世界同行们切身感受到，更多更主动地发声正在让中国博物馆的文化传播力和影响力与日俱增。

全新的历史方位，博物馆行业的飞速发展，以及新媒体、新技术的变革深刻影响着中国博物馆传播使命的履行和功能的发挥。新时代中国博物馆文化传播呈现加速上云赋智主动传播的崭新时代特征，突出体现在以下方面：全球化与多样性交织，中外博物馆同行的文化交流日益频繁；文化和旅游深度融合，博物馆在以文塑旅、以文促旅方面大有可为；全面建成小康社会目标实现以后，博物馆热日渐升温，博物馆日益成为文化旅游的重要目的地，公众对线下线上文化生活期待越来越高。信息通信技术日新月异，大数据、云计算、人工智能和虚拟技术等深刻变革着博物馆文化传播的形式、手段、渠道和效能，博物馆加速上云赋智主动进行价值传播的技术障碍逐渐破除。

一、传播主体：博物馆媒介化趋势显著，形象自塑意识和能力增强

随着数量的不断增长和规模的持续扩大，中国博物馆社会活跃度稳步提升。在新媒体、新技术的加持下，博物馆形象自塑的意识和能力逐步增强，整体传播声量和社会影响力随之扩大。值得密切关注和深入研究的新动向、新特征是：进入新时代，作为肩负传承中华文明、持续向公众传播中华文化和文明交流互鉴重要社会责任的公共文化机构，中国博物馆越来越凸显出其物化话语体系可考、可信、可视、可敬的独特传播优势，赢得广泛受众的信赖与喜爱。

随着博物馆热的兴起，博物馆以更亲民、更鲜活的姿态走进寻常百姓的生活

中，生动讲述博大精深的中华文化，满足人民群众对丰富精神文化产品的深层次追求。博物馆在文化传播中表现出较强的自主性和探索性，逐渐成为一种具有高度综合性的公共文化媒介。在新形势下，无论博物馆人还是传媒人都开始认识到，博物馆是博物馆人和社会公众共同营造的具有某种崇高性、神圣性的公共文化空间，博物馆工作是一项广泛的社会实践和文化的建构活动。博物馆的展示和传播，给在场和在线观众多重感官体验，实现了立体交互的表达与解释，构成了完整的文化传承创新的全新社会实践链条，创造了虚实结合、双线融合的博物馆环境下"文物—人—信息"关系新形态。

正是因为新形势下博物馆发展的这种新趋势，在一些管理者认知中博物馆不仅仅是公共文化机构，事实上也将其定位为宣传机构，一些重要博物馆、具有高度品牌效应的博物馆及其活动直接划归宣传部门管理以示重视。有鉴于此，越来越多的专家认为，博物馆的功能定位与机构使命正在发生显著变化。相对而言，保藏与科研等传统职能的比重在降低，展示传播和公共服务的职能在提升。[①] 在这样一种大背景下，博物馆必须积极盘活馆藏资源，调整原有的社会服务方式，另辟蹊径满足公众的需求，把形象自塑和他塑有机结合起来。

二、传播路径：从场馆面对面传播到线下线上双线传播

纵观人类文明的发展历程，我们走过农耕时代和工业时代，进入互联网构建的信息时代。如果说，农耕时代满足了人们的生存需求，工业时代满足了人们的短缺需求，互联网信息时代则通过不断创新为人们提供全需求服务。人们物质和精神文化的需求与满足在线下真实世界和线上双线重塑。长期以来，博物馆以物为核心，通过陈列展览、社会教育等方式实现它的传播功能。博物馆最直接面向社会公众的部分是其社会性与专业性的集中体现。2020 年，全国博物馆举办 2.9 万多个展览，策划 2.5 万余场教育活动，在采取限流措施的情况下仍接待观众 5.4 亿人次，其中未成年人观众 1.3 亿人次，到博物馆去成为社

---

① 曹兵武：《博物馆的媒介化趋势及其实践意义》，《博物院》2019 年第 5 期。

会新风尚。除了传统的展品、说明牌、展柜、展板之外，现代媒介形式亦得到广泛应用，展示与传播从单向输出悄然演进为高度综合且双向互动的叙事文本和交互场景。

应该承认，在博物馆主要通过陈列展览和线下教育活动实现传播功能的年代，博物馆展览和教育传播的社会受众都是有限的。但是，随着博物馆与社会其他诸多行业领域一起在信息时代走上云端凌波微步时，令人目不暇接的巨大变化发生了。博物馆的收藏、研究、展示和传播实践都不同程度地突破了时空限制，其中尤以藏品和展览数字化带来的博物馆传播形态的丰富、渠道的拓展，以及在线受众的增加最为明显。特别是面对疫情的严重冲击时，新时代网络传播的数字化、便利性、综合性、互动性、再生性和开放性在博物馆集体战疫中得到充分体现。网上展览、文物数据库、直播导览、云讲座等形式多样、内涵丰富的博物馆文化传播内容，受到了广大网络受众的普遍欢迎。文化和旅游部统计数字显示，仅在农历鼠年（2020 年）春节期间，全国博物馆就推出了 2000 余项网上展览，总浏览量超过 50 亿人次，让宅家群众在云端感受到中华文物之美和文化底蕴之深，在战疫中发挥聚人心、暖民心、强信心的特殊作用。

博物馆人围绕人民对美好生活的向往倾情投入，不断推出优秀展览和教育活动，同时不断向线上拓展、向云端延伸、向群众靠近，新媒体、新技术让博物馆文化传播更广更远。博物馆的云端尝试是数字时代一项可以让不同地域、不同民族、不同年龄、不同社会阶层和文化背景的人群共享博物馆文化的全新解决方案，也是博物馆促进公共文化服务均等化努力的生动诠释。

三、传播手段：新媒体、新技术推动博物馆文化传播变革提速

在以"文物＋互联网""博物馆＋互联网"为代表的"文化＋科技"大潮下，新媒体、新技术跨界融合加速变革着博物馆文化传播的内容和形式、手段和渠道。新时代的博物馆行业一片生机盎然，彰显出中华优秀传统文化的强大生命力，新颖展示与活态传播赋予博物馆中国故事鲜活的打开方式。中宣部等九部门联合印发的《关于推进博物馆改革发展的指导意见》在功能发挥方面强调，

提高网上展示质量，优化传播服务，构建线上线下相融合的博物馆传播体系。《"十四五"文化产业发展规划》明确提出，坚持以创新驱动文化产业发展，促进文化产业上云赋智，推进线上线下融合，推动文化产业全面转型升级，提高质量效益和核心竞争力。近年来，中国各大博物馆纷纷上云赋智，加快信息化、数字化、智慧化建设的步伐：建立数字资源库，通过官宣融媒体矩阵展示精品馆藏、推广展览和活动、开设网上展厅，不断拉近与公众的距离。在故宫博物院"V故宫"，观众可以身临其境般地探访养心殿和倦勤斋等。敦煌研究院在官网官微等平台开启云游莫高窟新模式，发布数字敦煌精品线路游、敦煌文化数字创意等一系列线上资源，为观众在线感知敦煌文化搭建平台。2022 年 5 月 18 日是国际博物馆日，国内部分城市疫情防控形势严峻复杂。"不聚集不扎堆，与博物馆来一场云端约会，宅家也可以对话千年！"暂时闭馆的多家博物馆邀请公众看线上展厅、追云游直播、云听博物馆讲堂，居家云游减少流动为战疫作贡献，展示了博物馆在特殊时期慰藉人心的力量。有业界学者认为，博物馆要努力拥抱信息时代，融入科技智慧，通过不断创新让文物活起来，发挥博物馆的巨大潜力和影响力，将世界变得更加美好。

关于博物馆由数字化向智慧化转型以及智慧博物馆建设，王春法认为，互联网、大数据、云计算、区块链、人工智能等信息网络技术催生了许多新型博物馆陈列展示媒体手段，使博物馆陈列展示传播空间发生了巨大的变化。借助 5G 移动传输和智能 VR 技术，立体化、沉浸性的视频传播将让人类迎来全部感官的系统性传播革命。[1] 博物馆从物的空间变成虚实结合的空间。文物在新媒体、新技术的作用下多感官情景还原，在线上线下邀请观众融入立体智能交互空间。中国文物信息咨询中心等发布的《2021 年文博新媒体发展报告》显示，随着国家出台相关激励政策以及媒介技术持续革新，文博新媒体传播呈现出五个明显特征，即传播多元化，直播、短视频等新形式愈加受欢迎，云展览云交互提高文博影响力；叙事年轻化，吸引更多年轻用户走进文博文物；技术融媒化，跨平台互联技术日趋成熟；文博热点化，媒体赋能文博出圈，让文博活起来；体验沉浸化，全

---

① 王春法：《关于智慧博物馆建设的若干思考》，《博物馆管理》2020 年第 3 期。

景展览创新形式满足用户沉浸体验需求。

由此可见，云展云直播已经发展成为博物馆工作的新常态，博物馆界要积极主动适应新形势下新媒体媒介的传播应用，推动由"文博+"逐渐向"文博×"的战略性转变。博物馆广泛运用新技术，借助 5G 和云计算带来的高速率的传输，构建线上线下相融通的传播体系，输出更多精品数字传播内容，用匠心呵护遗产，以文化滋养社会。

四、传播价值：不仅是历史价值更是未来价值

习近平总书记在朱熹园考察调研时强调："如果没有中华五千年文明，哪里有什么中国特色？如果不是中国特色，哪有我们今天这么成功的中国特色社会主义道路？"[①] 这一放眼全球、贯通古今的重大论述充分说明，中华文化既是历史的，也是当代的；既是民族的，也是世界的。英国历史学家汤因比在深入分析世界历史各主要古文明的兴衰后在其著作《历史研究》中指出，世界四大文明古国中，中华文明是唯一传承下来的文明。在五千多年的文明发展进程中，中华民族创造了博大精深的灿烂文化。博物馆作为充分展示中华文明五千多年绵延不绝、灿烂辉煌的大学校，既闪耀着中华传统文化的时代精华，又昭示着一个国家和民族的根之所系、脉之所维。

古人云：求木之长者，必固其根本；欲流之远者，必浚其泉源。中国的各级各类博物馆是提高民族文化素养，帮助公众树立正确历史观、文明观，提升公众审美品格的重要场所。博物馆文化传播的价值恰恰在于挖掘文物的文化价值、历史价值和审美价值，以物证史、以物释史、以物说史，把中华优秀传统文化的精神标识提炼出来、展示出来，把优秀传统文化中具有当代价值和世界意义的文化精髓提炼出来、展示出来。同时，注重展示当代中国的发展进步和当代中国人的精彩生活，推动反映当代中国发展进步的价值理念、文艺精品、文化成果的展示传播，展现中华文化时代魅力。中国各级博物馆以馆藏为核心禀赋形成一个内涵

---

① 《习近平谈治国理政》第四卷，外文出版社 2022 年版，第 315 页。

极其丰富的中华文明物化体系，对于珍藏民族集体记忆、传承中国文化基因，以历史自信提升文化自信，以文化自信强化道路自信、理论自信和制度自信具有特殊的重要作用。

文化自信是更基础、更广泛、更深厚的自信。博物馆拥有无比丰富的历史文化艺术信息，内蕴中华民族历史文化的元气。研究博物馆传播的价值，不应该仅仅局限于它的历史价值，而应该着眼于它的时代价值，更要注重它的未来价值。博物馆人为未来而保护历史，传承文明，传播文明；博物馆人的终极价值，就是能够让馆藏资源的文化能量在传播中释放，让公众无论在场还是在线都能徜徉在博物馆的文化之旅中，在与文物和时间的对话中有所感悟、有所收获。

第二节　当前中国博物馆传播工作面临的主要挑战

当代中国博物馆事业的蓬勃发展，引导着亿万公众对博物馆欣欣然心向往之，到博物馆看展览成为一道靓丽的文化风景线。然而，由于场地时空的限制和新冠疫情的冲击，参观博物馆还真不是一场说走就走的旅行。得益于智慧互联网下万物皆可连接，不少公众与博物馆第一次亲密接触发生在线上，无接触的云端链接日益频繁。一方面，这种链接让公众不用抵达博物馆，亦可成为博物馆观众。另一方面，即便观众已经现场参观，这种链接也不会随着参观结束而终止，而是长期存在。有了新媒体渠道的帮助，博物馆观众不再是被动接收信息，而是积极搜寻、关注博物馆藏品、展览和活动信息，且对博物馆传播有需求、有反馈。因此，观察博物馆在新媒体环境中的各种表现，不仅可以清楚地了解博物馆与受众是否建立了友好互动的终极考验，而且可以准确把握博物馆补足传播短板，不断优化完善方向。[1] 在这方面，我们在思想认识和工作实践中还面临着许多困难和挑战。

---

① 曾停：《从使用与满足理论的应用看博物馆受众研究》，《新媒体研究》2021 年第 20 期。

一、对博物馆媒介功能认识不足，传播特点把握不准

博物馆是内嵌于社会的公共机构，在日益复杂的社会文化体系中有其特定的功能使命。从文化传播的角度来看，博物馆作为传播媒介，既不同于新型的互联网，也不同于传统的电视、广播、报刊、图书等媒体形式。博物馆媒介的核心是藏品，是实物——人类过往的生存及其环境物证，物是博物馆最基本的信息载体。当一件物品被大自然馈赠或古人创造出来并作为展品与观众面对时，它本身就已经具有非常丰富的历史、科学、艺术、社会价值，是一个非常丰富的文化信息包或者文化基因片段。至于它是否能够有效地将信息释放出来，命中今人乃至未来人的心中灵犀，展示其应有的价值，实现文博工作助推文化传承和创新发展的初衷，则要看博物馆和博物馆学对它的研究与处理。[①] 博物馆的物或者说藏品，实际上就是不同人、文化和时代之间进行信息传输或者信息搬运的介质，通过博物馆机构或者博物馆化的过程，它从过去时态、从原生背景中，进入当下或者未来时代的观众以及公众的信息、知识和价值系统之中。因此，无论博物馆如何发展，都不能背离物的收藏和以收藏为核心的业务架构。物作为博物馆这种媒介的信息载体和表达传播的基础语素，始终贯穿于藏品、展品和集成它们的展览展示等博物馆主体业务活动之中。

博物馆的媒介化趋势与人类进化、时代发展高度契合，博物馆天然的意识形态属性、遗产的公共性等也使博物馆容易进入大众传媒的视线。需要注意的是，尽管博物馆有整体性的媒介化趋向，但不同性质、禀赋各异的博物馆传播的内容和受众不尽相同，对于博物馆媒介化诸现象需要放在社会、文化以及博物馆自身的发展历程以及信息时代、媒体融合、生态文明建设的大背景中进行深入系统的研究，以认清这种媒介化的实质，并准确把握未来博物馆的发展方向。博物馆文化传播之所以吸引众人关注，深入人心，很大程度上取决于它所植根的沃土——馆藏。一家博物馆的藏品不仅应该体现所属领域中相关信息的真实性、代表性和系统性，还应该努力追求高品质——这是博物馆的存身之本和信息之源，也是包

---

① 曹兵武：《博物馆的媒介化趋势及其实践意义》，《博物院》2019 年第 5 期。

括馆舍建筑和整体形象设计与表现的重要依据。

当前中国博物馆传播工作面临的主要挑战之一，就是对自身独特馆藏普遍缺乏全面系统深入的研究，对作为媒介的博物馆在新媒体、新技术环境下的功能缺乏科学认识。在这里，藏品信息化不仅是藏品数字化和多媒体展示，还包括了一件文物从其发掘出土到入藏博物馆成为藏品再到走上展线成为展品这一个完整过程中的全部信息，涵盖采集、登录、保存、研究、诠释、表达等全过程，包括原有信息的博物馆化过滤与保存，新信息的博物馆化研究、挖掘，以及相关信息的关联、使用和管理等工作。入藏后经过博物馆研究、挖掘、关联、升华的新的历史、科学、艺术和社会等信息与价值，是博物馆对藏品的信息与价值增值。藏品公开展出之后其与观众、社会在传播互动的信息追加，也会如同古老器物的包浆一样，赋予该藏品新的社会文化关系以及价值和意义，当然也可逐步加入藏品的价值系统。因此，博物馆的每一件藏品与展品，都会有较之一般物品更长、更复杂的信息与价值链条。不断发展的大数据、云计算和人工智能技术为这样的信息化提供了便利的挖掘、研究和管理手段。

博物馆文化传播绝非无源之水，藏品深蕴的历史文化信息是博物馆做强文化传播必须深挖之井。从这个意义上说，向云端的博物馆文化传播非但不是对文物本体的疏离，而是对文物信息和价值的回归。无论文字解说、图片影像辅助，还是场景复原、三维呈现和互动等科技手段的应用，都不能忽视藏品在展示传播中的永恒主角地位。作为媒介的博物馆应充分挖掘藏品信息，阐释藏品内涵，推出优质传播产品，讲好中华文明故事。围绕藏品策划选题，设置主题，提炼话题，回答问题，吸引观众参与藏品信息和价值的传播接力。然而调查发现，当前全国各类博物馆设立新闻发布制度的数量并不多，较少有专职新闻发言人，且不能实现博物馆信息定期发布。调查数据显示，参与调查的全国各类博物馆已经建立新闻发布制度的仅有13.0%，而设专职新闻发言人的仅有11.2%。在已经定级的博物馆中，博物馆级别越高，已经制定新闻发布制度和设立新闻发言人的博物馆数量越多，其中一级博物馆两者数据分别是35.5%和24.2%。

二、对传播工作重视不够，形象塑造缺乏整体设计

传统上，博物馆将工作重点集中于文物保管与静态陈列，教育传播的场景通常在展厅内，以讲解的形态引导观众、服务观众。相比之下，对于做好传播工作对新时代博物馆高质量发展的重要意义普遍缺乏充分认识，主动设置议题和广泛依靠各类媒体对藏品、展览与活动进行大众传播的意识和能力不强。尤其是进入智慧互联时代后，不少博物馆对于前文谈到的虚实结合、线上线下双线融合这一重要文化传播新趋势、新特征认识不清、研判不明、应对不足。正因为如此，尽管中国博物馆普遍怀有塑造良好形象的美好愿望和提高知名度、美誉度的强烈期待，但在认识上对本馆特质、特征剖析不够，缺乏与本馆实际相结合战略研究和整体设计，厘不清形象塑造的路径和做强文化传播的关键抓手。在实践中传播工作缺乏完善机制和有力组织，主动设置议题能力薄弱，时而陷入"想说不敢说、不会说，说了又出错"的困窘之境。这种局面在人人都有麦克风的舆论场里尤为突出，亟待扭转。

调查数据表明，在参与问卷调查的博物馆中，只有17.1%的博物馆设置了专门负责新闻管理和传播工作的一级部门。从博物馆类别看，艺术类博物馆设置专职新闻传播部门的比例相对较高，达到26.1%；最少的是历史类博物馆，仅为12.5%；其余占比依次为其他类（含专题类）23.9%、综合类17.3%和自然科学类13.3%。从博物馆分级看，一级博物馆中约24.2%设置了新闻传播部门，二级博物馆中专门设置该职能部门的有17.3%，未定级博物馆中此项比例仅为13.7%（图92、图93、图94）。值得注意的是，设置新闻传播专职部门情况与参观人数呈正相关。按照参观人数分组情况统计，年参观人数100万人次及以上的博物馆中，有30.8%设置了新闻传播部门；年参观人数40万（含）—100万人次的博物馆中，该占比为18.3%；年参观人数15万（含）—40万人次的博物馆中约为13%；而参观人数低于15万人次的博物馆中这个比例仅为6.4%。之所以形成这种情况，一个重要原因就在于中国各级各类博物馆的主要决策者和骨干力量多数为历史、考古或艺术等专业背景，对于宣教传播对塑造博物馆整体形象的重要性缺乏战略考量，对于新媒体、新技术对博物馆发挥阐释传播功能和整体

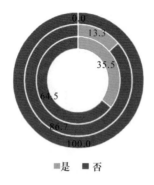

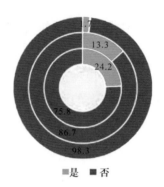

图 92　是否建立新闻发布制度　　　　图 93　是否有新闻发言人

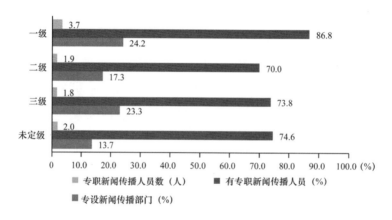

图 94　博物馆设新闻传播专职部门与人员比例

影响力发挥的深刻变革尚未形成科学认识。从实际工作层面来看，博物馆对传播工作重视不够折射于诸多方面：在工作定位上，普遍没有将传播工作作为与征集、保管、研究、展示相当的主责主业之一；在资源配置上，未将引进培养博物馆传播专业人才作为当务之急，对宣教传播以及博物馆新媒体、新技术的开发与应用投入不足；在对外合作上，博物馆朋友圈相对小众固化，长期聚焦于考古文博、藏家和策展人等领域，跨界交往不频繁；在工作实践中，大多数博物馆尚未建立起有利于博物馆立体化传播和整体形象塑造的媒体朋友圈和有益于博物馆传播力、影响力提升的网络传播平台。

应该承认，博物馆的形象塑造与提升，既是一个自塑的过程，也是他塑的过程。新闻媒体是博物馆加强新闻宣传和提升形象塑造的重要力量。一般而言，新闻媒体跑口记者第一时间了解博物馆工作，用所在媒体的报纸、杂志、电视栏目、网络、微博微信客户端等新渠道及时发布消息、专题采访、深度（系列）报道等。通过课题组对参与调查的博物馆在 2019 年被媒体报道的情况统计看，国有博物馆和年参观人数 100 万人次以上的博物馆受中央和地方主流媒体的关注和曝光率较高，非国有博物馆获得媒体关注和报道的机会要少得多。调查显示，与非国有博物馆合作媒体数量均值仅为 3.9 家，远远低于与国有博物馆合作媒体均值的 16.3 家。相对而言，规模越小参观人数越少的博物馆，其合作媒体数量也越少。合作媒体越少，越不利于博物馆传播力的提升和社会关注度的提高。中央与地方媒体对国有博物馆和非国有博物馆报道热度如图 95 所示。

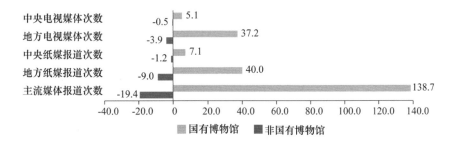

图 95　中央与地方媒体对国有与非国有博物馆报道热度

三、对传播技术的变革意义认识不到位，传播方式转型进程不一

2020 年 9 月，习近平总书记在湖南考察时深刻指出，文化和科技融合，既催生了新的文化业态、延伸了文化产业链，又集聚了大量创新人才，是朝阳产业，大有前途。随着全球新一轮的科技革命、产业革命加速演进，原本长期以在展厅静态陈列展示文物为主要传播手段的博物馆也不可避免地受到新媒体、新技术的深刻影响。从传播技术和传播渠道的维度反观当今中国博物馆的文化传播，可以说是喜忧参半。一方面，我们能够明显观察到新媒体、新技术手段应用所带来的改变和进步，各种依托网络技术和智能设备的融媒体传播平台逐渐成为博物馆开展官方宣传的重要途径。调查数据表明，微信公众号已经普遍成为当前博物馆融媒体传播最活跃平台，86.8% 的博物馆开通了微信公众号，64.2% 的博物馆

开设了官方网站，46%的博物馆运行官方微博，之后依次是27.9%的抖音和15.2%的其他社交平台。其中一级博物馆微信公众号开通率高达96.7%，且参观人数越多的博物馆，微信公众号开通程度越高。此外，约20%的博物馆开发了App。

另一方面，我们也要清醒地看到，由于受到诸多因素制约，国内博物馆信息化、智慧化的发展水平总体上仍滞后于社会信息化发展水平。国内博物馆对传播技术的变革意义认识整体上尚不到位，博物馆传播工作人员所掌握的技术手段相对落后，传播方式转型进程不一。许多博物馆由于藏品展览数字化程度不够，真正能够上线共享的内容资源不足。技术上的落后与方式手段的陈旧，不仅影响了博物馆的传播工作效果，还限制了博物馆教育传播职能的充分发挥，无法满足人们的精神文化需求。

从整体发展格局的均衡性来看，尽管各博物馆普遍加快上云用数赋智的步伐，但由于规模大、数量多、禀赋各异，国内博物馆对新传播技术的应用能力差别较大，传播方式转型进程不一，在社交媒体、线上展览、线上藏品、线上直播上取得的成绩单和未来发展后劲各不相同。一些起步早、资金相对充足的大型博物馆或特色博物馆打造出多姿多彩的云上展览展示，并借助AR、VR等技术跳出物理空间的束缚和局限，持续为公众提供更多高品质文化传播产品。而为数不少的中小型博物馆，受理念、人才、经费，以及与专业媒体、高技术公司跨界合作能力等要素所限，数字化、智慧化进程缓慢，网上展示传播手段欠丰富、设计不够美观，尚不能让公众在线上看到数字化的藏品和虚拟展览；缺乏三维建模、虚拟现实、增强现实、人工智能等相关技术让公众看到文物细节；缺乏经费与必要设备通过在线讲解或直播，加深公众对文物历史文化信息的理解和认识。亟待在创意上下功夫，做好观众的互动和体验，增加用户黏性。线上传播不是简单复制或单纯数字化，只有理解文物蕴含的文化精神才能精准找到有效传播的硬核。面对人民群众对高品质精神文化的需求，只有科学准确地认识"文化＋科技"是大势所趋，更加主动应用新型传播技术并与传媒和高技术网络平台开展合作，才能构建博物馆传播工作新格局，促进文化遗产与科学、艺术跨界融合，才能在传播手段和传播方式的转型中不断获得新动能，进而赢得博物馆传播工作高质量发展的主动权。

第三节　博物馆文化传播高质量发展的四条进路

在新时代新征程上要展现新气象新作为，中国各级各类博物馆传播工作必须进一步解放思想、开拓创新，在弘扬中华优秀传统文化、革命文化、社会主义先进文化、培育社会主义核心价值观、全面推进新时代爱国主义教育和公民道德建设中充分发挥好阵地和平台作用，不断满足人民群众不断增长的精神文化需求。这就要求我们既要从战略高度认识博物馆文化传播的重要意义，结合自身特点并做好形象塑造和新闻传播工作顶层设计，通过探寻移动新媒体和传统文化传承与传播的契合点、融合性，破解传统文化和传播的困境；又要在深入挖掘文物内涵的基础上，积极适应数字化、智慧化传播时代的新趋势新要求，加大线上数字文化资源开放共享，以各种形式让文物活起来，为人民群众提供内容丰富、意蕴深刻、浸润人心的优秀文化产品与服务；还要积极主动促进文明交流互鉴，让文物说话，向世界讲好中国故事，为携手推动人类命运共同体贡献中国智慧和中国力量。

一、从战略高度强化组织安排，优化顶层设计

一是提高认识，设立专职机构，提升主动设置议题能力。作为保存人类文明代表性物证的重要殿堂，博物馆肩负着展示馆藏文物、讲述中国故事、传承中华文明的重要职责，而做好传播工作本身就是新时代博物馆发展的应有之义，且有利于提升博物馆文化辐射力和社会影响力。设置专门传播机构有利于提升博物馆传播工作的格局，做好传播工作规划计划，尤其结合博物馆特征与禀赋，主动巧设议题提高博物馆舆论引导力。文化传播是一项创造性工作，既要有好的创意，还需要精良的内容和新颖的表现形式。美国传播学家麦克斯韦·麦库姆斯认为，大众传播具有一种为公众设置议事日程的功能，影响着人们对周围事件及重要性的判断。传统上，主流媒体的议题设置往往是自上而下的灌输式输出，但现代受众的需求特点已经发生了根本性变化，新媒体时代议题设置成功的关键是提高体

验感和接受度。在规划计划传播工作时，博物馆的专门机构和工作人员首先应该结合自身职能禀赋，结合社会整体舆论环境，在议题的选择和设置上下功夫，在文物和展览中寻找灵感和创意。在此基础上，博物馆传播机构既要对重要主题宣传和议题设置精心撰写创意文案，还要围绕主题组织、策划、实施一系列宣传活动，甚至设计主题海报或者设置专门视频以吸引媒体和观众注意力。在宣传推广过程中，以物述史，娓娓道来，温情表达，塑造有灵魂有温度的博物馆。2020年初，受新冠疫情的影响，许多博物馆不得不闭馆。中国华侨历史博物馆联合中国人民革命军事博物馆等机构变危为机，与厦门卫视合作打开突破点，主动设置闭馆不打烊话题，联合策划制作多场网络直播及活动，在防疫阶段拉近了与公众的距离，赢得了公众好感。随着传播工作重要性的日益凸显，各级各类博物馆应主动识变，提升传播意识，配置专职传播工作人员，逐步完善相关工作机制。

二是注重博物馆形象的整体塑造和社会美誉度的系统提升。博物馆形象，指的是公众对博物馆表现和特征的总体印象和评价。它不是凭空产生的，而是基于博物馆自身定位下的实际行为和表现。良好的公众形象意味着博物馆拥有广大公众的信任和支持，它是博物馆的无形资产。这种无形资产又可以转化为博物馆的有形资产，提高博物馆文化产品的竞争力，帮助博物馆收获更大的社会效益和经济效益。定位理论认为，面对一个传播过度和产品越来越同质化的时代，要赢得公众就必须让自己和自己的产品独树一帜，在人们心中占据一个独特的、真正有价值的地位。博物馆要赢得公众，提升公众形象亦是如此。在这个意义上，博物馆的形象塑造，是一个将自己从同类事物中区别出来的过程。一家博物馆只有明确自己的定位，拥有不同于其他博物馆的特色与风格，才能给公众留下深刻印象，从而树立自己的形象。与此同时，博物馆的形象塑造还是一个创造、存储、再创造和存储的过程。通过定位，明确自身的优势，可以将有限的人力、财力、物力集中到更加需要的地方，使得博物馆包括传播在内的各项工作有的放矢。值得注意的是，博物馆形象是公众对博物馆各方面综合评价后形成的总体印象，即由明星藏品、学术研究、陈列展示、公共服务及基础设施、教育传播、文创产品等多个方面印象共同构成的完整系统。因此，为了树立良好的公众形象，博物馆要更加注重博物馆形象的整体塑造和社会美誉度的系统提升，更加认真对待面向公众的方方面面和各个环节。通过优化参观体验产生美誉，通过观众口碑来吸引更多的观众和社会关注，从而形成一种良性循环。对于国有中小型博物馆来说，在各方面实力都不甚强大时，更要着力寻找自身的特点和优势，明确发展和宣传的重点。

三是构建充分体现人民性、时代性的内外联动型博物馆文化传播新格局。博物馆是履行公共文化服务和为公众提供公共文化产品的公共文化机构，服务人民是文博事业永恒不变的宗旨，也是博物馆文化传播工作的根本出发点。博物馆文化传播的特点是让文物说话，向当代人讲述中华文化的源远流长、博大精深和历久弥新。做好新时代博物馆传播工作，必须坚持以人民为中心的发展思想，从官宣维度走向平民视角，从形态单一走向方式多样，变高冷说教为接地气、带露珠、有温度的话语体系，让博物馆传播体系更亲和。与此同时，博物馆传播工作还必须把中华文化的特色传统与文化传播的时代性有机结合起来，因为时代性集中体现了时代的价值取向和情感基点，是博物馆建立与受众共鸣的重要纽带，只有把握了时代精神，才能与当代社会相适应，与现代文明相协调，古为今用取其精华，切中社会热点，扩大传播受众面，从而增加博物馆文化对当代人的吸引力，进而引发时代共鸣。尤其值得重视和深入思考的是，在网络资讯暴增的今天，如何尽可能保持受众的兴趣点和专注度，维系和增强公众与博物馆的联系，提升公众对博物馆的美誉是博物馆传播工作面临的紧迫问题，对博物馆各项工作顺利开展赢得有利的舆论环境有重要意义。在大千世界，单一机构的声音是有限的，在信息化时代做好博物馆文化传播工作，必须具备先进的传播理念和广阔视野，主动克服单打独斗，构建内外联动的博物馆文化传播新格局。应遵循传播规律，结合媒体特点，一媒一策各展不同媒体所长，让媒体感受一拍即合、不谋而合的合作氛围。要高度重视对行业明星记者的引导和支持，把内部宣传和对外传播有机结合起来，实现从相加到相融。在将博物馆文物、展览、活动信息用百姓喜闻乐见的叙事逻辑、深入浅出的语言，高频率推送给公众的同时，积极主动把博物馆自生产的内容高效传递给媒体，扩大声浪，牢牢掌握宣传主动权和舆论主导权。跨界传播更易于观众关注和接受。在博物馆传播工作的实践中，要善于打组合拳，将主动宣传造势与媒体合作借势相结合，整合利用各种传播平台和传播手段，协调配合同频共振，才能有效提升博物馆的传播力和影响力，不断提升博物馆的知名度、美誉度。

二、加速上云赋智让文物活起来，在内涵式传播中彰显当代中国价值

习近平总书记指出，文物承载灿烂文明、传承历史文化、维系民族精神，是老祖宗留给我们的宝贵遗产，是加强社会主义精神文明建设的深厚滋养。如果说保护好文物是博物馆的历史使命，让文物活起来则是博物馆的时代使命，文化传播则是博物馆的社会使命。中国博物馆的传播工作应当更加自觉、更加积极主动地推动中华优秀传统文化的创造性转化和创新性发展，在充分挖掘文物内涵和历史文化艺术价值的基础上，积极运用新媒体传播手段和数字化技术，探索多元素、多样态、多渠道的文物传播模式，着力把文物展示好、价值阐释好、故事讲述好。更加自觉地坚持以文化人、以文育人，不断丰富高质量产品供给，进一步发挥博物馆的知识普及和文化传播作用，为凝聚起实现中华民族伟大复兴中国梦的强大精神力量作出文博贡献。

一是移动优先深耕云上，让博物馆线上线下传播"融"起来。我们生活在传播系统迅速更新的时代，媒介融合的趋势不可逆转，传统的传播内容灌输给大众的泛传播转变成对多元需求的分众、精准传播。经历三年防疫，越来越多的博物馆不再把上云看作是"疫"时之需，而是文化传播转型发展的必然趋势，博物馆移动优先和媒体融合的步伐更加坚定。深耕云上，博物馆行业需要更加主动识变、应变、求变。要坚持导向为先、内容为王、创新为要，建设好博物馆网微端屏等移动传播平台，管好用好社交媒体账号，在博物馆传播矩阵精细化、系列化、品牌化上深耕厚植，做好信息与服务的连通，把形象塑造、舆论引导、文化传承、服务人民的主动权掌握在自己手中。要把传播的内容形式创新与方式渠道创新有机统一起来，顺应现代传播发展趋势，即传播多元化，在直播、连麦、短视频等新形式愈加受到欢迎的今天，通过云展览、云交互和开辟多元场景提高文博影响力。叙事年轻化，守正创新并重，在乐于接受和易于理解上下功夫，让中

国博物馆的声音传得更开、传得更广，吸引更多年轻人对文物和历史的向往与热情。技术融媒化，通过文博新媒体矩阵创新的不断深化，促进跨平台互联技术早日成熟。体验沉浸化，通过虚拟与现实的叠加构成全景包裹的展陈形式，满足用户沉浸体验需求。要坚持专业人做专业事，精心打造、持续优化提升博物馆传播平台，必须拓宽专业传播人才培养成长渠道，通过送学培训、到融媒体中心挂职锻炼、岗位练兵等途径，培养铸就一支讲政治、善创新、懂传媒、能策划、会操作的博物馆传播人才。

二是充分利用新媒体、新技术让博物馆传播"智"起来。博物馆藏品数字化的一项基本功能就是让藏品摆脱物质形态的束缚，在数字环境下得到"永生"。中国博物馆协会理事长刘曙光认为，综观世界博物馆发展潮流，博物馆数字化的起始点是藏品的数字保护和信息留存，其次是面向公众开放数字文化资源，然后才是利用藏品数字资源开发网上展览、文物数据库、直播导览、教育课程等，形成新媒体传播形态，拓展博物馆服务民众的内容与形式。[①] 2022 年 5 月，中共中央办公厅、国务院办公厅印发的《关于推进实施国家文化数字化战略的意见》明确提出，到"十四五"末基本建成文化数字化基础设施和服务平台，形成线上线下融合互动、立体覆盖的文化服务供给体系。到 2035 年，建成国家文化大数据体系，中华文化全景呈现，中华文化数字化成果全民共享。《关于推进实施国家文化数字化战略的意见》提出八项重点任务，包括发展数字化文化消费新场景，大力发展线上线下一体化、在线在场相结合的数字化文化新体验等。上云用数赋智，数字化是基础，用数是关键，赋智是动力。博物馆对藏品数字化宜持积极主动态度，采取合作、协作的形式加快藏品、展览数字化的进程。一方面为更多学术研究、创意机构开发、制作文化产品提供便利；一方面加快博物馆数字资源的社会共享进程，突破观众享受馆藏资源的时空限制。

围绕新媒体、新技术在博物馆展览展示、社会教育、阐释传播、智慧博物馆建设等方面的应用问题，中国国家博物馆考察团于 2019 年对英、德著名博物馆进行调研考察发现，一些"百年老店"式博物馆正在以越来越开放的态度拥抱新

---

① 罗燕：《让博物馆真正融入民众生活》，《民生周刊》2022 年第 10 期。

技术，正经历传播技术带来的在场与在线的"重生"。国际一流博物馆在展览推广的整体策划和全程宣传推广中越来越重视利用官方网站、社交平台大数据、虚拟现实、人工智能和丰富的短视频等进行互动传播。重视利用馆藏优势聚焦重点文物、展品建设数字互动展台，展示文物历史文化信息，给出关联的年代、人物与故事。英国国家美术馆用 VR 技术复原展厅中古典油画在意大利礼拜堂的原有位置，观众通过穿戴设备来体验。英国自然历史博物馆和英国科学博物馆与高科技企业联手，利用混合现实技术开发"恐龙侦探"展。德国历史博物馆展前半年就开始预热宣传"十字弓特展"。与影视公司合作摄制特效短视频，在官方网站、YouTube、Instagram、Facebook、X（原 Twitter）上连续传播。又如，英国科学博物馆在展示大量工业技术实物的同时，利用互动触摸屏和大型动作捕捉的互动设施模拟大气气候、科学实验和宇宙运转等主题游戏和线上 App，观众各年龄层次参与度很高，做到了线上线下寓教于乐。与国内博物馆常常把应用新传播技术等简单用于增设新媒体平台不同，更多国外先进同行认为，新传播技术的应用对博物馆的在场展示和在线传播具有重要的战略意义和深远的变革意义。

传统上，中国博物馆主要在文物保管保护方面采取新技术，在展示传播上多以静态陈列为主。伴随着 5G 移动通信、云计算、大数据、人工智能和虚拟技术的兴起、发展和应用，博物馆文化传播体系变革不可逆转，从传统的以博物馆藏品、展览、主题活动为体，大众传播为媒对观众单向输出，快速向现实或虚拟博物馆中物、人、信息等多元包容动态交互的新形态转变。新兴技术的应用对博物馆文化传播的重构不仅在于提高文化产品生产、传播等环节的科技含量，驱动生产要素的优化配置，而且激发博物馆文化产业的创造活力，促进文化产品数字化、网络化、社交化和互动化，让博物馆文化传播"智"起来。

我们认为，被新一代移动通信技术、大数据、虚拟现实、人工智能赋能的新一代传播技术，是博物馆广泛触达观众，通过增强互动优化受众体验的超级链接。这种超级链接突破时间空间限制让人们保持对博物馆的热度，帮助博物馆的藏品和文化艺术资源向云端延伸，与受众靠近。正是在应对新冠疫情的"战疫"之中，博物馆线上文化传播备受瞩目，展示出了强大的文化穿透力和影响力。难以正常提供在场实体服务的博物馆，纷纷加快上云用数赋智的步伐。2020 年初以来，中国博物馆对新冠疫情作出反应最多的是新媒体，然后是线上的藏品资源和展览资源，然后是现场直播。当然，打造云端博物馆并非简单直接地将线下展览、博物馆搬到网上，而是需要在展品设计、视觉呈现、观众互动等多方面的整体设计和实施能力。

需要强调的是，对于中国博物馆而言，既要积极拥抱新媒体、新技术，也要理性运用。这是因为新技术日新月异迭代快，不能一味追新、贪多、求全，而应从博物馆展示传播的实际出发，带有前瞻性地遴选适配的关键共同技术。新技术的使用要坚持服务于藏品的展示传播，而不能凌驾于藏品之上，影响它、削弱它。新媒体、新技术的使用应重在增加体验感、互动性、亲和力。上云用数后，人们与文物之间在物理上是异地是远程，真实距离较之现场参观大大增加了。这时尤其需要云计算、大数据、虚拟技术、人工智能营造沉浸感，建构藏品与受众间新的亲和关系，优化线上互动体验。

三是努力让文物在丰满的历史故事中"活"起来。著名汉学家费正清曾感叹：全欧洲和南北美洲住着十多亿人。这十多亿人生活在大约 50 个主权独立的国家，而十多亿中国人生活在一个国家里。[①] 超大型的人口规模，超广阔的疆域国土，更有悠久的历史传统、超深厚的文化积淀，共同构成中国作为一个文明型国家的基本特征。[②] 五千多年文明史的丰富历史文化遗产，既是民族的集体记忆，也是国家文化基因，更是中华优秀传统文化的重要载体，是反映时代变化的代表性物证，蕴含着丰富的历史价值、文化价值、审美价值、科技价值和时代价值。文物藏品以物证史、以物释史、以物说史的根本功能，赋予博物馆文化传播无与伦比、不可替代的独特重要价值，即以实物之"可信"增强中国形象之可信、可爱、可敬，增强文化之"自信"。对当代中国博物馆来说，推动中华优秀传统文化创造性转化、创新性发展，归根到底是要让文物活起来。2014 年 3 月 27 日，习近平主席在联合国教科文组织总部发表演讲时说，要让收藏在博物馆里的文物、陈列在广阔大地上的遗产、书写在古籍里的文字都活起来。让文物活起来，必须守

①　[美] 费正清：《伟大的中国革命》，刘尊棋译，世界知识出版社 1999 年版，第 14 页。

②　陈晋：《文化自信：历史由来与重塑之路》，《中央社会主义学院学报》2022 年第 1 期特稿。

正创新传承文脉，就要让文物从库房里醒过来，把蕴藏其中的丰满的历史故事讲出来，尤其讲清楚文物的前世今生。

即便是在传播格局社会变化的环境中，良好的传播效果和社会影响仍然是传播主体关切的主要问题，想讲好故事的博物馆概莫能外。文物活起来的方式多种多样，无论采用哪种方式都是形式，最重要的还是要在传播中准确把握和阐释历史文物丰富深刻的内涵与价值。让文物活起来，需要扎实、细致、深入的研究，把文物本身所蕴含的丰富价值挖掘出来，从而让文物变得鲜活、生动、丰满、立体起来，从物的层面触达具有重要思想文化内涵的精神层面，变成有生命力、能打动人的优美精神文化产品。如果不充分依托、展现文物的特色，把文物元素机械、粗放、空洞地数字化视觉化，很难获得更多人的青睐。唯有在尊重历史和文物的基础上找到传统文化与现代生活的结合点，才能让好的创意直击人心。

三、加强对外交流合作，面向世界讲好中国故事，传播好中国声音

2012 年 11 月 29 日，习近平总书记率领十八届中央政治局常委在中国国家博物馆参观"复兴之路"基本陈列时，发出实现中华民族伟大复兴中国梦的伟大号召，中国特色社会主义新时代在这里扬帆启程。这一在国家博物馆面向全世界发出的庄严宣告充分表明，在五千多年文明发展中孕育的中华优秀传统文化，在党领导人民争取国家独立、民族解放、人民幸福的伟大斗争中形成的革命文化和社会主义先进文化，积淀着中华民族最深层的精神追求，代表着中华民族独特的精神标识，同时昭示着博物馆在讲好中国故事、传播好中国声音方面居于独特地位、负有重要职责。各级各类博物馆应该自觉围绕中心、服务大局，自觉在党和国家中心工作中找位置、选题目、做文章，既要教育引导广大干部群众特别是青少年认识中华文明起源发展的历史脉络，认识中华文明取得的灿烂成就，认识中华文明对人类文明的重大贡献，不断增强民族凝聚力、民族自豪感，又要自觉履行博物馆国际传播使命，要综合运用中国考古成果和历史研究成果，通过展览展示、交流研讨等方式，向国际社会展示博大精深的中华文明，讲清楚中华文明的

灿烂成就和对人类文明的重大贡献，让世界了解中国历史、了解中华民族精神，从而不断加深对当今中国的认知和理解，为促进人类文明交流互鉴，国家文化软实力、中华文化影响力明显提升营造良好的国际舆论氛围，作出中国博物馆的独特贡献。

从国际传播的角度来讲，如何理解并准确把握中国形象？这是一个重大的理论问题，也是一个根本性的实际问题。习近平总书记强调，我们既是文明大国、东方大国，也是负责任大国、社会主义大国，亦即历史底蕴深厚、各民族多元一体、文化多样和谐的文明大国形象，政治清明、经济发展、文化繁荣、社会稳定、人民团结、山河秀美的东方大国形象，坚持和平发展、促进共同发展、维护国际公平正义、为人类作出贡献的负责任大国形象，对外更加开放、更加具有亲和力、充满希望、充满活力的社会主义大国形象。这些不同方面的形象，归根到底统合成为可信、可亲、可敬的中国形象。正因为如此，习近平总书记在2021年5月31日主持中共中央政治局第三十次集体学习时从战略高度和全球视野，就加强和改进国际传播工作、展示真实立体全面的中国作出重要部署，明确要求系统思考和整体谋划，主动宣介中国主张、中国方案，增进国际社会对中国理念、中国道路的理解和认同，提高国际传播影响力、中华文化感召力、中国形象亲和力、中国话语说服力、国际舆论引导力，强调要注重把握好基调，既开放自信也谦逊谦和，努力塑造可信、可爱、可敬的中国形象。习近平总书记的重要讲话为新形势下提升国际传播能力和塑造国家形象指明了方向，提供了根本遵循。在世界百年未有之大变局和中华民族伟大复兴的时代背景下，在世纪疫情的复杂影响下，博物馆应该充分发挥对外文化交流的窗口作用，在塑造中国国家形象、促进中华文化国际传播中作出应有贡献。

一是以物证史可信可敬，展示中华民族厚重而又崭新的和合文明，展示中华民族始终在殊方共享、兼收并蓄中历久弥新。弘扬全人类的共同价值，推动构建人类命运共同体，不是以一种制度代替另一种制度，不是以一种文明代替另一种文明，而是不同社会制度、不同意识形态、不同历史文化、不同发展水平的国家在国际事务中利益共生、权利共享、责任共担，形成共建美好世界的最大公约数。中华民族创造人类文明新形态，弘扬全人类共同价值，矢志不渝促进人类和平与发展事业，必将在动荡变革的世界为人类文明进步作出更大贡献。

二是以物叙史生动可爱，在构建人类命运共同体中坚持中国特色，彰显四个自信，以历史自信提升文化自信，以文化自信强化道路自信、理论自信和制度自信。总体而言，人类开展文化艺术实践通常包括三个依次递进的"抵达"，获取特定知识，形成文化体验和塑造社会共识。① 国际传播之所以难，难在既要跨越国界、跨越文化倡导构建更广域人类命运共同体意识，又要在这一进程中坚持中国特色，永不背离我们独特的历史、独特的文化、独特的国情。比如说，徜徉在中国国家博物馆这座知识与美的殿堂中时，既能深切地感受到中华民族最深沉的精神禀赋和不懈追求，也能感受到中华文明的生生不息和博大精深，还能感受到各国文明交流互鉴的流光溢彩和绚丽多姿，更能感受到身为中国人的无比豪情和拼搏冲动。

三是以展塑形立体生动。在构建人类命运共同体的进程中，文化交流最能沟通情感、凝结心灵，扩大国际影响力和当代传播力，让世界看到可信、可爱、可敬的中国形象。新时代是中国不断为人类作出更大贡献的时代，这一历史方位赋予了"承百代之流，会当今之变"的崭新内涵。在第二个百年奋斗目标新征程上，中国博物馆应该用好展览这一看家本领，成为向世界展示中国式现代化、人类文明新形态的标志性窗口。以展塑形，以更加自信的态度、更加博大的胸怀来迎接这个伟大时代、书写这幅壮丽图景。既坚守中华文化传统，又广采世界文化精华，既传播当代中国价值观念，又反映人类共同价值追求。

四、积极探索新型博物馆传播人才培养路径

功以才成，业由才广。针对当前中国博物馆普遍存在的传播人才匮乏的现状，未来应着力探索兼有博物馆、传播、外语新型博物馆文化传播拔尖人才的培养。此类拔尖人才具有显著复合型和专家型，既热爱博物馆事业，同时具有战略

---

① Carey J. Public Opinion，and Public Discours，Glasser T.，Salmon C.，Public Opinion and the Communication of Consent，New York：The Guil-ford Press，1995，pp. 373-402.

思维和国际视野，对新兴技术持开放态度并有较强的学习能力。相应的，博物馆文化传播拔尖人才的培养应以"融合"为目标，在路径上尤其需要以下三方面的锻炼和提升。

一是在战略把握上，牢固树立战略思维和全局观，深刻理解博物馆的本质、禀赋与功能，在深入分析、准确把握博物馆传播发展特点和规律的基础上，广泛收集、综合分析各种来自报纸杂志等传统媒体和互联网、两微一端等新媒体的多方面舆情信息，对于博物馆文化传播发展的新特点、新技术作出准确判断，有针对性地提出关于加强博物馆形象设计塑造和整体传播能力建设的综合性、战略性、全局性和长远性解决方案，为加强博物馆传播的战略规划和顶层设计提供科学参考。

二是在工作实践中，从博物馆行业文化传播的特性出发，在科学理论的指导下，扎实提升博物馆新闻管理、议题设置和融媒体策划、生产、运营推广的综合能力，包括深刻理解博物馆的功能定位和形象愿景，准确把握博物馆新闻宣传和文化传播工作的总体布局，及时精准地监测处置和正确引导媒体相关舆情，高效率的媒体沟通技巧、通畅的内外协调机制和高质量的议题设置引领，当然还应该有较高的文字水平，把所思所想准确无误地表达出来、传递出去。

三是在示范引领上，严格来说，在媒体时代，在博物馆媒介化的进程中，人人都是传播者，人人都是传播的对象。但人人参与传播、人人支持传播并不能替代专业传播人员的高水平专业化传播活动，专业的人做专业的事，媒体时代对专业传播人员提出的要求更高、更严格、更全面。这就要求新型拔尖人才不仅自身要做中国博物馆文化传播改革创新的开拓者、脚踏实地的奋斗实干者、本领过硬的担当者，还应该正确处理好专业传播人员与普通职工以及社会公众在传播工作中的功能定位和彼此关系，在博物馆文化传播高质量发展进程中充分发挥组织、协调、示范、引领、带动、辐射作用，不断提升博物馆传播人才的集聚度、活跃度、贡献度和创新的能力、动力、活力，激活传播这潭活水。

重器凝万古之志，典籍汇千载之思。习近平总书记深刻指出，要让文物说话，把历史智慧告诉人们，激发我们的民族自豪感和自信心，坚定全体人民振兴中华、实现中国梦的信心和决心。人类的文脉精魂蕴含在人类体现出来的文化现象中，它的神韵潜藏在人类创造的文明物象中。博物馆人要争做"三大文化"优秀的传承者和传播者，推动中华优秀传统文化创造性转化和创新性发展，结合时代新发展、新语境，赋予中华优秀传统文化新的时代内涵、表现形式和生命活力。在深入挖掘文物内蕴价值的基础上，积极应用新媒体、新技术，构建线上线下相融通的传播体系，生产更多传播精品，用匠心呵护遗产，以文化滋养社会。

分报告七 观众服务进步明显，分众化专业化仍需提升

随着中国博物馆事业高速发展，博物馆在人们日常生活中扮演着越来越重要的角色，参观博物馆已经成为公众社交、旅游和学习的重要组成部分。2002年开始施行的博物馆、纪念馆免费开放政策解决了长期困扰中国博物馆"缺少观众"的问题，但是在此过程中也出现了博物馆"冷热不均"的现象。国家级、省级博物馆由于资源丰富，吸引了大量公众的目光，常常是一票难求。与之形成鲜明对比的是多数中小型博物馆依然门庭冷落，如何吸引观众是这些博物馆面临的首要问题。近年来，公众对高品质的博物馆旅游抱有非常高的热情和期待，文化体验市场的需求增长催生了新一轮文博旅游热潮。博物馆不仅成为公共文化服务和旅游发展的前沿阵地与有效载体，也是提升民众文化精神消费和生活幸福感的重要途径之一。公众对博物馆的热情激发了博物馆工作理念的转变，从"以藏品为中心"到"以观众为中心"成为当代博物馆的共识。与此同时，公众自身的主体性日益得到彰显，公众参与意识的提升使得他们与博物馆的关系逐步从博物馆事业的旁观者变成博物馆各项活动的积极参与者和推动者。在新发展理念下，博物馆的核心价值已不仅仅是保存、展示文物，而是转变为更精准地服务社会公众的文化需求，促进社会全面发展，为公众服务已成为当今中国博物馆最重要的议题之一。

观众是博物馆服务的对象，博物馆理应加强对观众的研究，及时掌握观众变化，了解他们的需求，预测他们对博物馆服务的期望，努力在提升观众观展体验上下功夫，并将观众的感受作为检验博物馆社会价值与教育效果的新指标。

第一节　中国博物馆观众服务现状及特点

一、文旅融合让博物馆对公众吸引力不断加强

（一）文旅融合为博物馆带来新观众

到一座城市后，去博物馆了解这座城市的前世与今生，逐渐成为许多游客喜爱的旅游方式。这是因为公众到博物馆参观游览不仅可以追溯历史、获得艺术灵感、增强精神力量，而且博物馆还在科学研究、教育推广等方面发挥价值与功能。从世界范围来看，英国伦敦的大英博物馆、美国纽约的大都会博物馆、法国巴黎的卢浮宫不仅在博物馆业内享有盛誉，更是该国和所在城市最受欢迎的旅游目的地之一。数据显示，中国文旅融合三年来，博物馆作为城市旅游热点的带动效应越发明显：2021 年上半年，通过携程平台预订博物馆门票的游客人次，相比 2019 年上半年增长 75%。[1]2021 年"五一"假期游客红色旅游订单对比 2019 年同期实现约 375% 的增长，其中中国国家博物馆是最热门的红色旅游景区之一。[2]美团发布的《2021 年国庆黄金周消费趋势报告》显示，国庆期间，美术馆订单量比 2020 年国庆上涨 595.9%，博物馆订单量同比增长 115.5%，"看展览"成为人们过节的重要方式。[3] 文旅融合促使一部分从未走进过博物馆的公众开始参观博物馆，对他们来说博物馆不仅仅是一处展览所在地，也是更为广义上的文化场所，博物馆需要建立更为丰富的文化活动项目体系，为新观众参与博物馆、体验博物馆提供更多的选择和更为多元的方式。[4]

---

[1]　上游新闻：《上半年文博游人次增长 75%　80 后占比 41%》，2021 年 5 月 18 日，见 https://baijiahao.baidu.com/s?id=1700066950718652232&wfr=spider&for=pc。

[2]　上游新闻：《携程联合新华财经发布 2021 五一旅行大数据报告》，2021 年 5 月 5 日，见 https://baijiahao.baidu.com/s?id=1698913738963739912&wfr=spider&for=pc。

[3]　上游新闻：《美团发布十一黄金周消费数据："就地过节"挡不住消费热，消费额同比疫情前涨 51.6%》，2021 年 10 月 7 日，见 https://www.cqcb.com/wealth/2021-10-07/4502799_pc.html。

[4]　钱兆悦：《文旅融合下的博物馆公众服务：新理念、新方法》，《东南文化》2018 年第 3 期。

（二）博物馆在城市和区域发展中的带动作用愈发显著

目前，博物馆旅游已成为促进城市旅游增长的重要引擎，博物馆在展现城市文化形象、提升城市凝聚力、促进跨区域经济发展方面发挥了不可忽视的带动作用，一家博物馆就是一座城市文化的闪亮名片。国内许多城市如北京、武汉、郑州、西安、洛阳等地都把建设"博物馆之都"作为城市发展目标，借助博物馆发展机遇提升城市发展优势，从而吸引更多公众为一家博物馆而来到这座城市。以洛阳为例，作为曾经的十三朝古都，洛阳拥有数量众多且独具特色的博物馆，但是博物馆免费开放政策并没为洛阳的各类博物馆带来大量观众，洛阳在旅游市场上也一直没有火起来。近几年，洛阳着力塑造"东方博物馆之都"品牌，在博物馆总数上已经拥有 102 家博物馆，让"博物馆之都"实至名归；还通过特色博物馆建设与丰富多彩的文物陈列和文化活动，形成了主题多元、特色鲜明、富有活力的博物馆体系。通过"博物馆之都"建设这根线，洛阳把散落在河洛大地上的博物馆串成展现河洛文明的精美"项链"，让中外游客"为一家博物馆而来这座城"。①

二、全国博物馆观众接待量逐年增长

参观人数是衡量一家博物馆受欢迎程度的重要指标，中国自实行博物馆免费开放政策以来，博物馆的观众数量呈急剧上升的态势，参观人数增长迅速。博物馆成为保障公民开展社会公共教育和参与公共文化活动等基本文化权益的主渠道之一，也证明博物馆免费开放政策对公共文化服务的普及起到了巨大的推动作用。

（一）博物馆观众规模庞大，增长迅速

从文化和旅游部统计的数据来看，中国博物馆的年参观人数从 2007 年的 2.8 亿人次增长到 2019 年的 11.22 亿人次。② 其中，从 2012 年到 2019 年，中国

---

① 洛阳网：《打造"博物馆之都"洛阳在行动》，2020 年 3 月 11 日，见 http://news.lyd.com.cn/system/2020/03/11/031615255.shtml。

② 文化和旅游部：《中华人民共和国文化和旅游部 2019 年文化和旅游发展统计公报》，2020 年 6 月 20 日，见 https://www.mct.gov.cn/whzx/ggtz/202006/t20200620_872735.htm。

博物馆免费参观人数由 4.4 亿人次上升到 9.1 亿人次，八年间免费开放接待参观人次累计达到 49.2 亿人次，是全国总人口的三倍多。[①] 另有数据显示，2018 年国内旅游人数 55.39 亿人次，其中博物馆参观总人数高达 10 亿人次之多，约占旅游总人数的 1/5。另据《中国文化文物和旅游统计年鉴》统计，2019 年中国国内旅游人数 60.06 亿人次，博物馆总参观人数为 11.22 亿人次，占旅游总人数的 18.68%[②]（图 96）。从以上数据可以看出，越来越多的人愿意走进博物馆，参观博物馆已经成为人们日常休闲娱乐的一种选择。

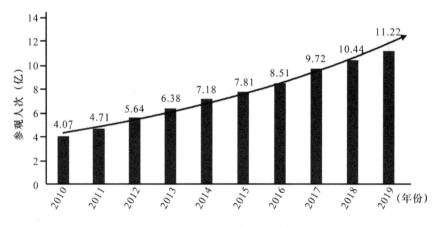

图 96　2010—2019 年中国博物馆参观量

节假日期间，公众参观需求增长尤为明显，常常出现一票难求甚至黄牛倒票的现象。以春节为例，作为中国的传统节日，走进博物馆过大年成为过年新习俗。根据中国旅游研究院的统计，2019 年春节七天旅游人数达到了 4.15 亿人次，其中 40% 以上走进了博物馆，[③] 鸦片战争博物馆在 2019 年春节期间大年三十至初六，共接待观众 433699 人次，成为名副其实的"春节爆款"。

---

①　此处数据根据历年《中国文化文物统计年鉴》和《中国文化文物和旅游统计年鉴》统计。

②　文化和旅游部：《2019 年旅游市场基本情况》，2020 年 3 月 10 日，见 https://www.mct.gov.cn/whzx/whyw/202003/t20200310_851786.htm。

③　新华网：《2019 年春节假期全国旅游接待总人数 4.15 亿人次》，2019 年 2 月 10 日，见 http://www.xinhuanet.com/politics/2019-02/10/c_1124096886.htm。

（二）大中型、综合性博物馆观众增长表现更为明显

从国家文物局 2019 年博物馆名录参观人数统计表来看，大中型博物馆参观人数占博物馆参观总人数的绝对数量。2019 年参观人数超过 100 万人次的博物馆有 262 家，这些博物馆参观总人数达 5.56 亿人次，占当年观众总量的 49.55%。其中四川省最多，有 22 家超过 100 万人次，其次是北京 20 家、广东 19 家、江苏 18 家、浙江 16 家、陕西 14 家、湖北 14 家、湖南 14 家、山东 13 家、江西 13 家。观众数量排名前十的博物馆有：故宫博物院 1933 万、重庆红岩革命历史博物馆 1150 万、秦始皇帝陵博物院 902.91 万、侵华日军南京大屠杀遇难同胞纪念馆 800.38 万、中国国家博物馆 739 万、韶山毛泽东同志纪念馆 662 万、鸦片战争博物馆 584.5 万、西柏坡纪念馆 564 万、成都武侯祠博物馆 541 万、扬派盆景博物馆 520 万。可以看出，遗址类、纪念类博物馆接待观众人数较多，如鸦片战争博物馆，年接待观众人数从 2014 年的 460 万增长至 2019 的 584.5 万，接待观众人数保持持续增长。据统计，2019 年观众参观数量排名前十位的省级综合性博物馆分别是：陕西省博物馆 511 万、南京博物院 416 万、浙江省博物馆 414 万、湖南省博物馆 314 万、内蒙古博物馆 314 万、湖北省博物馆 240 万、内蒙古博物院 236 万、重庆中国三峡博物馆 230 万、辽宁省博物馆 228 万、广东省博物馆 223 万、上海博物馆 210 万。31 个省级综合性博物馆中仅有四家博物馆参观人数不足 100 万。

从以上数据不难看出，大中型和综合性博物馆多设立于省会城市或者经济发达地区，其占据文物多、展览丰富的优势，因而能够吸引更多的观众。目前，大中型博物馆已成为博物馆公共文化服务的中坚力量，肩负起促进文化繁荣和保障人民基本文化权益的重任。

（三）境外观众数量持续增加，中国博物馆海外影响力不断扩大

境外观众数量是反映博物馆国际影响力的重要指标，近年来中国博物馆境外观众参观人数不断扩大，境外观众丰富了中国博物馆观众结构，成为不可或缺的组成部分。从文化和旅游部公布的 2017—2019 年境外观众接待数量可以发现总体数量逐年递增，从 2017 年的 1761.29 万人次增长到 2019 年的 2925.68

万人次；同时，境外观众占全国博物馆观众总量的比重也呈增长趋势，从2017年的1.81%增长到2019年的2.61%，境外观众占比一直保持着稳定的增长态势（图97）。

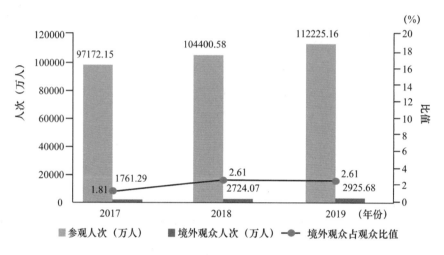

图97　2017—2019年中国博物馆境外观众占全国博物馆观众参观量变化趋势

另外，全国博物馆在推动中华优秀传统文化创造性转化、创新性发展和让博物馆的馆藏文物"活起来"的大背景下，纷纷行动起来让优秀的展览走出去，积极拓展中外文化交流，中国博物馆海外影响力进一步提升。根据中国文物交流中心指导、文物交流智库编写的《全国博物馆（展览）2019年度海外影响力评估报告》显示：故宫博物院、中国国家博物馆、上海博物馆、秦始皇帝陵博物院、敦煌研究院位列海外综合影响力前五名（表15）；最受欧洲观众欢迎的博物馆前五名分别是故宫博物院、中国国家博物馆、上海博物馆、河南博物院、山东博物馆；最受美国观众欢迎的博物馆前五名分别是故宫博物院、中国国家博物馆、上海博物馆、敦煌研究院、湖南省博物馆；最受日韩观众欢迎的博物馆前五名分别是故宫博物院、中国国家博物馆、上海博物馆、敦煌研究院、苏州博物馆。

表 15　全国博物馆海外影响力排名 TOP10

排名	博物馆名称	综合影响力指数
1	故宫博物院	78.11
2	中国国家博物馆	39.85
3	上海博物馆	39.29
4	秦始皇帝陵博物院	28.25
5	敦煌研究院	26.88
6	上海科技馆	25.49
7	陕西历史博物馆	24.16
8	湖南省博物馆	22.76
9	广东省博物馆	22.68
10	苏州博物馆	22.43

三、博物馆观众构成更加多元，未成年观众和年轻观众增长快速

（一）博物馆观众结构多元化发展

近几年，中国博物馆的参观人数持续上升，观众结构日趋多元化，其中未成年人、低收入群体、村镇居民、老人和儿童的参观人数较免费开放前有了大幅度提高，越来越多从来没有走进过博物馆的普通民众踏进了博物馆大门，享受到了基础的文化权益。[①] 例如，免费开放前，湖北省博物馆年参观人数约 20 万人次，2018 年参观人数翻 10 倍。免费开放前，主要接待对象为团体，现在观众群体更加丰富，有市民、中小学生、国内外游客等。[②]

（二）博物馆受到未成年观众和年轻观众追捧

在免费开放的影响下，未成年观众参观人数增长迅速，参观人数由 2012 年

①　单霁翔：《从"数量增长"走向"质量提升"——关于广义博物馆的思考》，天津大学出版社 2014 年版，第 333 页。

②　荆楚网：《湖北 191 家博物馆向社会免费开放省博去年接待 205.6 万人次》，2019 年 1 月 10 日，见 http://news.cnhubei.com/wenhuaxw/p/10089574.html。

的 1.55 亿人次上升到 2019 年的 2.87 亿人次,[①] 同比增长 85%。2012—2019 年未成年观众参观人数占博物馆参观人数的比例基本保持在 28% 左右（图 98），说明未成年观众人数与博物馆整体观众数量均保持相对稳定的增长。[②] 例如，以上海全市来看，2019 年上海博物馆全年接待观众总量为 2679 万人次，其中青少年观众为 690 万人次，占观众总量的 1/4，同比增长 21.7%。[③] 以上数据表明，越来越多的青少年群体走进博物馆，博物馆已经成为青少年校内课堂的重要补充和延伸。

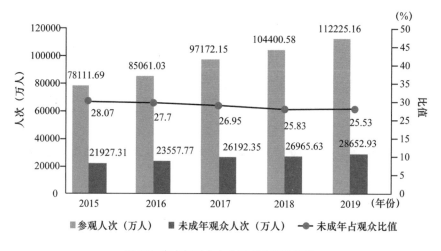

图 98 未成年观众占全国观众变化趋势

当前，年轻观众已经成为博物馆的核心观众群体。从中国国家博物馆观众结构来看，2019 年中国国家博物馆观众为 739 万人次，其中 17 岁以下观众 671676 人次，占比 10.13%；18—24 岁观众 956789 人次，占比 14.43%；25—30 岁观众 831472 人次，占比 12.54%。30 岁以下观众约占 37.1%。[④] 以故宫博物院为例，

① 根据历年《中国文化文物统计年鉴》和《中国文化文物和旅游统计年鉴》数据统计。
② 根据历年《中国文化文物统计年鉴》和《中国文化文物和旅游统计年鉴》数据统计。
③ 文化上海：《2019 年度上海市博物馆运营大数据》，2020 年 1 月 15 日，见 https://new.qq.com. com/omn/20200115/20200115A04WH700.html。
④ 中国国家博物馆：《2019 年度中国国家博物馆数据报告》，2020 年 1 月 21 日，见 http://www. chnmuseum.cn/zx/gbxw/202001/t20200123_191603.shtml。

2018 年故宫博物院接待观众数量突破 1700 万人次，其中 30 岁以下观众占 40%，30—40 岁观众占 24%，年轻观众尤其是 80 后和 90 后，已经成为参观故宫博物院的"主力"，00 后也紧跟其后。①2019 年故宫博物院接待观众超 1930 万人次，其中年轻人到故宫博物院参观的比例越来越高，40 岁以下观众占全年观众总数的 56.16%。②

（三）年轻观众正成为红色旅游的主力军

革命旧址、纪念馆、名人故居等革命传统资源在文旅融合后积极探索新发展突破口，红色革命资源景点对游客的吸引力越来越强。上海中共一大纪念馆、浙江嘉兴南湖红船、江西井冈山革命博物馆、陕西延安革命纪念馆等这些红色景点成为公众重温红色记忆、感受激情岁月的体验地。尤为可喜的是，年轻观众成为红色景点的主要观众群体。同程旅行报告显示，越来越多的年轻人参与到红色旅游中，其中年龄在 20—39 岁的游客，占红色旅游游客的 57.3%，青少年和青年人群体成为红色旅游的主力军。携程相关数据显示，2021 年上半年，体验红色旅游的 80 后、90 后家庭游客占比高达 70%，许多年轻父母会主动选择参与红色亲子游。③

四、观众研究带动观众服务工作深入发展

博物馆观众研究是"博物馆领域里，有系统地从观众身上获得有关实际观众和潜在观众的认知"的一门研究。④ 博物馆观众研究的对象不仅指向实际观众，还包括潜在观众；不仅强调理论研究的系统性，而且重视实践应用。因此，博物馆观众

---

① 千龙网：《2018 年故宫观众破 1700 万人次 80 后 90 后为主力军》，2018 年 12 月 17 日，见 https://www.sohu.com/a/282282689_161623。

② 中新网：《2019 年故宫博物院接待观众数量首次突破 1900 万人次》，2019 年 12 月 30 日，见 https://baijiahao.baidu.com/s?id=1654350481338322682&wfr=spider&for=pc。

③ 人民网：《红色文旅人气旺》，2021 年 10 月 20 日，见 http://sn.people.com.cn/n2/2021/1020/c378303-34964666.html。

④ 周婧景、林咏能：《国际比较视野下中国博物馆观众研究的若干问题——基于文献分析与实证调研的三角互证》，《东南文化》2020 年第 1 期。

研究不仅是研究领域内的一门"学科"，也是实践工作中的一个"工具"。^①近年来，观众研究逐渐成为博物馆研究中理论探索与实践相结合的专业化研究领域。

（一）中国博物馆观众研究蓬勃发展，研究水平大幅提升

中国博物馆观众研究始于20世纪80年代，一方面，这一时期中国博物馆建设蓬勃发展、欣欣向荣；另一方面，中外文化交流不断引进欧美博物馆观众研究理论，国内博物馆观众研究应运而生，逐步兴起。2000年之后，观众研究不仅受到了高校博物馆学专业学者的关注，亦引起了博物馆研究人员，尤其是大中型博物馆的重视。2008年，博物馆免费开放之后迎来比以往更多的观众，为了"了解观众、服务观众，吸引更多的观众，对观众有了更深入的研究"，各大博物馆自发地重新审视自身职能，开始关注观众调查及研究，并将其作为日常运营工作的一个分支，展开了一系列探索性的初步实践和研究。现阶段"以观众为中心"的服务理念得以被博物馆人以及社会公众所接受，观众研究的内涵及外延都得到了前所未有的拓展，表现为以下三个方面。

一是博物馆借助信息平台实现观众数据的收集，观众研究的样本量和研究手段有较大提升。南京博物院^②借鉴新闻传播学中的"分众"概念，建立了智慧服务系统，并对"经常性观众"和"非经常性观众"的差异进行对比检测，为未来有针对性地提供差异化的展教服务提供了依据。^③

二是越来越多的国内大专院校研究人员及博物馆专业人员参与到观众研究领域，他们不仅对国内外观众研究进行了深入的对比与研究，而且不断地从各个学科领域开拓思路、借鉴成果，新的研究方法及理论范式被广泛运用，博物馆研究领域呈现出专业化和综合化的发展趋势。

三是博物馆研究人员为全面掌握中国博物馆观众研究的动态及趋势，开展

① 赵星宇：《试析中国的博物馆观众研究发展脉络——基于"观众研究""观众评估"与"理论方法"的视角》，《自然科学博物馆研究》2020年第4期。

② 郑晶：《基于分众化服务理念的博物馆观众调查分析与思考——以南京博物院为例》，《科学教育与博物馆》2021年第4期。

③ 郑晶、高梦琛：《2019年度南京博物院观众调查报告》，江苏凤凰文艺出版社2020年版。

了对中外博物馆观众研究的再研究，如钟国文①、周婧景②、赵星宇③等都在积极推动对观众研究的自身审视，不仅对研究成果和重要文献进行了整理和爬梳，还构建起了观众研究的基本框架，更从学科化的角度对这一领域进行理论方法和学术话语体系的建构，推进观众研究成为博物馆学中的重要研究领域。

（二）观众研究对观众服务工作产生指导作用

近年来，越来越多的博物馆定期开展观众调查，从调查数据中全面分析观众基本信息、参观行为、参观动机、观众心理等，这些研究成果对于博物馆控制馆内参观人数，提升博物馆整体服务水平，优化参观环境，完善服务系统等提供了重要依据。另外，观众研究为观众服务工作提供了新方法、新视角。博物馆通过收集、分析数据，协助馆方评估观众需求、了解满意度评价，提升观众参观体验，更好地为观众提供针对性的服务。例如，中国国家博物馆④、山东博物馆⑤、辽宁省博物馆⑥、常州博物馆⑦分别从观众导览、观众满意度、展览服务、讲解服务等方面进行了观众调查，以改善工作短板，提升服务品质，提高观众满意度。

五、博物馆观众服务积极应对疫情考验

新冠疫情给全世界带来巨大的冲击和挑战，许多行业因此发生巨大变化，文

---

① 钟国文：《我国博物馆观众现状分析与对策思考》，《博物馆管理》2021 年第 3 期。

② 周婧景、林咏能：《国际比较视野下中国博物馆观众研究的若干问题——基于文献分析与实证调研的三角互证》，《东南文化》2020 年第 1 期。

③ 赵星宇：《试析中国的博物馆观众研究发展脉络——基于"观众研究""观众评估"与"理论方法"的视角》，《自然科学博物馆研究》2020 年第 4 期。

④ 赵菁、赵靓：《中国国家博物馆导览系统观众需求分析》，《博物院》2021 年第 5 期。

⑤ 王法东、席丽：《基于问卷调查的国有博物馆观众满意度提升探究——以山东博物馆为例》，《文物鉴定与鉴赏》2019 年第 2 期。

⑥ 康宁、盛宸霏：《辽宁省博物馆"又见大唐"展览观众满意度问卷调查报告》，《辽宁省博物馆馆刊》2019 年刊。

⑦ 路亚北、李芸：《常州博物馆观众满意度调查论析》，载江苏省博物馆学会：《区域特色与中小型博物馆——江苏省博物馆学会 2010 学术年会论文集》，文物出版社 2010 年版，第 70—83 页。

博行业也未能幸免。2020 年受疫情影响，中外博物馆均闭馆较长时间，有些国外私人博物馆因闭馆导致经济危机而不得不永久关停。中国博物馆面对疫情肆虐，即使暂时关闭博物馆人也没有停下来，而是借助新科技手段，在闭馆期间为公众提供丰富多彩的云上文化大餐，让观众足不出户就能享受高品质文化服务。博物馆积极的应对举措，不仅体现了文博人在面对灾难时的责任和坚守，也令博物馆重新审视自身的使命和价值，推动博物馆服务观众的手段和方式实现进步和创新。

（一）博物馆受疫情影响调整门票制度

疫情之前，博物馆的门票制度是观众凭身份证到博物馆现场领票参观，这些年一些博物馆曾尝试提前预约门票的方式，但观众普遍不习惯提前预约，接受度不高因而推广难度很大。疫情暴发以后，为了配合国家相关防疫要求，开放公园、旅游景点、运动场所，图书馆、博物馆、美术馆等室内场馆，以及影剧院、游艺厅等密闭式娱乐休闲场所预约参观常态化、普遍化。在这两年多时间里，社会公众逐渐接受并习惯了预约制，博物馆的门票制度由此发生根本性变化，预约制参观模式正在全国博物馆范围内全面推行开来。以北京地区文物系统和其他行业国有博物馆为例，分别有 73% 和 78% 的博物馆目前都支持线上提前预约，同时针对未成年人、老年人、非智能手机用户博物馆还提供现场预约通道；仅有 9% 的博物馆不支持线上提前预约（图 99）。

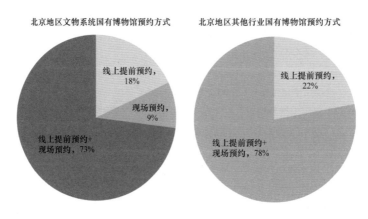

图 99　北京地区博物馆预约方式

（二）博物馆根据疫情防控要求动态调整参观人数

2020年因疫情闭馆数月后，北京的文博和美术机构于2020年5月1日迎来有序开放。恢复开放后，博物馆坚持按照"限量、预约、错峰"要求接待观众，动态调整参观人数。随着疫情好转，2020年7月20日，北京市突发公共卫生事件应急响应级别由二级降为三级后，博物馆扩大了开放范围，由限流30%上调为50%，后续又由50%上调为75%。截至2021年12月底，北京市范围内开放公园景区、图书馆、博物馆、美术馆、影剧院、网吧等场所一直按照75%限流标准开放。虽然限流措施给一部分观众的参观带来不便，但是也有许多观众表示博物馆的参观环境更好了，参观质量提高了。博物馆的限流措施以及对参观人数的动态调整，体现了博物馆在常态化疫情防控中更灵活、更高效、更具有人文关怀的公共文化服务态度。与此同时，更多的博物馆开始有意识地控制参观人数，重视提升观众参观体验，这种服务观念的改变在疫情结束后将会对观众服务工作产生持续影响。

（三）疫情促使博物馆服务观众的方式发生改变

疫情冲击下博物馆为观众服务的方式发生了改变，主要体现为以下三个方面。

一是在博物馆因疫情闭馆期间，博物馆的线上展览大放异彩。调查数据表明：全国博物馆在疫情期间线上展览个数平均为3.7个，最多的东部地区博物馆平均为6.5个，最少的中部地区也达到1.5个；当被问及如何看待在线展览时，84.7%的博物馆认为"在线展览代表未来方向，要大力发展"，仅有2.7%的被访博物馆认为"在线展览不如线下体验精彩，暂不考虑"。由此可以看到疫情改变了传统的看展方式，线上展览、"云逛博物馆"加速发展，成为博物馆不可缺少的新展览模式。以上海自然博物馆为例，2019年参观总量超254万人次，2020年上海自然博物馆"云逛"系列，根据合作方提供的数据，第一季5G展区主题讲解直播的热度值超470万，6月结束的第二季库房藏品5G网络直播浏览量超373万，因此从受众面来看，疫情不但没有减弱博物馆的传播影响力，反而增强了。[①]

---

① 唐先华：《新冠肺炎疫情期间博物馆展览管理实践——以上海自然博物馆为例》，《学会》2020年第9期。

二是现场服务由"接触式"服务变为"非接触式"服务。多数博物馆展厅中的互动项目自疫情暴发后就停止运行，博物馆讲解服务中的人工讲解被迫停止，取而代之的是自助式租借语音导览机、微信小程序导览、App 导览等电子导览方式大行其道。许多场馆还增设了自助售卖机以弥补原有餐厅、咖啡厅无法开放对观众造成的不便，现在观众对自助式服务认可度越来越高。

三是博物馆更加重视开放区域的公共卫生安全。博物馆升级健康安全监测的管理标准和设备，在入馆时对观众进行体温检测和检查健康码等措施；在馆内加强公共设施的消毒和消杀，为观众提供免费口罩等防疫用品；展厅内根据需要采取限流措施，提醒观众保持安全社交距离不聚集。这些措施都保障了博物馆在常态化疫情防控期间很好地将维护公共卫生安全与为观众服务结合起来。

总之，疫情对博物馆事业造成了不小的冲击，但也带来新的发展契机。各博物馆应对疫情的服务经验无疑拓宽了博物馆服务思路，也积累了丰富的应对突发公共事件的经验。

第二节　当前中国博物馆观众服务存在的问题

中国博物馆观众服务工作虽然取得了长足发展，但是随着社会关注度越来越高，博物馆观众接待能力的不足与观众参观量大幅度跃增之间的矛盾愈发突出。另外，现在观众对博物馆服务的期望值越来越高，观众走进博物馆不仅希望看展览、欣赏艺术，还希望在博物馆放松心情、减轻压力，追求内心愉悦和个人的成长。因此，博物馆观众服务效能偏低的问题急需得到改善，博物馆需要从服务手段、服务内容上不断创新，及时呼应观众不断增长的文化需求。

一、博物馆参观服务供给能力不足，不能满足观众的参观需求

（一）不同规模博物馆接待观众能力差别很大

博物馆的规模大小往往决定了观众人数，总体而言，大中型博物馆承接了更多观众，而中小型博物馆与非国有博物馆观众接待总量较少。从 2019 年全国博物馆名录的观众数据来看，2019 年中国共有博物馆 5535 家，其中年观众人数超过 100 万的博物馆有 262 家，这些博物馆参观总人数达 5.56 亿，占当年观众总量的 45.3%。31 个省级综合性博物馆中仅有 4 家博物馆年参观人数不足 100 万。在全国博物馆中有 58 家博物馆的观众量没有数据，参观量为 0 的博物馆高达 195 家，年参观量低于 10 万的博物馆为 3240 家。即使是同一地区、同一城市，不同规模博物馆观众人数差距悬殊。以上海为例，2019 年全市博物馆共接待观众 2679 万人次，其中上海科技馆、上海自然博物馆（上海科技馆分馆）、上海博物馆分别以 482 万人次、255 万人次、207.5 万人次的参观量排在前三位。其后为中共一大会址纪念馆 140 万人次、上海市历史博物馆（上海革命历史博物馆）125 万人次，排名占前十的博物馆观众人数总和达 1600 万，约占全市博物馆参观总人数的 61%。这十家博物馆包括上海市全部五家一级博物馆，一家二级博物馆，一家三级博物馆以及三家无定级博物馆，可见一、二、三级博物馆在吸引观众方面更具优势。

另外，中国 2019 年有非国有博物馆 1711 家，达到博物馆总数的 30.9%，但 2019 年非国有博物馆年观众量超过 10 万的有 287 家，仅占非国有博物馆的 16.7%。年观众量超过 50 万的仅 30 家，占非国有博物馆 1.7%。年观众量超过 100 万的只有 6 家，分别是四川省建川博物馆 178 万、浙江朱炳仁艺术博物馆 150 万、沂南红石寨非物质遗产博物馆 136 万、沂南竹泉村乡村记忆博物馆 124 万、成都华西昆虫博物馆 103 万、东莞市观音山古树博物馆 100 万。尽管这些数据可能有偏差，但仍然可以看出，虽然非国有博物馆发展很快，但大多数非国有博物馆观众量相对较少，文化服务能力急需提升。

综合来看，尽管博物馆参观热已成趋势，但不同规模和类型博物馆接待观众能力还存在着较大的不平衡，中小型博物馆和非国有博物馆急需提升参观服务供

给能力。

（二）观众体验感和参观质量有待提升

"十三五"期间，全国博物馆数量由 4692 家增长至 5788 家，平均每两天就有一家博物馆建成开放。与此同时，许多博物馆在大型热门展览和节假日期间门前排队已成常态，黄牛倒票现象屡禁不止，为了预约到热门时段门票，观众需要深夜熬夜抢票；一些博物馆常常因为观众太多，超过了展厅最佳承载量而造成人员拥挤、环境嘈杂，观众无法近距离欣赏艺术作品，观众参观质量受到影响。上述情况使得博物馆在开放接待中处于两难境地：一方面博物馆精心策划展览希望更多观众走进博物馆，另一方面观众旺盛的参观需求使得博物馆承受了前所未有的接待压力。出现这些问题主要是由于中国博物馆总量与庞大的观众基数不匹配、博物馆布局不均衡、观众服务功能不完备等原因造成的。在各地不断加大博物馆兴建力度，合理博物馆建设布局，努力弥补边远落后地区博物馆覆盖率的同时，我们还应认识到博物馆需要完成从数量增长到质量提升的转型，通过服务质量提升让公众访问博物馆更加可达、易达，通过创新服务手段拓展公众享受博物馆文化产品的渠道。

二、博物馆分众化服务水平较低，不能满足观众的多层次需求

"分众化"一词来自传播学领域，就博物馆而言，"分众化服务"的概念即从公众的角度出发，根据目标观众的不同需求和特点，为其提供便利的服务和更好的参观体验。[1]"分众化服务"能够有效帮助博物馆了解不同类型的观众需求，充分利用博物馆资源，搭建博物馆与公众沟通的多种类型的桥梁。[2]现阶段，中国博物馆分众化服务水平仍处于起步阶段，体现在以下几个方面。

---

[1]　傅翼、滕燨斋：《为公众服务的博物馆分众研究：意义、思路与建议》，《自然科学博物馆研究》2021 年第 1 期。

[2]　郑晶：《基于分众化服务理念的博物馆观众调查分析与思考——以南京博物院为例》，《科学教育与博物馆》2021 年第 7 期。

（一）科学有效分众化难度大，现有分众方法单一

分众服务的前提是对观众进行科学有效的分众，目前基于社会人口学角度的分众是国内使用最普遍的分众方式，具体来讲，基于社会人口学的分众包括年龄、性别、教育、职业、民族、收入、信仰等分类方式。一方面，观众的参观喜好、需求很大程度上和他们的基本社会人口学特征相关；另一方面，社会人口学的变量比较容易测量，尤其处于大数据时代，博物馆通过智慧博物馆系统获取观众的社会人口学数据可以说是轻而易举的事情。但实际上，除了用年龄、性别等来划分观众外，博物馆仍需与其他分众角度或指标进行综合运用。例如，依据观众生活方式、社会阶层、个性划分等基于心理因素的分众，以及依据观众参观行为、态度和反应等基于行为因素的分众。另外，博物馆类型多种多样，不同类型的博物馆的观众构成各不相同，分众方法亦不相同，不能一概而论或直接生搬硬套。在实际运用时，分众研究和实践策略往往需要以社会人口学参数为基础，综合运用多种分众指标来完成。因此，确定合理有效的博物馆分众依据，分众化服务才能产生积极有效的作用。

（二）分众化服务程度不均衡，对人数较少的高需求观众关注度不够

分众服务的目的就是根据观众的特点为不同需求的观众提供差异化服务，但是现阶段，大部分博物馆的服务仍关注于多数群体，对服务需求较高，但人数较少的观众群体关注不够。

1. 低龄儿童

博物馆服务设施中低龄儿童专用的"服务空间"有待完善。调查显示，越来越多的家庭希望孩子能从小感受博物馆的文化氛围，希望带孩子到博物馆参观体验。但儿童出行不仅携带的物品较多，而且外出时间较长，因此需要的服务设施也更全面，更细致。博物馆作为公共文化机构，应完善婴幼儿服务空间及设施，如母婴室、儿童餐饮等，让博物馆充满人文关怀。

2. 残障群体

残疾人作为特殊人群，身体和心理与普通人不同，需要博物馆在建筑施工及服务设施方面提供充分的关照。博物馆参观"无障碍"，不仅包括设备、设施等

硬件方面的"无障碍"，还应包括精神"无障碍"，更应关注文化交流层面的"无障碍"。在发达国家和地区，有专门为视力残疾观众提供的带有语音播报功能的卫生间地图，以及专门为不同类型残疾观众策划的展览和讲解服务。而在国内博物馆，虽然按照建筑规范普遍设有残疾人通道以及残疾人卫生间等公共设施，但鲜少在细节上关注到视力残疾人、听力残疾人、肢体残疾人、智力残疾人不同的参观痛点，没能在公共服务设施及服务制度等方面作出全面的设计和关照，与发达国家和地区还存在一定的差距。

3. 老年群体

中国老年化趋势已不可逆转，老年观众数量不容小觑，与此同时，"十四五"规划纲要也明确提出，实施积极应对人口老龄化国家战略，要"充分开发老龄人力资源"，"要建立终身学习制度"，为老年人提供多层次、多元化的养老文化服务。调查显示，博物馆作为公共文化机构，对老年观众的服务尚处于探索阶段。一些博物馆由于建成较早，可能存在博物馆大厅、走廊地面等处台阶过于光滑，无障碍通道没有全覆盖等问题。此外，许多博物馆还存在安全通道指示不清晰，休息区域少，配套的专用卫生设施不足，楼层高的展厅没有电梯，缺少老年观众专业保障设施的情况。特殊活动和节假日观众拥挤的时候，或是在高温、严寒、雨雪等恶劣天气情况下，缺少针对老年观众的应急预案。以上这些情况都成为老年人参观时的安全隐患。另外，目前博物馆采用预约制参观，对于不擅长使用手机的老年人来说，如何使用电子设备完成预约也成为一个难题。

4. 外籍观众

博物馆作为面向国际的国家历史文化传播窗口，承担对外文化宣传的职能，尤其在城市的大中型博物馆，外籍观众数量不容小觑。为方便外籍观众参观，博物馆不仅应在网站信息、服务设施、卫生设施以及导视信息上增加英文以及常用外文的翻译，也应在服务台等处配有具备外语听说能力的工作人员，并配备英文讲解员。然而，据国家文物局统计，各地区博物馆基本陈列大部分配备了英文讲解员，但是英文讲解员人数所占比例较小，接待外籍观众的能力有待提升。

（三）分众化服务实施条件要求高，实现难度大

与大众化服务相比，分众化服务要求较高，除了要进行科学有效的分众，尽可能全面覆盖各类观众群体，实施过程中还需要博物馆各个业务部门相互配合，形成目标一致且配合密切的服务链条。所以分众化服务真正落地不仅要有相关理论的支撑，还需要在实践中勇于尝试，探索成熟的工作方案和机制。以讲解分众为例，实际工作中"因人施讲"多是从年龄进行分众，但实际上观众间的差异不仅是年龄，观众的知识结构、学历背景、参观目的不同都使得观众对讲解内容、形式的需求呈现差异性。因此，讲解分众化不能停留在单一标准的观众区分层面，需要不断探索适应复杂观众结构的多维分众方法。博物馆讲解员也应该进行一定梯度的划分，而博物馆现在最缺的就是专家型讲解员，如何在实践工作中把培养多层次的讲解员落实为制度保障和行之有效的培养机制，实现起来仍具有较大挑战和难度。

三、博物馆硬件设施不完善，降低了观众服务实际效果

（一）博物馆公共空间规划不合理

得益于博物馆免费开放，更多观众可以走进博物馆，感受博物馆的文化氛围。面对快速增长的观众量，许多博物馆已通过改扩建或建设新馆的方式不断增加场馆面积，以容纳更多的观众。但当本课题调研问及"制约展览提升的主要原因时"，除"经费不足"以外，"缺乏场地"仍被认为是占比第二的制约因素。究其原因，看似是因为观众激增导致的博物馆公共规划不合理所引起的，"但从深层次意义上理解，恰恰是博物馆从传统的社会职能向新的社会职能转变所必须经历的'阵痛'"[①]。博物馆公共空间存在的矛盾体现为以下三个方面：一是公共空间设施陈旧、缺少规划。文旅融合后，观众为博物馆带来了新思路和新变化。但不少博物馆的经营理念还停留在满足观众基本服务的阶段，博物馆对公共空间不重视，存在空间利用率不高、功能规划不合理、服务类型缺失等问题，无法满足当

---

① 张威等：《应对免费开放后的博物馆室内空间改造》，《美术观察》2009年第6期。

前观众对博物馆功能多样化的需求。二是公共空间、交通空间结构和流线不清晰。部分博物馆的开放区域空间局促、交通流线混乱，尤其节假日和重要展览期间，一些博物馆因观众骤增而不得不采取限流措施，观众进馆后拥挤不堪，较长的排队时间、人流过多造成的参观质量下降都大大降低了观众满意度。三是博物馆空间缺乏文化特质。博物馆的公共空间尤其礼仪空间，是博物馆对外展现自身文化的"大展厅"，近年来博物馆建设如火如荼，但不同类型和规模的博物馆公共空间建设却极为相似，存在"千馆一面"的现象，缺乏对本馆文化内涵、文化特色的发掘和利用，缺少对公共空间整体文化氛围的营造。

（二）博物馆导视系统不清楚

观众到博物馆参观，需要通过博物馆导视系统来了解博物馆的建筑概况，同时他们还希望获取博物馆的展览信息、休息服务和餐饮文创等其他服务信息。但调查发现，博物馆导视系统的信息传达有效性存在较大问题。首先，当观众走进陌生的博物馆空间，很难在第一时间明确方位、找到展厅位置。其次，博物馆为观众提供的建筑平面图、出入口标识、引导文字标识等视觉识别体系常常因为博物馆设备维护和信息更新而出现不统一的情况，除了内容、形式、字体不规范、不一致，标识材质也经常出现不统一的现象，这类情况尤其在改建馆或扩建馆更为多见。导视系统不清楚，不能快速引导观众到达目的地，致使观众容易在某一区域出现滞留和拥堵，而其他区域没有人。沈阳故宫博物院[①]曾连续多年对观众参观体验进行了调查研究，其 2018 年调查结果显示，观众对基础设施建设不满意的原因主要集中在沈阳故宫博物院内缺少引导标志，导视信息的缺失和缺位，在一定程度上影响了观众的参观体验。

（三）不同规模博物馆在公共服务配套设施上差距显著

博物馆公共服务设施不完备、设计不合理也使得博物馆观众服务水平大打折扣。调研中发现，自实施免费开放以来，博物馆面临的三大问题之一就包括了近

---

① 曾阳：《沈阳故宫博物馆 2018 年观众参观体验调查报告》，《沈阳故宫学刊》2019 年刊。

年来观众激增而带来的公共服务设施配套不足的问题。在此次调查的免费博物馆中，32.7%的博物馆面临观众激增，公共服务配套不足的问题。在大中型博物馆中这一问题尤为突出，有36.8%的一级博物馆和43.1%的二级博物馆在开放服务的过程中面临此类问题的困扰。如果分析不同规模博物馆所面临的具体问题，可以看到问题的侧重点和难点各有不同。大型博物馆已经基本解决了服务设施"有没有"的问题，现在需要解决的是服务设施"好不好用"的问题。这类博物馆在服务种类上相对比较完备，除了提供咨询服务、饮食服务、休息空间、导览服务等基本服务外，还着力打造有温度、人性化服务，如建设母婴室和医疗室让博物馆服务更加暖心。但随着观众对服务细节和品质的要求不断提高，博物馆仍需要在观众服务精细度上多下功夫。例如，观众经常反映博物馆休息区位置设计不合理以及休息区太少，餐饮服务质量不高，馆内温度令观众不舒服（夏季室外温度高，而展厅内温度太低，较大的温差使观众体感很差），博物馆没有存衣柜（冬季在博物馆观展抱着厚厚的外衣很不方便）等。这些看似很小的问题，如果博物馆不重视、不解决就会给观众造成不舒适的体验感，从而使观众对博物馆的印象减分。

与大型博物馆不同的是，中小型博物馆还普遍存在服务设施不健全，设备设施陈旧并且低端，与当下观众的需求脱节等问题。例如，小型博物馆将有限的财力和物力投入到展厅建设中，较少关注公共空间投入，开放空间规划凌乱，缺乏美感与博物馆氛围不和谐；厕所布局不合理，不能满足旺季大量观众参观需求；馆内参观标识混乱，观众无法自主规划参观路线；一线服务人员素质参差不齐；等等。对于这些博物馆来说，当前首要任务是补齐长期以来在观众服务上的欠账和短板，努力适应观众不断增长的文化服务需求。

四、博物馆智慧服务建设与观众需求结合不够

观众的需求既是博物馆事业发展的核心，也是博物馆开展各项工作的出发点和落脚点。以满足观众需求为核心，利用智能辅助系统，实现观众与博物馆藏品的无缝交流，为观众提供无处不在的服务，是博物馆智慧服务的重要内涵。目

前，博物馆智慧服务建设还存在以下问题。

（一）现阶段观众服务的智慧化效能偏低

博物馆在智慧服务发展进程中还流于表面，数字化办展模式"千馆一面"，观众反映差。例如，在展览中盲目使用声光电技术、3D 展览内容打磨不足；数字信息只注重单向输出，忽略观众的感受，缺乏时效性、真实感不强；数字展厅设计不合理，播放的影片时长过长，很少有观众能耐心地看完整个影片；展厅自助导览设备不够醒目，内容较为简单，更新不及时，有的甚至就是循环播放展览信息照片，不能从根本上解决观众的导览需求。因为疫情的原因，全国各大博物馆、景区实行限流，国内一些大中型博物馆纷纷推出云展览，一些小型博物馆、非国有博物馆为了吸引更多的观众，也在线上观展这个领域试水。云展览对于一家博物馆的数字化程度要求非常高，由于各个博物馆的智慧化硬件和软实力的差别，受限于前期数字化程度的不同，云展览的质量也参差不齐，导致观众热度不高，没有达到预期效果。

（二）观众服务各系统间协同运行能力不够

从观众服务角度来看，票务预约系统、导览系统、观众投诉反馈系统、博物馆会员管理系统、数据整合与分析系统等智能辅助系统关注的不仅仅是观众的参观感受，更加关注观众在整个参观过程中的整体收获以及对于参观预期的满足程度的提升。同时，博物馆管理人员通过对几个系统的数据进行整合，汇总观众参观大数据，精准掌握观众需求，根据不同的需求，提供数据分析，为博物馆运营决策提供数据支持。但是，由于一些博物馆对博物馆智慧化发展的规划和制度建设认识不到位，导致各系统之间不协调、运行效率低下，已建成的数字博物馆系统平台各自为政、互不兼容，为未来智慧博物馆整合和网络资源共享传播埋下隐患。尤其对观众大数据的收集、整理和分析工作还停留在表面，对于观众信息的收集仅仅局限于进馆人数、观众结构等，缺乏对观众行为和喜好的研究，后期的数据整理和分析更是严重缺失，大数据不能很好地为博物馆改善观众观展体验提供技术支持。

五、博物馆处理观众意见和投诉的能力有待提升

博物馆观众的知识层次、性格脾气、生活习惯存在差异，他们的需求标准、参观目的也不会一致。如果博物馆的某些硬件设施、参观环境、陈列内容、陈列形式、博物馆讲解员、工作人员的文化素质、管理服务未达到应有的标准，不能满足观众的参观需求，这个问题不能及时得到补救或者某些博物馆工作人员不能正确对待观众的批评和建议，就会引起观众的投诉。作为开放的公共文化服务机构，"观众投诉"不可避免，以什么样的心态面对观众投诉是对博物馆服务意识的考验，怎样快速有效处理观众的意见和投诉则考验着博物馆的综合管理能力。

（一）博物馆需要调整应对观众投诉的心态

博物馆非常重视观众意见和投诉，但是自媒体时代网络传播的速度和缺乏负责任的报道也使得网络舆情的复杂性远远大于从前。因此，处理观众投诉时博物馆工作人员常常有畏难情绪，一方面害怕遇到"不讲理、难缠"的观众，一方面害怕处理不好引发舆情，造成更大的不良影响。而对于涉诉的部门和员工，他们的心态多是气愤、委屈或者是急于辩解，推脱责任。尤其是当接到来自上级领导机关、市长热线等转达的投诉时，无论是涉诉人还是负责解决此事的人所受到的压力更是成倍增长。基于以上原因，博物馆通常不能以积极正面的心态面对观众投诉，没有把投诉看作是观众送给我们的宝贵财富，是帮助我们找到工作中问题的机会。

（二）观众投诉工作多头管理，权责不清

在博物馆内部，由哪个部门负责处理观众投诉并没有统一的规定，各馆根据内部职能划分而定。调研中发现主要分为两种类型：一是由综合办公室（馆长办公室）统筹管理，再根据投诉情况转发到相关业务部门，由涉诉业务部门具体回复观众；二是由安保部、社教部、开放部、观众服务部等多个部门共同负责或分段管理。第一种管理方式，业务部门的回复在内容专业性上无可挑剔，但由于缺乏沟通技巧，不能很好地把握观众心理，有时并不能很好地化解观众怨气。第二种管理方式看似齐抓共管，实则容易造成责任不明，出了问题互相推诿，处理效

率低下的局面。

（三）对待观众投诉，博物馆较少进行工作反思和预防

博物馆解决观众投诉时普遍比较重视，但较少在处理完投诉以后进行分析、反思及采取必要的预防措施。观众的投诉不能仅仅满足于本子上记录，求得问题表面上的解决而结束，关键是要找出产生投诉的原因，采取相应的预防措施，才是真正的目的。孤立地看问题难免有片面性，全面系统地分析才能找出问题的规律性。因此，博物馆应该把各类书面投诉、热线投诉、网络留言等观众的意见建议投诉进行分类、整理，分析研究，归纳总结，逐项落实整改，吸取经验教训。如果我们能系统性地积累、运用这些宝贵的投诉处理经验，就能在今后杜绝类似投诉的出现，处理观众投诉案件时也能得心应手，使"观众投诉博物馆"的现象减少，甚至归零。

第三节　中国博物馆观众服务问题成因分析

一、博物馆运营观念落后

传统博物馆"以物为中心"的发展策略，藏品、展览、场馆面积等因素很大程度上决定了一家博物馆的社会影响力，但在今天博物馆的藏品与教育传播能力、讲好"故事"的能力同等重要。"博物馆中心观念的演进——从藏品到信息和教育，从学习到体验——折射出从专家（馆藏研究人员、教育家和专家）控制到观众控制的逐渐变化。"[1] 如果博物馆继续按照"以物为中心"的传统路径发展，将博物馆发展全部寄托于"物"的丰富程度而忽视对"物"所承载信息的转换和

---

[1]　[美]尼尔·科特勒、菲尼普·科特勒：《博物馆战略与市场营销》，潘守勇、雷虹霁、王剑利等译，北京燕山出版社 2006 年版，第 17 页。

重构，工作重心仍以生产为导向，轻视观众的体验和感受，忽略观众的反馈和声音，那么观众逐渐流失是不可避免的。

（一）机构设置不合理，观众服务职能缺失

博物馆的科学管理需要通过博物馆的组织机构来实现，机构设置是博物馆内在规律及基本属性的表现。管理的层次、职能和权限划分，体现在合理的组织形式之中。中国博物馆内设机构一直是由藏品、展示等研究部门占据主导地位，教育和观众服务部门在馆内拥有较少话语权。因此直接导致"一流的藏品、二流的展览、三流的服务"窘境。① 近几年，这一情况正逐步得到改善，通过对博物馆观众服务工作机构设置的研究，可以看到博物馆对观众服务职能部门的设置和划分与其发展理念是分不开的。

中国博物馆机构设置情况和博物馆自身发展状况相辅相成，发展较快较好的博物馆机构设置全面和实用，而发展较慢的则机构设置老化或发挥作用不强。有些博物馆为了适应新时期博物馆发展的需要，大胆对内设机构进行改革，增加或者使某些部门的职能更能与社会对博物馆发展要求和博物馆发展方向相适应。例如，2009年，南京博物院率先将社会教育部更名为社会服务部；2018年，中国国家博物馆增设观众服务部。正是基于更好地为公众服务的初衷，通过更名或增设部门的方式更好地将观众服务工作整合到一起。所有理念与功能的转换都不可避免地影响或反作用于机构设置，借助内设机构的调整来实现新的运营理念是非常有效的方式。

国内外博物馆在观众服务部的工作边界上存在差异，但核心内容是相通的。比如，国内往往将保洁、保安工作外包，并多使用开放服务部（如上海博物馆）、开放接待部（如湖南省博物馆）、开放部（如苏州博物馆）等称谓，其业务涉及票务、预约、接待、衣帽寄存、语音导览器租赁、展厅等开放区域的管理、观众投诉意见受理等。此外，大部分馆将开放（服务／接待）部与教育部／宣教部并列，区别在于有些将讲解、志愿者工作纳入教育部（如上海博物馆、湖南省博物馆），有些则置于开放部（如苏州博物馆）（表16）。

---

① 郑奕：《博物馆强化"观众服务"能力的路径探析》，《行政管理改革》2021年第5期。

表 16　国内部分博物馆观众服务机构设置概览表

序号	单位名称	是否设置专门负责观众服务的部门	部门名称	工作职能
1	中国国家博物馆	是	观众服务部	主要负责观众预约、观众咨询、观众反馈及服务设施
2	故宫博物院	是	开放管理处	开放管理处是故宫博物院开放时间内负责文物、观众安全，为观众提供服务的部门
3	南京博物院	是	社会服务部	负责向公众提供优质的参观服务、讲解导览及教育活动。负责观众调查，搜集并反馈观众意见和建议。针对不同人群，策划与实施多种形式的延伸教育活动，结合学校、社区、军营等，不断拓展博物馆社会教育与服务领域。负责博物馆志愿者的招募、培训及管理工作。运用新媒体，创新服务方式与途径，增强博物馆教育辐射力。完成院领导交办的其他工作任务
4	首都博物馆	是	开放服务与安全保卫部	具体职能未在官网上查询到
5	苏州博物馆	是	开放部	1. 开放区域、过云楼陈列馆的管理、接待。2. 讲解、导览，编写中英文讲解词。3. 各类团队的预约登记及接待。4. 观众衣物寄存、语音导览器租赁等服务。5. 志愿者组织与管理。6. 观众投诉意见受理。7. 爱国主义教育基地和未成年人教育相关工作。8. 负责过云楼陈列馆的日常开放工作
6	南通博物苑	无		
7	山东博物馆	无		

（二）博物馆观众服务理念滞后，安于现状

国内博物馆以国有博物馆为主体，其事业单位的属性使其先天缺乏市场竞争和主动为公众服务的意识。尤其在文旅融合大背景下，博物馆服务观众理念和意识的滞后愈发显现。一些博物馆仍然抱有"皇帝女儿不愁嫁"的旧观念，把免费开放简单地理解为"打开门任何人都可以进来"，安于现状，不主动开拓市场，不积极吸引观众，以致造成了虽然免费开放却依然没有人来的困境。① 与旅游和其他休闲行业相比，博物馆服务人员的主动服务意识明显不足，且服务意识不能渗透到每一个员工心中。这是因为无论在博物馆使命、宗旨中，还是在政策、规划中观众服务的重要性仍没有被重视起来。因此，我们呼吁博物馆管理人员的观念改变，理念先行，唯有如此才有可能最终形成博物馆对观众需求的敏感和对质量投入的组织文化。

（三）没有建立博物馆观众服务的质量管理体系

旅游服务中早就建立了一套完善的质量管理和评价体系，但博物馆在服务质量评价的研究上还处于起步阶段，在旅游服务评价中已经普遍应用的质量评价模型如 SERVQUAL 模型、IPA、Kano 模型在博物馆领域还没有得到推广。现在博物馆服务质量的自查多是博物馆内的设施设备等硬件方面及单方面的讲解员的服务质量考核等，没有涉及服务的全过程，无法发现观众关注的问题，不能得到服务质量的全面信息，不能全面、客观地评价博物馆的服务质量，对于博物馆的指导意义不是很强。② 而且，对博物馆服务质量的定性研究多、定量研究少。因而，博物馆服务性内容的提升体系性较薄弱，对问题存在的原因分析得不够深入，解决问题的方法显得空泛。③

二、博物馆观众数据的分析能力急需提升

（一）观众基础数据不完备，相关数据积累不足

实现"以观众为中心"为观众提供有针对性的服务，博物馆首先需要了解谁是

---

① 尹怡明：《免费开放条件下博物馆观众服务的对策研究——基于观众体验视角》，硕士学位论文，湖南师范大学，2016 年。

② 乔雪华：《博物馆服务质量评价研究——青岛市博物馆的实证研究》，硕士学位论文，中国海洋大学，2015 年。

③ 王静、王玉霞：《北京博物馆文化旅游服务质量提升研究》，《北京联合大学学报（人文社会科学版）》2017 年第 3 期。

博物馆的观众，并分析观众要素，关注观众动态，满足观众需求。这需要博物馆对观众深入了解，掌握翔实准确的观众数据，以此推进博物馆服务的进一步升级。但在实际运营过程中，博物馆的注意力仍集中于展览，对市场和观众的需求变化关注不够，最直接的体现就是观众基础数据不完备，相关数据积累不足。持续性开展观众调查是帮助博物馆收集观众数据最直接、最基本的方法。观众调查只有作为常规性重复开展且呈螺旋式上升进行的工作，才会对博物馆寻找未来发展的思路起到应有的作用。[①] 然而，大多数博物馆并不能持续性地坚持开展调查，致使各博物馆观众数据积累较少，缺乏连续性、真实性、完整性、一致性，无法开展深入研究。

（二）统计分析能力有待进一步提高

2019 年 8 月，中国互联网络信息中心（CNNIC）在北京发布第 44 次《中国互联网络发展状况统计报告》，报告显示，截至 2019 年 6 月，中国网民规模达 8.54 亿，互联网普及率达 61.2%。[②] 随着科技发展及手机等移动终端的普遍应用，博物馆拥有一个更好的平台——我们可以充分利用新媒体技术建立以观众为导向的数据架构，精准、实时地把握和预见观众需求，建立以观众服务为核心的观众智慧服务系统。[③] 大数据时代，博物馆比以往任何时候都拥有更多的观众信息，但现在多数博物馆收集的观众数据以基本信息为主，数据信息量庞大，缺乏条理和有效的信息处理。博物馆要充分获得有价值的数据和分析结果，还需要进一步了解数据，丰富对数据的处理方式和分析办法，依靠全部数据建立数据分析，挖掘出数据间的关联性以及数据的深层意义，最终将已经形成的有价值的数据运用到实际工作中，从而帮助博物馆了解观众，为博物馆分众化服务提供更多的数据支持和决策依据。

（三）观众数据需要充分共享

博物馆内部业务交叉的情况普遍存在，许多部门涉及观众服务，这些部门从

---

① 何宏：《博物馆服务与观众调查》，《文博》2012 年第 2 期。

② 中国网信网：《CNNIC 发布第 44 次〈中国互联网络发展状况统计报告〉》，2019 年 8 月 30 日，见 https://www.cac.gov.cn/2019-08/30/c_1124939590.htm。

③ 仇岩：《大数据时代博物馆动态观众服务体系浅析》，《中国博物馆》2014 年第 4 期。

不同角度掌握观众信息，但是这些信息未能在博物馆内部实现充分共享，博物馆各业务系统之间的信息割裂也使得观众信息无法进行有效整合，大数据分析成果对实际工作的提升作用有限。究其原因，在于博物馆没有建立观众数据的共享平台，对数据共享进行统筹管理，设置合理的共享策略和范围。

三、博物馆现有用人机制影响了观众服务质量

当观众走进博物馆，他们首先接触到的就是那些在一线工作的博物馆服务人员，如安保人员、咨询人员、讲解员等，观众往往是通过观察，并且是在与这些人员的接触中获得对博物馆的基本印象和评价，因为一般观众在博物馆参观时很难与馆长、策展人和研究人员碰面。但这些与观众直接发生交流和接触的服务人员却往往是馆内拿最低薪水、最缺乏培训、获得最少关注的一个群体。课题组在调研中发现，博物馆观众服务岗位的人员如安保、保洁、咨询服务多是外包人员、聘用制人员，博物馆在编人员的比例较低。出现这一现象的主要原因是博物馆免费开放经费不足和近年来博物馆人员减编，使得博物馆不得不把对专业技术要求较低的服务岗位外包出去。服务外包让博物馆的管理更轻松，但也不同程度地影响了博物馆观众服务的质量。外包人员流动性高，人员素质参差不齐，并且博物馆对外包人员的可控性较差。虽然博物馆和聘用的外包公司会对相关人员进行岗前培训和在职培训，但是博物馆的诸多理念很难真正传达到具体人员，或者说外包人员并不能完全理解博物馆的使命和宗旨，然后在工作中予以贯彻执行。而且一些外包人员对博物馆没有归属感，服务比较生硬，对观众缺乏热情，服务态度懒散或者傲慢。这种因人员服务意识和态度造成的服务质量下降直接影响了观众对博物馆的综合评价。另外，观众服务工作大多琐碎而繁杂，重复劳动多缺少创新性，时间长了容易产生倦怠感，远不及研究人员那样光鲜亮丽，职称评定也常受影响。所以有能力、有学历的员工不愿意到观众服务岗位来工作，长期以来博物馆服务岗位人员的素质始终难以获得提升。如果博物馆服务岗位人员的热情和工作主动性不能被调动，那么博物馆观众服务质量将很难获得显著改善。

第四节　提升博物馆观众服务工作的思考与建议

党的十八大以来，国家对文博事业投入不断加大，文旅融合激励博物馆走出新发展路径，"面对新时代、新形势、新需求，博物馆发展不平衡、不充分与人民日益增长的美好生活需要之间的矛盾还比较突出，如何回应时代需求，进一步激发博物馆发展活力，实现博物馆由数量增长向质量提升的根本性转变，是博物馆事业发展迫切需要解决的问题"①。为此，博物馆需要准确把握时代变化，坚持"以观众为中心"的运营理念，优化内部组织结构，强化观众服务能力，自觉与博物馆高质量发展方向对标。

一、切实落实"以观众为中心"的服务理念

博物馆从建立初期的"私人的珍宝室"发展为向公众开放的社会公共机构，进而敞开大门欢迎更多公众走进博物馆，这是博物馆从"精英化"向"大众化"演进的路径。在此过程中，博物馆与观众的关系也随之调整，从"恩赐、规训"变为19世纪末至20世纪的"启蒙教育"，直至今天为观众服务已经成为博物馆与观众关系的基调。"不难发现，世界范围内的博物馆正再次处于变化之中，其趋势是一个更加以观众为中心的未来。"② 博物馆与观众关系的不断调整，动力既来自博物馆内部也是外部社会对博物馆发展路径的影响，并且在博物馆内部"专家和观众谁主导博物馆"的争论始终没有停歇，反而愈发激烈。越来越多的博物馆认识到其实不需要进行"取舍"，博物馆只需要"兼顾"即可，重视观众不是指博物馆要将"人力、财力、物力等资源从其他职能部门转移到公众服务领域，而是将公众纳入博物馆实务的各

---

① 国家文物局：《〈关于推进博物馆改革发展的指导意见〉政策解读》，2021年5月26日，见 http://www.ncha.gov.cn/art/2021/5/26/art_722_168197.html。

② [美]彼特·萨米斯等：《以观众为中心：博物馆的新实践》，尹凯译，科学出版社2018年版。

个环节中"①。博物馆的专业化取向、藏品保护和专家的声音并没有因重视观众而被消解，博物馆对专业性的严谨追求依然是博物馆业务开展的重要指标。

今天，中国博物馆与观众的联系更加密切，互动更加频繁，观众也早已不满足于作被动接受教育的客体，而是努力成为可以进行独立思考和思想传播的主体。追求知识不再是观众进入博物馆的第一需求，生产知识也不再是博物馆工作者的天然使命。所以博物馆必须重新定义与观众的关系，将"主客关系"调整为"交互主体"的关系，邀请观众与博物馆共同创造一种体验的环境，鼓励观众参与到博物馆信息的建构和传播过程中，真正赋予观众权利。总之，博物馆要充分尊重观众，把博物馆工作的着力点与观众需求热点串联起来，才能让博物馆在推动社会发展中更有力量。

二、从追求观众数量增长到提升观众参观品质

今天当我们探讨博物馆观众服务时不能仅仅盯着观众数量这个单一指标，还应该从博物馆观众服务的公共性、均等化和均质化等多个维度进行考量。博物馆应坚持提高大众的文化与智性水平，不能将博物馆参观权益简单化为一种形式上的准入，而没有参观效益上的提升。②"十四五"期间，公共文化服务发展的重点方向是提质增效。这就需要博物馆成为合格的服务提供者，帮助观众从被动接受服务变为主动参与和体验，优化参观全过程，从供给侧改善博物馆服务质量，让更多公众走进博物馆享受高品质的文化生活。

三、努力提升博物馆分众化、专业化服务能力

增强博物馆观众服务能力不可能一蹴而就，需要分解任务清单，从三个方面着手提升博物馆分众化、专业化服务能力。

---

① 沈辰：《构建博物馆：从藏品立本到公众体验》，《东南文化》2016 年第 5 期。

② 参见徐玲：《博物馆学的思考》，郑州大学出版社 2018 年版。

（一）深入开展观众研究，精准把握观众需求

博物馆分众服务的前提是准确掌握观众不断变化的参观需求，为此博物馆需要对观众进行深度分析，对观众的行为、心理需求、情感需求、使用习惯等保持高度敏感，并将观众的需求变化精准反馈到博物馆各服务环节中，让每一个走进博物馆的观众都能有获得感。博物馆要把观众纳入博物馆整体方案之中，在策展、社会教育和大众传播中兼顾不同层次观众的文化需求，尽可能提供多层次的支持材料和多元化的展示方式。

（二）注重人文关怀，完善公共空间功能

今天，观众走进博物馆的动机是多样化的，除了看展览，休闲、放松心情、社交、旅游打卡等动机都会促成一次参观。观众参观动机正变得越来越复合化，这使得观众在博物馆内的行为模式更加复杂，因此需要博物馆合理拓展博物馆内部辅助空间，让观众进入博物馆后能按照自己的兴趣分流，使不同目的的观众尽快分离。[①] 博物馆的公共空间已经成为为公众提供服务的综合性平台，不仅要满足观众的基本生理需求，也应为观众提供兼具娱乐和休闲等功能的综合服务，单一属性的服务设施已不能满足观众多层次需求，博物馆需要加强对公共空间设计和再利用，要对公共空间进行功能改造，使之成为综合性的复合空间、流动空间，从而提升观众参观体验，并为观众提供高质量的情绪价值和文化价值。

（三）塑造高素质员工，针对不同岗位精细化服务设计

高质量的观众服务会激励更多观众走进博物馆，而拥有高素质的员工才能实现高质量服务。博物馆不仅需要着眼于员工结构和其他管理问题以确保观众服务被视为该机构的核心要素，[②] 还要改变以往重视专业技术培训而忽视服务意识培训的做法，从博物馆管理者到一线服务人员都要强化服务意识，把观众当作服务对象而不是管理对象。当然，博物馆的服务与其他社会服务既有相同之处又有自

---

①　参见耿超：《博物馆学理论与实践》，科学出版社 2018 年版。

②　参见徐玲：《博物馆学的思考》，郑州大学出版社 2018 年版。

身特色。博物馆一线服务岗位类型多样，岗位职责各不相同，应根据不同岗位的职能和特点设定业务能力考评侧重点，这样才能让管理有的放矢。在当前博物馆观众数量持续增长而经费预算不增反减的背景下，如果博物馆能对每一个服务岗位进行精细化的服务设计，精心设计每一个服务流程，固化每一项服务标准，将会对提升观众服务质量起到事半功倍的效果。

四、建立持续、动态的观众服务质量评估体系

观众的需求和对博物馆的期望是随着时代发展而不断变化的，因此博物馆需要经常性地开展观众服务质量评估。目前，很多博物馆都认识到开展观众调查评估的重要性，但是这项工作通常很难持续进行。单独一次调查，数据的覆盖面、样本量积累、调查方式的丰富性等方面都显得片面和单薄，不足以支撑精准适当的分析和优化提升，更无法鉴别和见证整改优化措施带来的渐进持续的正反效果。博物馆必须建立一种随时间变化来系统衡量其服务质量的方法，并且该方法应该能与先前的评估进行比较。只有用这种方法才能检测出博物馆整改的效果、观众需要和期望的改变。[①] 博物馆可以借鉴其他服务行业做法，定期开展"神秘顾客""观众满意度"调查这类基于观众体验式的调查，持续、动态地检测服务界面，积累足够的动态服务数据，精准有效地支撑"服务调研—服务设计—服务规范（岗位职责描述）—服务监测"的递进工作逻辑。

五、大力支持中小型博物馆转变运营理念，补齐公共文化服务的短板

加快中小型博物馆发展，补齐公共文化服务的短板对于整体改进中国博物馆观众服务质量具有重要意义。在这个过程中要立足各馆实际，制定差异化的博物

---

① 参见［英］格拉汉姆·布莱克：《如何管理一家博物馆：博物馆吸引人的秘密》，徐光、谢卉译，中国轻工业出版社 2011 年版。

馆观众服务标准，同时突出不同类型博物馆特色，"因馆制宜"制定考核与评价指标。大型博物馆和发展较快的博物馆可以制定较高层次服务标准，在博物馆业内起到示范带动作用，同时在社会上树立一批博物馆高质量服务典范，扩大博物馆的社会影响力。中小型博物馆可以对标大型博物馆，进一步完善基础服务设施，提升观众服务功能，加强人员素质培训。中小型博物馆对观众的吸引力虽不如大型博物馆，但是机制更灵活，可以更好地借助当地文化资源，开发具有地域特色的观众服务项目。在服务层面应植根于社区，重视地方文化服务，成为贴近本地及社区民众的文化和情感中心。

六、彰显数据力量，提高服务能力

目前博物馆的业态已经从传统的博物馆模式，经过数字化博物馆，进入智慧博物馆 3.0 模式。因此，数字化将是博物馆升级发展的手段方式、路径模式，更是新的理念变化。博物馆要对观众数据进行大数据采集、追踪、整合、处理与分析，为观众提供有预见性的智慧服务系统。同时，还要将大数据分析、博物馆智慧化管理与博物馆内部机构职能重构及管理体制改革相融合，形成一个贯穿博物馆全业务流程的立体化、精准化并且高效的数字化运营管理体系。

分报告八　文创开发大有可为，质量水平亟须提高

博物馆文创是以馆藏资源为基础，对馆藏资源进行再创作、再开发的新型业态，博物馆文创兼具制造业和服务业特性，其产品既有市场属性，也有意识形态属性，目标是实现经济效益和社会效益统一。博物馆文创包含从藏品的征集、挖掘、展示，展览设计开发到文物资源的筛选、文化符号提取，再到文化衍生品的设计、生产、营销等多个环节。近年来，文创开发越来越成为博物馆充分发挥文化功能和文化窗口作用的重要载体，成为博物馆增加收入和传播优秀文化的重要途径，也是博物馆文化产业的重要组成部分。

习近平总书记高度重视文化产业发展，2014 年在联合国教科文组织总部发表演讲时明确指出，要让收藏在博物馆里的文物、陈列在广阔大地上的遗产、书写在古籍里的文字都活起来。2020 年 9 月，习近平总书记在湖南调研马栏山视频文创产业园时强调，文化产业是一个朝阳产业。现在文化和技术深入结合，文化产业快速发展，从业人员也在不断增长，这既是一个迅速发展的产业，也是一个巨大的人才蓄水池，必须格外重视。他还强调，文化产业既有意识形态属性，又有市场属性，但意识形态属性是本质属性，一定要牢牢把握正确导向，坚持守正创新，确保文化产业持续健康发展。

习近平总书记的重要指示精神为博物馆文创发展提供了根本遵循。2014 年，国务院出台《关于推进文化创意和设计服务与相关产业融合发展的若干意见》，推进文化创意、设计服务与相关产业融合发展。2016 年，国务院办公厅转发文化部、国家发展改革委、财政部、国家文物局等部门联合发布的《关于推动文物文化单位创意产品开发的若干意见》是国内第一个系统推动文创开发的政策文本，明确要求深入发掘文化文物单位馆藏文化资源，推动文化创意产品开发，按照试

点先行、逐步推进的原则，在国家级、部分省级博物馆、美术馆、图书馆开展试点，可在开办经营性企业、将单位绩效工资总量核定与开发业绩挂钩等方面进行试验和探索。2017 年《国家文物事业发展"十三五"规划》强调多措并举让文物活起来，提出到 2020 年，中国将打造 50 个博物馆文化创意产品品牌，建成 10 个博物馆文化创意产品研发基地，文化创意产品年销售额 1000 万元以上的文物单位和企业超过 50 家，其中年销售额 2000 万元以上的超过 20 家等，鼓励博物馆采用多种方式进行文创产品研究开发。2019 年，国家文物局发布《博物馆馆藏资源著作权、商标权和品牌授权操作指引（试行）》，首次就博物馆馆藏资源授权内容作出了清晰的界定。2021 年，中宣部等九部门联合印发《关于推进博物馆改革发展的指导意见》，明确博物馆开展陈列展览策划、教育项目设计、文创产品研发取得的事业收入、经营收入和其他收入等，按规定纳入本单位预算统一管理，可用于藏品征集、事业发展和对符合规定的人员予以绩效奖励等。2021 年 8 月，文化和旅游部等八部门联合印发《关于进一步推动文化文物单位文化创意产品开发的若干措施》，推动支持和鼓励博物馆文创开发的政策举措进一步落地落实。这样一些政策措施的密集出台，为博物馆文创产业发展创造了良好的政策环境，中国博物馆文创产业发展呈现出一些新的特点。

第一节　博物馆文创发展进入快车道

国内外文创发展经历了不同的发展阶段。欧美地区博物馆早在 20 世纪就普遍通过开发销售文创产品等方式筹措发展资金，经过 2008 年金融危机之后由于政府财政预算减少和市场竞争的双重压力，更加重视文创开发并在实践中建立了比较成熟的产品研发流程和营销模式，形成了完整的产业链，[①] 在文创产品的创

---

① 步雁、曹琳娜：《博物馆教育文创研发之路及思考——以陕西历史博物馆为例》，《中国博物馆》2020 年第 3 期。

意、设计、开发、生产、销售及售后等方面积累了相当成熟的经验。

中国博物馆文创起步于 20 世纪 90 年代，从 2015 年开始呈现快速发展趋势，文创市场整体规模持续扩大。统计显示，2018 年，中国博物馆文创产品销售收入占全国博物馆年度总收入的 12.93%，成为财政补助收入之外博物馆最重要的一种收入来源。如果加上经营收入占博物馆总收入的 5.59%，则博物馆经营开发类收入占比已达总收入的 18.52%。2016 年，国家文物局印发《关于公布全国博物馆文化创意产品开发试点单位名单的通知》，92 家单位成为全国博物馆文化创意产品开发试点单位。此后文化部、国家文物局共确定或备案了 154 家试点单位。2017 年，92 家试点单位文化创意产品开发收入约 35.2 亿元，开发文创产品种类超过 4 万种。2018 年，在天猫上博物馆旗舰店的累计访问量达到了 16 亿人次，是当年全国博物馆接待人数的 1.5 倍。2021 年，新文创成为天猫双 11 最大的黑马之一。天猫数据显示，共有近 100 家博物馆参加天猫双 11，双 11 开售首日，博物馆文创产品同比激增超 400%。阿里平台上 20 多家官方博物馆店铺已累计千万消费者成为粉丝，且 90 后占比均超过 50%。近年来，在政策推动和新媒体、新技术迅猛发展和应用的综合助力下，文创与科技、旅游、资本等业态不断碰撞、交叉融合发展，呈现出丰富多彩的生动业态，特别是数字藏品成为博物馆文创的新热点。2022 年 5 月，敦煌研究院、卢浮宫等国内外十家博物馆、国家图书馆首次在天猫推出 20 款数字馆藏；9 月，手机天猫 App 上线 3D 版"博物馆奇妙夜"，故宫博物院宫里的世界旗舰店、甘肃省博物馆旗舰店、苏州博物馆旗舰店等九家博物馆文创推出 17 款数字藏品，引发消费者热捧。

本报告基于本次问卷调查数据和官方数据统计，通过文献研究和政策梳理，结合案例分析，通过"结构—行为—绩效"框架，从三个方面入手，对中国博物馆文创发展现状进行了分析。其中，结构部分重点分析中国博物馆文创产业的集中度、差别化、进入壁垒状况；行为部分重点分析文创开发方式、价格策略等；绩效部分重点分析经济效益和社会效益。在此基础上，分析和研判当前中国博物馆文创发展的突出问题，并给出政策建议。

从结构上看，中国各类各级博物馆普遍开展了文创业务，行业进入壁垒较低，但市场集中度较高，国有大型博物馆和省级地方特色大型博物馆是文创开发的主力军，各类文创联盟和文创试验区在不断涌现，参与联盟或馆校活动的博物馆文创开发明显比未参与的活跃。

一、开发文创产品的博物馆总体比例较高

调查显示，中国开发文创产品的博物馆比例较高。70%的博物馆在2017—2019年开发了文创产品。75.6%的博物馆在2017—2018年开发了文创产品，文创开发已经成为中国博物馆的常规业务内容之一。具体看来，呈现如下结构特征。

一是开发文创产品的非国有博物馆比例高于国有博物馆，级别越高的博物馆开发文创产品的比例越高，收费博物馆开发文创产品的比例更高。非国有博物馆开发文创产品的比例为82.8%，而国有博物馆这一比例为74.7%。一级博物馆和二级博物馆中分别有96.6%和78.3%开发了文创产品，三级和未定级博物馆这一比例分别为74.5%和66.1%。收费博物馆开发文创产品的比例为82.4%。

二是国有博物馆平均开发文创产品数量明显高于非国有博物馆。在2017—2019年开发了文创产品的博物馆平均共开发94.8款产品，其中国有博物馆平均开发102.8款，比非国有博物馆多18.4款。不同级别的博物馆中，三级和一级博物馆开发产品最多，分别为186.5款和170.1款，免费博物馆平均开发95.8款，收费博物馆为77.3款。

二、设立专门文创开发机构的博物馆比例较低

调查显示，有30.5%的博物馆设立了专门的文创经营开发机构，呈现如下结构特征。

一是西部地区博物馆设立专门机构的比例最高，其次是东部地区、东北地区、中部地区。35.9%的西部地区博物馆设立了专门的文创经营开发机构，31.1%的东部地区博物馆设立了专门机构，高于东北部地区的30.5%和中部地区的27%。

二是含专题类博物馆的其他类型博物馆设立专门机构的比例为46.9%，明

显高于其他类型博物馆，其次是综合类博物馆（32.4%）、自然科学类博物馆（27.3%）、历史类博物馆（24.7%），比例最低的是艺术类博物馆，只有9.5%。

三是非国有博物馆中设立专门机构的比例为40.0%，高于国有博物馆的29.5%。博物馆级别越高，这一比例越高。一级、二级、三级博物馆分别为63.3%、34.6%和22.5%。

四是年参观人次越多的博物馆设立文创专门开发经营机构的比例越高，年参观人数100万人次及以上的博物馆52.9%设立了专门机构，40万（含）—100万人次、15万（含）—40万人次博物馆的这一比例为41.9%、14.7%，不到15万人次的最低，为10.6%。收费博物馆和免费博物馆设立文创专门机构的比例相差不大，分别为35.1%和30.0%。博物馆设立文创开发经营机构的比例如图100所示。

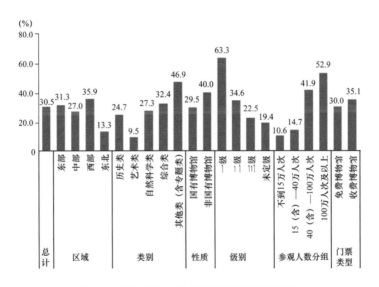

图100　博物馆设立文创开发经营机构的比例

参与联盟的博物馆中35.5%设立了专门经营开发机构，高于没有参加联盟的博物馆19.8%的比例。开展馆校合作的博物馆设立专门经营开发机构的比例为32.4%，高于没有与学校开展馆校合作的博物馆22.2%的比例。2019年面向公众定期举办活动的博物馆中36.8%专门设立了经营开发机构，比例高于未定期开展活动的博物馆 15.6% 的比例（图 101）。

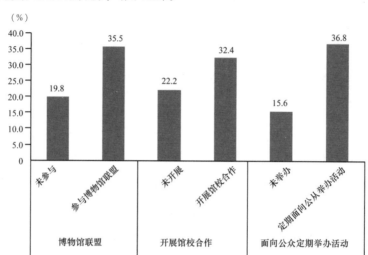

图 101　博物馆设立文创专门经营开发机构的占比情况

三、国有大型博物馆和地方特色博物馆是文创主力军

近年来，若干国有大型博物馆和颇具地方特色的博物馆对文创开发进行了有益的探索，与产学研各界积极开展多种形式的合作，形成了初步的品牌效应，比较典型的是中国国家博物馆、故宫博物院、上海博物馆、陕西历史博物馆、苏州博物馆、四川博物院、山西博物院等，文创产品均在千种以上，年销售额均在千万元以上，拥有一定自主研发文创产品比例，善于运用馆藏 IP 资源授权的方式进行文创开发，很多文创产品已经形成品牌效应，是中国博物馆文创开发的第一梯队。同时，各地还不断涌现出形式多样的包括文创实验区、文创联盟等在内的博物馆新型文创业态。

中国国家博物馆迄今已累计开发了 3000 余款文创精品，具有完全自主知识产权的文创产品设计方案 1800 余款，涵盖了创意家居、办公用品、文具、服装配饰、邮品、玩具、电子产品、商务礼品等 12 个大类，价格从几元到几万元不等，可满足不同消费层次人群的需求。国家博物馆每年的新品在 200 款库存管理单元。国家博物馆成立了国博（北京）文化产业有限公司、事业有限公司、饮食文化有限公司、雅集文物有限责任公司等多家馆属企业，具体承担展览策划、图文设计、经营演出活动、餐饮服务、文物鉴赏、艺术交流等文创活动。近年来，国家博物馆年均推出自主研发"国博衍艺"文创产品 200 余款，通过 IP 资源授权开发多款新品，其中包括国博日历、欧莱雅"千秋绝艳"口红、"大观园"、"甲骨文"、"以梦为马"、"天文图"、"元宵行乐图"等系列产品，以及福禄寿喜财棒棒糖礼盒等爆款商品，富含国家博物馆文物元素的产品形成的市场总销售规模近 8 亿元。在 2020 年第三届中国国际进口博览会期间，国家博物馆与新华社民族品牌工程合作，向中国优秀企业开展 IP 授权服务，共同开发、打造富有特色的文创产品，邀请六家引领中华传统文化和现代商业文明完美融合的国潮案例呈献给中外观众。"国博衍艺"在深入挖掘国家博物馆馆藏资源基础上，积极进行"博物馆＋互联网"的融合探索，推动"让文物活起来"，"讲好中国故事"。目前，国家博物馆已与百余家品牌商合作推出 400 余款授权商品，其中包括伊利的 QQ 星儿童牛奶、冷酸灵的"新国宝"牙膏、派克的钢笔礼盒等文创产品。

截至 2020 年 10 月 25 日，据不完全统计，故宫博物院共申请了 384 个文字商标，其对外投资企业（包含直接或间接持股）共申请了 660 个文字商标。如果将五年看作一个节点可以发现，故宫博物院及其对外投资企业申请的所有文字商标中，76%都是申请于近 5 年。① 故宫博物院 2019 年文创产品已突破 1 万种，文创部线下收入近 1 亿元，线上淘宝网店收入近 5000 万元，加上其他部门的文创产品收入，故宫所有的文创产品全年总收入达 15 亿元。恭王府开发设计的文化产品种类已达 2000 余种，年销售额达千万元。陕西历史博物馆充分挖掘馆藏藏品的经济价值，开发了 300 多种、近千款文创产品，是中国第一家拥有文创商务平台的省级博物馆。苏州博物馆 2018 年研发推出文创产品 111 款，自主研发新品 62 款，文创产品销售额超过 2000 万元，连续四年都有 40%—50%的增幅。上海全市博物馆累计开发的文创产品总数超过 1.1 万种，其中 2018 年新开发的文创产品 1000 余种，年销售额逾 3000 万元。

---

① 人民资讯：《紫禁城 600 年回看故宫超级 IP 打造记：超 7 成故宫商标申请于近 5 年》，2020 年 11 月 16 日，https://baijiahao.baidu.com/s?id=16834981696 29413069&wfr=spider&for=pc。

2020 年底，在中国文物报社主办，中国博物馆协会文创产品专业委员会、中国文物学会文化创意发展委员会协办的全国文化创意产品推介活动中，根据《全国文化创意产品推介活动办法（试行）》及初评细则，180 项文创产品进入终评，其中就包含国家博物馆文创甲骨文书立、语音导览棒棒糖、长乐未央红手绳，故宫博物院的故宫口红，上海博物馆的博物"奇"趣系列等文创产品。

从国有大型博物馆文创开发经验来看，仅靠博物馆自身进行文创开发，会遇到法律、政策、人才、资金、工艺、管理、销售等问题或瓶颈。普遍的做法是开放合作，比如国博文创在发展之初，面对资金短缺的情况，采取联合开发、授权开发、对方投资、国博监制、收入分成等形式，迅速从最初的年收入几十万元发展到年收入几千万元。2019 年，中国国家博物馆与阿里巴巴联合打造了"文创中国"品牌和线上运营平台，随着湖南省博物馆、西藏博物馆、陕西历史博物馆等相继加入，尝试从单一 IP 文创价值挖掘到文创平台运营，旨在克服设计力量不足、开发资金不足等瓶颈，该平台曾经一度有效发挥优质 IP 的聚合效应，推动文创行业快速发展。

四、各类文创联盟和文创实验区不断涌现

一是结合主题、区域特点和各类文创大赛创立文创联盟。2020 年底，中国国家博物馆倡议发起成立了"红色文创联盟"，国家博物馆、中国人民抗日战争纪念馆、香山革命纪念馆、中共一大会址纪念馆等 34 家单位作为成员单位，以传播红色精神为目的，用产业化思维探讨文创发展道路的跨行业平台。各方本着优势互补、资源共享、协同发展的原则，搭建专业的信息交流和服务交易平台，制定红色文创相关规范与标准，树立红色文化品牌，借助科技手段传播、弘扬红色文化。2020 年底，重庆共有登记备案博物馆 105 家，重庆博物馆先后举办重庆首届文博创意产品展示活动、文化创意产品设计大赛、馆藏文物"镇馆之宝"评选活动，成立重庆博物馆文化创意产品开发联盟，到 2020 年底重庆博物馆文创产品开发累计数量达到 3500 多款，比"十二五"末增加 3000

多款，增长 600%。①2020 年 11 月，第七届河南省博物馆文创设计大赛颁奖暨河南省博物馆学会文创专业委员会在河南博物院成立。该专业委员会首批会员单位 22 家，由河南博物院担任主任委员单位，相当于河南省文创产业联盟。②2020 年底，由四川省文化和旅游厅、四川省林业和草原局主办"四川大熊猫文创产业暨运营推广路演"。大熊猫文创专业委员会作为四川省文创联盟重要组成会员，与大熊猫文旅发展联盟、国家版权交易中心联盟和成都创意设计周执委会签订战略合作协议，并正式发布了四川省慈善总会·大熊猫文创公益基金项目。同时，大熊猫文创集市在成都市成华区望平滨河路开启，大熊猫文创专委会正式成立。③2020 年底，国家铁路集团宣传部、国家铁路集团经营开发部等单位指导，《人民铁道》报业有限公司、中国铁道学会、中国铁道博物馆联合主办"燃情文创·拥抱小康——2020《人民铁道》铁路文创产业创新与发展论坛暨铁路文创精品成果展"，人铁文化创意产业发展（北京）有限公司（简称人铁文创公司）正式揭牌。2020 年《人民铁道》文创设计大赛及论坛等活动产生的作品将由人铁文创公司进行孵化、开发与销售，并拥有其文创产品的知识产权，公司入驻国铁商城后计划向 18 个铁路局集团推广、铺设、运营，助力开发铁路文创产品上线。④

二是文创产业集群区发展迅速。以北京为例，2020 年底，北京国家文化产业创新实验区登记注册文化企业 3.48 万家，五年间新增 1.88 万家；现有 59 家文化产业园区，五年间新增园区 39 家；现有上市挂牌企业 52 家，五年间新增 48 家。文创实验区以北京市建设国家服务业扩大开放综合示范区和设立自由贸易试验区为战略契机，打造文创实验区新优势，带动区域文化影响力、竞争力、创新

①　中国新闻网：《重庆登记备案博物馆达 105 家 文物利用方式更多元》，2020 年 12 月 11 日，见 https://baijiahao.baidu.com/s?id=1685782506186197215&wfr=spider&for=pc。

②　河南省文化和旅游厅：《第七届河南省博物馆文创设计大赛颁奖暨河南省博物馆学会文创专业委员会成立仪式举行》，2020 年 11 月 4 日，见 http://m.henan.gov.cn/2020/11-04/1885318.html。

③　《四川大熊猫文创专委会成立大熊猫文创集市亮相成都》，《四川日报》2020 年 12 月 17 日。

④　中国发展网：《人铁文创公司强势登场 打造有温度的铁路文化》，2020 年 12 月 9 日，见 https://baijiahao.baidu.com/s?id=1685579132898959376&wfr=spider&for=pc。

力提升。①

五、委托设计、联合开发是博物馆主要文创开发方式

从博物馆文创开发行为来看，委托设计、联合开发是当前博物馆主要的文创开发方式，IP 授权尽管还不是博物馆普遍的文创开发方式，但已经是国有大型博物馆普遍采用的文创开发方式。馆内实体销售是博物馆主要的文创销售渠道，文具用品的销量最高。部分有实力的博物馆尝试盘活和打造文创产业和创新链。

调查显示，55.6%的博物馆采取委托设计的方式对外合作开发文创，比例最高；其次是联合开发，占 53.5%；代工生产、IP 授权和代理经营分别占 34.0%、25.7%和 24.0%。

参与博物馆联盟的博物馆主要文创对外合作方式是联合开发（59.6%）和委托设计（59.1%），其次是代工生产（36.3%）、IP 授权（28.5%）和代理经营（24.9%），14.0%无合作（图 102）。而未参与联盟的博物馆，31.3%无对外合作，且主要的对外合作方式为委托设计，占 43.8%。

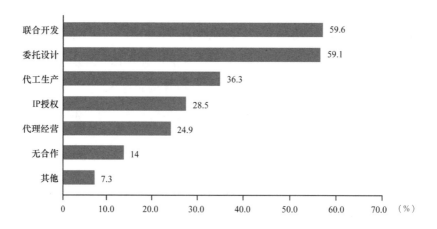

图 102　参与联盟的博物馆文创对外合作方式占比情况

---

① 中国新闻网：《国家文创实验区已登记注册文化企业 3.48 万家》，2020 年 12 月 15 日，见 https://baijiahao.baidu.com/s?id=1686147858699389615&wfr=spider&for=pc。

与学校开展馆校合作的博物馆中，分别有 59.6% 和 55.7% 采用委托设计和联合开发的方式对外合作，代工生产、IP 授权和代理经营分别占 32.0%、26.3% 和 23.2%。与学校开展馆校合作的博物馆有 16.7% 无对外合作。未开展馆校合作的博物馆无对外合作的比例更高，占 23.3%，未开展馆校合作的博物馆采取的主要对外合作方式是联合开发（45.0%）和代工生产（41.7%）（图 103）。

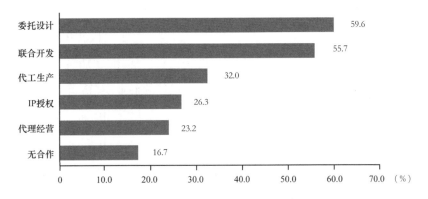

图 103 开展馆校合作的博物馆文创对外合作方式占比情况

2019 年面向公众定期举办活动的博物馆开展对外合作的方式与未举办活动的博物馆相同，分别有 63.8% 和 62.1% 采取委托设计和联合开发的方式，其次是代工生产（40.2%）、IP 授权（33.3%）和代理经营（31.0%）（图 104）。

近年来，国内一些博物馆通过 IP 授权携手一系列知名品牌企业，取得了积极成效。一方面，积极开展基于特展获得海外机构 IP 授权。2018 年上海博物馆

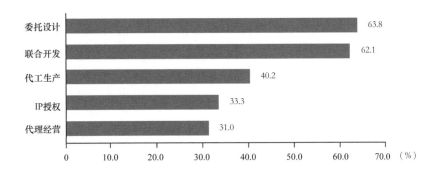

图 104 面向公众定期举办活动的博物馆文创对外合作方式占比情况

举办的"心灵的风景——泰特不列颠美术馆珍藏展"是迄今为止全国最大规模的英国风景画展,上海博物馆与英国泰特不列颠美术馆开展 IP 授权合作计划,根据设计产品种类的大纲、数量、售价进行核算,在来展的 71 件作品中,上海博物馆文创团队认真分析并遴选出 9 件贴近观众审美与适合艺术化生活的作品。通过历时一个多月的反复协商,确认了授权许可证及相关授权协议条例,确定了相应的版权价格,在开展前签订了作品授权协议。围绕主题,上海博物馆选用 9 件作品进行授权,开发了 14 类 50 余款文创产品,根据销售业绩及时加单生产并追加支付版权费。① 另一方面,加大自有 IP 推广力度,寻求突破文化和艺术的传播方式与途径总在不断迭代升级。陕西历史博物馆将"唐妞""唐宝贝"等已有 IP 释放出更加强大的商业价值。联合西安曲江创意谷的商业美陈;联合天朗控股集团打造"唐村"新唐风文旅生活方式体验地。"花舞大唐"IP 通过数百款文创产品,联合文创展演、文化活动、机场主题店等项目实现了 IP 的推广与增值。以"唐妞"为代表的博物馆 IP 用全产品理念开发多品类产品。② 2020 年,恭王府博物馆和韵文博鉴正式签署 IP 授权协议。恭王府博物馆与韵文博鉴正式合作的开启,旨在基于恭王府博物馆文化 IP 进行现代性转化与创新,为恭王府博物馆"数字王府"和"公众王府"的发展目标提供全面的创意及技术支持,就恭王府特色主题元素进行多样化文创产品设计,基于恭王府"天下第一福源"的福字碑等特色元素进行创意设计。③

六、馆内实体销售是主要销售渠道,线上平台占 1/3 比重

馆内实体销售是博物馆主要的文创销售渠道,文具用品的销量最高。调查显

---

① 刘绪雯:《博物馆特展的文创产品开发与实践——以上海博物馆为例》,《东南文化》2019 年第 5 期。

② 文创中国周报:《陕历博:原创 IP"唐妞""唐宝贝""花舞大唐"背后的那些事儿》,2020 年 12 月 4 日,见 https://www.sohu.com/a/436282370_534424。

③ 环球网:《韵文博鉴与恭王府博物馆签订 IP 授权协议,全面开启文化创新创意合作》,2020 年 11 月 12 日,见 https://baijiahao.baidu.com/s?id=1683144472740058250&wfr=spider&for=pc。

示，90.5%的博物馆采用馆内实体销售方式销售文创产品，采用代理销售和合作实体店渠道的分别占29.7%和22.4%，采用自有线上平台和淘宝、京东等线上平台的占20.3%和16.4%，馆外自营实体店的占12.1%（图105）。80.8%的博物馆2019年销售量最高的渠道是馆内实体销售，其次是代理销售，占10.0%。

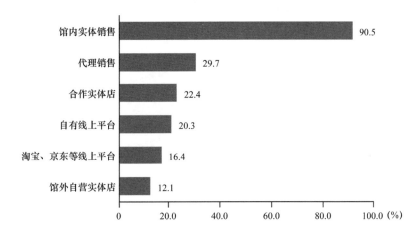

图105　博物馆文创销售渠道占比情况

自有线上平台加上淘宝、京东等线上平台占36.7%，且呈上升趋势。2020年以来，随着全球疫情下出境游熔断，海外品牌加速到天猫国际开拓销路，法国六大博物馆都转战跨境电商渠道。巴黎歌剧院、巴黎装饰艺术博物馆、罗丹国家博物馆、埃菲尔铁塔、毕加索国家博物馆、达·芬奇故居等正陆续入驻天猫国际海外直购，销售首饰服饰、家居、文具等官方文创产品。①

馆内实体销售是参与联盟的博物馆的主要文创销售渠道，占91.7%，高于未参与联盟的博物馆5个百分点，另有31.2%和24.2%通过代理销售和自有线上平台销售（图106）。

与学校开展馆校合作的博物馆文创产品的主要销售渠道是馆内实体销售，90.9%采取这一方式，略高于未与学校开展馆校合作的博物馆（89.1%），其次是

①　中国日报网：《真"凡尔赛"来了！法国六大博物馆黑五赶集天猫国际》，2020年11月28日，见 https://baijiahao.baidu.com/s?id=1684576069143918102&wfr=spider&for=pc。

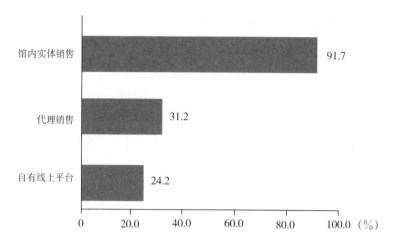

图106   参与联盟的博物馆的文创产品销售渠道占比情况

代理销售（29.0%）和合作实体店销售（22.6%）（图107）。

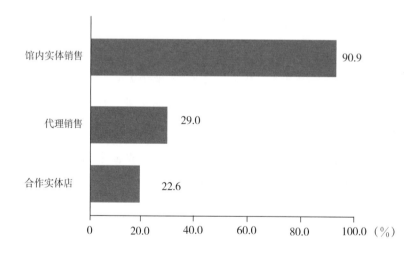

图107   与学校开展馆校合作博物馆的文创产品销售渠道占比情况

在2019年面向公众定期举办活动的博物馆中，馆内实体销售（90.7%）是主要的文创产品销售渠道，其次是代理销售（31.8%）和合作实体店（27.2%）（图108）。

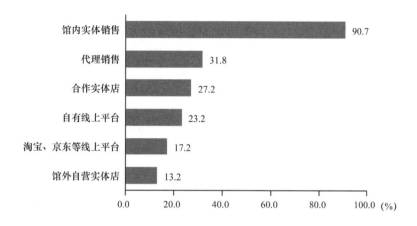

图 108　面向公众定期举办活动博物馆的文创产品销售渠道占比情况

七、新模式、新业态不断涌现

一是文创开发形式不断创新、线上线下多措并举、新文创产品不断出现。文化科技、文化旅游、文化资本等融合式发展已经成为当代文创发展的重要方向。数字文博、国风绘本、黑科技等各类文创产品虚实结合、妙趣横生，国家博物馆、故宫博物院、国家图书馆、敦煌博物馆等机构数字化展示，以及腾讯"互联网＋中华文明"、北京谛听全息光影等一大批国内顶尖文创技术与文创产品涌现。消费和互联网、全息影像、虚拟仿生、体感互动等技术与文化创意的结合，为数字和实体产品设计、生产、销售各环节赋能。结合中国国家博物馆收藏的 300 余件革命文物、美术作品，"可以听""可以看""可以记"的中国共产党党史读本《党史年志》，2020 年底由中共中央党校出版社出版发行。《党史年志》中，国家博物馆提供了 300 余张珍贵展品照片，50 余部二维码音频，以日志的形式呈现百年党史是一次全新的尝试。由河南博物院推出的考古盲盒"失传的宝物"，设计者们提取河南各个历史文化名城的土质，把"宝物"包了起来。而当你把土一块块铲开，就有可能看到青铜器、元宝、铜佛、玉器、刀币、陶杂件……这款考古盲盒有六种尺寸，最低价格 40 元，大号盲盒还赠送"考古神器"洛阳铲。体验者可用"考古工具"体验考古过程，通过对器物的材质、工艺、造型等特征来判断该类型宝物的时代特征、历史文化背景等知识，从而达到由呆板的被动学习变为有趣的主动探索。各地举办各类文创大赛。2020年底，"这礼是成都"2020成都博物馆文创设计大赛启动仪式暨2019大赛颁奖典礼·产品发布会在成都博物馆举行。旨在深入发掘成都博物馆馆藏文化资源，打造代表四川，专属于成都的文化礼物。通过"文物IP"与"设计"嫁接，致力于文化创意设计和研发的企业、设计机构、院校、设计公司和设计师、专利持有人、工艺美术师、手工艺制作者、院校师生等均可免费参赛，也可以共同创作、联名参赛。大赛设置了文创设计和文创短视频两大参赛板块，鼓励选手提交包括平面设计、海报设计、产品设计、短视频等多种形式的作品。

二是部分有实力的博物馆尝试盘活和打造文创产业链。例如，山东博物馆联合手创未来（山东）文旅科技有限公司推出文创智造云平台"鲁博手礼"，平台以SaaS模式服务于设计者、生产商、消费者及博物馆、景区和文创企业。云平台的前端是线上交易体系，即直面消费者的电商平台网店；平台身后则是涵盖文物IP运营、原创设计转化、制造生产等环节的文创产品产业链。智造平台中"智"的部分，由"无打样、无库存"的"二无"供应链模式来承担：在线接单、智能分单、柔性智造模式，生产成本和生产周期得以降低，从客户提出定制需求到文创产品的交付仅需5到7天时间。"鲁博手礼"创新的"博物馆IP授权""平台智能化设计派单""设计师分佣激励""工厂生产发货"等机制，将版权交易、场景消费、后台设计、产品生产有机结合，有效解决了文创供应链和营销环节中存在的问题。[①]

三是文创开发从以产品为核心向综合文化产业发展。部分有实力的博物馆积极推进文创开发体系化，将文创与科研、展览、社教等核心工作紧密配合，联合打造知名的知识产权，围绕IP全方位开发包括实物产品、数字化产品、教育类产品在内的文创产品群，通过文创产品将文化消费、文化传播、文化教育紧密结合起来。[②] 由此，文创的内涵不断发展，覆盖各种各样的形式和载体，图书、产

[①] 文旅中国：《"鲁博手礼"山东博物馆文创智造云平台：盘活文创产业链，古物焕发当代人文之美》，2020年12月3日，见 https://m.thepaper.cn/baijiahao_10251728。

[②] 缪慧玲：《博物馆文化创意产品发展实践研究——以上海博物馆文创发展为例》，《中国博物馆》2019年第2期。

品、展览、教育、视频、音频、游戏、文化空间运营、文旅项目等，均可以纳入"大文创"概念当中，博物馆文创开发逐步朝综合文化产业发展。① 例如，上海博物馆就提出"大文创"发展计划，围绕文创产品、文创活动、文创服务三个方面的实体和虚拟领域，贯穿综合研发、教育、宣传、展览、出版、文保科技、"互联网 +"等各项工作。

四是文创开发积极探索国际化路径。经国家版权局批复同意，2021 年 9 月 26 日，"国家版权创新发展基地（上海浦东）"正式落地。这是继国家版权创新发展基地（前海）后的第二个国家级版权创新发展基地。2020 年 9 月，中国自贸区第一个版权服务中心——中国（上海）自贸区版权服务中心开始运营。上海自贸试验区（保税区域）艺术品进出境额已占全市艺术品进出口通道服务 30% 以上份额，由自贸区文投公司运营、在阿里巴巴"速卖通在线交易平台"上线的"中国国家博物馆文创旗舰店"通过英语、西班牙语、俄罗斯语等多国语言发布国家博物馆文创精品，销售覆盖 220 个国家和地区，实现了海外宣传推广、跨境资金结算、全球物流运送。② 上海大隐书局有限公司还与上海品源文华市场营销策划有限公司、上海戏剧学院签订了战略合作协议，三方未来将在该书店场景中打造"博物之窗"全球博物馆文创展、"九棵树有戏"系列戏剧沙龙等多个品牌文化项目。2019 年，敦煌博物馆赠送王一博的飞天元素滑板，一度成了社交媒休的话题中心。此外，李宁、必胜客、桂格燕麦、百雀羚，甚至梦幻西游游戏和敦煌博物馆合作的品牌几乎包揽了人们的吃、喝、玩、乐、行。在敦煌博物馆联合 IP 商业转化平台"红纺文化"发布的计划中，红纺文化将成为敦煌博物馆的海外独家授权合作伙伴。双方合作将助力中国文化艺术 IP 出海，让世界认识中国、了解中国，展现中国人的文化自信。

从绩效上看，博物馆文创开发的经济效益主要来自产品销售，文具用品是最主要的产品类型，开放合作的博物馆绩效更好，参加联盟和馆校合作的博物馆文创产品开发种类和销售额均高于未参加联盟和馆校合作的博物馆。

---

① 刘辉等：《"文旅融合下博物馆文创的探索与实践"学人笔谈》，《东南文化》2021 年第 6 期。

② 中国经济网：《国家版权创新发展基地落地浦东》，2020 年 12 月 9 日，见 http://m.ce.cn/lc/gd/202012/09/t20201209_36095065.shtml。

八、博物馆文创开发经济收益主要来自产品销售

2017—2019年开发了文创产品的博物馆年均销售额为7840.3万元，其中，来自产品销售的为2101.3万元，IP授权的18.2万元。国有博物馆年均销售额8778.5万元，高于非国有博物馆179.5万元。国有博物馆产品销售额为2302.5万元，IP授权为18.8万元。一级博物馆年均销售额为2.59亿元，其中产品销售为2994.8万元，IP授权为46.5万元。免费博物馆文创产品年销售额为9171.8万元，高于收费博物馆142.8万元。免费博物馆产品销售部分为2391.6万元，IP授权为16.3万元；收费博物馆产品销售部分为105.3万元，IP授权部分为27.9万元。

文具用品是博物馆销量和销售额最高的文创产品。调查显示，2019年博物馆销量最高的产品类型是文具用品，占比42.0%，其次是家居装饰15.4%（图109）。从2019年的销售额来看，文具用品的销售额也是最高的，40.4%的博物馆销售额最高的文创产品类型是文具用品，家居装饰（18.4%）次之。

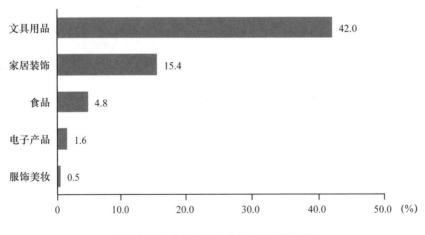

图109　博物馆销售量文创产品占比情况

参与博物馆联盟的博物馆在2017—2019年三年间开发了文创产品的比例更高，占80.6%，未参与博物馆联盟的博物馆开发文创产品的比例为62.5%，联盟内博物馆开发的文创产品件数为112.4件，也高于未参与联盟博物馆的30.4件。78.5%开展馆校合作的博物馆三年间开发了文创产品，高于没有开展馆校合作博

物馆的 63.0%；开展馆校合作的博物馆开发的文创产品数为 100.2 件，高于未开展馆校合作博物馆的 65.3 件。2019 年定期向公众举办活动的博物馆开发文创产品的比例也更高，占 86.5%，而未定期举办活动的博物馆开发文创产品的比例占 49.2%；定期举办公众活动的博物馆三年间开发文创产品 118.5 件，未定期举办活动的博物馆这一数据为 17.1 件。（图 110）

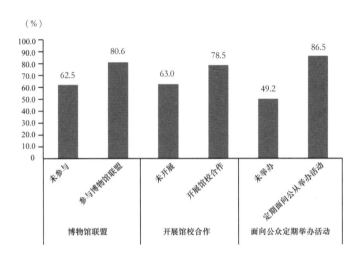

图 110　2017—2019 年开发文创产品的博物馆比例

从销量最多的文创产品类别来看，参与联盟的博物馆和未参与联盟的博物馆销量最多的都是文具用品，分别为 47.4% 和 25.0%。其次是家居装饰，参与联盟的博物馆和未参与联盟的博物馆这一比例分别为 11.3%、22.7%。从销售额来看，参与联盟的博物馆销售额最高的是文具用品，占 45.9%，14.3% 是家居装饰；未参与联盟的博物馆文具用品和家居装饰的销售额没有差别，比例均为 26.7%。

开展馆校合作的博物馆销量最高的是文具用品，占 46.8%，其次是家居装饰 13.6%；未开展馆校合作的博物馆销量最高的是家居装饰，占 23.5%，其次是文具用品 20.6%。从销售额来看，两类博物馆没有差别，开展馆校合作的博物馆 45.0% 文具用品销售额最高，19.3% 家居装饰销售最高，未开展馆校合作的博物馆销售额前两名分别是文具用品（22.2%）和家居装饰（14.8%）。

是否面向公众定期举办活动的博物馆销量最多的文创产品种类没有差别。43.2% 定期向公众举办活动的博物馆销量最多的是文具用品，18.4% 是家居装饰；未定期举办活动的博物馆 39.4%销量最多的是文具产品，12.1%是家居装饰。定期向公众举办活动的博物馆 40.9%销售额最高的是文具用品，18.3%是家居装饰；未定期举办活动的博物馆销售额前两名分别是文具用品（40.9%）和家居装饰（18.3%）。

是否参与联盟，是否与学校开展馆校合作，是否定期面向公众举办活动的博物馆，制约文创产业发展的瓶颈没有差别。首先是受博物馆体制影响，文创资金难以实现市场化运作；其次是博物馆文创资金扶持政策缺位和紧缺优秀文创人才引进困难。

九、三分之二以上的博物馆不同层面上执行了文创开发政策

从博物馆所在城市在推动文化文物单位文化创意产品开发方面的主要执行政策情况看，调查显示，39.6%的博物馆文创开发适用的是省（自治区、直辖市）为落实国家文件精神出台的细化政策，27.6%的博物馆文创开发直接适用《关于推动文物文化单位创意产品开发的若干意见》等国家文件精神，23.7%的博物馆反映所在省（自治区、直辖市）未出台落实国家文件精神的政策文件且也无法直接适用国家文件精神。即近 2/3 的博物馆在文创产品开发方面的主要执行政策适用于国家有关文件精神，其中省（自治区、直辖市）出台的政策文件是博物馆文创产品开发的主要依据，但仍有一定比例的省（自治区、直辖市）尚未充分利用国家有关文件精神推动文创开发。从结构上看，存在明显的不均衡情况，不同区域、不同类型和性质的博物馆在执行政策方面有较大差异。

东部和西部地区的博物馆适用省（自治区、直辖市）落实国家文件精神出台的细化政策比例较高，分别占 47.7%和 39.4%；其次是直接适用《关于推动文物文化单位创意产品开发的若干意见》等国家文件精神，分别占 26.6%和 35.1%。中部和东北地区的博物馆所在省（自治区、直辖市）未出台落实政策且无法直接适用国家文件精神的比例较高，均为 33.3%（图 111）。

历史类和综合类博物馆适用省（自治区、直辖市）细化文件的比例较高，分别占 41.9%和 40.3%，艺术类博物馆中 45.0%所在省（自治区、直辖市）未出台细化文件，也无法直接适用国家文件精神，自然科学类博物馆直接适用国家

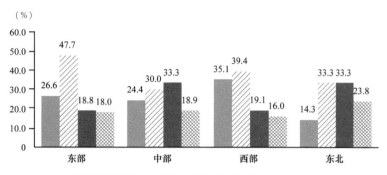

图 111　不同区域博物馆文创开发执行的政策情况

文件精神的比例最高，占 40.0%（图 112）。

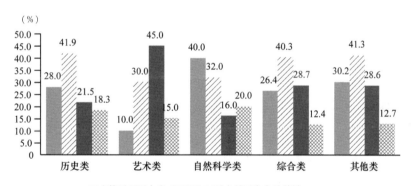

图 112　不同主题博物馆文创开发执行的政策情况

国有博物馆和非国有博物馆适用的文件差别不大，适用所在省（自治区、直辖市）细化文件的比例最高，分别占 39.3% 和 41.2%，但国有博物馆（29.5%）适用国家文件的比例高于非国有博物馆（8.8%），而非国有博物馆（35.3%）中所在省（自治区、直辖市）未出台落实文件的比例高于国有博物馆（22.5%）（图 113）。

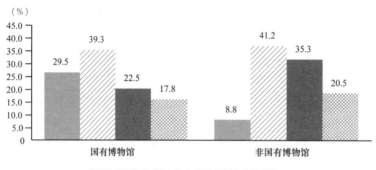

图 113　不同性质博物馆文创开发执行的政策情况

博物馆文创开发的法律基础进一步夯实。2020 年 11 月，十三届全国人大常委会第二十三次会议表决通过了关于修改著作权法的决定，决定自 2021 年 6 月 1 日起施行。第三次修正后的著作权法共 6 章 67 条，完善和新增内容 42 处，将对文博出版传播文创工作产生深远影响。作品的概念，是指文学、艺术和科学等领域具有独创性并能以一定形式表现的智力成果。符合作品特征的其他智力成果同样是作品。这一方面保护了文博领域方兴未艾的展览、图书、文创产品等各种业态，同时又为未来留下了开放格局，如文博单位开发的游戏、小程序、表情包、实景演出等也可以容纳在内。

第二节　博物馆文创开发能力亟待加强，政策支撑体系尚需完善

党的十八大以来，中国博物馆文创发展取得了长足的进步，一批以中国国家博物馆、故宫博物院、敦煌研究院、上海博物馆、河南博物院、陕西历史博物

馆、三星堆博物馆等为代表的文博单位成为文创开发的主力军和创新主体，文创规模不断扩大，新文创产品不断增加，产品结构不断优化，在业内有较高影响力，发挥了重要的引领作用，引领了国潮消费的新时尚，越来越多的博物馆历史文化元素通过文创产品走进人们的生活。博物馆充分发挥主体作用，积极探索多渠道开发文创产品，不断探索 IP 授权开发与经营，推动文物资源创新性发展、创造性转化。然而，对标新时代、新要求，中国博物馆文创发展的不平衡、不充分问题还比较突出，文创高质量发展仍存在诸多亟待解决的问题。

一、主管部门预期与博物馆实际文创发展能力之间的差距较大

2016 年以来，国家陆续推出了一系列政策鼓励支持博物馆文创发展，亟待看到政策效果不断显现。在政策鼓励的宏观背景下，各地纷纷出台鼓励博物馆文创开发的意见，并将博物馆文创作为博物馆定级评审的指标之一。以致一些博物馆在缺乏对政策的深入研究和准确理解、缺乏对自身科学定位和资源评估的情况下，推出文创产品。有的基层博物馆开发并生产了少量文创产品，但根本无法或不足以向市场推出，而仅用于博物馆对外活动等交流用品等。

二、社会公众期待与博物馆实际文创发展能力之间的差距较大

随着少数大型国有博物馆文创产品成功进入市场，作为全新的博物馆衍生品，基于文物馆藏的阐释展示的文创产品带给社会公众全新体验的同时，社会公众也对文创产品产生了较高的期待，为了博取观众的眼球和吸引流量，各博物馆不断想方设法推出新产品，客观上导致整个博物馆文创行业步入快车道，对于新设计、新产品的期待越来越高，行业竞争压力不断增大。

三、大量低水平重复，博物馆文创的多重价值未充分体现

博物馆设计和产品存在"千馆一面"的问题。过于追求"爆款"而忽视文化

内涵，大多是"可复制"产品。理论上，每一家博物馆都应拥有自身无可替代的文化资源，在开发文创产品的过程中应将自身的特色和所具有的独一无二的历史、文化、经济、艺术、科技、社会价值等表现出来，而现实情况是不同博物馆的文创产品同质化严重，特别是相同种类的产品几乎相差无几。文创开发 IP 泛化，抄袭模仿严重。目前国内部分大型博物馆 IP 开发做得较好，大量中小型博物馆并没有真正意义上的文创 IP，而由于文创 IP 开发需要大量投入，一些地方博物馆依靠国有大型博物馆开发 IP，自己只做代销。博物馆高估了对文创产品的需求，又低估了文创产业高质量发展的要求，缺乏长远的商业规划现象较为普遍。有调查显示，在 2000 多家从事文创开发活动的中国博物馆中实现盈利的仅 18 家，占比不足 1%。[①] 在当前将广泛跨界融合和有温度地服务年轻群体的理念奉为圭臬的博物馆文创发展大背景下，不时出现一些跨界"翻车"，无论是在文化植入方面略显牵强的弱关联，还是从产品宣传对青少年可能造成的不良影响来看，博物馆文创开发工作的内容规范还有待加强。

四、研发能力不足，开发和营销手段单一，经典品牌打造不足

竞争压力的传导使得较多的博物馆投入大量资金和人力用于开发新产品，然而文创开发的研究积淀不足，突出体现在文创产品大多注重文物的视觉元素，对博物馆馆藏文化资源的科学研究不够，对文物承载的历史故事或精神元素挖掘和提炼不够。设计同质化与缺乏文创专业人才密切相关。文创专业人才与博物馆专业人才属于不同的专业领域，如果用现有的博物馆专业人才进行文创方面的工作，往往缺乏设计、开发产品的能力，而如果聘请专业设计团队，则会面临经费不足的问题。IP 授权和管理研究还不够深入，在操作层面缺乏有效细化的指南。文创产品简单搬用、模仿和移植，在造型、装饰、功用方面雷同、同质性高、特色性差，消费者自然难以产生购买兴趣。文创产品销售模式单一，尽管目前线上

[①]　澎湃新闻：《旅游文创，出不了一个泡泡玛特？》，2020 年 12 月 16 日，见 https://www.thepaper.cn/newsdetail_forward_10415201。

销售方式发展很快，但馆内销售仍然是最主要的销售方式，而很多博物馆要新设自营文创店需要前期投入，又存在如落实经营企业设置、人员配置、性质认定、税务登记等一系列问题。

五、文创开发政策支撑体系尚需完善

现有政策的实际作用范围仍然有限。2016 年以来国家陆续出台的《关于推动文物文化单位创意产品开发的若干意见》和有关文创开发的若干举措等一系列政策措施，主要面向的是 92 家试点单位。与当前我国博物馆的总体规模相比，政策试点作用的范围有限。即便是对于试点单位，各博物馆情况不同，很多规模相对较小的专题馆，受限于机构设置、编制限制、经费约束等原因，事实上只有文创开发部门没有企业，企事业没有分开，一些专题馆尝试采用授权的方式，委托企业从事文创开发，但由于机构性质原因导致合同无法签署且授权费用缺乏统一标准无从遵循。文创收入用于单位支出和人员分配的政策阻碍没有打通。允许文创收入用于单位支出和人员分配的政策仍停留在意见层面。有的博物馆在争取拿出一部分文创收入作为奖金分配给职工方面取得一些经验，但仍然停留在特事特报、特事特办的层面上，没有建立起具有持久性的制度。

导致博物馆文创开发上述问题的原因是多方面的，主要体现在资金不足、人才缺乏、设计成本过高、文创产业链尚未有效链接等方面，而究其深层次的原因，主要在于如何更好厘清博物馆的事业单位公益属性和文创开发的经营属性之间的关系，进而推进文创开发体制机制和经营方式创新。

调查显示，57.2%的博物馆反映，从自身实践看，制约博物馆文创产业发展的瓶颈是受博物馆体制影响，文创资金难以实现市场化运作；其次是博物馆文创资金扶持政策缺位（41.8%），反映博物馆文物资源与设计、生产以及销售资源之间渠道不畅的占 25.5%；反映紧缺优秀文创人才引进困难的占 29.6%；反映开发成本高、利润率低的占 25.5%（图 114）。资金问题是制约博物馆发展的最主要瓶颈问题，此外还存在整体文化创意和设计人才缺乏；博物馆文创产业链尚未有效链接，结构亟待升级；知识产权开发及保护能力、新技术应用能力均不强等突出问题。

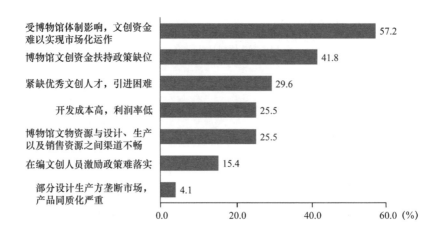

图 114　制约博物馆文创产业发展的主要瓶颈情况

博物馆文创开发较之一般的文创开发涉及的理论、政策乃至法律问题更加复杂，需要政策制定者和博物馆从业人员有清楚的认识和准确的把握。博物馆文创是依托各种方式对馆藏资源进行创造与提升，通过知识产权的开发与运用，产生出高附加值产品和服务的创造性劳动。博物馆文创的价值不仅体现在由实体产出带来的经济效益，还体现在发挥博物馆为社会公众提供公共文化服务的推广与传播、对话与教育、审美与记忆等社会效益。博物馆对文创开发在功能特性、核心价值及未来发展方面的认识仍待深化，客观上导致博物馆在实际进行文创开发、经营管理的具体路径乃至长远战略目标设计上存在困惑。在厘清博物馆公益性和经营性之间的矛盾、社会资本参与博物馆文创的规范和机制设计方面，还存在较大政策制定空间。大部分博物馆对于文创开发的政策合法性仍存在困惑。大部分国有博物馆作为公益一类事业单位，不具有经营资质。博物馆通常采取设立专门从事经营开发的部门、设立企业或馆企合作的方式开展经营活动。作为财政全额拨款事业单位，按照相关规定，博物馆现有的文创产品收入必须上缴财政，即收支两条线。中央关于鼓励各文化单位研发文创产品的文件已下发，但仍缺乏相关配套政策性支持文件，在有些地方尚没有工商、税务及地方政府的明确性文件。在实践中，除少数大型博物馆较好地解决了事业和产业分离问题，有些博物馆仍然是一套人马两个牌子，既负责博物馆经营事业，又负责文创产业开发，必然带来经营人员如何取酬等一系列问题。对于建立了文创企业的博物馆而言，企业的实际负担较重。一方面，博物馆文创企业要承担诠释文物内涵、传播优秀文化的社会责任，对博物馆的公众形象负责；另一方面，作为经营主体又要承担一般意义上的企业责任，政策层面对博物馆文创经营的支持仍需进一步落地。一些省市级博物馆文创部门负责人表示，在鼓励政策完全打通之前，馆属文创公司都面临"要不要做大"的困惑和"不敢做大"的现实问题。而在政策层面，又缺乏对上述双重责任对应性的支持举措。政策"最后一公里"仍待有效落实。某市级博物馆文创企业如注册在当地文化产业园内则可以享受土地、免税等优惠政策，但在博物馆内则无法享受。各地因地制宜出台了相关意见和措施，北京、上海、苏州、成都、江西等地做出了一系列积极的探索，取得了较好的成效。但总体来看，各地往往原则性的鼓励多、要求多，具体支持的措施少。比如政策规定"探索将试点单位绩效工资总量核定与文化创意产品开发业绩挂钩，文化创意产品开发取得明显成效的单位可适当增加绩效工资总量"，意在鼓励试点单位积极探索文化创意产品开发经营收益在相关权利人之间的合理分配激励机制，但是在落实上述政策过程中仍存在问题，文创产品的开发经营活动是企业的经营行为，企业的经营成效反映在企业的经营绩效中，如何与博物馆绩效工资总量核定挂钩，缺乏可操作的具体规定。有些市县博物馆在文创方面遇到的突出问题是没办法开设专门账号，文创收入没法入账，而上级部门对博物馆的绩效考核中又包含开发文创产品数量和文创收入标准，因而面临"既不能没有文创，又不敢放开做文创"的尴尬局面。对于很多市县一级博物馆而言，文创开发成为完成文创开发数量和达标创收考核目标的工作任务。尽管这两年政策在不断改进，部分小型博物馆仍存在不做文创产品完不成业绩，卖了文创产品收益又不能入账"两头堵"的尴尬局面。

第三节　以提升发展能力为核心推动博物馆文创高质量发展的对策建议

中国博物馆文创发展拥有得天独厚和独具特色的优势。截至 2019 年，中国拥有 76.7 万处不可移动文物，1.08 亿件 / 套国有可移动文物。中国的博物馆拥有极其雄厚的文化资源和深厚的文化底蕴。从构建国内国际双循环的新发展格局的国家战略，满足人民群众日益增长的精神文化需求，到依托庞大潜在的多层次市场体系、强大的工业体系，博物馆文创产业发展拥有巨大的潜力和空间。中国博物馆文创应乘势而上，研究用好用足政策，抓住核心要素，充分发挥大型博物馆在产业链中的牵引作用，以博物馆特色资源和文化理念、科技和 IP 支撑、产业链能力、商业模式创新和品牌等方面作为政府支持和推动产业发展的着力点，推动文创开发和文创产业大规模步入高质量发展的新阶段。

一、深化理论研究，为博物馆文创开发政策提供学理支撑

深化对博物馆文创开发事业和文创产业的理论研究，加深博物馆文创价值的理解，明晰博物馆文创的功能定位，对于博物馆文创的经济效益和社会效益的实现路径有清晰的界定，特别是在政策层面统一博物馆等可移动文物收藏单位关于文创开发的理解认识，进一步厘清博物馆的事业单位公益属性和文创开发的经营属性的关系，为创新文创开发体制机制和经营方式提供支撑。

二、用足用好现有政策，逐步扩大试点政策范围

大力推进文创体制机制创新，深化博物馆经费与薪酬制度系列配套改革举措。将具备条件的博物馆认定为科研机构，适用科技领域相关政策予以扶持和激励。深入研究落实好《关于推动文物文化单位创意产品开发的若干意见》出台以来国家出台的一系列政策举措，密切跟踪评估试点单位政策实施效果，采取动态实施原则，成熟一项政策推广扩大实施一项。

三、坚持"内容为王"，全方位提升博物馆文创的价值

要高度重视博物馆文创设计开发与生产品质，将深度研究与创意阐释相结

合，关注文创产品质量和内涵。坚持"内容为王"，将文物背后的知识和价值、最新的学术研究成果梳理整合，并确保内容的正确导向，通过高水平的设计，以多种创新方式传播出去。结合市场需求，做好供给侧结构性改革，深化市场分析与调研，开发更加贴近生活、深入衣食住行、引领生活美学的多样化的文创产品。要加强专业人才队伍建设，以招募、竞赛、交流等方式，面向创意设计从业者、工艺美术从业者、高校教师和学生等人群开展遴选和培养。建立内部知识产权管理机构或部门，挖掘好、使用好文物 IP 的潜在价值，对文物藏品 IP 进行开发、运营，探索多样化的商业模式和创新模式，推动文创产品销售，加大博物馆文化宣传。

四、以品牌为牵引完善文创产业链，大力发展现代博物馆文创产业体系

以品牌为牵引，建立完善从研发、设计到制造生产营销、商业模式创新全链条的文创产业发展体系，将文创开发向博物馆主责主业全方面延伸和链接，推动产业链和创新链相融合，建立健全基于博物馆文创全产业链的政策支持体系，打造博物馆文创产业集群，集聚最广泛的资本和创新要素，形成核心竞争力。以重点项目为牵引推动建立若干文创产业联盟，建立文创资源公共平台，实现联盟文创资源开放共享。建立文创产业数字化平台，将文创开发所有的研发、制造企业实现全网链接。拓宽资金来源渠道为博物馆文创提供资金支持，探索设立博物馆文创产业创新发展引导性基金，探索与金融机构的战略性合作，加大金融资本支持力度。

五、深化科技赋能文创开发，持续推进博物馆文创跨界融合创新

征集培育一批研究能力强、实践基础好、示范作用明显的文博单位、高校科研机构、创意设计企业，发挥他们的主体作用，支持文博单位与社会各界加强行业合作，促进品牌 + 品牌的联手，以科技赋能文创开发为抓手，全面开展文化 +

旅游、文化＋科技、文化＋教育、文化＋创意、文化＋金融的探索实践，构建社会参与博物馆文创发展生态系统，充分发挥市场资源的配置作用，推动文创开发全方位助力一、二、三产业发展和国家重大发展战略。

分报告九　博物馆人才基础薄弱，急切呼唤名家大师

目前，国内学界和业界对"博物馆人才"没有统一、公认的定义和界定。人才具有抽象和具体两种含义。从抽象角度看，博物馆人才是指具有一定博物馆专业知识或专门技能，进行创造性劳动并对社会作出贡献的人，是博物馆劳动力资源中能力和素质较高的劳动者。[1] 从此意义上说，博物馆人才是广义、相对且随时代发展而变化的动态概念。从定量角度看，参照其他学科和领域，博物馆人才是指大专及以上学历的博物馆劳动者，或者虽不具备大专及以上学历，但从事相关职业且具有中级及以上职称的博物馆劳动者，同时包括达到相当级别的技师、技术工人以及具备相当中级职称及以上水平的特殊技能的人员。[2] 可见，具体的博物馆人才含义一般具有学历、职称、职业资格等标准和特征。

人是社会发展的基础。习近平总书记指出："人才是衡量一个国家综合国力的重要指标。"[3] 人才是博物馆事业发展的第一资源，是博物馆实力和竞争力的决定性因素，因此必须把人才队伍建设作为博物馆事业发展的关键环节。

近年来，中国博物馆事业发展迅速，"博物馆热"持续高涨。为推进博物馆事业健康发展，中共中央、国务院及国家相关部门相继发布《国家中长期人才发展规划纲要（2010—2020年）》《关于进一步加强文博事业单位人事管理工作的

---

[1] 参见《国家中长期人才发展规划纲要（2010—2020年）》。宋向光对"博物馆人才"的定义与此接近，参见宋向光：《守正创新，重视新时代博物馆人才队伍建设》，《中国文物报》2021年7月29日。

[2] 此标准参照科技人才的界定。参见杜谦、宋卫国：《科技人才定义及相关统计问题》，《中国科技论坛》2004年第5期。

[3] 《习近平关于科技创新论述摘编》，中央文献出版社2016年版，第112页。

指导意见》《关于推进博物馆改革发展的指导意见》等政策，均从不同层面涉及博物馆人才问题，为指导和推动博物馆人才工作提供了基本遵循。

在此形势下，为全面、及时把握博物馆人才状况，密切关注博物馆人才发展趋势，客观、准确分析博物馆人才存在的问题，加强博物馆人才工作的科学性和针对性，有必要对近年来博物馆人才情况进行调研和分析，以期为博物馆事业发展提供强有力的人才支撑。

第一节　博物馆人才现状及特点

一、伴随着博物馆事业持续向好的发展态势，博物馆人才总量稳中略升

改革开放以来，特别是党的十八大以来，中国博物馆事业出现空前繁荣发展的局面，博物馆数量、馆舍建设、展览展示、群众参与度等均达到了前所未有的历史高度。2010 年中国博物馆 3415 家，除基本陈列外共举办展览超过 1 万个，年观众达 5 亿余人次。[①]2021 年中国博物馆达到 6183 家，在受新冠疫情影响的背景下推出线下展览 3.6 万个，接待观众 7.79 亿人次；推出 3000 多个线上展览，总浏览量超过 41 亿人次。[②]2010—2021 年，博物馆数量平均每年新增 180 个左右，[③] 平均年办展览以超过 10%的速度递增，平均年参观人次增长 13%。

---

① 中国政府网：《文化部：〈博物馆事业中长期发展规划纲要〉发布》，2012 年 2 月 3 日，见 http://gov.cn/gzdt/2012-02/03/content_2057805.htm。

② 中国政府网：《实施数千项重大文物保护工程——我国历史文化遗产保护力度持续加强》，2022年 6 月 16 日，见 http://www.ncha.gov.cn/art/2022/6/16/art_1027_175080.html。

③ 白洁浩：《新时代公共博物馆专业人才队伍现状及其建设问题研究》，硕士学位论文，西北大学，2021 年。

中国博物馆数量、业务和参观人次连年攀升，势必产生更多用人需求，并由此吸纳更多社会劳动力，博物馆从业人员[①]稳步提升。根据《中国文化文物统计年鉴》数据，2011—2020 年，博物馆从业人员增长 5.6 万人，年均增长率超过 7.6%。这与同时期中国国民经济 GDP 约 7% 的年增长率基本持平。这表明，博物馆事业保持着蓬勃发展的态势，并与国家经济和社会发展相向同步。

博物馆是一个集馆藏、陈列展览、研究、教育、产业、管理于一体的知识密集型文化教育机构，具有实物性、直观性、广博性的基本特征。博物馆工作内容门类众多、专业庞杂、特色鲜明，不仅包括藏品的征集、鉴定、保管、保护、修复以及陈列展览的设计和制作、观众教育和服务、博物馆研究、博物馆信息传播等业务工作，还包括设备和工程的运维等技术工作。同时，随着时代的进步发展，博物馆不断拓展工作领域，文创、科技、经营等成为新兴业务发展方向。而具体到博物馆每项工作，内容涉及范围广泛，如藏品保管涵盖了材质各异、形态不一的从远古到当代、从自然到社会的包罗万象的人类发展代表性物证。这些博物馆传统、新兴业务及技术工作是博物馆工作的主体，相关岗位工作人员通常是博物馆专业技术人员，也是推动博物馆发展的中坚力量。按国际标准分类，专业技术人员一般是具有中专文化程度以上在岗就业的专业技术劳动者。[②]可见，博物馆是专业技术人才密集型的单位。[③]根据国家相关规定，博物馆专业技术岗位一般不低于岗位总量的 70%。[④]博物馆工作的水平和质量，取决于专业技术人员的数量和层次。

[①]　在相关统计和研究中，时常混淆博物馆从业人员、在编人员等统计指标和概念。博物馆从业人员是指从事一定博物馆劳动并取得劳动报酬的人员，包括在岗人员、劳务派遣人员、聘用人员、兼职人员等，反映了全社会实际参加博物馆生产或工作的全部劳动力。在编人员，指各类博物馆中有编制的人员即正式员工，非在编人员即非正式工或临时工。可见，从业人员范围更广、人员基数更大，在编人员是从业人员中最稳定的力量。

[②]　杜谦、宋卫国：《科技人才定义及相关统计问题》，《中国科技论坛》2004 年第 5 期。

[③]　张伟明：《中国博物馆人才队伍现状与培养机制初探》，《博物馆管理》2020 年第 2 期。

[④]　中国政府网：《人力资源社会保障部　国家文物局关于进一步加强文博事业单位人事管理工作的指导意见》，2019 年 11 月 6 日，见 http://www.gov.cn/zhengce/zhengceku/2019-12/03/content_5458030.htm?ivk_sa=1023197a。

　　值得一提的是，博物馆还是提供公众文化服务的社会运营机构，管理和工勤人员也是博物馆从业人员中不可或缺的重要组成部分，是博物馆顺利开展专业技术工作的保障。此外，为缓解博物馆编制限制和维持运营所需人员之间的矛盾，劳务派遣人员[①]是博物馆编制外最大的从业人员群体。但从博物馆知识密集型的行业特点、现状及未来发展趋势看，博物馆人才的主体是专业技术人员，是博物馆从业人员中的核心劳动力资源。

　　根据近年来博物馆人员相关统计，梳理博物馆从业人员、专业技术人员和管理工勤人员的具体分布，可见博物馆人才的发展趋势（表17）：2011—2020年，全国博物馆专业技术人员增长1.5万人，博物馆专业技术人员占从业人员的比例保持在33.6%—38.8%，呈逐渐下降趋势，10年间占比降低5.2个百分点；管理与工勤人员增长3.8万人，占博物馆从业人员的比例保持在61.2%—66.4%，呈逐年上升趋势，占比提高5.2个百分点。从历年情况看，博物馆管理和工勤人员占从业人员总量的60%以上，专业人员占比不到40%，有的县级博物馆可能没有一名专业技术人员，全部是管理工勤人员。这与一些国外著名博物馆相类似。根据《中国文化文物统计年鉴2019》《中国国家博物馆"十四五"规划专项战略研究报告汇编》数据，法国卢浮宫2100名从业人员中，安保1200人，占57%；大英博物馆约1000名员工，行政人员约110人、藏品相关员工370人、战略发展45人、观众服务380人、公共关系100人及大量的安保等服务人员，专业技术人员约占40%。这说明，博物馆行业普遍把维持安全运营当作首要目标，专业技术人员的总量和增量均少于管理工勤人员。但毋庸置疑，近年来博物馆专业人才队伍总体保持了稳中有升的趋势，只不过专业人才的增长速度和数量逊于管理工勤人员。

---

① 劳务派遣是指具有一定资质的、合法的劳务派遣单位或人力资源公司，与用人单位之间签订劳务派遣协议，将与劳务派遣单位或人力资源公司签订劳动合同的员工派到用人单位工作。被派遣员工只在实际用人单位工作，提供劳动力，与其之间并无劳动合同关系。而劳务派遣员工的工资福利则是由用人单位定期划拨给劳务派遣单位，劳务派遣单位扣除一定的管理费用，将其余的金额支付给被派遣员工。参见李诗诗《浅谈劳务派遣在事业单位的应用》，《人力资源管理》2013年第12期。

表17　2011—2020年博物馆从业人员、专业技术人员和管理工勤人员情况表

年份	从业人员数量	从业人员年增长率	专业技术人员数量	专业技术人员占比	管理与工勤人员数量	管理与工勤人员占比
2020	118913	10.1%	40005	33.6%	78908	66.4%
2019	107993	0.45%	39312	36.4%	68681	63.6%
2018	107506	2.3%	38327	35.6%	69179	64.4%
2017	105079	12.4%	37333	35.5%	67746	64.5%
2016	93431	4.8%	34177	36.6%	59254	63.4%
2015	89133	6.1%	32460	36.4%	56673	63.6%
2014	83970	6.1%	30934	36.8%	53036	63.2%
2013	79075	10.2%	29918	37.8%	49157	62.2%
2012	71748	15.3%	27309	38.1%	44439	61.9%
2011	62181	8.2%	24117	38.8%	38064	61.2%

数据来源：2012—2018年《中国文化文物统计年鉴》，2019年《中国文化和旅游统计年鉴》，2020、2021年《中国文化文物和旅游统计年鉴》。

二、博物馆工作的实操性和跨学科特点，决定博物馆人才成长周期长

博物馆工作具有较强的实践性、操作性特点。文物藏品是博物馆知识构建和传播的物质条件和基本工具，博物馆基本业务是围绕文物藏品进行征集、保管、展示、阐释和研究。而对文物藏品价值进行科学阐释和展示，是以丰富的知识和经验积淀为基础，运用知识和科学方法，"在与博物馆收藏和藏品信息的长期接触中，将藏品的物理特性内化为肌肉记忆和感官记忆，在经验和实践中融会贯通"[1]。因此，博物馆人才必须经过长期工作实践历练，在接触实物、实地踏勘、实际操作中积累丰富经验，在解决问题的试误中逐步成长。

---

[1]　宋向光：《守正创新，重视新时代博物馆人才队伍建设》，《中国文物报》2021年7月29日。

　　博物馆具有跨学科、多行业协同开展的特点。博物馆学科是一门独立学科，涉及文物学、博物馆学、考古学、文物保护学等多学科，且与教育学、心理学、管理学等交叉性强。博物馆工作涉及历史、设计、艺术、美术、建筑、设备、数字技术、多媒体、文化创意、机构运营等，从业人员既要具有博物馆背景知识，又要兼具相关业务专长，并将相关行业创新与博物馆业务有机结合。由此，博物馆人才的基本成长路径是在从业过程中通过不断学习和应用获得知识和技能，最终成为既懂博物馆、又熟知本行业技术的跨界人才。这决定了博物馆人才通常更具有创新精神和实践精神，需要相对较长的成长周期，也决定了博物馆人才队伍呈现多元化特点。

　　成长周期[①] 是考察人才成长速度的重要指标。据相关统计研究，物理、化学、生理学、医学等科技人才的创新峰值年龄集中于 34.34—39.49 岁，晋升副高级职称的平均年龄为 33.9 岁，成长上升期一般处于 35 岁之前，晋升正高级职称的平均年龄为 38.1 岁，从副高职称晋升至正高职称平均年龄为 34—39 岁，周期持续 5—6 年的时间。[②] 伴随年龄的增长，具有持续创新发展动力的科技人才会进一步成长为领军人才。而人文社会科学领域人才的成长建立在长期知识积淀基础之上，人才成长通常比科技创新人才所需时间更长。据统计研究，对比"长江学者"、院士等领军人才，人文社会科学需 27 年，自然科学需 17.6 年。[③]

　　博物馆工作的特点，决定了人才成长时间比一般人文社会学科长，更远远滞后于自然科学人才的成长。根据对 200 多家博物馆的调查统计，平均每家博物馆副高职称人才 40 岁以下仅 1.4 人，40—50 岁为 2.8 人，50 岁以上 3.2 人。可见，博物馆副高职称人才主要集中于 40 岁以上。以国家博物馆为例，中级职称人才的平均年龄为 36.5 岁，副高级职称人才的平均年龄是 43.5 岁，正高职称人才的平均年龄为 51.6 岁。从中级职称晋升为副高职称，平均用时 7 年；从副高职称晋

① 人才成长周期的概念最早来源于经济学，指一个产业的成长周期是从产业导入点到产业成熟点所经历的时间差值。借鉴到人才教育培养领域，不同学者对人才周期的界定、分期、影响因素等具有不同观点。本研究结合博物馆工作特点，将人才的成长和发展看作一个学术和工作经验不断积累的过程，人才成长周期是指人才从完成全职在校教育，到获得高级职称的时间差。

② 曹晓丽等：《创新型科技人才成长路径分析》，《信息系统工程》2020 年第 11 期。

③ 王帆等：《人文社会科学领军人才成长特征研究——基于长江学者特聘教授的分析》，《中国人民大学教育学刊》2015 年第 4 期。

升为正高职称，平均 8 年。与科技人员相比，国家博物馆员工晋升副高职称的年龄，比科技人员晚 9.6 年；晋升正高职称年龄，比科技人员足足晚 13.5 年。可见，博物馆人才具有"大器晚成"的特点，职称越高、晋升越难。

三、博物馆人才以中青年和本科以上学历为主，年轻化、专业化趋势明显

人才年龄方面，调查显示，近年来博物馆从业人员年龄结构比例日趋合理，在编人员以 30—50 岁中青年人为主，占 62.2%，50 岁以上占 21.8%，30 岁以下占 13.7%。例如，截至 2021 年底，国家博物馆正式在编职工 907 人中，35 岁以下职工 379 人，约占职工总数的 41%；36—45 岁职工 301 人，占比 33%；46—55 岁职工 137 人，占比 15%；55 岁以上职工 90 人，比例约为 10%。国家博物馆 45 岁以下的中青年高达 74%；50 岁以下 760 人，占 83%。博物馆以中青年为主的人员队伍，年富力强，学历层次高，知识结构新，创新能力强，承担着大量的基础和业务工作，发挥着骨干作用。

通过对北京、南京、西安、郑州四地各选取一家代表性博物馆进行调查发现，四家博物馆专业人才年龄集中在 46—55 岁，平均年龄趋于 40—50 岁。在四馆专业人才队伍中，35 岁以下青年人才占比分别为 29.8%、24.7%、25.6% 和 24.6%；36—45 岁人才占比分别为 23.7%、20%、20.2% 和 18.6%；46—55 岁人才占比分别为 29.3%、42.8%、43.8% 和 42.5%；55 岁以上专业人才占比分别为 12.1%、12.6%、10.3% 和 14.2%。以上数据表明，四馆专业人才队伍内中青年人才所占比例过半，呈现明显的年轻化趋势。[①]

人才学历方面，根据实地调研数据并结合访谈可知，在上述四馆专业人才队伍中，北京、郑州和南京三家博物馆，本科及以上学历的专业人才比例分别占 96.5%、86.5% 和 85.1%，而处于西安的博物馆仅仅达到 71.25%，存在不小的差

[①] 白洁浩：《新时代公共博物馆专业人才队伍现状及其建设问题研究》，硕士学位论文，西北大学，2021 年。

距。[①] 这种差距客观体现在发达地区、中部地区和沿海城市的博物馆之间，原因涉及经济因素、政治因素和教育文化等多方面。

在职学历教育是提高博物馆从业人员素质和技能的有效手段。经对165家博物馆的调查显示，2017—2019年三年间，每家博物馆平均有5.6人接受过在职学历教育。从该调查范围看，在学历分布上，接受本科学历教育的平均4.3人、硕士1.7人、博士0.6人；专业分布上，接受管理学和历史学专业在职学历教育人数最多，均为1.9人，此外文学专业1.2人、艺术类0.9人、经济学专业0.7人、理工类0.7人、其他专业1.6人；非国有博物馆（10.4人）接受在职学历教育人数高于国有博物馆(5.2人)。可见，博物馆人才接受在职学历教育仍以本科为主。伴随着高等教育的扩招和人们整体素质的提高，博物馆人才学历层次逐步提高，以本科以上学历为主，且接受研究生学历教育者日益增多。这反映出博物馆人才的学历层次整体有所提升。

四、博物馆人才流动呈不均衡状态，且普遍存在人才流出压力

随着社会发展、人们就业观念更新及人力资源市场的完善，人才流动越来越常态化。人才流动能对单位发展产生促进和激励作用，推动开发人力资源这种无形资产，但一定程度上也会给单位带来无法估计的人才损失，甚至影响和限制单位的发展。

由于博物馆的迅速发展，劳动力需求增长，整体上博物馆行业人才流入多于人才流出。调查显示，76.0%的博物馆2017—2019年有人员流动，62.7%的是人员流入，平均流入3.3人；54.7%的是人员流出，平均流出2.2人；流入人数占在编人员比例的14.3%，流出人数占在编人员比例的8.6%。可见，总体上博物馆人员流动尚属正常；政府机关和学校是人员流入的主要来源地，分别占41.2%和29.1%；政府机关和学校也是人员流出的主要目的地，分别占43.6%和26.1%（图115）。

---

① 白洁浩：《新时代公共博物馆专业人才队伍现状及其建设问题研究》，硕士学位论文，西北大学，2021年。

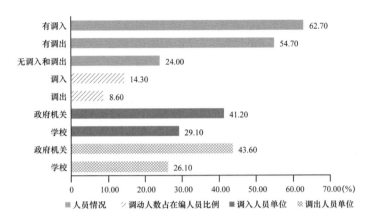

图 115　博物馆人员调动及相关单位情况图

不同地域、类型、性质和级别的博物馆之间，人才流动呈现明显差异。根据对 2017—2019 年各地博物馆的人才流动调查，从地域看，东北地区博物馆人才流动最频繁，88.9% 的博物馆存在人才流动现象，且 66.7% 的东北地区博物馆是人才流出。从博物馆性质看，77.4% 的国有博物馆有人才流动现象，而非国有博物馆的同类比例仅为 50%。从博物馆级别看，93.1% 的一级博物馆存在人才流动，而三级博物馆仅为 56.1%。可见，国有大博物馆人才流动的活跃程度，远远超过非国有或低级别博物馆。从人才流入看，东北地区博物馆流入人才占在编人员的比例为 30.6%，东部地区博物馆同类占比最低，且国有博物馆流入人才占在编人员的比例低于非国有博物馆。从人才流出看，10.5% 的博物馆反映高层次人才流失严重，东北地区存在该问题的博物馆比例达 17.4%；二级博物馆与年参观人数 40 万（含）—100 万人次的博物馆、非国有博物馆人才流出的比例最高；国有博物馆比非国有博物馆低，博物馆级别越高，流出人才比例越小。这说明，东部地区和国有博物馆的人才主要依靠自身培养和储备；博物馆级别越高，流入人才占在编人员的比例越低；国有博物馆比非国有博物馆人才队伍更加稳定。

虽然博物馆人才流动的总量尚在正常范围，但面对社会各行业及同业间日益激烈的人才竞争，各地博物馆普遍存在人才流失的压力。通过对北京、南京、郑州、西安四家一级博物馆调查显示，四馆人才流动率保持在 4.8%—

11.4%[①]，属正常可控范围[②]。但南京地区博物馆专门针对人才流动的调研发现，专业人才流失"有增高的趋势，馆内大多数流失人才去了高校和企业，高校在编制和落户等人才优惠政策方面优于我们，企业给的工资和奖金对流失人才吸引力也高过我们"[③]。

一些地域性、特色型的国有基层博物馆人才流失现象较为严重。调研发现，基层博物馆人员缺乏的主要原因是人员结构不完善、编制少、专业培养欠缺、人才流失严重等。例如，南昌八一起义纪念馆体量虽然不大，但"麻雀虽小五脏俱全"，这种综合性的主题纪念馆业务量大，由于没有独立的选人用人权限，人员流入仅限于"公开招考和干部调入"，一些陈列和宣讲等专业性强的业务，新进人员又不能马上胜任，大约需三年培训才能承担岗位工作，而在近十年里纪念馆又流失了1/3人才，整体上属于人员净流出。

一些国家级博物馆同样面临人才争夺的压力。以国家博物馆为例，据统计，2018—2021年，国家博物馆共流入在编职工190人，除接收高校毕业生外，引进副高和中层以上人才29人，占流入人员的15%；新增副高或中层以上人员，主要通过引进人才、社会招聘、军转安置方式流入。2018—2021年，国家博物馆共流出在编职工49人，其中中层和副高以上人才22人，占流出人员的44%；其他27人，占流出人员的56%。从人才流入和流出的对比看，2018年以来国家博物馆人才流入数量占绝对优势，中层和副高以上人才的流入超过流失。但在日益激烈的人才争夺战中，国家博物馆人才流出的数量仍不可小觑，维持人才队伍的稳定和可持续发展面临严峻挑战。

---

① 白洁浩：《新时代公共博物馆专业人才队伍现状及其建设问题研究》，硕士学位论文，西北大学，2021年。

② 参照亚太人力资源协会于2012年对企业员工流失率的统计分析，员工流失率不高于18%较好，但并非越低越好，最低一般不低于8%，10%—15%属于正常范围。而事业单位人才流失率因所处历史时期、行业、地域、统计口径而不同，目前所见正常人才流失率为1.3%—13%不等。参见崔恒竹：《科研事业单位人才流失问题研究——以航空工业A研究所为例》，硕士学位论文，上海师范大学，2017年；李骄杨：《H市气象局人才流失困境及对策研究》，硕士学位论文，华中科技大学，2019年。

③ 白洁浩：《新时代公共博物馆专业人才队伍现状及其建设问题研究》，硕士学位论文，西北大学，2021年。

正常的人才流动有完善职工队伍、激励员工等积极作用。但是在博物馆事业发展和人才竞争压力不断加大的形势下，博物馆人才流动面临着提升流入人才质量和避免人才流失的双重挑战。在遵循人才合理有序流动原则的同时，在保持一定人才流动率的基础上，应密切关注博物馆人才流动的具体情况，预防人员流动和人才流失而产生的风险。对此，博物馆应不断提升自身能力，修炼内功，多管齐下，以增强人才的整体实力。

第二节　博物馆人才存在的问题

一、博物馆人才总量不足、增长缓慢，不能满足博物馆事业迅速发展的需求

"十三五"期间，全国博物馆数量由 4692 家增长至 5788 家，平均每两天就有一家博物馆建成开放；博物馆年度参观人数由 7 亿人次增长至 12 亿人次，平均每年增加 1 亿人次；未成年观众数量由每年 2.2 亿人次增长至 2.9 亿人次。[1] 虽然博物馆从业人员和人才整体稳步增长，但远远不能满足博物馆事业快速发展和业务量急增的需求。2021 年 5 月 28 日，教育部副部长翁铁慧在全国政协双周协商座谈会上表示，目前高校的考古文博类专业包括考古学、博物馆学、文物与博物馆学、文物博物馆服务与管理、文物修复与保护等方向，2020 届有 3078 人毕业（研究生 1374 人、本科生 1704 人），距离国际博物馆协会副主席安来顺提出的"全国博物馆系统每年 1 万人的人才需求"存在较大缺口。[2]

---

[1]　人民网：《"十三五"期间全国博物馆数量增长至 5788 家年度参观人数增长至 12 亿人次》，2021 年 7 月 24 日，见 http://m.people.cn/n4/2021/0724/c32-15108169.html。

[2]　人民政协网：《博物馆人才缺口大》，2021 年 5 月 31 日，见 http://www.rmzxb.com.cn/c/2021-05-31/2869989.shtml。

调查发现，在全国范围内每家博物馆平均在编人员 37 人，与行业需求差距明显。截至 2018 年，全国每家博物馆平均不到 8 名专业技术人员，且博物馆从业人员主要集中于一级、二级博物馆，基层博物馆人员少，有的仅勉强维持运转。以江苏省苏北地区的国有基层博物馆为例，县级国有博物馆在编人员 2—9 人不等。又如，根据《内蒙古文化和旅游年鉴 2019》统计，截至 2018 年全区博物馆 109 家，从业人员 1782 人，较上一年度增加 0.45％；内蒙古赤峰市 2018 年度全市博物馆 24 家，从业人员 160 人。湖南衡阳博物馆自 1973 年建馆以来，2020 年才首次正式对外招聘，43 岁的馆长曾是全馆最年轻员工。同时，部分基层博物馆文物行政机构和编制撤并整合后，人员严重不足，市县级文物保护管理压力很大，如北京延庆文管所承担 179.2 公里长城保护的重任，共有 18 个人员编制，其中历史、文博专业背景的只有两人。[①]"留守女孩"钟芳蓉事件，更反映出公众对文博考古工作的认知存在偏差，普遍认为优秀人才更应从事科研工作。显然，随着博物馆事业的迅速发展，博物馆从业人员增长速度与博物馆事业发展速度和需求不匹配，严重影响博物馆日常业务开展；博物馆专业人才需求更加迫切，人才队伍总量和供给明显不足。

二、博物馆专业技术人员占比普遍偏低，人才基础薄弱

藏品征集、保护、展示、研究、传播是博物馆最重要的职能，与之相适应的专业技术人员应当成为从业人员的主体。但博物馆尚未形成以专业技术人员为主、相对成熟的人才队伍结构。目前，中国的博物馆仍然以管理和工勤人员为主体，专业技术人员数量占从业人员总数的比例仅在 40％以内。2011—2020 年，博物馆从业人员增加 5.5 万人，其中管理人员增加 4 万人、专业技术人员增加 1.5 万人，可见在博物馆人员的增量中，管理工勤人员是专业技术人员的两倍多。

---

① 南方周末：《谁来守护你，中国宝藏——基层文博"后继无人"现状调查》，2020 年 9 月 12 日，见 http://view.inew.qq.com/k/20200912A0B53U00?no-redirect=1&web_channel=wap&openApp=false。

调查显示，94.1%的博物馆聘用专业技术人员，平均每家博物馆有专技人员26.7人，占在编职工的66.1%；95.7%的国有博物馆聘用专业技术人员，远高于75.0%的非国有博物馆聘用专业技术人员的比例；国有博物馆专业技术人员的平均人数为27.6人，远多于非国有博物馆平均6.2人的专业技术人数；国有博物馆专业技术人员占在编职工比例为68.4%，也明显高于非国有博物馆专业技术人员占在编职工27.7%的比例。博物馆级别越高，参观人次越多，专业技术人员越多：一级博物馆平均有68.5人，二级、三级和未定级博物馆分别有28.1人、11.4人和13.6人；年参观人数100万人次及以上的博物馆平均有专业技术人员53.6人，年参观人次40万（含）—100万的博物馆平均有专业技术人员26.9人，年参观人次15万（含）—40万和15万以下的博物馆分别有14.8人和9.6人（图116）。可见，专业技术人员的数量与博物馆的规模水平及观众吸引力呈正相关。

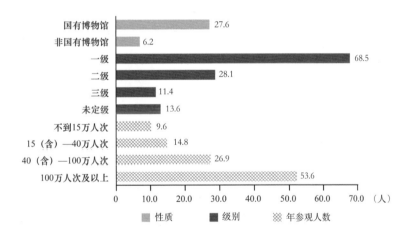

图116　博物馆聘用专业技术人员数量情况图

同时，专业技术人员占在编人员比例普遍偏低。例如，根据《内蒙古文化和旅游年鉴2019》数据，2018年内蒙古自治区共有109家博物馆、1782名工作人员，其中专业技术人员908人，全自治区博物馆专业技术人员平均占比51.1%；内蒙古赤峰市2018年全市博物馆有专业技术人员121人，平均每家博物馆8人。总体上看，全国博物馆专业技术人员占在编人员的比例，普遍低于70%的国家最低标准。各地各类博物馆普遍反映专业技术人员严重不足，甚至有人指出："中国 1/4 的博物馆，专门做展览、研究、社会服务的专业人士，平均不超过 3 个。"①
这意味着，多数博物馆保持着庞大的运维管理人员队伍，专业人才基础薄弱。

以考古类博物馆为例，目前中国考古专业人员不足，往往是连续发掘，资料
整理跟不上考古工作进度，不能及时向博物馆移交文物。考古人才不足带来的直
接问题是考古成果无法及时展示。目前一些地方通过设立由考古机构管理的专题
博物馆，如广州市文物考古研究院、南汉二陵博物馆等，一套人马、两块牌子，
不同职能间相辅相成。虽然这在某种程度上缓解了考古新发现不能得到及时展示
的难题，可让考古出土文物快速向展览内容转化，但相应的专项业务人才的短缺
及其引发的连带问题，无疑又极大阻碍了博物馆职能的顺利发挥与博物馆事业的
整体发展。

在博物馆日益规模化和业务扩展的同时，专业技术人员数量增长缓慢，势
必导致专业人才队伍不能满足博物馆业务的发展和提升，人才缺乏已经成为制约
中国博物馆事业发展的主要瓶颈。尤其值得关注的是，博物馆专业人员占比呈逐
年下降趋势，这与近年来博物馆行业的繁荣发展和从业人员的稳定增长形成强烈
对比，也与博物馆事业整体发展态势和相关政策相背离，值得引起警惕。

三、博物馆高层次人才和领军人才匮乏，名家大师更是凤毛麟角

目前，国内不同地域和行业关于高层次人才的认定存有很大差异，对高层次人
才的界定也各有侧重。② 高层次人才一般指经过较长时间的教育和培训，有较高的
专业技术和技能，在某一学科或领域具有智力出众、知识渊博、技能超常的人才，
是业务科研骨干、学科带头人以及相关行业、领域的紧缺或急需人才。高层次人才
的具体外延指标包括高学历、高职称以及各种人才称号。结合博物馆行业特点，并
参考其他行业和领域相关指标，博物馆高层次人才，通常指硕士以上学历、副高以
上职称，具有科研成果或独立承担科研项目的紧缺博物馆专业或技能人才。

①　张演钦：《中国博物馆一天建一座，专家称管理二流、人才三流》，《羊城晚报》2011 年 12 月
　　4 日。
②　赵雯君：《高校高层次人才队伍建设研究与对策》，《青春岁月》2013 年第 11 期。

　　2011—2020 年，与博物馆从业人员和专业技术人员的增长同步，高级职称人数保持缓慢增长趋势（表 18）。十年间，正高职称占专业技术人员的比例由 2011 年的 4% 提升到 2020 年的 5.5%，副高职称占比从 12.2% 提升到 2020 年的 15.2%，中级职称占比为 39.2%—55.4%；其余初级职称占比为 34.9%—43.3%。截至 2020 年，全国博物馆高层次人才占专业技术人员的比例为 20.7%，全国平均每家博物馆正高职称 0.3 人、副高职称 1 人、中级职称 2.8 人。以内蒙古自治区博物馆为例，2018 年，内蒙古自治区博物馆从业人员中正高级职称 43 人、副高级职称 157 人、中级职称 378 人，分别占专业技术人员总数的 4.7%、17%、41%。课题组通过对 240 家博物馆的调查发现，平均每家博物馆正高级职称仅 1.6 人；261 家博物馆中平均每家博物馆副高职称有 5 人；295 家博物馆中平均中级职称有 11.4 人；286 家博物馆中初级职称有 9.6 人。同时，高级职称人员数量与博物馆等级和接待观众数量成正比，平均一级博物馆 4.4 人、二级博物馆 1.4 人，高于三级博物馆 0.3 人和未定级博物馆 0.6 人；年参观人数 100 万人次及以上和 40 万（含）—100 万人次的博物馆，高级职称人数分别为 3.3 人和 1.5 人；15 万（含）—40 万人次和不到 15 万人次的博物馆，分别为 0.7 人和 0.5 人（图 117）。抽样调研数据明显体现出博物馆高层次人才的稀缺。可见，博物馆人才队伍的职称结构呈"金字塔"结构，处于底层的初级和中级职称人才数量

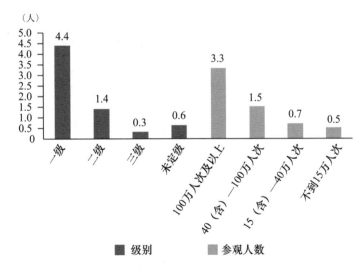

图 117　博物馆拥有正高级职称人数情况图

差距并不大，两者之和占人才队伍的绝对多数，高级职称人才数量少。

表 18　2011—2020 年博物馆专业技术人员比例表

年份	专业技术人员	正高级职称	副高级职称	中级职称	正高级职称占比	副高级职称占比	中级职称占比
2020	40005	2214	6112	22165	5.5%	15.2%	55.4%
2019	39312	2047	5647	15647	5.2%	14.3%	39.8%
2018	38327	1990	5332	15167	5.2%	13.9%	39.5%
2017	37333	1909	5029	14674	5.1%	13.5%	39.3%
2016	34177	1680	4465	13404	4.9%	13.1%	39.2%
2015	32460	1519	4205	12791	4.6%	12.9%	39.4%
2014	30934	1350	3844	12355	4.4%	12.4%	39.9%
2013	29918	1360	3693	11716	4.5%	12.3%	39.1%
2012	27309	1119	3382	10445	4.1%	12.4%	38.2%
2011	24117	967	2945	9467	4%	12.2%	39.2%

数据来源：2012—2018 年《中国文化文物统计年鉴》，2019 年《中国文化和旅游统计年鉴》，2020、2021 年《中国文化文物和旅游统计年鉴》。

　　博物馆不仅高层次人才占比低，领军人才更为匮乏。领军人才是高层次人才中的核心人才[1]，具有高超的学术技术专长和团队领导协调能力[2]。从表面形式看，他们通常被赋予国家级别的各种人才称号。据人力资源和社会保障部公布的资料，博物馆行业内享受国务院政府特殊津贴专家的数量，2018 年全国 4000 多位专家中仅有 8 位博物馆专家入选。与此相比，同年全国各类高校（不包括科研院所）享受国务院政府特殊津贴的专家超过 800 人。可见，博物馆行业享受国务院政府特殊津贴的高级专家不到高校相应人数的 1%。2019 年文化名家暨"四个一批"人才的数量，理论界、新闻界、出版界、文艺界、文化经营管理、国际

①　樊友山：《大力加强中央企业领军人才队伍建设》，《中国党政干部论坛》2012 年第 2 期。

②　胡章萍：《建立领军人才辈出的环境和机制》，《人才开发》2004 年第 9 期。

传播等六个界别共320人入选。在文艺界入选的60人中，仅有3名博物馆专家，占该界别入选人数的5%。"国家百千万人才工程"是人力资源和社会保障部牵头组织实施的中青年优秀人才培养工程，培养的是45岁及以下学术与技术领军人才，每年大约400人。2019年度"国家百千万人才工程"遴选414名专家并授予"有突出贡献中青年专家"荣誉称号，没有一位来自文博行业。对57家博物馆的调查显示，入选国家级"四个一批"等工程的领军人才只有1人；通过对59家博物馆的调研发现，平均每家博物馆入选省级"四个一批""五个一批"人才工程的只有1.3人。可见，与其他行业和学科相比，博物馆学科的成熟度和领军人才的认可度普遍不高，博物馆学科和行业一定程度上被边缘化。

四、博物馆人才队伍存在明显结构性失衡

人才比例与数量的均衡是保证博物馆队伍建设及博物馆业务传承发展的重要根基，然而现有博物馆人才队伍建设面临的一大深层次问题是人才队伍结构不均衡。调查中有35.2%的博物馆存在这一问题，40%的年参观人数100万及以上的博物馆存在这一问题。

专业结构比例不均衡。调查显示，2019年全国博物馆在编人员专业占比从高到低依次为艺术（7.9%）、历史（7.8%）、管理（6.8%）、文学（5.7%）、理工（4.9%）、经济（1.9%）。其中，综合类博物馆和东北地区博物馆的理工专业人才占比最低，分别为0.5%和0.2%。这种情况，一定程度上影响新技术在博物馆的应用落地与人工智能在管理藏品与服务公众领域的创新。综合类博物馆和一级博物馆中管理学专业人才占比最低，分别为2.4%和2.6%，这可能导致拥有大规模藏品与人员的博物馆所需要的高效能管理现实与需求之间产生矛盾。

学历结构比例不均衡。博物馆人员学历现状是本科学历人员占主体，高学历人才比例不高。在被调查的博物馆从业人员中，博士研究生平均占比仅为1.3%，硕士研究生占比13.7%。从业人员主体为本科及以下学历，其中大学本科占51.3%，大专及以下学历占31.9%。从性质上看，非国有博物馆从业人员的学历问题最为突出，硕士以上人员占比仅为国有博物馆的1/3，而大专及以

下学历人员占比高达 50.4%，超过均值近 20 个百分点。从级别上看，三级博物馆硕士以上人员占比最低，甚至没有博士学历人员。从类别上看，历史类博物馆硕士以上人员占比在各类博物馆中最低，这可能与人们的通常预期不一致。可见，博物馆亟须提升高学历人才的数量和比例。

性别结构比例不均衡。通过对 336 家博物馆调查统计，博物馆在编人员男女比例平均为 1.2；各类博物馆中，艺术类博物馆男女比例最高为 1.6；从地域来说，西部地区博物馆男女比例最高是 1.4，中部和东北地区博物馆均是 1.1。这说明，总体上博物馆职工男性多于女性是普遍现象，男女比例结构相对合理。

但一些核心城市的大博物馆，女性数量明显超过男性，人才性别比例失衡日趋严峻。例如，截至 2022 年 2 月，国家博物馆 901 名在编职工，其中男性 401 人、专业技术中级以上 267 人，女性 500 人、专业技术中级以上 391 人，男女职工比例为 0.8、专业人才的男女比例为 0.68。国家博物馆男性职工占在编员工的 45%且仅占专业技术人才总数的 40%；女性占在编员工的 55%、占专业技术人才总数的 60%。2020 年，北京首都博物馆 198 名在编职工中男性 87 人、女性 111 人；2020 年，陕西历史博物馆 240 名职工中男性 115 人、女性 125 人。可见，位于核心城市的博物馆女性数量占明显优势，人才性别比例差距较大且呈失衡趋势，反映出博物馆人才的性别比例与地域、经济发展、就业水平等密切相关，核心城市博物馆的工作环境、工作特点更受女性青睐，薪酬收入也易被女性接受。

五、博物馆人才断层问题日益突出

人才断层，一般是指专业技术人才队伍结构序列中某年龄段或专业技术职务层次的人才占比偏小，出现青黄不接、人才奇缺的现象。[①] 人才断层直接关系到人才队伍的素质水平、新老交替乃至业务工作推进。调查显示，博物馆人才队伍存在的问题是：专业人才青黄不接、薪酬待遇偏低影响人才积极性、人才队伍

① 杨长桂：《关于基础研究人才断层问题的探讨》，《自然辩证法研究》1993 年第 5 期；陈翔宇等：《国防科技情报人才断层问题的分析与对策》，《情报理论与实践》1996 年第 3 期。

知识技能单一、人员结构不合理等（图 118）。其中，人才青黄不接高居首位，52.6% 的博物馆存在人才断层现象。同时，不同地域和类型博物馆的人才断层情况表现不一：73.9% 的东北地区博物馆存在这个问题，即使情况最好的东部地区也有 46.7% 的博物馆面临同类难题；综合类博物馆和非国有博物馆的人才断层问题占比相对较高，博物馆级别越低、年参观人次越少，人才断层问题越严重。可见，人才断层问题在处于快速发展的中小型博物馆和人才流失严重的东北地区博物馆更为严峻。

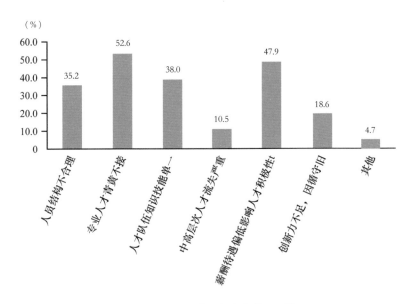

图 118　博物馆人才队伍存在的问题情况

博物馆人才断层，明显区别于其他领域中青年骨干人才不足等情况，表现出鲜明的行业特点：一是博物馆特色的专业人才断档。调查发现，博物馆最紧缺人才依次是藏品研究与鉴定、策展、文物修复、藏品征集以及综合管理人才（图 119）。这与相关研究和呼吁基本相符："博物馆专业、文物保护专业、文物鉴定专业人员不仅短缺且分散，而且还出现了人才断档，特别是既懂专业又懂运行管理和产业经营的人才极度匮乏。"① 二是应用型、技术型、复合型人才和创新实践型

---

① 王延斌：《人才断档严重　博物馆事业遭遇"小马拉大车"难题》，《科技日报》2022 年 1 月 22 日。

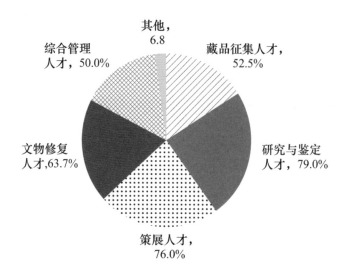

图 119　博物馆紧缺人才细分领域分布图（博物馆需要各领域人才平均人数占比）

人才匮乏，且远远滞后于当前文博事业快速发展的需求，从而导致博物馆文创、管理、设计人才及复合型的高水平科技人才普遍紧缺。三是博物馆高层次人才普遍年龄大、数量少、后继乏人。博物馆高级职称人才主要集中于 50 岁以上，全国平均每家博物馆仅 0.3 人，由此势必导致博物馆仅有的少许高层次人才覆盖专业不完备。这与作为知识密集型博物馆的工作复杂性、专业性和多学科需求产生极大矛盾。

造成这种现象的原因，首先是新兴的文创、科技及运营等专业人才在博物馆专业技术岗位中占比较低，一定程度上导致了这类专业技术人才无法取得相应的岗位和编制，而流失到其他机构或企业，致使博物馆在文创产品设计开发、展览及销售方面缺少核心竞争力。其次是传统的博物馆人才招聘和引进没有迅速适应发展要求，出现招录人才不适配或无法有效引进急缺高水平人才的情况。再次，传统博物馆的运营模式，极大地影响了文创、科技等新兴专业人才加盟的积极性与主动性，博物馆从根本上缺乏这类人才成长发展的丰厚土壤。最后，博物馆人才总量少、人才增长缓慢、成长周期长、结构失衡以及高层次人才占比低等问题互相叠加，不断加重博物馆人才断层和断档的危机。

第三节　博物馆人才问题成因分析

一、现行高校人才培养模式与博物馆实际脱节，难以满足行业需求

目前，高校博物馆学科课程体系和培养模式不够完善。博物馆学专业长期面临底子薄、师资缺、生源少、地位低、话语权弱、待遇差等种种问题与困境。据统计，截至 2020 年末，已有 50 余所高校开设"博物馆学"专业，但大多是依附于一级学科考古学专业之下。一是博物馆学具有较强的实践属性，文博相关院系普遍存在实验设备老旧、教学标本有限等情况，校外实践基地总量较少、类型单一，大多"只挂名不出资源"，学生很少有机会上手感受文物、切身了解文博工作。二是各地馆校合作并不充分，导致国家大型文博机构所拥有的理论基础扎实、实践经验丰富的人才优势并没有得到有效发挥。三是高校博物馆专业教师不足。正如陆建松教授指出，"全国称得上从事博物馆学教学和研究的高校博物馆教师只有十多人而已。"[1] 四是博物馆学缺乏系统教材。目前，王宏钧出版于 2001 年的《中国博物馆学基础》一书是共识度最高也是唯一的一本教材。该书出版已超过 20 年，博物馆学理论研究与实践均发生了重大变化。现有高校课程虽然基本涵盖陈列设计、藏品管理、社会教育三大基础功能，但其时效性与学术性已远远落后于时代，诸如观众研究、博物馆管理、文创开发、藏品征集、智慧博物馆等前沿核心业务的知识技能涉及不足。针对博物馆学、文化遗产管理、文物保护与修复等培养方向的完整课程体系严重滞后，许多文博专业教师对文物和博物馆并不熟悉。这种宽泛而不专业的培养模式无法满足博物馆日益发展的业务需求。中国高校博物馆专业人才培养体系已显著落后于近年文博事业的发展。2011 年，文物与博物馆学专业硕士（简称文博专硕）开始大范围普及，但博物馆专业人才

---

[1]　陆建松：《论新时期博物馆专业人才培养及其学科建设》，《东南文化》2013 年第 5 期。

培养数量并没有大幅度增长。

二、缺乏适合博物馆特点的系统学习培训，老专家"传帮带"作用发挥不足

博物馆工作需要较强的理论与实践结合能力，部分博物馆存在人才的专业技能和素养不能胜任现有工作，即使有较高学历但欠缺基本业务知识。因为很多博物馆知识和能力并不能从学校获得，而需要工作中自学或由专家学者口传身教。造成这种现象的原因，往往是工作人员专业不对口，同时缺乏培训的专业性和针对性。

博物馆工作的实操性特点，使人才成长更多依赖于岗位实践培养。在职学习是博物馆人才养成的重要途径。在职学习主要有师徒制、继续教育、轮岗交流、挂职锻炼等方式。"传帮带"在文博行业培训中被认为是有效的人才培养方式，但一大批年纪较大的专家学者因目前政策，往往没来得及完成接班人的培训就过早退休，使人才梯队断层成为阻碍博物馆事业发展的原因之一。师徒制是博物馆传统的人才培养方式，适合于藏品修复、研究等特定博物馆业务。师徒制可以让老一辈专业人员的经验和技能在新一代专业人员中传承，在师傅的严格要求和悉心指导下，新一代专业人员在业务实践中逐步成长。继续教育和在职培训要根据博物馆业务特点和培训对象，分类分级组织培训学习，根据工作岗位和执业时间规划培训学习内容，组织初、中、高级的培训活动。培训活动要有丰富的实际操作内容，或接触实物，或实地踏勘，或撰写业务活动方案，不能只是听听讲座。轮岗交流和挂职锻炼有助于交流人员了解博物馆相关业务部门的工作和管理，了解本专业部门与其他部门的协同合作方式，丰富交流人员的实践经验，提高有关人员的综合能力。此外，博物馆人才队伍建设还要加强与相关领域协作，组织跨行业、跨学科的学术和技术交流活动，积极参与相关领域的专业培训活动，让有关业务人员了解博物馆的特性和价值、业务流程和技术要求、发展的目标和路径，将本行业的创新与博物馆业务开展有机结合，成为既懂博物馆又熟知本行业知识和技术的跨界人才。当前，博物馆人才培养形式单一、效能低下，尤其缺乏展览

设计、文创、销售、运营等针对性培训机制，不能满足博物馆事业迅速发展对人才数量和质量的需求。因此，博物馆多层次、全方位的人才培养体系亟待完善。

三、缺乏有效考核，人才评价机制有待完善

人才评价是人才开发、管理和使用的前提，是对人才素质、能力、工作潜力、工作行为、工作过程、工作效果、人才成长、人才发展的评测活动。评价也是一种激励。合理运用人才评价将起到提高人才工作的主动性、创造性，激发干事创业热情的效果。但是，当前中国人才评价机制普遍存在分类评价不足、评价标准单一、评价手段趋同、评价社会化程度不高、用人主体自主权落实不够等问题，尤其是对不同人才评价"一把尺子量到底"等。博物馆行业对此则表现出侧重点和程度的差异。

博物馆人才分类评价不足、评价标准单一。博物馆工作内容门类庞杂，涉及文博、艺术、工程等众多门类。每个门类涵盖不同专业方向，如文博类涉及博物馆专业（具体包括博物馆理论和应用技术研究、政策法规研究、运营安全、展览设计、社会教育等）、文物考古（包括考古调查、勘探、发掘、整理等）、文物保护（包括文物修复、复制、拓印、监测、鉴定）等，艺术类涉及美术、摄影等，工程类涉及建筑工程、信息工程、机械工程、消防水电工程，等等。博物馆专业技术人员又分为"研究型"和"实践型"两类。不同专业和类型的人才，成果表现不同、考核侧重不同。但目前博物馆现行的评价标准缺乏对不同类型、不同专业、不同岗位、不同层次的分类评价，对不同类型人才评价标准单一。

博物馆人才评价体系"评"和"用"脱节。一是任免和使用多，培训开发少，新入职或转岗人员没有全方位的适岗培训；二是人才评价结果评价多，过程评价少，人才的行为监督与引导少；三是项目申报和评审结合项目本身多，结合岗位工作目标、岗位规范少，不能达到物尽其用、人尽其才；四是人才的绩效考量不完备，考评结果平均化，惩戒激励作用不明显；五是过程烦琐、成本高，责任机制、监督机制不足；六是无动态的人才评价体系，职称、专家终身制，正向激励

不足，没有人才潜心研究和创新研究的评价制度。①

四、内部激励机制欠缺，人才投入不足，博物馆在激烈的人才竞争中处于劣势

人才评价与激励是相互关联的机制。人才激励机制主要包含了人才培养、绩效考核评估、工资福利、职务晋升等多方面。长期以来，博物馆在人才培养和引进方面没有竞争力，主要原因是考核流于形式，职称、职务晋升渠道相对狭窄，工资福利稳定有余、灵活不足。

内部激励机制方面，虽然在国家和各地省（自治区、直辖市）人才激励政策的引导下，博物馆具备实施激励的条件和空间，但由于博物馆性质和各方面条件的制约，实际上博物馆人才激励机制仍相对落后，管理理念还停留在传统模式，求稳怕乱、拈轻怕重，致使激励机制停留在形式和表面。在分配利益时，大多考虑维持稳定，薪酬无法真正与贡献相挂钩，市场竞争机制无法融入博物馆内部激励中。例如，博物馆人员的薪酬主要按照国家规定的工资制度，根据个人的行政管理职务、专业技术职务、技术等级、任职年限、工龄等标准确定。在这一制度下，人才的工资福利无法与真实业绩挂钩、体现岗位的差异性和真正实现多劳多得，进而难以对人才产生激励作用。虽然各地博物馆开始尝试推行有效的考核和绩效工资，但由于博物馆事业单位本身的局限，绩效工资并没有表现出明显的极差，显现出的仍是平均主义，最终导致激励机制缺少实用性与针对性，没有发挥其激励作用。晋升方面，论资排辈思想仍很严重，致使人才的职业规划缺少现实支撑。这种薪酬分配和晋升方式，无法与个人贡献、才能、实际工作业绩挂钩，不能体现岗位、工作量、业绩上的差别，导致出现"吃大锅饭"现象，干和不干一个样，干多干少一个样，干好干坏一个样。

博物馆财政资金保障不足，人才投入较低。博物馆作为非营利场所，主要运营资金多由上级单位拨款，员工薪酬待遇也与场馆的主管单位密切相关。对于

---

① 司秀琳、王蓓：《博物馆人才评价及其问题思考》，《中国博物馆》2019 年第 4 期。

综合类与历史类国有博物馆而言，因为有地方政府或专项文物经费支持，资金面较为乐观。但自然科学类、行业类博物馆由于上级单位过于多元，导致运营资金、内容设计、人员身份参差不齐。例如，科协等部门主要是开展科学普及工作，有专业人员、专门资金建设维护博物馆运营，但资金投入力度较弱；地方政府、国土资源部门、高校院所的主职主责是行政管理和科研教学，博物馆工作处于边缘化；非国有博物馆在设计和运营上心思巧妙、善于满足市场需求，但企业的根本属性是营利，其参与国有博物馆运营又缺少相应的政策机制支持与运营渠道。

由于缺乏充裕的资金保障，长期以来，博物馆的薪资、待遇等处于同行业和社会较低水平，人力资本投入较低，这使博物馆在吸引人才、留住人才方面压力较大，并在与高校、机关的人才竞争中处于劣势。一些高校想方设法到博物馆挖人才，以提供住房、孩子入学、科研资金、科研项目、学术讲座平台、学术头衔、假期等优厚条件吸引博物馆多年培养的具有丰富经验的高级专业技术人才，博物馆领域人才竞争空前激烈，许多博物馆面临严峻的"人才逆淘汰"困局。由于博物馆普遍缺乏引才的政策和实力，在人才引力和黏性方面处于明显劣势。博物馆对人才的吸引力更多在于解决就业和户口，通过应届生招聘和社会公开招聘流入的多是青年基础专业人员，对高层次人才很难产生吸引力。因此，博物馆人才待遇有待提高，博物馆对人才的吸引力有待增强，引进人才的层次也有待提升。

第四节　对策与建议

一、加强博物馆学科建设，推动馆校合作"走深走实"

完善高校博物馆学科建设体系。一是对标发达国家学科建设情况，推动更多高校建设博物馆专业，扩大文博专业招生规模，更好满足行业发展对人才的数量需求。据统计，美国有 155 家博物馆学的研究生项目；[①] 日本约有 110 所大学设有博物馆学课程或进行文博培训，每年有 6000 名左右的大学生攻读博物馆学艺员。[②] 为推动高校博物馆学科和人才培养的发展，2021 年底，国务院学位委员会发布的《博士、硕士学位授予和人才培养学科专业目录（征求意见稿）》中，第一次将历史学门类下的"博物馆学"分别单列为"文物"和"博物馆"。目前国内有 46 所高校开设博物馆学专业，同时，2021 年国家文物局与高校合作推出的"高层次文博行业人才提升计划"，21 所大学新增为文物与博物馆专业硕士授权点。[③] 但是，短时间内高校博物馆学科建设成效尚不明显。二是加强专业师资队伍、课程体系和教材建设。细化文博专业分支学科，组织有能力的国家大型博物馆和专家学者，研究和界定文博专业学科研究体系，健全文博学科体系建设，提升专业化水平，增强培养的针对性。[④] 例如，2021 年 8 月，甘肃简牍博物馆携手兰州大学文学院签署战略合作协议，"捂热"冷门绝学，通过发挥兰州大学良好的学术传统、丰富的智力资源，特别是兰州大学 2020 年实施的本硕博贯通的教学模式，致力于冷门绝学的人才培养，共同促进简牍学发展。

深化博物馆与高等院校、科研院所合作。各省市文物行政管理部门与各级博物馆协会应当积极为博物馆与高校合作搭建桥梁与平台。一是鼓励建立馆校联合实验室、科研工作站和技术创新联席机制，"博学研"协同开展文物保护利用科学研究与成果示范，将支持博物馆发展的共性关键技术研究纳入各类国家科技计划予以重点支持。二是充分发挥高等院校的师资、科研力量优势，联合高校开展博物馆在职培训与学历教育，加强青年业务骨干培养培训，优化人才知识结构。三是拓宽人才汇集机制，支持博物馆设立流动岗，吸引高校及科研机构专业人员

---

① 本统计数据源于美国博物馆与图书馆服务协会 2011 年数据，以及美国乔治·华盛顿大学博物馆学系教授金姆·赖斯（Kym S. Rice）2012 年在复旦大学的讲学材料。

② 陆建松：《论新时期博物馆专业人才培养及其学科建设》，《东南文化》2013 年第 5 期。

③ 魏峻、钱滢樱：《构建高质量可持续发展的中国博物馆事业——2021 年度中国博物馆发展综述》，2022 年 1 月 28 日，见 http : // www. ncha. gov. cn/ art/2022 /1 /28 / art_ 722_ 172872. html。

④ 王春法：《文物"活"起来，博物馆"智"起来，软实力"硬"起来》，《中国文化报》2021 年 3 月 11 日。

兼职。接收高校学生到博物馆实习，增强学生专业知识的落地应用。

二、遵循博物馆人才成长规律，盘活博物馆人才队伍存量

切实提高博物馆在职教育培训的针对性和有效性。一是在职教育方面，通过专业化能力精准培训，提升适应新形势新要求的能力；通过在职教育等方式，加强与相关高等院校的合作，联合培训紧缺急需人才；加强国际培训，培养懂外语、懂业务、视野开阔的专业人才。二是在职培训方面，坚持在重大工作、活动中培养使用人才，在危难险重工作中锻炼人才，特别注重在工作任务和基层一线中培养锻炼年轻干部，制定重大工作活动中发现评价人才的制度，为人才成长创造条件；实行人才交流轮岗制度以培养复合型人才，使人才在不同的岗位上得到锻炼，原则上除科研岗位外，在同一个岗位上工作超过10年应进行岗位调整。

亟须提升博物馆人才引进、管理和使用的科学性。一是聚焦顶尖人才缺乏问题，重点培养和引进学术领军人才。通过设立名誉职务，建立特聘研究员、特聘专家、兼职专家制度，吸引社会优秀人才弥补博物馆学术领军人才的缺失。通过多渠道积极引进各类优秀人才，实行更加积极、开放、有效的人才引进政策。例如，通过社会招聘，从高等院校、科研院所等引进业务骨干人才；通过博士后工作站，引进一批高素质的年轻专业人才。二是加强人才使用的科学性和灵活性，改进工作作风，既要加强人才的严格管理，又要体现管理的人性化，针对人才的不同情况进行不同管理，体现管理的弹性。实行和开展岗位管理，实施岗位流动，实现人事相宜、人岗相适，形成科学合理有效的岗位管理体系。创造人才使用的良好制度环境，加强人才使用的制度建设。把青年工作纳入人才工作中，大力发现储备年轻干部，建立人才工作与青年工作的联动机制，把青年岗位能手评选、青年学术成果评选等与人才评价评选机制相结合，形成青年人才脱颖而出的有效机制。

充分挖掘劳务派遣资源潜力。劳务派遣是一种自由配置、管理灵活、用工成本较低的用工方式。多数博物馆的安保、后勤、服务等临时性、辅助性和可替代性的工勤类岗位聘用一些劳务派遣人员。这对弥补博物馆编制不足，缓解编制

内员工超负荷工作，使博物馆专业技术人才专注于核心业务工作发挥了积极作用。随着博物馆事业的迅猛发展、用工需求的不断扩大及劳务派遣人员素质的不断提高，劳务派遣人员涉及的博物馆工作岗位越来越广泛，部分劳务派遣人员由过去简单、低端的体力劳动转变为技术和技能要求高的脑力劳动。近年来，通过博物馆工作实践催生出的一批知识型劳务派遣员工，具有较高学历和专业技能，长期稳定地承担一些专业技术工作，为博物馆带来知识资本和价值增值。他们是派遣员工中的高素质人才，是可利用的丰富人才资源。但是，由于长期以来劳务派遣"招人与用人相分离"的特点及编制外身份，使其在晋升、薪酬、福利等方面与在编员工差异明显，并由此导致这部分从业人员群体归属感差、流动性大。对此，应进一步利用和挖掘派遣员工资源，健全以岗位为基础的派遣员工管理制度，重点完善考核和奖励机制，建立合理薪酬体系，以实现劳务派遣制用工的合法化、规范化和科学化。一是劳务派遣的评价考核，应重工作能力、轻身份背景；以同工同酬为目标，以绩效激励为手段，增强其归属感，提升其工作动力。二是建立兼顾公平性与竞争性的薪酬体系，在基本工资、加班工资、奖金、社会保障、住房补贴、餐补、带薪假期、技能培训等方面缩小编制内外员工的薪酬福利差距。三是职业发展上，在博物馆招聘编制内员工时，在岗位和条件合适的情况下优先考虑长期表现好、素质高、有潜力的劳务派遣员工，努力为其提供转为编制内的机会。将劳务用工提升为人才培养，将丰富的劳务派遣人力资源转化成人才资源，是缓解博物馆人才队伍结构不科学、人才不足和人才断层的有效途径。

三、建立与完善注重实绩的人才评价机制

博物馆人才评价是人才发展的指挥棒，对人才发展具有重要影响。人才选拔方面，注重人才的德能勤绩廉评价机制，特别是突出人才的工作态度、工作能力、工作业绩评价，积极制定人才评价标准。岗位聘用管理方面，创新人才成长机制，实现身份管理向岗位管理体制转变，推进岗位能进能退、能上能下，提升人才自身发展原动力，激励人才努力增强本领，认真干事创业，带动博物馆队伍

建设不断发展。对急需紧缺、业内认可、业绩突出的高级专业技术人才、高级管理人才和高端技能人才，设置高层次人才岗位。人才评价方面，根据相关政策，一是完善学术评价体系，突出评价专业技术人才的业绩水平和实际贡献，注重考核专业技术人才履行岗位职责的工作绩效、创新成果。二是要根据博物馆不同专业、不同岗位、不同层次的人才特点和职责，将共通性与特殊性、水平业绩与发展潜力、定性与定量评价相结合，根据不同专业和岗位推行分层分类评价。要丰富评价手段，科学灵活地采用考试、评审、考评结合、考核认定、个人述职、面试答辩、实践操作及业绩展示等多种方式，提高评价的针对性和精准性。三是要建立健全符合文博行业特点、覆盖各级各类文博专业人员的职称制度。发挥用人单位在职称评审中的主导作用，逐步下放文博专业人员职称评审权限，赋予有条件的国家大型文博机构以正高级专业技术职称评审权，鼓励人才智力密集的省级及以上文博单位自主开展高级职称评审，文博职称评审切实破除"四唯"，文物修复方案、文物绘图和文物摄影作品等成果形式可替代论文要求，一些博物馆特色业务和应用性、实践性强的人才可适当放宽学历、身份和论文要求，将创新成果纳入评价标准。

四、客观正视博物馆现有物质条件，用足用好既有人才政策，构建多元化激励机制

据调查，现阶段大多数的基层博物馆"缺人缺钱"，财政资金不足是普遍现象。例如，衡阳博物馆由于经费不足，导致无力外聘派遣人员从事安保、后勤保障等非科研岗位，只能由专业人员做这些专业之外的工作。[①] 为此，国家相关部门应对不同行业博物馆建立经费保障制度，统一经费管理模式，利用多种措施提高从业人员待遇，不断吸引优质人才落地生根，以实现博物馆事业的可持续发展。一是着力提高工资总额在文物事业经费中的比重，通过增加人才引进资金投

---

① 刘悠翔、蔡鹤云：《谁来守护你，中国宝藏——基层文博"后继无人"现状调查》，《南方周末》2020 年 9 月 12 日。

入等，使从业人员的平均工资收入水平不低于当地公务员水平。二是明确博物馆作为科研事业单位属性，使从业人员享受科研机构和科研人员相应的政策待遇。开展博物馆科技成果转化收益分配试点，推动符合条件的博物馆从业人员享受科技创新扶持政策。三是鼓励博物馆开展与教育、科技、旅游、商业、传媒、设计等产业项目的跨界融合与实践，对上述工作取得明显成效的单位适当增核绩效工资总量。允许博物馆将陈列展览策划、教育项目设计、文创产品研发等业务取得的收入纳入本单位预算统一管理，用于对符合规定的人员予以绩效奖励。四是创新博物馆发展多元化投入机制，考虑将企业或个人向博物馆进行公益性捐赠的资金，享受所得税扣除政策。在加强监管、防范风险的前提下，鼓励社会资本以直接捐赠、设立基金会等形式支持博物馆人才事业的发展。例如，故宫博物院实施"英才计划"，坚持社会捐资、专款专用、稳定支持、长效机制等原则，由万科公益基金会出资资助"学术故宫"人才队伍建设和提升，凡故宫博物院取得正高级职称资格五年（含）以上的在职专家和 40 周岁及以下在职青年业务人员均可纳入故宫博物院"英才计划"资助对象，从而充分利用馆内资源和社会资本推动人才培养。对非国有博物馆的发展，一些地区文物主管部门也出台相关政策给予扶持资金补助，加大项目支持力度，加快人才培养步伐。例如，沈阳市委宣传部等九部门联合出台《沈阳市非国有博物馆扶持办法》，对国家文物行政部门评估确定等级的非国有博物馆给予奖励：一级博物馆奖励 100 万元 / 年，二级博物馆奖励 50 万元 / 年，三级博物馆奖励 30 万元 / 年，级别变动或撤销，按照变动后的级别奖励或取消奖励。

在客观正视博物馆现有物质基础和条件的前提下，构建多元化的人才激励机制。激励机制是博物馆深化人才体制改革的难点，也是人才发展的增长点。科学、合理、标准化的分配制度和公平的奖惩机制将更好地发挥激励作用。一是激励制度的内容应该包含物质、精神和机会的奖励，将这三部分有机结合起来，有利于充分调动人才的积极性和主动性。针对不同层次工作人员的需求，制定不同的激励制度。在执行奖励时应该具有针对性，要切合工作人员自身的特质。二是完善工作岗位中的具体激励机制。例如，工作分配要尽量考虑到工作人员的特长和爱好，使人岗相宜、人尽其才；完善岗位轮岗制度，使工作更具挑战性，充分发挥工作人员的工作能力；善于使用攻坚克难的"闯将"，鼓励工作人员敢想敢干，敢于承担责任；提高容错度，提高对工作人员容错犯错的容忍度，不因工作人员单一或某项错误而否定工作人员的全部贡献。三是注意青年人才评价激励措施，破除论资排辈、重显绩不重潜力等陈旧观念，重点遴选支持一批有较大发展潜力、真才实学、堪当重任的优秀青年人才。

不容回避的是，薪酬激励是激励机制中最直接，也是最有效的激励手段之一。调查显示，长期以来博物馆行业薪酬待遇普遍偏低而影响人才的积极性和稳定性已成为共识。同时，博物馆行业薪酬存在明显的不均衡，所在的城市经济越发达、博物馆等级越高、年接待游客数量越多，博物馆所能获得的财政补贴与自营收入也就越多，员工待遇也因此更为优厚。近年来，人力资源和社会保障部、财政部等发布了一系列政策，如《事业单位工作人员奖励条例》《关于进一步推动文化文物单位文化创意产品开发的若干措施》《关于事业单位科研人员职务科技成果转化现金奖励纳入绩效工资管理有关问题的通知》等，为切实提高博物馆人才地位待遇提供了政策依据。上述文件明确规定，可以对事业单位工作人员和集体中表现突出、有显著成绩和贡献的人员，分级分类给予奖励；单位内部分配可以向文创工作有突出贡献的人员倾斜；单位按规定对完成、转化科技成果作出重要贡献的人员给予现金奖励等。在此形势下，用足用好既有人才激励政策，充分结合博物馆的人力资源管理制度，适时灵活地实行协议工资制度、保底绩效制度等，对高层次特殊岗位人才采取特殊分配方法，引入市场分配机制，合理确定高层次人才待遇水平，同时妥善处理高层次人才与其他职工之间的收入分配关系。博物馆在完善激励机制的同时，要对工作人员的工作表现与业绩绩效进行分析，实行以岗定薪。同时，通过荣誉称号、先进工作者、优秀专家等手段，优化精神、物质层面的激励机制。

五、加速人才成才和实施博物馆高级专业人才延迟退休政策，双向弥补人才不足和断层

由于博物馆青年人才成长缓慢、培训缺乏针对性、专业力量断层和技能提升

停滞等，当博物馆面临较为复杂和紧急的工作任务时，通常陷入专业技术力量短缺、员工无法独当一面的困境。为此，一是提高人才成长效率。实施专业技能人才工程，建立高级职称专家与青年业务人员师承关系的体制机制，造就学术带头人并培养后备力量，细化可执行的培养方案，有效缩短关键人才的培养周期。二是统筹推进人员岗位调动、优化编制、创新机制等工作，从现有的人才结构中寻找问题，突出学历、专业、职称、年龄等维度人才比例的调整，有步骤有规划地逐步完善博物馆人才队伍结构。三是实施博物馆高级专业人才延迟退休政策。因文博专业性质特殊，人才成长缓慢，培养周期较长，往往要到 50 多岁以后才能真正在学术上成熟起来，而这时距法定退休年龄已经不足 10 年，从而导致培养时间长，发挥作用时间短，专业人才资源浪费严重。为此，应参照高等院校在文博领域尝试实施延迟退休政策，对文博行业高层次人才进行弹性退休试点，设置 60—65 岁的弹性退休区间，允许在用人单位确有需要且本人有意愿、身体条件许可的情况下在达到法定退休年龄后的五年内自主选择退休时间。同时，提高文博行业专业技术人员退休年龄规定的制度层级，确保延长退休年龄制度的规范性；将退休年龄作为养老金提取额度的重要参考因素，对选择更晚退休的劳动者给予更高的养老金提取额度，以此作为一种激励手段，鼓励劳动者自主延长工作年限；在退休制度和养老金改革中适当提高最低缴费年限，推动社保制度在兼顾公平的基础上更大程度地契合市场精神。

六、充分发挥国有大型博物馆人才优势，开展同行业间的人才交流和帮扶

进一步优化不同地域人力资源配置，加强东、中、西部横向和国家馆、省级馆和基层国有博物馆间的纵向联系。实施中小型博物馆提升计划，充分利用国有大型博物馆的人才资源优势，开展大型博物馆与中小型博物馆的双向人员交流，建立常态化帮扶机制。第一，为中小及非国有博物馆从业人员到国有大型博物馆提供学习机会，使基层人员掌握行业先进知识与应用技能。第二，大型博物馆工作人员也可以到中小馆挂职，开展周期性的实地指导与培训，指导中小型博物馆

与非国有博物馆健全藏品账目及档案，依法依规推进博物馆法人产权确权。第三，加强行业沟通交流，以公开课、云展览、视频会议等线上形式，开展藏品研究、展览策划、文化传播、文创开发等不同业务板块优秀案例的推广活动，提供面向基层的在线学习服务。在案例中提取共性，寻找规律，以优化业务模式，推进各地各类博物馆互相借鉴、互通有无、共同进步。

"十四五"期间是中国博物馆事业快速发展的重要战略机遇期，加快人才发展是保障博物馆事业持续繁荣的重要途径。通过对博物馆人才的调研分析，深刻总结和认识目前博物馆人才总量稳中有升、人才成长周期长、年轻化专业化明显、人才流动不均衡等现状，切实正视博物馆存在的人才总量不足、成长缓慢、专业技术人员占比偏低、人才结构失衡、人才断层突出、高层次人才匮乏等问题，并从人才培养、人才评价和人才激励等方面深入剖析问题产生的根源。在此基础上，明确提出通过完善博物馆学科体系、切实加深馆校合作、盘活博物馆人才存量、完善人才评价体系、加大激励力度、加深行业交流等方式，破解博物馆人才发展的瓶颈。

人才队伍建设是博物馆事业持续、健康发展的关键环节。只有加强博物馆人才队伍建设，才能从根本上增强博物馆事业发展的核心动力。但是，目前中国博物馆行业在破除人才发展障碍、培育人才成长土壤、建立激发人才活力机制、树立识才爱才敬才用人理念等方面，依然任重而道远。

分报告十　安全形势总体良好，专业精细成行业主流

安全运维是博物馆的基石，是博物馆正常运行的重要保障，是博物馆一切工作的红线、底线和生命线。安全运维管理贯穿博物馆各项工作，关系中华历史文脉赓续传承，关系社会主义核心价值观培育，关系人民群众精神家园建设，是传承保护中华文化遗产、维护国家文化安全、建设社会主义文化强国的重要内容和基础支撑。

第一节　中国博物馆安全运维现状与特点

中国博物馆馆藏、文物建筑数量众多、分布广泛。做好博物馆安全运维保障工作，是保护文物安全的生命线，是传承古老文明的历史责任，是功在当代、利在千秋的大事。《博物馆条例》第二十四条明确规定："博物馆应当加强对藏品的安全管理，定期对保障藏品安全的设备、设施进行检查、维护，保证其正常运行。对珍贵藏品和易损藏品应当设立专库或者专用设备保存，并由专人负责保管。"从某种意义上说，做好博物馆安全运维工作，不但能确保博物馆各项工作有序、安全推进，而且能为博物馆充分发挥其他业务功能提供有力支撑。近年来，随着中国博物馆观众数量激增，博物馆安全运维工作任务与日俱增。在此背景下，中国博物馆不断完善安全管理制度，改进安全管理设施设备，提升安全运维管理手段，有效保障了各项工作顺利运行。同时，也应看到，博物馆安全运维管理是一项长期而又艰巨的工作，文物失窃、损坏、火灾等事故时有发生，加上自然灾害等不可抗力，文物安全运维工作形势严峻。

一、博物馆安全形势总体向好

　　长期以来，从中央到地方各级政府都高度重视博物馆安全运维工作，制定实施了一系列博物馆安全防范政策措施。特别是党的十八大以来，习近平总书记多次就文物安全工作作出重要指示，为各级各类博物馆加强文物安全保护、保护好珍贵历史文化遗产指明了方向。近年来，国家加大博物馆安全运维投入，大力推进文物平安工程，文物安全工作被纳入全国安全生产专项整治三年行动重要内容，国家和省级财政投入年均超过 10 亿元，每年建设全国重点文物保护单位安全防护工程 400 余项。① 党的十八大以来，中央和地方持续加大文物保护经费投入，中央财政累计安排国家文物保护资金 570 亿元，投入博物馆、纪念馆免费开放补助资金 278 亿元，实施 3500 多项国保单位安全防护工程。② 国家文物局会同工业和信息化部、科学技术部联合印发了《文物保护装备发展纲要（2018—2025 年）》，把文物建筑火灾防控预警和灭火先进适用技术攻关，列为装备研发应用重点内容。组织制定《文物消防安全检查规程（试行）》《文物建筑电气火灾防控技术规程》《文物建筑防火设计导则（试行）》和《古城镇和村寨火灾防控技术指导意见》等一批文物消防安全制度标准，为基层文物单位、博物馆实施安全管理提供科学依据。各级各类博物馆主动汲取巴西国家博物馆等火灾事故教训，强化安全责任落实，加强日常巡视检查，切实提高安全管理水平。以北京为例，北京地区博物馆根据《北京市消防安全重点单位微型消防站建设标准》要求，基本配备微型消防站，明确要求配备安全人员、站房器材等，有力提升了博物馆的安全保障能力。

　　调查显示，中国博物馆安全事故发生率总体较低，受调查的博物馆中仅有 1.8% 发生过安全事故。从博物馆类型来看，艺术类博物馆未发生事故，历史类、自然科学类、综合类、其他类博物馆均发生过事故，其中自然科学类博物馆 30 个样本中事故发生率为 3.3%，有 1 家发生过事故；综合类博物馆 150 个样本中

---

① 央广网：《全国已有 19 个省份将文物安全工作纳入政府年度考核评价体系》，2020 年 4 月 16 日，见 https://www.sohu.com/a/388586825_362042。

② 李群：《国务院：关于文物工作和文物保护法实施情况报告》，2021 年 8 月 18 日，见 http://www.npc.gov.cn/npc/c2/c30834/202108/t20210818_312964.html。

事故发生率达 2.7%，有 4 家发生过事故。在一、二、三级博物馆中，一级博物馆未发生过安全事故，二、三级博物馆发生事故比例较高，分别达到 4%、3.3%。根据参观人数来看，年参观人数 100 万人次及以上的博物馆没有发生过安全事故，15 万（含）—40 万人次和 15 万人次以下的博物馆占比较高，事故率分别达 2.0%、1.1%。从门票类型来看，安全事故都发生在免费博物馆，收费博物馆未发生过安全事故。2020 年 4 月，时任国家文物局局长刘玉珠表示：在世界各地文化遗产连续发生火灾事故的情况下，我国文物消防安全形势总体平稳，没有发生重大灾难性文物火灾事故。①

二、博物馆安保队伍数量持续增长

"人"是博物馆安保工作的决定性因素，设置相应的安保机构、配备一定数量的安保力量是博物馆安全的重要保障。《博物馆安全保卫工作规定》中明确规定："中央直属、省、自治区、直辖市的博物馆和藏品较多的地、市博物馆，应该专门设置保卫处、科；其他的地方博物馆，应设保卫股或专职保卫干部。博物馆保卫干部和警卫人员（包括技术安全设备管理人员和巡逻人员）总数应占全馆职工人数的 10% 左右；百人以下的或地点分散的博物馆可超过 10% 的比例。"根据《中国文化文物和旅游统计年鉴 2020》分析，2019 年中国博物馆安全保卫人员总数为 27548 人，占总从业人数的 25.51%，每家博物馆平均 5.37 人（表 19）。其中免费开放博物馆安全保卫人员为 21061 人，占总从业人数的 25.39%，每家博物馆平均 4.81 人。可以看出，中国博物馆安全保卫人数占博物馆从业总人数的比重较高，均超过《博物馆安全保卫工作规定》要求的比重。从安全保卫人员增长数量来看，2013—2019 年增长数量分别为 2330 人、1464 人、1211 人、1422 人、2840 人、859 人、961 人，每年增长数量虽然不一致，但年均都有不同程度的增长，增长量占博物馆从业人员总数增长量的比重较大，如 2019 年博物馆从业人员增

---

① 央广网：《全国已有 19 个省份将文物安全工作纳入政府年度考核评价体系》，2020 年 4 月 16 日，见 https://www.sohu.com/a/388586825_362042。

长仅487人，而安全保卫人员增长了961人，这说明在其他从业人员减少的情况下，博物馆安保人员数量仍然高速增长。

调查显示，有79.1%的博物馆设立了专门的安保机构，其中一级博物馆设立专门安保机构比率达93.5%，二级博物馆设立专门安保机构达89.3%。平均每家博物馆拥有专职安保人员20.7人，数据比《中国文化文物和旅游统计年鉴2020》的平均数据要高出不少。调查显示，57.4%的博物馆拥有专职消防人员。这充分说明，中国博物馆安全保卫人员力量总体情况较好。

表19　2012—2019年中国博物馆安保从业人员情况表

年度	博物馆数量（家）	安全保卫人数（个）	从业总人数（个）	安保人员占从业人员比重	博物馆人均拥有安保人员数量（个）
2012	3069	16461	71748	22.94%	5.36
2013	3473	18791	79075	23.76%	5.41
2014	3658	20255	83970	24.12%	5.54
2015	3852	21466	89133	24.08%	5.57
2016	4109	22888	93431	24.49%	5.57
2017	4721	25728	105079	24.45%	5.45
2018	4918	26587	107506	24.73%	5.41
2019	5132	27548	107993	25.51%	5.37

数据来源：2013—2018年《中国文化文物统计年鉴》，2019年《中国文化和旅游统计年鉴》，2020年《中国文化文物和旅游统计年鉴》。

三、博物馆安保机构设置和队伍配备差异明显

尽管中国博物馆安保队伍数量持续增长，但博物馆设立专门安保机构和安保队伍人数并不均衡。调查显示，从区域分布来看，中国博物馆安保机构设置差异不明显，东部、中部、西部、东北地区博物馆设立或拥有专门安保机构的比率为78.6%、77.9%、80.2%、82.6%，占比较高，差异不大，但拥有专职消防人员的

比例则差异明显，分别为 55.8%、63.5%、55.9%、47.8%，东北地区博物馆专职消防人员薄弱一些。根据《中国文化文物和旅游统计年鉴 2020》统计，2019年中国博物馆平均安保人数为 5.37 人，内地 31 个省、自治区、直辖市每家博物馆拥有安保人数超过平均数的有 12 家，前五名的是北京、四川、陕西、山西、重庆，平均人数分别为 14.3 人、7.71 人、7.64 人、7.51 人、7.34 人；没有达到平均数的 18 家博物馆，其中低于 4 人的达到 10 家，后五名为吉林、内蒙古、青海、黑龙江、天津，平均人数分别为 2.85 人、3.02 人、3.33 人、3.36 人、3.51 人。这说明，各省区市安保人员配备差异较大，北京一枝独秀，是唯一一个博物馆平均拥有安保力量数超过 10 人的地区。①

按照机构类型来看，调查显示，历史类、艺术类、自然科学类、综合类、其他类（含专题类）博物馆设立专门安保机构的比例分别为：83%、65.2%、70.0%、81.3%、78.9%。可以看出，不同类型博物馆差异很大，特别是艺术类和自然科学类博物馆设置专门安保机构的比例较低。上述不同类型博物馆拥有专职消防员的比例分别为 58.9%、47.8%、43.3%、58.7%、62%，同样是艺术类、自然科学类博物馆没有专职消防员的占比较大。总体来看，艺术类、自然科学类对安保力量配置相对薄弱，其对安保工作的重视程度相对较低。

从机构性质来看，调查显示，不同性质的博物馆对安保工作的投入差异悬殊，其中国有博物馆设立专门安保机构的比例为 81.4%，明显高于非国有博物馆的 61.0%。国有博物馆平均专职安保人员有 22.6 人，非国有博物馆仅有 3.9 人。在专职消防员投入上也可以看出，58.5% 的国有博物馆拥有专职消防员，而只有48.8% 的非国有博物馆拥有专职消防员。总体来看，国有博物馆更加重视博物馆安全保卫工作，配备力量相对较好，非国有博物馆安全保卫力量相对薄弱。

从博物馆的等级来看，调查显示，博物馆级别越高、年参观人次越多，设立专门安保机构的比例越高。一级博物馆和二级博物馆设立安保机构的比例分别为93.5% 和 89.3%，三级和未定级博物馆这一比例只有 85.0% 和 68.3%。上述四个

---

① 中华人民共和国文化和旅游部编：《中国文化文物和旅游统计年鉴 2020》，国家图书馆出版社 2020 年版。

等级博物馆专职安保人员平均人数分别为 42.6 人、24.7 人、13.2 人、14.6 人，一、二级博物馆专职安保人员数量相对较多，三级和未定级博物馆相对较少，这在一定程度上反映出博物馆的等级高低与安保人员数量成正比。

从参观人次来看，调查显示，年参观人数 100 万人次及以上的博物馆有 89.0%建立了专门安保机构，专职安保人数平均达 46.1 人；参观人次在 40 万（含）—100 万的博物馆有 86.5%建立了专门安保机构，专职安保人数平均达 18.8 人；15 万（含）—40 万人次和 15 万人次以下的博物馆这一比例分别为 79.0%和 62.8%，专职安保人数平均分别为 12.8 人、6.7 人，这说明观众人数与安保工作高度相关，观众规模越大，安保人员较多，反之越少。

从门票类型来看，调查显示，免费博物馆与收费博物馆在安保机构设置上相差不大，分别为 80.1%、76.7%。但两者拥有专职安保人员的数量差距明显，收费博物馆平均专职安保人数 36.9 人，免费博物馆平均专职安保人数为 18.6 人，收费博物馆明显较高，其原因可能在于收费博物馆很多属于古建类博物馆，占地面积相对较大，院落分散，管理难度相对较大，所需保安人数自然较多。博物馆设立专门安保机构的比例如图 120 所示。

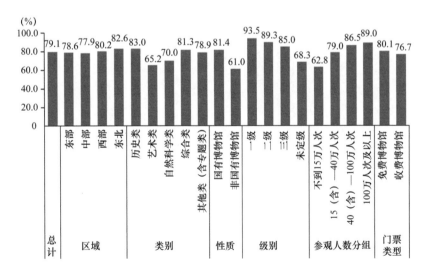

图 120　博物馆设立专门安保机构的比例

四、定期安全演练、制定应急预案是博物馆安全预防的常态

定期安全演练是博物馆做好安全预防的重要手段。调查显示，中国博物馆总体高度重视安全演练，大多提前已有相应的应急预案。调查的博物馆中，有88.5%的博物馆会定期进行安全演练，只有11.5%的博物馆尚未定期进行安全演练。不同区域分布、不同类型的博物馆定期举行安全演练的情况相差不大。有所区别的是，国有博物馆定期举行安全演练的占比达92.3%，这一比例远高于非国有博物馆的61.0%。免费博物馆定期举行安全演练的占90.3%，高于收费博物馆的83.7%。从博物馆等级来看，博物馆级别越高、年参观人数越多，定期进行安全演练的比例也越高。一级博物馆定期进行安全演练的比例为95.2%，二、三级博物馆分别为90.7%、90.0%，未定级博物馆这一比例为85.2%。年参观人次在15万以上的博物馆定期进行安全演练的比例88%，不到15万人次的博物馆这一比例只有83.0%。

安全应急预案是有效化解安全风险的重要制度保障。调查显示，有91.6%的博物馆制定了安防应急预案，只有8.4%的博物馆未制定安防应急预案。其中，制定了安防应急预案的国有博物馆达到94.3%，比例要高于非国有博物馆的70.7%；制定了安防应急预案的免费博物馆达93.5%，远高于收费博物馆的

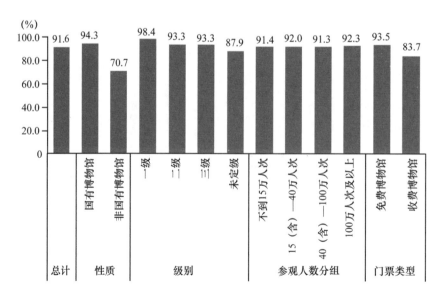

图121 博物馆设立安防应急预案的比例

83.7%。总体来看，博物馆级别越高，制定安防应急预案的比例越高，这也在一定程度上说明不同博物馆对安全工作的重视程度。调查的一级博物馆中98.4%制定了安防应急预案，二级、三级和未定级博物馆这一比例分别为93.3%、93.3%和87.9%（图121）。应急预案在博物馆内部的知晓度较广。调查的博物馆中，全馆人员知晓率占95.3%，其中安防工作人员知晓的占42.2%、消防工作人员知晓率达33.5%、部分管理人员知晓率为23.2%，其他人员知晓率为4.2%。

五、安全管理与设备运维社会化专业化趋势明显

社会化用工，也就是通常所说的外包，是解决当前博物馆安全运维工作的主要模式。从样本调查结果来看，有80.8%的博物馆安保工作采取外包方式，仅有19.2%的博物馆未采用外包用工。从地域来看，外包比例较高的是东部、中部地区，分别占到87.4%、82.1%，西部、东北地区博物馆外包比例相对较低，分别为73%、68.7%。从满意度调查显示，博物馆对安保外包普遍感到满意，有73.5%的博物馆对外包的安保工作非常满意或满意，只有7.3%的博物馆对外包工作不太满意或不满意（图122）。从博物馆类别调查显示，国有博物馆（75.1%）对外包安保工作的满意度高于非国有博物馆（56.0%）。年参观人次越多的博物

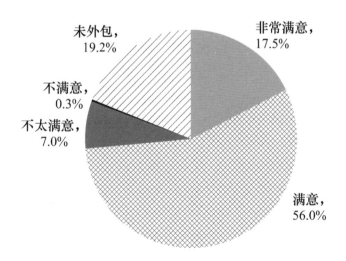

图122　调研博物馆安保工作外包情况

馆，将安保工作外包的比例越高，对外包安保工作的满意度也越高。年参观人数100万人次及以上的博物馆中有91.8%将安保工作外包，对外包工作的满意度为82.2%；40万（含）—100万人次和15万（含）—40万人次的博物馆中有外包比例分别为85.7%、82.9%，外包安保工作满意度分别为79.8%、74.3%；15万人次以下的博物馆63.0%将安保工作外包，对外包安保工作满意的比例为58.9%。从博物馆等级调查显示，一级和二级博物馆将安保工作外包的比例分别为92.6%、88.5%，三级和未定级博物馆外包比例为78.0%、72.5%；一级和二级博物馆对外包工作满意的比例分别为85.2%和82.0%，三级和未定级博物馆分别为73.2%、65.2%。课题组实地调查扬州市蜀岗唐子城风景区管理处，该处管理的两家博物馆均使用外包安保人员，保安人数35人，24小时值班值守，晚上大部分为双岗，总体上比较满意；调研北京石刻艺术博物馆、北京古代建筑博物馆，两馆的保安人员基本使用社会化用工。

从设备运维调查显示，调查的博物馆中有81.6%的博物馆将设备运维工作外包，73.9%对外包的运维工作非常满意或满意（图123）。国有博物馆对外包运维工作的满意度为75.7%，高于非国有博物馆52.2%的满意度。年参观人次越多的博物馆，将运维工作外包的比例越高，对外包工作的满意度也越高。年参观人数100万人次及以上的博物馆90.3%将运维工作外包，对外包工作满意的比例

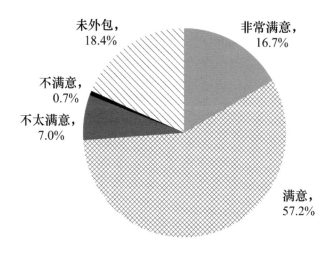

图123　博物馆运维工作外包情况

为 86.1%；40 万（含）—100 万人次和 15 万（含）—40 万人次的博物馆外包比例分别为 90.7%、79.4%，运维外包工作满意度分别为 80.2%、70.6%；15 万人次以下的博物馆 64.3% 将运维工作外包，对外包运维工作满意的比例为 58.6%。不同等级博物馆的运维外包差异较大：一级和二级博物馆将运维工作外包的比例分别为 92.7%、85.2%，三级和未定级博物馆外包比例分别为 80.0%、74.8%；一级和二级博物馆对外包工作满意度的比例博物馆分别为 87.3% 和 78.7%，三级和未定级博物馆分别为 65.0%、67.4%。可以看出，中国博物馆设备运维的外包程度较高，设备运维管理朝社会化、专业化发展的趋势明显。

六、大型博物馆物业管理社会化程度与满意度普遍较高

物业管理是提升博物馆服务质量的重要保障。总体来看，大型博物馆物业外包程度较高。调查显示，有 82.8% 的博物馆将保洁工作外包，78.1% 对外包保洁工作非常满意或满意（图 124）。国有博物馆外包保洁工作的比例更高，有 84.9% 的国有博物馆保洁工作实行外包。80.1% 的国有博物馆对外包保洁工作满意，高于非国有博物馆的 56.0%。年参观人次越多的博物馆，将保洁工作外包的比例越高，对外包工作的满意度也越高。年参观人数 100 万人次及以上的博物馆

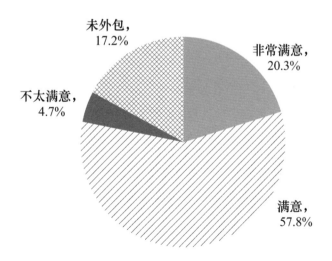

图 124 博物馆保洁工作外包情况

中有 94.4% 将保洁工作外包，对外包工作满意的比例为 90.1%；40 万（含）—100 万人次和 15 万（含）—40 万人次的博物馆外包比例分别为 87.5%、83.8%，保洁工作外包满意度分别为 83.8%、76.5%；15 万人次以下的博物馆 66.7% 将保洁工作外包，对外包保洁工作满意的比例为 64.0%。一级和二级博物馆将保洁工作外包的比例分别为 92.3%、94.7%，三级和未定级博物馆外包比例为 75.6%、75.4%；一级和二级博物馆对外包工作满意的比例分别为 86.5% 和 91.2%，三级和未定级博物馆分别为 73.2%、71.0%。

调查显示，62.6% 的博物馆将职工餐饮外包，近 60% 对外包工作满意。其中国有博物馆的外包比例达 64.7%，外包工作满意度为 57.6%；非国有博物馆职工餐饮外包仅为 41.7%，外包的满意度为 41.7%。收费博物馆将职工餐饮外包的比例高达 90.0%，对外包工作的满意度也更高，达到 76.7%，两者的比例均高于免费博物馆的 59.1%、53.5%。年参观人次越多的博物馆将职工餐饮工作外包的比例越高，满意度也越高。年参观人数 100 万人次及以上的博物馆 79.7% 将餐饮外包，71.9% 表示满意；40 万（含）—100 万人次的博物馆中，70.7% 将工作外包，满意的比例为 61.3%；15 万（含）—40 万人次和 15 万人次以下的博物馆外包工作比例分别为 51.8%、47.0%，对工作表示满意的比例分别占 44.6%、45.5%。实际上，一些小型博物馆由于地域狭小、安全等原因无法为职工解决就餐问题，如北京文博交流馆（智化寺）在 2020 年之前就是员工自行解决餐饮问题，2020 年后依托属地街道食堂解决了职工周二至周五上班期间的午餐问题，其他时间就餐只能靠职工自己解决，为观众提供餐饮服务更是囿于各种条件制约无从谈起，像这种情况的博物馆现在仍然不少。

从绿植养护来看，调查显示，78.7% 的博物馆将绿植养护工作外包，71.1% 对绿植养护外包工作满意（图 125）。国有博物馆绿植养护外包比例为 80.6%，外包工作满意度为 72.2%；非国有博物馆绿植养护外包比例为 58.3%，满意度仅为 58.3%，明显低于国有博物馆。收费博物馆将绿植养护外包的比例更高，达93.3%，对外包工作的满意度也更高，达到 83.3%；而免费博物馆绿植养护外包比例为 76.9%，满意度只有 69.4%。从不同级别博物馆来看，一级博物馆将绿植养护工作外包的比例最高，达 92.3%，满意度也最高，达 84.6%。从参观

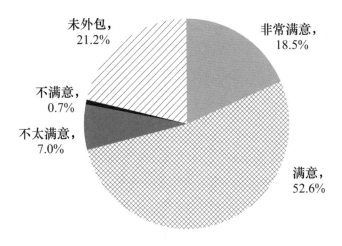

图 125　调研博物馆绿植养护外包情况

人次来看，100 万人次以上博物馆绿植养护外包和对外包工作满意的比例分别为92.9%、85.7%。实地调研扬州市蜀岗唐子城风景区管理处，该处两家博物馆的环境保护、卫生、绿化均采取外包服务，且是单独招标，总体来说较为满意。综上，充分说明，博物馆规模越大，物业外包程度越高，专业化程度越高，在环境卫生、博物馆美观等方面服务相对较好。

第二节　存在的主要问题与成因分析

随着博物馆数量高速增长，观众日益增多，博物馆安全风险显著增加。一些博物馆特别是中小型博物馆和非国有博物馆安保力量配置不足，设备设施较为落后，存在不少安全隐患和问题，背后的成因值得深入分析。

一、存在的主要问题

（一）安全隐患依然较多

尽管中国博物馆安全态势总体较为平稳，但安全隐患突出，隐患较多，不容忽视。一些文博单位对消防安全工作未予以足够重视，安全意识淡薄，安全机构设置、人员配置、安全措施等方面重视不够。2018 年 9 月 19 日至 29 日，应急管理部、文化和旅游部、国家文物局组成 12 个联合督查工作组进行首轮督查，各组共随机抽查了 145 家博物馆和文物建筑单位，发现火灾隐患和问题 510 余项，其中电气故障火灾隐患 170 余项，消防设施设备配置和维护保养使用问题 140 余项，应急处置能力不足问题 100 余项，安全管理不到位问题 100 余项。各地对 2000 余处存在火灾风险性的国保单位和 855 家三级以上博物馆消防安全责任人进行了约谈。在各省安全大检查中，截至 2018 年 9 月底，各地共组织检查组 5013 个，检查博物馆和文物建筑 30854 家（处），发现问题隐患 69688 项，已督促整改 61168 项，拆除文博单位内及周边私搭乱建违章建筑 836 处，临时查封、关停存在火灾风险危险场所 89 处，曝光存在火灾隐患和违法行为 498 家，挂牌督办存在重大火灾隐患单位 14 家，推动地方政府、文化、文物部门和社会单位投入消防经费 4.44 亿元。一些博物馆甚至是省级博物馆安全管理松懈。例如，四川博物院在屋顶违章搭建临时库房，通道堆放大量杂物，消防设施不能正常使用，室外消火栓损坏不能及时出水；新疆维吾尔自治区博物馆个别办公室违规使用热水壶等大功率电器，楼梯间、配电室堆放杂物，部分出入口缺少疏散指示标志等。①2021 年，北京对全市 233 家重点文保单位开展消防安全检查。累计检查文物保护单位 186 家，发现风险隐患 1508 处。②2021 年 8 月《国务院关于文物工作和文物保护法实施情况的报告》指出，中国深刻汲取国内外重大文物灾害事故教训，开展博物馆和文物建筑消防安全大检查、文物火灾隐患排查整治行动，排查文博单位 14.8 万余家，督促整改火灾安全隐患 13.5 万余处。国务院安全生产委员会挂牌督办 33 家博物馆和文物建筑完成火灾隐患整改。③

---

① 中央人民政府网：《三部门联合开展博物馆和文物建筑消防安全大检查首轮督查》，2018 年 10 月 25 日，见 http://www.gov.cn/hudong/2018-10/25/content_5334301.htm。

② 新京报：《北京对 233 家重点文保单位开展消防检查，发现隐患 1508 处》，2021 年 5 月 20 日，见 https://baijiahao.baidu.com/s?id=1700264615640607129&wfr=spider&for=pc。

③ 李群：《国务院：关于文物工作和文物保护法实施情况报告》，2021 年 8 月 18 日，见 http://www.npc.gov.cn/npc/c2/c30834/202108/t20210818_312964.html。

中国博物馆安全事故时有发生，值得高度关注。例如，2017年4月28日下午，天津瓷房子博物馆因油漆残渣升温而引发了火花，馆内消防人员及时疏散游客离场，并在消防人员到来之前已经灭火，未有任何人员受伤。2019年4月16日，国家文物局通报2019年以来发生六起文物火灾事故，包括四川省绵阳市江油市云岩寺东岳殿、福建省南平市建瓯市步月桥、江西省南昌市安义县京台曦庐民宅的刘氏宗祠、江西省抚州市乐安县金竹江西保卫局侦察科旧址、浙江省温州市文成县谢林大宅院、福建省泉州市晋江市钱头状元第。在调查的博物馆中，2019年有5家发生过安全事故。事故样本中，设备事故占80%、火灾事故为20%、文物安全事故为20%、人身事故为20%、人员密集场所安全事故为20%，其中，设备事故占比最高，同时存在火灾事故、文物安全事故。尽管导致博物馆安全隐患多的原因既有主观因素，也有客观因素，既有历史因素，也有人为因素，但有些博物馆对安全工作重视程度不够，管理上过于松懈，安全隐患较多，最终导致了安全事故。可以看出，尽管中国博物馆安全形势保持总体稳定，未造成重大影响，但安全隐患依然不少，安全形势依然严峻。

（二）观众激增带来的潜在安全风险日益凸显

2019年中国博物馆观众超过12亿人次，大多数省级综合性博物馆年观众量超过100万人次，一些"小众网红"博物馆观众量经常超过同期接待水平，观众的急剧增长，给博物馆带来了巨大的安全隐患。调查显示，实施免费开放以来，博物馆遇到的突出问题是，因观众激增导致公共服务配套不足的问题，比例高达32.7%。调查显示，2019年，73.5%的博物馆安检出危险品，检出易燃品比例最高，达到51.8%，管制刀具占31.0%，爆炸品占5.7%，腐蚀品占5.1%，由此带来的安全风险极高。其他如有毒及感染性物品、放射物分别占2.7%、0.9%，所占比例较低，但安全风险较大。总体来看，国有博物馆检出危险品的比例较高，占74.6%，其中检出易燃品达53.5%，管制刀具及利器钝器占到32.8%；非国有博物馆检出危险品的比例为62.5%，其中检出易燃品为34.4%，管制刀具及利器钝器占到12.5%，而未检出的危险品的比例高达37.5%，两者相差较大，其原因可能是安检的精细程度不一致。

调查显示，年参观人数 100 万人次及以上的博物馆检出危险品的比例为 88.7%，40 万（含）—100 万人次、15 万（含）—40 万人次和 15 万人次以下的博物馆检出危险品的比例分别为 75.5%、67.1%、63.2%。这说明，博物馆年参观人次越多，检出危险品的比例越高，这同样说明观众急剧增长带来了巨大安全风险。同时，博物馆级别越高，检出危险品的比例也越高，一级博物馆和二级博物馆检出危险品的比例分别为 86.4%、73.4%，三级和未定级博物馆这一比例分别为 71.4%、70.5%。由于观众的安全意识参差不齐，对博物馆的安全管理要求了解不多，无形中给博物馆安全管理带来隐患。

（三）安保队伍专业素质亟待提升

"人"始终是安保工作中最为关键的要素，《中华人民共和国文物保护法》《博物馆安全保卫工作规定》《国家文物局突发事件应急工作管理办法》《文物系统博物馆安全防范工程设计规范》等法律规章，对博物馆安全管理作出了一系列具体规定。对于一级风险单位应按照要求建立技术防范系统，应建立专业保卫队伍，在防护区或禁区内设立报警监控中心，中心控制室应配备自卫武器、通信工具等。一级风险防护单位，应严格按照规范要求，建立视频安防监控系统、门禁系统、入侵报警系统、电子巡查系统和集成式安全防范系统等安全管理系统，以及智能报警灭火系统等消防安全管理系统。而操作和管理这些系统的是博物馆的保卫人员，设备设施无论多么先进，设备是由人操作的，只有将人防与技防结合才能发挥有效作用。

如在应急管理部等三部委的检查中发现，一些博物馆普遍存在消防控制室值班人员对控制室管理及应急处置程序不熟悉，微型消防站人员应急处置能力低，应急预案流于形式，未与周边单位、场所实施联动，组织扑救初始火灾能力薄弱等问题，如洛阳博物馆消防管理人员对消防设施的设置情况不熟悉，灭火应急预案不具体，操作性不强。[①]《国务院关于文物工作和文物保护法实施情况的报告》

---

① 中国政府网：《三部门联合开展博物馆和文物建筑消防安全大检查首轮督查》，2023 年 2 月 3 日，见 http://www.gov.cn/hudong/2018-10/25/content_5334301.htm。

指出：全国县级文物行政编制仅有5000多人，平均每县不足2人；一些文物大市、文物大县文物行政机构不健全，与保护管理任务极不匹配。[①]

调研的博物馆中，有20.9%的博物馆没有设立专门的安保机构，特别是非国有博物馆未设立专门安保机构比例达39%，艺术类博物馆未设立专门安保机构比例达34.8%。有42.6%的博物馆没有专职消防人员，艺术类、自然科学类博物馆没有专职消防人员占比分别达52.2%、56.7%，专业消防力量薄弱。调查还显示，专业素质水平和稳定性不高是安保人员管理的主要问题。58.7%的博物馆反映安保人员专业素质水平不高，53.8%反映人员稳定性低、流失率高，反映应急问题处理能力偏低的占36.8%，反映缺乏对博物馆事业的认同的占13.4%，责任心不强、工作态度不佳的比例为6.6%，这些都是影响博物馆安全保卫的重要因素（图126）。

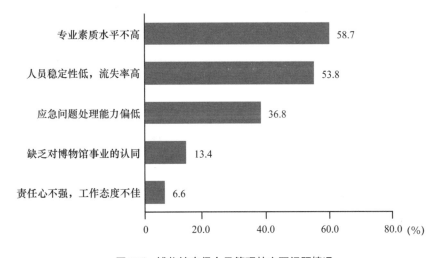

图126　博物馆安保人员管理的主要问题情况

（四）社会化安保人员流动频繁、流失率高

目前，中国博物馆安全运维工作依赖外包人员的情况突出。很多安检外包公司派出人员是职校实习学生，年龄普遍偏小、社会经验不足、吃苦耐劳性差，应

---

① 李群：《国务院：关于文物工作和文物保护法实施情况报告》，2021年8月18日，见http://www.npc.gov.cn/npc/c2/c30834/202108/t20210818_312964.html。

对突发事件不能够灵活处置，遇到对服务不满意的观众不能冷静对待。博物馆现场保安人员时有超负荷工作，导致现场人员因工作疲劳时有松懈、精神不集中及消极情绪，且工作重复，内容单调，人员流失多，队伍不够稳定，新老比例严重失调，岗位安全及服务质量无法保障。大多数外包人员，管理上采取半军事化管理的模式，部分队员受不了约束，造成能踏踏实实长时间工作的人员不多，能坚持半年以上的基本就是老员工。其次是安保人员工资待遇低、伙食问题、住宿环境问题、生活习惯等种种原因造成人员流失。实地调研扬州博物馆，该馆第三方安保人员流动性大的问题普遍存在。为保障文物安全，他们将第三方公司安保人员都放在不跟文物接触的公共岗位，如出入口等，与展厅文物接触的安保人员都是该馆自己招聘的合同制员工。据了解，北京地区博物馆保安项目服务费为每人每月 4000—5000 元，扣除社保等每人每月实际领取 3000—4000 元，加上加班、夜间值班频繁，工作强度较大。特别是当下，许多新兴职业产生，如快递物流业、送餐业、滴滴司机、直播卖货等，且新兴产业按劳分配的工资收入可观，每人每月实际基本收入在 5000 元以上，无形中导致了安保外包人员流失频率高，容易造成较大的安全隐患。

（五）安全防范设备设施配置不足

博物馆安全运维管理是一项系统工程，特别是安全运维设施设备配置情况，实质上反映了一个地区、单位对博物馆安全工作的重视程度。《国务院办公厅关于进一步加强文物安全工作的实施意见》明确要求，实施文物平安工程，健全文物安全防护标准，推广应用文物和博物馆单位安防、消防先进技术和装备。尚未建设安全防护设施的要尽快建设完善，逐步实现全覆盖。文物资源密集、专门机构人员短缺的地区，可集中设置安全防护综合控制中心。《博物馆运行评估标准》要求各级各类博物馆，库房和展厅均有保障藏品安全的设备、设施。定期对保障藏品安全的设备、设施进行检查、维护，有完整的检查、维护记录。

从调查数据来看，58.3%的博物馆库房安装了气体灭火系统，57.8%安装了远程库房监控系统。在一、二、三级和未定级博物馆中安装气体灭火系统的分别占 79.0％、75.3％、50.0％、45.9％，安装远程库房监控系统的分别占 75.8％、67.1％、55.4％、46.5％。在气体灭火系统安装方面，自然科学类博物馆达到 65.2％，历史类博物馆只有 50.5％，位于最末。可见，仍有大量博物馆库房安全设备设施还十分欠缺。一些博物馆的安检排爆设备处于老旧的状态，对观众包裹的监测结果不完整、不清晰，使得安保人员很难判断和识别危险品。在一些游客很少的小型博物馆内，甚至连基础的安检设备（安检机、安检门）都没有配备。[①] 据调查，一些小博物馆一般仅有 1 台安检设备，一旦出现问题，则无安检设备，只能安保员手检。有的博物馆安检设备还相对陈旧，如北京文博交流馆的一台安检设备还是 2008 年北京奥运会之前添置的，已经不能满足观众日益增多的严峻形势，到 2022 年安防工程改造时才更新换代。

（六）博物馆设备运维人员严重短缺

博物馆设备运维是博物馆开放服务的重要支撑，特别是一些综合性博物馆，其设备多、涉及面广、维护技术性强，需要大量设备运维人员。调查结果显示，有 88.2％的博物馆有设备运维人员，平均每家博物馆拥有设备运维人员 6.9 人。其中年参观人数 100 万人次及以上的博物馆、40 万（含）—100 万人次的博物馆、15 万（含）—40 万人次的博物馆、不到 15 万人次的博物馆拥有设备运维人员中位数分别为 8 人、5 人、3 人、2 人。博物馆级别越高、年参观人次越多，有设备运维人员的比例越高。一级博物馆和二级博物馆这一比例分别为 96.5％和 94.4％，平均有 11.8 人和 6.5 人；三级和未定级博物馆分别为 89.1％和 82.5％，平均有 4.3 人和 6.1 人。年参观人数 100 万人次及以上的 96.4％有设备运维人员，平均 10.9 人；40 万（含）—100 万人次的比例为 93.8％，平均有 6.1 人；15 万（含）—40 万人次以及 15 万人次以下的分别为 83.7％和 80.0％，平均分别有 4.8 人和 5.4 人。博物馆正式在编的设备运维人员更少，调研的博物馆中，正式在编设备运维人数为 2.4，中位数为 1，一、二、三、未定级博物馆的正式在编运维人员均值为 3.5、2.6、1.4、2.2 人。从博物馆

[①]　曹瀛予：《博物馆安检设备和技术落后问题浅析与对策》，《中国博物馆》2019 年第 1 期。

类别来看，历史类博物馆拥有在编设备运维保障人员最多，平均有 3.6 人，艺术类平均不足 1 人。以北京文博交流馆为例，2021 年以前在职员工中还没有一名专门的设备管理人员，仅有一名退休的电工负责设备设施的检修工作，夜间更是不能做到值班值守工作。

（七）设备设施运维养护不到位

设备设施的安全运行是保障博物馆各项工作稳定持续开展的基础和关键，是确保安全的重要工作。一些博物馆在日常管理中，没有完全按照相关要求对博物馆进行有效管理，使原本用于安全服务的管理设备设施成为安全隐患。例如，应急管理部等三部委在检查中发现，一些博物馆和文物建筑单位对消防设施设备日常维护保养不到位，未按要求进行检测评估，对陈旧或者损坏的设施设备未及时更换，导致设施设备效能受损或者陷于瘫痪。又如，内蒙古包头博物馆大厅无自动喷水灭火设备，火灾自动报警系统不能正常使用；沈阳故宫博物院地下藏品库气体灭火系统和火灾报警系统处于停用状态，部分气体灭火防护区出口处未安装声光报警器等。①

调查显示，在 5 个事故发生样本中，设备事故 4 个，火灾事故 1 个，文物安全事故 1 个，人身事故 1 个，人员密集场所安全事故 1 个。设备事故占比最高，而设备事故也可能形成火灾事故、文物安全事故和人身事故等。例如，2019 年 5 月 19 日，广东省博物馆二楼发生设备设施引起的火情。火情为空调机房起火，主要燃烧的是电线、木板等，燃烧面积约 1 平方米，导致广东省博物馆临时闭馆。可见，设备设施管理维护不善将成为博物馆安全事故的重点隐患，这也给博物馆设备设施管理维护敲响了警钟。

（八）博物馆安全运维系统分割严重

博物馆安全运维体系应该是一个相互连接、有序联动的整体。单霁翔认为，

---

① 中国政府网：《三部门联合开展博物馆和文物建筑消防安全大检查首轮督查》，2018 年 10 月 25 日，见 http://www.gov.cn/hudong/2018-10/25/content_5334301.htm。

现代化的博物馆安全防范系统，应包括火灾自动报警及消防联动系统。同时，防火报警系统、自动灭火系统等现代信息处理技术、传感技术、自动控制技术和网络通信技术的监测、防范设施，是博物馆中不可缺少的重要设施，并且每项系统之间相互联动，合成统一的安全防灾管理系统。[①] 目前，诸多博物馆安防和消防两大系统大多各自配置主机，同一系统的各子系统也有各自为战的现象，存在使用过程中形成功能割裂以及发生安全事故时联动处理时间长、效率低的情况。大多数博物馆的安防系统、消防系统还不能和公安系统、消防系统有效联动。

二、主要成因分析

（一）安全意识不强，主体责任和岗位责任未落实到位

尽管每逢节假日和重大时间节点，文博系统都要开展安全大检查，但在实际管理中，仍有一些博物馆对安全管理流于形式，未全面系统认识，部分职工安全意识不强，在安全机构设置、人员配置、安全应急训练和应对等方面还重视不够。在应急管理部等三部委联合开展的博物馆和文物建筑消防安全大检查首轮督查中发现，有的博物馆夜间值班主要靠外包保安，在职职工值班主要是起联络作用，也不在中控室值守，有的库房、展厅防范设施及消防器材短缺、不到位。还有一些博物馆安全值守等补贴较少，也不提供餐费补贴等，夜班人员第二天仍需正常上班，影响了员工夜间值班的积极性。尽管大多数博物馆都建立起了相对完整的安全防范体系，但一些博物馆对文物安全的重视尚未达到应有的高度，在执行巡查、检查制度上，还停留在口头上重视，并未落到实处，平时的巡查、检查走过场，存在检查规范不达标，管理要求执行不到位，值班时有空岗的现象，全方位、长期性的文物安全防范长效机制存在漏洞。在2019年应急管理部等三部委的督查中发现一些博物馆和文物建筑单位违章使用大功率电器设备、私拉乱接电气线路、违规生产作业，如青海省博物馆部分电气线路敷设凌乱，未采取防火

---

① 单霁翔：《从"数量增长"走向"质量提升"——关于广义博物馆的思考》，天津大学出版社2014年版，第207页。

保护措施。①

（二）历史遗留问题和自然灾害影响

中国的博物馆数量众多、类型多样，既有国有的，也有非国有的，既有遗址类博物馆，也有革命纪念类博物馆，等等。很多博物馆还存在大量历史原因导致的安全问题。以北京市属博物馆北京文博交流馆为例，作为第一批全国重点文物保护单位，智化寺地处北京市东城敏感地带，智化寺古建筑与胡同的居民房屋、幼儿园等没有隔离，其中大悲堂有一半墙体不在智化寺院内，周边的消防安全形势非常严峻，居民腾退、恢复性修建极其困难。北京孔庙和国子监博物馆也有部分古建与居民房屋紧挨，给博物馆造成安全隐患，实际上这样的现象在不少古建类博物馆存在。同时，自然灾害如地震、洪水、暴雨、雷电、台风、泥石流等，因其难以预测性，对博物馆安全也构成极大威胁，成为博物馆文物损害的主要原因之一。例如，2021年河南"7·20"特大暴雨，对河南文博机构造成重大影响，引发社会高度关注。据报道，郑州市、洛阳市、巩义市、新乡市等文物单位密集地区在一周内遭受了严重灾害，部分博物馆和考古工地有渗漏进水情况，多处全国重点文物保护单位、省级重点文物保护单位遭受不同程度水毁险情。河南博物院、河南省文物考古研究院、郑州博物馆新馆、郑州商都遗址博物院、郑州市文物考古研究院、二七纪念塔、古荥冶铁博物馆均出现了程度不同的灌水、积水情况。7月20日傍晚，郑州各大博物馆启动应急预案，将馆藏文物及时转移，文物基本没有受损。据受灾较严重的河南博物院介绍，由于雨势凶猛，闭馆时仍有40余名群众被困，直至次日下午院区周边的积水逐渐消退后，滞留的人员才陆续回家。②

---

① 中国政府网：《三部门联合开展博物馆和文物建筑消防安全大检查首轮督查》，2018年10月25日，见 http://www.gov.cn/hudong/2018-10/25/content_5334301.htm。

② 陈佳靖：《暴雨一周，河南多处文物古迹遇险情，龙门石窟、安阳殷墟已恢复开放》，2021年7月27日，见 https://www.jiemian.com/article/6401788.html。

（三）部分观众安全意识不强带来安全隐患

近年来，博物馆已经成为人民群众日常生活的一部分，不同地区、不同职业身份、不同参观目的的观众纷纷走进博物馆，特别是文旅融合的发展，博物馆成为时下旅游打卡的热门场所。一方面，由于观众安全意识还较为淡薄，其携带物品对博物馆无形中形成潜在的威胁，如携带自拍杆、打火机、水果刀等，特别是一些地处特殊位置的博物馆，更是不容忽视。以国家博物馆为例，2019 年全年入馆观众参观量为 739 万人次，共检查箱包 1346931 个，查出禁限带物品 4384 件（易燃压力罐 3547 瓶、水果刀 837 把）、违禁物品 182 件（电击器 7 个、自锁刀 43 把、鞭炮 85 个、摔炮 14 个、子弹壳 4 个、蝴蝶刀 3 把、防狼喷雾 18 瓶、甩棍 3 根、弹弓 4 个、护手 1 个）、打火机 100 万余个。妥善处置观众用水杯砸展柜、翻越护栏、闯岗、充电宝在展厅自燃等突发事件 60 余起。[1] 另一方面，一些博物馆的安全管理措施还不能有效应对大客流涌入。一些博物馆成为网红打卡地后，特别是在节假日期间往往有大客流的涌入，排队插队现象时有发生，而博物馆因为路线不清、安检设备落后、人员有限等原因，一些观众拥挤插队而发生吵架斗殴、在博物馆抽烟等现象时有发生，严重影响博物馆安全。还有一些观众对博物馆安保安检工作不理解、不认同，认为侵犯了自己的隐私，或嫌安检过程烦琐，心理上对安检工作有排斥感，经常不配合安检而吵闹，影响正常安检工作。

与此同时，面对观众客流的急剧增长，博物馆防盗压力巨大。例如，2009 年以来，内蒙古博物院、山西省临猗县博物馆、临汾市丁村民俗博物馆等多家博物馆先后发生馆藏文物丢失、抢劫等恶性案件。[2] 即使在有先进的现代安全防范设施的故宫博物院，2011 年 5 月 8 日，一个非专业盗贼却突破故宫四道防线盗取了文物，这是对博物馆安全防范的深刻警醒。特别是随着先进技术的发展，现在的偷盗已经发展到有预谋、有组织、使用高科技技术偷盗手段，导致文物及藏品、展品安全隐患增多，对博物馆的安全防范管理提出了更高的要求。

---

[1]　中国国家博物馆：《2019 年度中国国家博物馆数据报告》，2021 年 1 月 21 日，见 http://www.chnmuseum.cn/zx/gbxw/202001/t20200123_191603.shtml。

[2]　孔祥峰：《浅谈如何做好博物馆安全保卫工作》，《科技资讯》2019 年第 27 期。

（四）部分博物馆安全运维管理尚未完全实现社会化、专业化

博物馆安全运维专业化水准参差不齐，一方面原因是社会化用工不足。有些博物馆没有服务人员专项经费，安保经费不足，难以保证博物馆展览等场所有社会化安保人员。以北京文博交流馆为例，因为没有服务人员专项经费，各个陈列展厅安全看护人员、售票员、保洁员，只能从物业费中挤出有限经费来聘用附近有兴趣爱好的退休人员，且每个展厅只有一名退休人员看护，有的已经七八十岁，年龄普遍偏大。尽管这些老同志都有爱护文物的爱心，且有些在馆内工作有很多年头，工作环境都较为熟悉，但年龄都比较大，身体素质本身对博物馆而言就是隐患，而且博物馆工作时间长，每周六天上班时间，时常还有夜间值班和临时活动，各种应急处突的培训更是无从谈起。加之馆内也不能与其签订相关正式合同，每月仅给予其象征性的劳务费，餐费、加班、值班等其他福利无从谈起，约束机制难以建立，这也无形拉低了整馆的安全保障水平，基于安全的考虑，相对珍贵一些的文物也不敢拿出来展示，更不用说举办展示珍贵文物的临时展览。随着安全形势越来越严峻，安全工作的要求越来越高，原先聘请的年岁较大的志愿者已经不能满足当前安全形势的需要和博物馆开放的要求，急需通过聘请专业的社会化用工服务人员，来保障博物馆文物和观众的人身安全，提升服务质量。当然，这样的情况在不少博物馆仍然存在，文物部门也在积极推进社会化用工，努力改变这种局面。

（五）经常性的专业训练和应急演练欠缺导致专业能力不足

目前，中国博物馆的信息化建设升级很快，很多安全防范设备需要专业人员管理，有些博物馆即使配备了高科技的安防设备设施，保卫人员也只能在现代化监控中心做一般的守机员，却不懂这些先进技术的运用，甚至无法排除一般的设备故障，达不到"人机联防"的效果。[①] 博物馆安全岗位属于一专多能，如安检员要熟知每个岗位的岗位职责、馆内的规章制度、消防知识、处置突发事件的应急预案、业务技能（手检、值机等）、服务礼仪、文明礼貌用语等，要求较高。

---

① 孔祥峰：《浅谈如何做好博物馆安全保卫工作》，《科技资讯》2019 年第 27 期。

但在实际工作中，由于人员的流动性较大，存在有的培训还没完成，就已经离职的现象，还有一些安保员刚刚接受完培训开始工作没几天就离岗离职，等等，这些情况对博物馆安保工作影响很大。在消防演练和应急处突培训中，一些博物馆基本是由社会化保安人员和保卫部门参与，其他部门在职人员参与较少，或者参与的基本都是讲座式培训，实战演练很少，甚至部分人员认为安全工作就是保卫部门和保卫干部的事情，安全意识缺乏，难以有效应对紧急情况。还有一些博物馆过于依赖外包人员，如将作为博物馆安全防范和技术管理核心部位的中控室，完全交由保安管理，在职人员由于人手和值班空间有限，基本不参与坐班，对设备设施、重要安全点位不了解、不熟悉，等等，难以有效确保博物馆安全。还有一些博物馆参与展厅维护的临时工，由于年龄偏大，在观众服务、展厅安全方面的培训也基本阙如。

（六）设备设施更新需要大量的资金投入

从调研情况来看，2019 年每家博物馆平均设备运维保障支出中位数为 17.8 万元，上四分位数为 50 万元，下四分位数为 5 万。从参观人数来看，年参观人数 100 万人次及以上的博物馆、40 万（含）—100 万人次的博物馆、15 万（含）—40 万人次的博物馆、15 万人次以下的博物馆设备运维保障支出中位数分别为 60 万元、20 万元、10 万元、5 万元。可以看出，中国博物馆设备运维支出经费较少，有的博物馆一年的设备运维经费还不足以购买一台安检设备，更不论其他大型设备。大多数基层博物馆资金仅能满足日常的安保人员支出，大型的设备购置需要申请专项经费，手续过程极为烦琐，审批也不一定能通过。与此同时，安全运维设备设施更新换代较快。特别是随着科学技术的快速发展，博物馆安防消防系统外延不断扩大，现代博物馆的设备设施更新迭代加快，数字博物馆、智慧博物馆的涌现，加之应用软件的更新换代，导致一些博物馆的安全防范设备和系统不能满足新形势、新要求。笔者实地走访调查扬州市蜀岗唐子城风景区管理处，该处的扬州唐城遗址博物馆、扬州汉广陵王墓博物馆两座博物馆，在 2013 年增添了安防系统，当时在江苏这类三级博物馆里是比较先进的，仅摄像头就有 100 多个，但经过七年的快速发展，设备系统已经落伍，不能满足现在的安全形势需要，目前正积极向当地政府申请升级改造。

（七）博物馆设备设施运维专业要求较高

博物馆特别是综合性大中型博物馆，设备设施类型繁多，就博物馆机电设备而言，主要包括空调系统、电气系统、给排水系统、电梯系统、楼宇自控系统等各类机电设备设施，管理好这些设备设施，需要大量的工科类专业人员，甚至是设备管理的资深专家。部分博物馆没有考虑自身实际情况，对其技防应当体现最新、最高的防护科技成果进行盲目追求，忽视了技防成熟性和稳定性，[①] 自身力量又不足以处理故障或进行维护，无形中导致安全风险。实地调研扬州博物馆，由于该馆受制于经费等因素，安保设备运维尚无馆内专职人员维修，馆内设备维修基本依托维保单位定期维修或临时维修，其安全应急难以有效及时保障。而博物馆作为事业单位，总体薪资普遍不高，较难吸引年轻专业人员，老龄化趋势严重，设备运维专业人才断层现象严重。

（八）系统设计时间和建构标准不一致

博物馆安全运维系统分割严重的原因很多。一是设备系统建构的时间不一，博物馆安全体系构建是一个历史、逐步发展的过程，各个环节、系统、设施，有先有后，有新有旧，由于分期建设、不同供应商建设等原因，各博物馆安全系统、设备设施管理系统普遍存在信息化、智能化、集成化不足等问题。二是数据标准不统一。目前的安全运维体系中，技防的提升日新月异，数字化安防设施正在替代原有的模拟化设备，但即使是一家博物馆的安防系统，也并不是一个厂商集成的，从前端监控、各种报警器设备，到传输设备再到服务器，安防主机、综合平台都是不同厂家生产的，这些厂家的设备参数的设置不一样，新设备和旧设备上电器性能的差异，可能会造成安防系统在报警、信息传递失真、报警布防方面出现不兼容等现象，[②] 其他如机电设备管理系统等，更是难以与安防系统、消

---

①　潘力非、程灿阳：《中小型博物馆安全工作的探析》，《中国安防》2020 年第 5 期。

②　郑涛：《博物馆安防体系建设分析与探讨》，《中国博物馆》2019 年第 1 期。

防系统等建立有效融合，数字鸿沟难以破除。三是不同隶属行业难以兼容。尽管应急、消防部门对博物馆的安全工作十分重视，但由于各自分属不同行业，行业阻隔十分明显，两者在构建安全管理体系时，由于没有有效的沟通渠道，在建立健全联动共建工作机制、安全信息共享机制、联合检查机制等方面还十分欠缺。

第三节　对策与建议

安全工作重于泰山。博物馆的安全，不仅是博物馆工作人员和文博系统的职责要求，也是全社会建设社会主义文化强国的责任。博物馆的所有工作都要以安全工作为前提，面对日益严峻的安全形势，博物馆应该对照政策和标准要求，针对现实存在的问题，加大投入力度，做好规划设计，建立一套完善的行之有效的安全防御体系以及与之相应的管理制度。

一、完善安全工作制度标准体系，加强分类指导

在现有国家政策的指导下，立足《文物系统博物馆风险等级和安全防护级别的规定》《博物馆和文物保护单位安全防范系统要求》等相关标准，进一步建立健全博物馆安全运维标准体系，制定适合特殊类型博物馆（如遗址类、古建类）的安全保卫标准，切实强化博物馆安全工作标准建设。制定完善博物馆安全运维工作制度，针对不同类型博物馆的特点和实际情况，分析大中型综合性博物馆、古建类博物馆、小型博物馆、非国有博物馆等不同类型博物馆的安全运维工作特点，总结出一套行之有效的符合不同类型博物馆的安全运维工作制度，对不同博物馆安全运维工作开展分类指导。在自身制度层面，博物馆要根据自身安保力量和设备设施实际，制定有效的安全防范方案和应急预案，完善符合自身特点的安全运维制度管理体系，强化安全主体责任，明确岗位职责，根据安全形势发展，定期对现有工作制度体系进行研判，必要时调整工作业务流程、安全机构设置和

人员配置等。

二、加强博物馆安全工作宣传，提升全社会安全意识

面对观众的急剧增加，博物馆主管部门和大型博物馆要主动出击，邀请公众人物，通过微博、微信、抖音、电视、纸媒等渠道，大力向全社会宣传走进博物馆、爱护文物的公益广告，让观众了解走进博物馆的安全礼仪、安全知识。博物馆可在微信公众号、票券上、入口处、展厅处设置相关的安全温馨提示，开展爱护博物馆的宣传活动，不断提升全社会的博物馆安全意识。博物馆可以对接街道、社区，举行爱护文物志愿者活动，形成博物馆与社区、博物馆与街道联动，形成博物馆与街区齐抓共管的安全管理模式。

三、提高安保人员社会化程度，打造专业化安全队伍

安保工作队伍是博物馆安全工作的基础。各级文物行政主管部门应该加强规划统筹，高度重视不同类别、不同层级博物馆保卫部门、保卫干部的配置，加大博物馆安全专业技术人才的引进和培养，尽力提高安保人员工资福利水平，确保安全保卫人员队伍稳定。要逐步加大博物馆向社会力量购买服务的力度，确保无专门安保管理机构或管理机构力量不足的博物馆有专人负责巡查看护，理顺博物馆与外包单位的关系，明确具体职责任务和工作内容，建立相应的考核标准和奖惩机制，建立严格的监督管理机制，提高博物馆安保专业化水平。

四、加强安全运维培训，提升应急管理能力

在切实保障消防应急人员力量、健全专兼职消防队伍的基础上，加强日常安全教育和服务素质培训，提升博物馆职工安全意识，提高博物馆职员职业精神及整体素质。特别是要对在职人员、安保人员开展分类消防技能培训，加大实际演练的成效。制定可操作的消防和应急疏散预案，建立并严格执行应急管理制度，

加强值班值守和安保备勤，全天候做好应急准备，保证博物馆安全。针对安全设备管理等专业技术特殊岗位，可采用进修、借调、挂职等方式进行重点培养。针对博物馆火灾等可能发生的情况，开展有效处置突发火情等实际操作演练，加大应急演练频次和强度，提升反应速度和扑救效果，切实提高博物馆应急管理水平。

五、加大设备设施投入，提升技防管理水平

按照有关博物馆安全防范标准要求和实际需要，加大安全设备设施投入，特别是加大消防设备器材配备力度，建设微型消防站。根据实际情况，选择满足自身条件的技防产品，加强设备设施专业人才培养和投入，有条件的博物馆可聘请素质过硬、能力可靠的第三方公司开展设备设施维护养护。针对安全形势严峻的地方，积极争取属地政府支持，加强文物安全投入，切实解决历史形成的久拖不决的安全隐患。争取在重要博物馆、重要文物保护单位派驻武警，在内部或附近设立微型消防站、派出所或者警务室，配备专职人员，加强重点保护。

六、加强安全评估和巡视检查，强化设备设施隐患排查

根据《博物馆安全保卫工作规定》《文物系统博物馆风险等级和安全防护级别的规定》《博物馆和文物保护单位安全防范系统要求》等规定，对现有安全体系、安全方案、操作规范等进行系统的评估、规划，找出工作中存在的差距，列出风险隐患清单，明确工作标准和要求，及时发现消除安全隐患。按照《关于进一步加强文物消防安全工作的指导意见》等文件精神，强化日常巡视检查，每月至少组织开展一次防火检查，每周定期开展防火巡查。对社会开放期间，每两小时开展一次防火巡查，并强化夜间巡查。各级文物行政主管部门和消防救援机构要加强对本辖区内文物、博物馆单位的监督检查，对存在重大火灾隐患的实施挂牌督办，督促指导各文物、博物馆单位火灾隐患排查整治制度化、常态化，杜绝形式主义、走过场式的检查，提升火灾防控能力和水平。加强各类设备设施、火灾报

警和灭火设施设备日常维护检测，确保使用效能，杜绝安全防护设备虚设、消防用水不足、电气隐患等问题。

七、大力推进智慧博物馆建设，构建共享共建的安全联动机制

随着云计算、大数据、物联网、移动互联等新技术的发展，智慧博物馆已成为当今博物馆的发展趋势，博物馆安全系统也由过去的相对封闭变得万物互联。根据文博系统和安防系统的相关标准及规范，基于人脸识别技术、视频分析技术、全景融合技术，统一系统接口和数据标准，实现各系统的联动和信息快速处理的安全防范管理系统，做到藏品、观众、馆舍的全保护，打破与公安、消防系统分离的局面，实现博物馆安全的协同联动和智能化管控，达到安全管理"智能化、集成化、大数据化"，建立行之有效的博物馆安全管理防范新模式。

总之，安全运维管理保障水平是检验博物馆高质量发展的重要指标。尽管中国博物馆安全运维工作取得了一些成绩，但随着博物馆数量的高速增长，观众日益增多，博物馆安全风险急剧增加，任务更加艰巨，面临的安全隐患依然不少，安保力量配置不足，特别是非国有博物馆以及一些中小型博物馆安全隐患和问题较为突出。面对新的使命和新的形势，文物行政主管部门和博物馆必须重新审视博物馆安全的重大意义，梳理博物馆安全风险和漏洞，居安思危，明确职责，加大投入，久久为功，不断破解新情况新问题，为推动中国博物馆高质量发展、早日建成社会主义文化强国保驾护航。

主要结论及政策建议

经过一个多世纪的持续发展和不懈努力，中国的博物馆事业进入了新时代，党和政府对发展博物馆事业的重视前所未有，社会公众对博物馆工作的关心和支持前所未有，博物馆发展的经费投入和技术支持力度前所未有。从这个意义上来说，中国的博物馆事业发展面临的大好机遇是前所未有的，其发展前景和面对的挑战也是前所未有的，文博工作者使命光荣、责任重大。我们要进一步提高政治站位、拓宽战略视野，全面准确把握中国博物馆事业的发展趋势，切实按照习近平总书记给中国国家博物馆老专家的回信中所要求的那样，坚持正确政治方向，坚定文化自信，深化学术研究，创新展览展示，推动文物活化利用，推进文明交流互鉴，守护好、传承好、展示好中华文明优秀成果，为发展文博事业、为建设社会主义文化强国不断作出新贡献。

一、进展与使命

（一）进展

博物馆事业是文化强国建设的重要组成部分，在中国特色社会主义进入新时代，在人民日益增长的美好生活需要和不平衡不充分的发展之间的矛盾成为社会主要矛盾的新形势下，我们既要客观认识、准确评价全国博物馆事业发展的突出成就，也要深刻理解、科学把握博物馆事业面临的新任务、新使命。

一是以习近平同志为核心的党中央高度重视文博事业发展。党的十八大以来，以习近平同志为核心的党中央高度重视和大力支持文博事业发展，把文博工作提升到前所未有的重要高度来进行战略谋划、全面部署。习近平总书记多次考察调研国内外博物馆和文化遗产遗址，足迹遍及全国各地，并从历史自觉和文化自信的战略高度，围绕文化遗产和历史文物的时代价值、文博工作的使命任务、中外文明的交流互鉴等重大问题发表系列重要讲话，作出重要指示批示，提出明确具体要求，形成了涵盖文物博物馆工作的使命任务、功能定位、目标要求、发展方式、时代价值等广泛领域的思想体系，科学系统、内涵丰富、全面深刻，构成习近平新时代中国特色社会主义思想的重要组成部分，为做好新时代新形势下的博物馆工作指明了方向。

二是博物馆事业发展的政策环境持续优化。截至目前，我国已出台修订完善文博领域法律、行政法规及规章共计 100 余部，行业标准 80 余份，为博物馆事业依法有序发展提供了基本制度保障。特别是最近几年来，中央相继出台《关于实施中华优秀传统文化传承发展工程的意见》《关于加快构建现代公共文化服务体系的意见》《关于进一步加强文物工作的指导意见》《关于推动文化文物单位文化创意产品开发若干意见的通知》《关于促进文物合理利用的若干意见》《关于加强文物保护利用改革的若干意见》等 30 多个重要文件，为新时代博物馆事业发展奠定了坚实的政策和制度基础，起到了重要而直接的推动作用，博物馆传统的保护、收藏、研究与展示功能不断深化，公共文化服务和社会教育功能不断延伸。2020 年 10 月，党的十九届五中全会明确提出到 2035 年建成文化强国、社会文明程度达到新的高度、国家文化软实力显著增强的远景目标，提出繁荣发展文化事业和文化产业，提高国家文化软实力的重点任务，为"十四五"时期乃至更长一段时间全国博物馆事业发展指明了前进方向。2021 年 5 月，中宣部等九部门联合发布《关于推进博物馆改革发展的指导意见》，明确提出到 2035 年实现"中国特色博物馆制度更加成熟定型，博物馆社会功能更加完善，基本建成世界博物馆强国，为全球博物馆发展贡献中国智慧、中国方案"的战略目标，对文博领域进一步深化改革具有重要的指导意义，博物馆发展的政策目标更加清晰，政策体系更趋完整。

三是博物馆建设事业发展速度空前。近年来，我国博物馆建设热潮方兴未艾，博物馆数量持续呈现爆发式增长。截至 2021 年底，全国备案博物馆 6183 家，且仍以每年 200 家左右的速度增长，平均不到两天就有一家新的博物馆向社会开放，类型丰富、主题多元的现代博物馆体系已经基本形成。据不完全统计，仅

2018 年 7 月至 2019 年 10 月，全国各地博物馆项目拟立项、规划论证、新建开工及新开馆就已超过 800 个。截至 2020 年，国内已有 20 余座城市出台了建设"博物馆之城"的目标或规划，"博物馆之城"的概念在全国多个城市兴起，中国博物馆事业又迎来一次大发展机遇。博物馆事业的发展不仅体现在数量上，而且在类型形态上也发生了巨大变化，在传统的历史博物馆之外，又出现了大量行业博物馆、各类专题博物馆、基于事件或人物的革命纪念馆等，非国有博物馆也呈现出飞速发展的良好趋势。可以预见，中国博物馆事业蓬勃发展的大趋势未来还将继续保持相当长时间。

四是博物馆征藏研究工作逐步规范深入。不同类型博物馆有不同的功能，对于履行职能的判断标准也有差异，但总体来看，收藏、研究、展示、教育这四项功能是基本的，在此基础上衍生出来的评价功能也是共同的。博物馆藏品结构正在发生重大变化，一方面，随着考古工作的深入，古代藏品稳定增加，特别是一些依托考古发掘遗址新建立的博物馆尤其如此，如南昌汉代海昏侯国遗址博物馆、四川三星堆博物馆等。但是，由于没有建立起稳定顺畅的考古发掘移交机制，大部分最新考古发掘品还是由地方考古发掘单位保管，没有转化成为博物馆的有效藏品，一些综合性博物馆的古代藏品增长速度还是相对较慢的。另一方面，随着各种革命博物馆、纪念馆的建立和拓展，省（自治区、直辖市）综合性博物馆的征集重点明显转向近现代甚至新中国史文物，藏品数量快速增加。与此同时，各博物馆普遍开始加强藏品管理，藏品定级工作也日益规范有序，与藏品相关的研究成果越来越多地涌现出来，文物藏品研究的整体水平不断提升，关于博物馆理论和博物馆管理的研究也在不断丰富深化之中。

五是办好展览已经成为治国理政的重要方式。展览是博物馆最重要的公共文化服务产品，策展能力是博物馆的核心竞争力。通过举办展览来统一思想、凝聚共识、振奋精神、增强自信，是我们党治国理政的一条重要经验。在国家层面，每次党的全国代表大会召开前夕都要举办重大主题成就展，在重要节庆时间节点上都要举办大型展览，各级各类博物馆也都要按照中央统一部署，结合本部门实际推出围绕中心工作、契合时代主题的精品展览。每年全国各级各类博物馆举办展览总量达到 3 万个左右，博物馆的宣传思想文化阵地功能更加凸显，博物馆展览成为深化宣传思想文化教育活动的重要抓手。据不完全统计，作为世界上博物馆事业发展最快的国家之一，"十三五"期间中国博物馆年接待人次从7亿增加到12.27亿，增长幅度达到75%。即使在受到新冠疫情影响的2021年，全国博物馆系统仍推出陈列展览3.6万个、线上展览2000余个、教育活动22.5万余场，接待观众达到5.4亿人次，线上总浏览量超过50亿人次。各种展览的社会影响越来越大，到博物馆看展览已经成为当代社会人民群众精神文化消费的一种重要方式，展览在推动深刻认识"两个确立"的决定性意义、增强"四个意识"、坚定"四个自信"、做到"两个维护"中发挥着不可替代的独特作用。

六是博物馆管理运营方式不断创新。 随着以人工智能、云计算、物联网、大数据等为代表的新技术不断发展，数字博物馆向智慧博物馆转型已经成为必然趋势，目前中国博物馆智慧化建设已经开始从试点逐渐变成主动推进，越来越多的博物馆都在积极探索推进智慧博物馆建设。例如，中国国家博物馆按照透彻感知、泛在互联、智慧融合、自主学习、迭代提升的技术路线扎实推进智慧国博建设，在三维数据高效原真采集、高速有效传播、异构数据融合、远程交互体验等方面取得重要进展。向线上拓展、向云端延伸已经成为博物馆的重要发展方向，远程交互越来越普及。从国家文物局官方微博的"线上约会博物馆"推送全国博物馆网上展览资源示范项目开始，全国已有300余家博物馆、370余个线上展览项目陆续在平台发布。全国1300余家博物馆通过网站、微博、微信线上展览2000余项，线上展览已经成为未来博物馆展览的重要呈现方式之一。特别是自新冠疫情暴发以来，越来越多的博物馆开始将自身发展思路向线上拓展、向云端延伸，通过数字化实现线上线下联动。中国国家博物馆仅在2020年就聚合60余个精品展览专题网页、50余个虚拟展厅、50多部展览相关短视频，推出40多个网上展览，阅读量突破1.6亿人次，讨论量1.3亿人次以上。中国国家博物馆在2020年倡导推出的"全球博物馆珍藏展示在线接力活动"，有来自五大洲15个国家的16家国家级博物馆以直播态参与活动，短短一周时间吸引2.1亿中外观众在线观展，微博话题阅读总量逾1.9亿人次，在国内外产生广泛社会影响。

七是让文物活起来已经成为社会共识和行业自觉。 自习近平总书记发出"让收藏在博物馆里的文物、陈列在广阔大地上的遗产、书写在古籍里的文字都活起来"的重要指示精神以来，文物活化迅速从政治要求和政策宣示转化成为社会共识和行业自觉，政府机构、博物馆、传播媒体都在以各种方式进行探索尝试，参观博物馆、欣赏文物、了解相关知识成为一种新的社会风尚。电视等传统媒体和互联网等新媒体的强力介入，《国家宝藏》《如果国宝会说话》《中国国宝大会》等使得收藏在博物馆库房里的文物通过电视节目走入千家万户，由珍藏文物升级为明星文物。信息网络技术飞速发展，数字新技术广泛应用，各博物馆普遍应用多媒体技术来增强展示效果，大数据技术、屏幕融合、渲染技术的充分应用使得荧屏越来越大、清晰度越来越高、展示效果越来越好。文物藏品的舞台化呈现也渐成趋势，除湖北省博物馆的编钟表演、孔子博物馆的祭礼表演等传统的现场表演以外，故宫博物院推出的"清明上河图3.0版"、国家博物馆推出的"心灵的畅想——梵高艺术沉浸式体验"展、河南卫视推出的"唐宫夜宴"、东方演艺集团推出的"只此青绿"等，更是把文物活化推到了一个新的高度。文化创意产品开发作为博物馆展览展示的延展，更是越来越受到社会公众的广泛关注，"把博物馆带回家"已经成为一种时尚热门的经济现象。据统计，2019年淘宝网文博文创产品访问量达到16亿人次，成交规模较2017年增长3倍，博物馆文创产品已经成为文化消费新的增长点。

八是社会观众对博物馆工作的参与度越来越高。博物馆是公共文化服务的窗口单位，无论是收藏、研究，还是展示、教育，博物馆所有公共义化产品都是要提供给社会观众来消费的，观众是否来馆参观实际上是以"用脚投票"的方式对博物馆工作作出的评价。进入新时代以来，在免费开放政策的加持下，参观博物馆的公众人数屡创新高，人均每年至少参观过一次不同类型的博物馆，而且人们越来越自信，愿说话、敢说话，能够真实地反映意见、提出建议。针对部分观众关于部分大型博物馆因为观众较多而过于拥挤导致观展体验下降的反映，全国博物馆普遍采取限量、预约、错峰措施，这既是社会文明发展的一个重要标志，也是改进博物馆运维模式的重要举措。在这个过程中，政府主管部门、社会观众以及专业人员往往通过各种途径对博物馆展览的选题和展陈设计提出建议和要求，比如展览评论、观众留言、专题点评等，使得博物馆与社会观众之间的互动更加密切。主流媒体对博物馆工作的深度介入也非常明显，如央视的《国家宝藏》栏目、《如果国宝会说话》纪录片等，都对博物馆行业的发展方向、运维方式产生了深刻影响。与此同时，各博物馆都在大量招募志愿人员，其队伍日益庞大，他们丰富的社会经验、扎实的专业基础以及与观众的密切接触，足以在博物馆与观众之间架起一座桥梁，既能及时代表和反映观众的意见与建议，又能把博物馆的理念和初衷如实准确地传达给观众，形成一种理性有效的互动沟通机制。

九是文物安全保护意识和措施空前加强。中国的文物从某种意义上说既很不幸，也极为有幸。前者是因为近代以来国家积贫积弱，战争劫掠、盗掘、走私等导致大量文物损毁破坏，流失国外者数以千万计，而十年"文化大革命"又导致大量文物遗产损毁破坏；后者则是因为中国的考古学发展缓慢，地下文物资源得以长期大量保存，改革开放以来特别是新时代以来严格执行土地开发考古前置政策，大量地下文物资源得到完整系统保护，为考古事业的发展留下了广阔的空间。现在，文物国有、保护文物人人有责、损坏文物有罪等文保理念深入人心，全社会的文物保护意识和保护措施之强是历史上绝无仅有的。也正因为如此，各级各类博物馆普遍把安全防护放在各项工作的首位，大到馆舍安防（人防、技防、消防、联防等），小到文物移动、借展运输、布展加固、修复保护等，都各有一套相对系统完整的文保措施和操作规程，而且定期培训，不敢有丝毫懈怠。特别是巴西国家博物馆和巴黎圣母院因为火灾造成严重损失等恶劣影响事件，更是给国内博物馆敲响了警钟。在这种情况下，博物馆安全概念普遍有所提升、拓展，从传统相对比较简单的文物安全扩大到展厅安全、馆舍安全、观众安全，进而拓展到展览安全、舆情安全、意识形态安全以至文化安全，形成一个大安全体系。甚至文创产品开发也要考虑到价值导向、教化功能、社会影响等问题，博物馆安全标准和要求更加严格全面了。

十是中国博物馆国际影响力逐渐彰显。近年来，中国博物馆积极参与国际文化交流，打造国际交流平台，通过引进和输出高质量展览产品、促进各国文博从业人员交流互访、组织召开高级别博物馆论坛、推动国际合作机制化、制度化等方式，进一步推动文明交流互鉴、促进民心相通，在促进国家间文化交流方面发挥着越来越重要的作用。例如，中国国家博物馆牵头举办的全球博物馆馆长论坛，倡导成立的金砖国家博物馆联盟、丝绸之路国家博物馆联盟、上合组织博物馆联盟等活动频繁规范。新冠疫情暴发后，博物馆成为遭受冲击最为直接和严重的领域之一。根据联合国教科文组织与国际博物馆协会发布的报告，受疫情影响，全球近90%的博物馆在不同时间段关闭，2020年全球博物馆平均闭馆时间150天，18%的博物馆可能无法重新开放，6%的博物馆会永久性关闭。尽管如此，中国的博物馆界没有沉沦下去，而是积极行动，广泛征集疫情防控见证物，不断催生新业态，以其前瞻视野和专业实践走在全球博物馆抗击疫情的前列，在复工复产、经济社会发展、文明交流互鉴方面发挥着鲜明的导向作用。例如，中国国家博物馆2020年牵头推出16家世界顶级博物馆参与的全球博物馆珍藏展示在线接力活动，2022年携手全球五大洲22个国家33家博物馆再次举办，均获得广泛的国际影响。活动通过"8K拍摄展示+5G直播+AR沉浸"的最新技术，带领观众足不出户共享世界文明之美。两次在线接力活动所吸引的观众、引发的话题阅读量都以亿计数，在博物馆界产生了广泛而深刻的影响，为世界博物馆应对疫情提供了中国经验和中国方案。

（二）使命

在看到这些突出成就与重大进展的同时，我们也要清醒地认识到，全球博物馆事业的新变化、新特征对博物馆充分发挥文化功能、履行文化使命提出了严峻挑战。科学分析、准确把握新形势下中国博物馆事业发展面临的新挑战，对于应对充满不稳定性不确定性的世界，化解人类面临的许多共同挑战，努力把人类命运掌握在自己手中，具有特别重要的意义。

一是如何更充分地留存民族集体记忆。历史文化是国家和民族的集体记忆，也是一个国家文化最鲜明的底色，文化遗产、可移动文物、善本典籍等共同构成历史文化的重要载体。博物馆的重要职责和使命就是通过收藏承载特殊历史内涵的代表性物证，发挥留存民族记忆、传承国家文化基因、促进文明交流互鉴的重要作用。博物馆对文物藏品的征集收藏实际上隐含着对优秀文化基因的评价、选择、传承与弘扬，博物馆收藏什么、展示什么，具有高度的选择性、评价性和导向性，从这个意义上说，没有评价就没有选择，更没有藏品，就没有博物馆的存在价值。如果说，我们今天在博物馆里看到的藏品大多是在历史的长河中不经意间留存下来的，我们对过去、对历史的认识很大程度上是通过考古发掘来实现的，那么，我们这个时代的形象很大程度上就是通过博物馆的藏品来塑造和留存的，未来对我们这个时代的了解和认识很大程度上就要通过博物馆留存的藏品来实现。面向未来，我们必须坚持对国家社会负责、对民族负责、对历史负责，有针对性地选择收藏内容品类，供后人评价我们所处的时代，切实避免随意性、随机性。这就是当代人类文化自觉、历史自觉的直接反映和必然要求。

　　二是如何更好地传承弘扬中华文明。中华文明是世界上唯一绵延不绝、流传至今的古老文明，传承弘扬中华文明、延续着民族国家的精神血脉是每个中国人都必须承担起来的神圣历史使命，博物馆尤其如此。通过举办展览、组织学术研究、开展社会教育活动等方式，可以把传统文化的精神标识提炼出来、展示出来，把优秀传统文化中有当代价值、世界意义的文化精髓提炼出来、展示出来，让蕴含着丰富文化的国家文化基因通过博物馆得到继承、转化和弘扬。如果说，在博物馆的活动链条中，藏品是基础、研究是支撑，那么，展览就是博物馆最重要的公共服务产品，策展能力则是博物馆的核心竞争力。在这个过程中，研究、展览、讲解、传播都是一系列评价和选择的结果，蕴含在文物当中的价值内涵和精神世界既要通过策划展览呈现出来，也要通过精彩的讲解揭示出来。这就要求我们进一步强化策展能力，提升策展水平，精心选择举办高水平展览，把文物藏品中所隐含的优秀传统文化基因提炼出来、彰显开来、传承下去，引导观众静下心去领略其中包含的丰富人文精神，进而引导形成全新的世界观、人生观、价值观。

　　三是如何更有效地促进文明交流互鉴。据不完全统计，目前世界各国共有10万多家博物馆，大小不一，功能各异，当然，各自的收藏展示标准也有很大差别。有些是高度本土化甚至地方化的，有些则是全球性的，力求成为人类文明荟萃之地；有些侧重于艺术品的收集展示，有些侧重于民俗文物的收集展示，有些侧重于历史文物的收集展示；有些则是综合性的，多多益善，来者不拒。这种差异既是文化发展程度与样貌多样性的直观反映，更是人类文明的发展特点的集中呈现。通过博物馆间的交流，我们完全可以以文明交流超越文明隔阂、以文明互鉴超越文明冲突、以文明共存超越文明优越，从更高的层面、更广阔的视野、更多的维度来评价、搜求、保存、展示人类文明的共同财富，推动各国相互理解、相互尊重、相互信任。诚如习近平主席所强调的，要促进不同文明之间的交流和互鉴，不能只满足于欣赏它们产生的精美物件，更应该去领略其中包含的人文精神；不能只满足于领略它们对以往人们生活的艺术表现，更应该让其中蕴藏的精神鲜活起来。只有这样，才能够更好地推动弘扬全人类的共同价值，为全球发展倡议、全球安全倡议、全球文明倡议提供更加坚实的文化基础，助力构建人类命运共同体。

四是如何更合理地处理保存历史与技术应用之间的关系。当代科学技术的迅速发展对博物馆组织形态、征藏手段、展陈方式、运维保障等方面的影响是巨大的，形成的冲击足以从根本上促成博物馆业态重塑和流程再造。一方面，最新科学技术发展使我们有可能最大限度地留存历史信息，保持文物形态原貌，甚至在一定情况下还原历史情景，特别是通过设施智能、数据融合、设计灵敏、管理精细、服务精准、安防协同等，智慧博物馆的大致趋势和方向已经越来越明确了，博物馆发展的跨代跃升已经不再是梦想；另一方面，科学技术特别是信息技术的大规模应用也正在使人们脱离对历史文物内在价值的认知，而把更多的关注点从展览转移到具体文物上，进而聚焦到较为新颖的文物呈现形式上，忽略了展览的主题设计及其丰富的价值内涵，使得观展体验越来越微观化、零散化、碎片化，审美快感替代了价值欣赏和精神追求。由于博物馆类型繁多，规模不一，功能任务目标各不相同，技术标准缺乏统一，因而在对科学技术手段的认识、理解、应用上也存在重大差异。在这种情况下，各类不同博物馆如何围绕智慧博物馆建设进一步加强交流合作，真正实现费孝通倡导的"各美其美，美人之美，美美与共，天下大同"，是我们面临的重大挑战。

五是如何更多地创造分享社会发展新知。博物馆是各种人类创造物的代表性物证的荟萃之地，在培育创造自主知识体系、促进新知传播推广和分享方面具有独特关键的重要作用，这一点是毋庸置疑的。但是，博物馆是否创造新的知识，这在许多公众心目中还是有疑问的，因为它所处理的是历史文物，而对这些文物的认识和理解，后人如何能够超越前人，是一个重要问题。实际上，博物馆创造的新知主要来自两个方面：一是通过深入扎实的学术研究，我们对文物本身的历史价值、文化价值、审美价值、科技价值和时代价值有了更为深入的认识，比如对文物材质的新认识甚至规律性认识，对艺术技法的新理解，等等；二是通过围绕不同主题对既有文物藏品的空间组合，深化我们对不同历史时代经济社会发展和精神文化生活的认识和理解，以物释史、以物证史，这也是一种新知。正因为如此，有学者认为博物馆是一种分享和创造各种基于事实、记忆的相关知识、主张与叙事的社会机构。在新形势下，在博物馆事业参与者众多、身份多元的情况下，如何深入挖掘文物藏品所蕴含的科技价值、文化价值、时代价值、艺术价值和审美价值，深入阐释并达成共识，实现创造性转化和创新性发展，进而达到传播新知的目的，确实是一个时代难题。

六是如何更有效地提升国家文化形象。中国的国家形象是多重叠加复合而成的，既是世界上唯一延续至今没有中断的文明古国和屹立东方的世界大国，人口规模世界第一，经济总量世界第二，国土面积世界第三，又是世界上最大的发展中国家，按人均国内生产总值计算还没有迈入发达国家行列，而且是奉行、坚持和发展社会主义制度的大国。习近平总书记强调要塑造可信、可爱、可敬的中国形象，既包括经济形象、政治形象，也包括文化形象、社会形象。一座城市有没有博物馆，很大程度上反映了它是否具有历史意识或者说对历史的态度。博物馆建筑的样貌反映了城市的大众审美偏好。博物馆的活动内容及其方式说明了城市的文化消费品位和消费偏好，而其活动频度则反映了城市文化活跃的程度和城市文化生活的质量水平。从这个意义上来说，博物馆在呈现和塑造城市独特文化气质方面的作用是不可替代的。同样，作为一座城市、一个国家的文化枢纽和重要标志，博物馆的性格和品位很大程度上映射着这个国家的文化形象。比如说，收藏是博物馆全部活动的基础，展览是博物馆最重要的公共文化服务产品，但是，收藏什么、不收藏什么，展览什么、不展览什么，这既反映出一家博物馆的价值导向、思维模式、行为风格、员工风貌等，某种程度上也直接或间接地映射出国家文化形象。从这个意义上来说，不管博物馆规模大小、归属性质如何，都必须牢记责任、紧贴时代、突出特色。牢记责任既包括历史责任，也包括社会责任，无论在收藏研究环节，还是在展示传播环节，都决不能脚踩西瓜皮，滑到哪里算哪里，让随意性、随机性决定博物馆的收藏展览行为和内在价值追求；紧贴时代意味着我们对这个时代的认识和把握要有历史感，要把反映时代特点的典型物证有意识地选择留存下来；突出特色意味着要突出和强化博物馆评价体系的多样性和多层次性，承认人类历史发展的丰富性，这本身就是多元文化呈现的内在要求和必然结果。

二、问题与挑战

中国博物馆事业的发展从来都不是敲锣打鼓、一帆风顺地线性发展的，这中间既充满着艰难和曲折，也有成功与辉煌。站在 21 世纪的 20 年代之初，面对实现中华民族伟大复兴的战略全局和世界百年未有之大变局，面对人民群众对美好生活的新期待和不充分、不平衡发展的主要矛盾，博物馆事业还面临着极其复杂的矛盾和问题，也需要应对巨大的困难和严峻的挑战。

第一，在发展阶段上，我们已经成为具有相当规模的博物馆大国，但距离成为世界博物馆强国还有很长一段路要走。世界博物馆强国虽然没有明确清晰的条件和标准，但在客观上博物馆界和国际社会有其判断和评价，包括博物馆总量规模和人均占比达到较高水平，以及拥有三五家甚至更多具有重要国际影响的世界一流博物馆。一般来说，世界一流博物馆必须做到以下几点：一是藏品丰富，数量多，质量好，价值高，拥有一批举世公认、人人希望一睹芳颜的稀世珍宝，这些珍宝或者是历史文物，或者是艺术品；二是综合性，世界领先大型博物馆一般既要有历史性，也要有艺术性，还要有文化高度，但历史是主基调、主旋律、主方向，不应该是专题性博物馆，能够进行宏大叙事，完整构建国家文化的话语表达体系，对公众起到教化作用；三是有话语权，在藏品征集鉴定、研究挖掘、展览展示、对外联络、社会教育、文创开发、安防工程、综合管理等方面拥有一批业内公认的顶尖专家、学术领军人才，在业内有学术影响力，在公众中有社会影响力，能够起到一锤定音的权威作用；四是有引导力，主要是思想引导力、理念引导力，不断推出新思想、新理念，不断凝练提升为新模式、新方案，准确阐释主流意识形态和共同思想基础，在业界起到引领示范作用，归根到底是学术引领力；五是有极高的社会美誉度，既能得到专家认可，也能得到社会公众认可，还能得到政府认可，实现社会效益和经济效益的高度统一。与这样的标准相比，目前中国虽然有一些博物馆在单项或几项指标上进入了世界一流博物馆的方阵，但为数还不多，特别是在国际话语权和影响力上还相差甚远。从这个角度来说，我们与世界博物馆强国的差距不是单方面的，而是全方位的，在藏品规模、展览策划、国际话语权、学术引领能力、先进科学技术运用等方面甚至可以说是存在明显的代差，迫切需要我们做出更大的努力。

第二，在宏观体制上，考古与博物馆分离的趋势愈加明显，博物馆承受着人民群众文化消费需求快速增长的巨大社会压力。长期以来，由于管理体制、运行机制等因素的影响，许多地方将文物资源视为本地资源而不是国家资源，普遍存在就地截留最新发掘出土文物的问题。考古发掘活动与博物馆长期分离的问题突出，考古单位长期以来移交考古发掘文物进程缓慢，导致很多博物馆藏品来源枯竭。特别是现在许多地方开始筹备建设考古博物馆，使得这一问题更加突出。与此同时，随着经济社会的发展，参观博物馆已然成为一种时尚潮流，人民群众对博物馆的精神文化需求日渐增长，对博物馆提供高层次精神文化消费提出更高要求，对文博工作中存在不足的抱怨往往在博物馆上集中爆发出来。近年来中国博物馆观众人数持续上升，2015 年全国博物馆参观人数约 7 亿人次，2016 年约 9 亿人次，2017 年为 9.7 亿人次，2018 年达 11.26 亿人次，2019 年超过 12 亿人次，每年增长上亿人次。在这种情况下，博物馆事业发展不平衡不充分与人民群众文化消费需求快速增长形成巨大压力，博物馆不能有效地展示最新考古发现成果，难以有效提供更多更好的精品展览，往往使博物馆成为社会关注的焦点和各方矛盾的爆发点，需要切实研究解决。截至 2021 年，全国登记备案的博物馆有 6183 家，性质规模、组织形态和管理体制多种多样。由于考古发掘单位大多未能依据文物保护法及其实施条例按期移交考古发掘出土文物，新建考古博物馆渐成趋势，不同层级类型博物馆功能定位不清、交叉重叠问题突出，历史文化解读碎片化、地方化趋势明显，"多元"展示充分，"一体"体现不足，人民群众快速增长的精神文化消费需求确实面临结构性供给不足的问题。例如，中国国家博物馆作为具有鲜明意识形态属性的国家最高历史文化艺术殿堂和国家文化客厅，文物保护法和博物馆条例未能给予相应赋权，行业协调缺乏法律依据，引领标杆作用空间有限，连续 30 多年没有最新考古发掘品入藏，在系统完整阐释五千多年绵延不绝、多元一体的中华文明方面缺乏明确法律赋权和强有力的政策支持。

第三，在组织形态上，博物馆总分馆制渐成趋势，但发展很不平衡。总分馆制是博物馆发展到一定阶段的产物，是当今世界博物馆发展的大势所趋。总分馆制可以最大程度实现博物馆管理的统一化、规范化，最大限度发挥博物馆藏品、展览、人才和研究资源的集约优势，最大限度进行文化传播和辐射服务不同地区文化建设。世界著名博物馆如法国卢浮宫、大英博物馆、泰特美术馆、维多利亚与艾尔伯特博物馆、蓬皮杜国家艺术和文化中心以及美国史密森学会博物馆群、韩国国立中央博物馆、日本独立行政法人国立博物馆、新西兰国家博物馆、肯尼亚国家博物馆等都实施总分馆制。近年来，国内许多博物馆也开始了对总分馆建设的探索与实践，近 200 家博物馆拥有下属分馆或馆区。例如，故宫博物院建设香港故宫文化博物馆、启动北院区建设，中国民族博物馆合作分馆达 33 家，中国地质博物馆下属分馆达 10 家，南京市博物总馆所属 8 家分馆分布在南京不同地域，重庆中国三峡博物馆也着力建设"1+6"的总分馆体系。民办博物馆的分馆建设也呈现出快速增长态势，目前至少有 9 家民办博物馆设有分馆，如观复博物馆在上海、杭州、厦门建有分馆，建川博物馆在成都安仁镇设立四大系列 32 家场馆，并在重庆开设重庆分馆。一些外国博物馆如法国蓬皮杜国家艺术和文化中心、英国维多利亚与艾尔伯特博物馆等正在中国设立分馆。但从实际情况来看，不同类型博物馆分馆建设条件、建设标准、管理水平、人员支撑差异很大，东部发达地区相对较好，中西部地区较为薄弱，很多分馆并不具备博物馆条件，硬件建设达不到国家标准，文物保管、展览条件很差，运营困难。还有一些所谓分馆有名无实，成为事实上的"挂牌馆"。这些情况说明，中国博物馆总分馆制探索基本上还属于自发探索阶段，发展极不平衡，尚未形成科学合理、切合实际的总分馆体系或者博物馆群落结构。

第四，在功能任务上，让文物活起来已经成为全社会普遍共识，但实现这个目标仍然任重道远。2014 年，习近平主席在联合国教科文组织总部发表演讲时提出，要让收藏在博物馆里的文物、陈列在广阔大地上的遗产、书写在古籍里的文字都活起来。"让文物活起来"由此成为新时代博物馆工作的重要方向和基本遵循。但是，让文物活起来的机制和途径是什么？怎样算是文物活起来了？无论在理论上还是在实践中都还缺乏系统深入的研究，尚未形成科学合理、可供学习推广的运维模式。如何推动博物馆馆藏文物实现从"火起来"到"活起来"的转变，如何以物证史，让文物说话，用高水平展览来挖掘、展示、阐释文物蕴含的历史价值、文化价值、科技价值、审美价值和时代价值，发挥好博物馆的评价功能，如何用文化创意产品积极探索用文物讲好"中国故事"，拓展传播渠道，这些都对博物馆工作提出了严峻挑战，也已成为近年来全国两会代表、委员们关注的焦点。概括而言，让收藏在博物馆里的文物活起来，首先就要让博物馆的类型、藏品的类型、展览的类型多起来，切忌"千馆一面""千展一面"，形成潮水式的发展模式，潮起时轰动一时，潮去时悄无声息。一要让文物藏品动起来，即以大数据、云计算、物联网、互联网、人工智能等先进信息技术手段使文物资源数字化，实现文物信息资源共享开放，满足社会公众的多元化需求。二要深化藏品研究，即对隐藏在文物背后的人文精神进行深刻挖掘，让人们在鉴赏娱乐中切身体会中华文化的博大精深，达到潜移默化、春风化雨的作用，发挥好博物馆的教化功能。三要把文物藏品展出来，要抓住博物馆展览这个主业，强化展览功能，丰富展览形态，提升展览档次，打造展览品牌，推出更多更好的精品展览，让更多的藏品走出库房、走进展厅、走入展线、走上展台。四要让博物馆里的文物藏品流转起来，建立健全馆际文物交流合作机制，促进博物馆藏品借展和重要展览巡展常态化、制度化、机制化，盘活文物资源。五要动起来，运用新兴技术让文物展示融入新时代，焕发新的活力。六要融起来，要充分发挥国家级综合性博物馆的引领作用，加强文创产品开发协作，推动社会资金与博物馆文物资源相结合，打造更多的创意品牌。

第五，在学术科学研究上，博物馆的学术研究基础薄弱，对文物藏品的深层次价值和丰富内涵挖掘不够。目前，博物馆普遍被定义为公共文化机构，还不是严格意义上的科研机构；业界内外对博物馆科研工作的特点还认识不清，博物馆工作人员研究意识总体上比较淡薄；博物馆科研工作整体上仍存在发展战略不十分明确的问题，学科体系、学术体系、话语体系建设水平总体不高；科研资源配置不尽合理，学术评价体系比较单一，也不够严谨规范；人才队伍总体素质不高，存在有数量缺质量、有专家缺大师、学术原创能力不强等突出问题。大体来说，博物馆科学研究的突出特点主要有以下几个方面：一是博物馆的科学研究是以物为中心的，规模庞大、门类丰富、形态多样的馆藏文物都是中华文化的代表性物证，学术研究的主要目的就是以物证史、以物说史。这是博物馆科学研究与大学、科研院所的最大区别，某种意义上也是最大优势。二是博物馆的科学研究涉及面很广，是综合性研究。藏品征集、展览展示、社教传播都需要以扎实深入的学术研究为前提，既要准确研究和把握中国历史发展演变的脉络，又要对文物在整体历史脉络里的地位和价值作出准确的判断。馆藏文物整理作为基础研究，相关资料、数据、信息的搜集和整理是最基本的，文物经过整理以后才能进行更加深入全面系统的研究，因此整理文物所形成的成果也是科研成果。从这个意义来说，博物馆的科学研究是全方位、综合性的，不仅仅是专职研究人员的事情。三是博物馆的科学研究是有明确应用指向的，研究成果要服务于博物馆的各项业务工作。围绕藏品进行研究是博物馆研究的基础，科研工作目标方向就是要以促进藏品征集、藏品保管、文物保护、展览策划、社会教育、公众服务、新闻传播等业务工作为导向，实现科研成果的直接转化，更好地促进博物馆事业的发展，更好地为观众服务。四是博物馆的科学研究大多是跨学科研究。对任何一件藏品的研究，都可以从多角度、多维度进行把握，涉及自然科学和社会科学、工程技术等诸多学科领域，涉及历史学、美学、艺术学、科技等各个学科门类的知识。举例言之，同样是研究大盂鼎，高校科研院所可能会将视角主要集中于器型或铭文，着眼于审美价值和历史价值；博物馆专家学者则需要从材质、工艺、纹饰、铭文、递藏过程等多维度把握，需要科技史、文化史、文字学等多学科支撑，只有这样才能全面立体地展现大盂鼎的历史价值、文化价值、审美价值、科技价值和时代价值，向社会公众传达"国之重器"应有的教化意义。五是博物馆的科学研究直接服务于现实需求，而不单单是纯粹的学术研究。博物馆不仅仅是公共文化机构，也是意识形态阵地，理应把意识形态阵地和文化机构两种属性统一起来，纳入宣传思想文化工作大格局中加强管理。特别是那些代表国家文化形象的综合性大型博物馆，科研工作更应突出教化导向作用，以研究者的视角反映主流价值观和主流意识形态，为做到"两个维护"、服务"两个巩固"、实现"两个"一百年"奋斗目标和中华民族伟大复兴的中国梦贡献出自己的力量。

第六，在运行模态上，智慧博物馆建设方向明确，但尚缺乏明确统一的建设标准和评估标准。随着信息网络技术的突飞猛进，以物联网、大数据、云计算、移动通信和人工智能为代表的新技术，不仅改变了人类的思维观念、价值取向和生活方式，也使智慧博物馆建设成为必然趋势。国家文物局于 2014 年开始支持甘肃省博物馆、山西博物院、四川博物院、内蒙古博物院、广东省博物馆、苏州博物馆、成都金沙遗址博物馆开展智慧博物馆建设试点。2017 年《国家文物事业发展"十三五"规划》明确提出智慧博物馆建设，重庆中国三峡博物馆、陕西历史博物馆、湖北省博物馆、上海博物馆等都在积极探索推进智慧博物馆建设。中国国家博物馆也在 2018 年开始实施智慧国博建设项目，并先后推出了《智慧博物馆数据交换规范》《馆藏文物三维数据采集规则与技术要求》《馆藏文物保存环境监测系统监测终端应用要求》《馆藏文物保存环境监测系统数据库应用要求》等标准规范。但我们应该清醒地认识到，智慧博物馆不是简单地建立一些应用系统和多媒体展示，而是需要一整套透彻感知、泛在互联的"人＋物＋应用＋管理"多端融合体系，需要在统一规范的标准体系指导下，结合各自博物馆实际有序建设和完善。从调查情况来看，目前许多博物馆在实施智慧化建设过程中仍然各吹各的号，各唱各的调，缺乏统一的标准规范体系。如何把握科技应用与文物安全、有效展示之间的合理适度平衡，这中间的矛盾也越来越突出。2008 年，苏东海在《博物馆、博物馆学：警惕技术主义》一文中就明确提出："我们不要低估技术革命的意义，但是也不要过高估计技术的意义。如果发展到技术崇拜，形成了技术主义，技术的危害就产生了。技术膨胀最直接的危害就是文化的边缘化、文化价值的旁落，所以必须警惕技术主义的泛滥。"这一观点至今值得我们深思。

第七，在服务对象上，以藏品为中心向以观众为中心再向以数据为中心转变初见成效，但社会公众心理高预期给博物馆带来巨大挑战。"观众—藏品—空间"关系是博物馆永恒的主题，以藏品为中心是近代博物馆发展的不变理念。但自20 世纪 90 年代以来，三者之间的复杂动态关系发生了重大变化，观众在博物馆发展中的地位更加突出，重视公众需求，强调观众服务，履行社会责任，强化公共文化机构属性，成为博物馆的共同追求。特别是进入 21 世纪以来，各国博物馆积极探索创新，增强社会参与度，拉近与公众的关系，以吸引更多的观众走进博物馆，博物馆已经成为人们日常生活的一部分，公众从旁观者变成了参与者，观众对高质量、高水平观展体验的需求更加强烈，越来越多地要求互动性、个性化、分众化服务，甚至夜间文化休闲、研学体验、社教项目逐渐成为一种趋势，由此而来的巨大精神文化消费压力几乎全部由博物馆来承担，其中既包括文物总量不多、品相不美问题，也包括策展水平不高、服务质量不优等问题，还包括博物馆服务体系不健全、与社区属地缺乏良好互动问题。在这种情势下，随着社会公众心理预期逐步提高，博物馆运营管理和文化供给所承受的困难和挑战也会越来越大，如何为社会公众提供更多更好的多样化多层次的公共文化产品，已经成为博物馆领域共同面对的重大时代课题。

第八，在社会传播上，传统媒体与新媒体融合大势已定，但立体传播带来的不确定性、不可控性越来越突出。随着最新传播技术与传播手段的发展，媒体融合打破了传统信息传播的时空限制，博物馆传统展示传播方式发生重大变化，为广大受众提供了全新的信息双向交流共享空间，有效地拉近了博物馆与公众的距离，为博物馆信息服务和文化传播起到了很好的推动作用。近年来，欧美博物馆积极利用各种社交媒体激发观众参与，甚至直接利用社交媒体进行展览。据报道，在美国 1224 个享受美国艺术基金会补助的艺术机构中，有 97% 的机构在 Facebook、YouTube、Flickr、X（原 Twitter）或其他社交媒体平台上建有主页，45% 建立主页的机构每日更新，其中 25% 的机构一天之内更新数次。在国内，包括中国国家博物馆、故宫博物院等在内的 28 家国家级和省级博物馆拥有官方微博，33 家博物馆拥有微信公众号，其中中国国家博物馆官方微信公众号关注粉丝 200 余万，官方微博粉丝 500 余万，官方抖音粉丝 102 万。但也要看到，在传统媒体与新媒体的融合过程中，由于新媒体传播方式的随意性较大，不同群体的文化需求不一，立体传播与生俱来的不确定性、不可控性也十分明显，甚至有时会走向失控状态。近年来，博物馆行业屡屡出现微博发端、媒体跟进、茶杯里的扰动演变成为滔天巨浪的典型案例，值得我们深思。

第九，在人才队伍建设上，领军人才缺乏，特别是缺乏理论功底扎实、知识储备雄厚、实践经验丰富、能够独当一面的博物馆文物研究大家。人才是提升文物保护、利用和管理水平的关键所在，是促进博物馆事业发展、确保文化强国战略目标实现的战略性资源。当前中国文博事业的快速发展迫切需要大批创新实践人才，但人才缺口巨大，应用型、技术型和复合型高层次人才匮乏的问题仍然比较突出，人才培养成为制约文博事业健康发展的根本性问题。博物馆面临着高等院校和科研机构的双重挤压，同时受到薪酬制度、退休制度等的刚性约束，大多数博物馆很难留住优秀人才，特别是高素质专业化人才尤为缺乏，对内能做领军人物、对外能做文化使者的名家大师更是可遇不可求。据统计，目前中国开设文博专业的高校有130余所，每年高校实际为整个文博行业累计输送的毕业生仅为3000人左右，而中国文博机构的总数早已数以万计，平均每年1∶3的人才输送比例显然不能满足行业发展需求。许多博物馆人学历提高了，但动手能力没有跟进。中国博物馆专业技术人才比例较低，2020年博物馆专业技术人才不到博物馆从业人数的40%，其中高级专家占比20.7%，正高级专家只有2214人，反映出博物馆整体学术水平还比较低，高水平领军人才严重不足。从现状来说，博物馆行业内具有全国影响力的顶级专家很少，相当一部分人识古不识今，识物不识人，识器不识史，识艺不识科，全国320名文化名家暨"四个一批"人才中，博物馆专家仅有3人；"国家百千万人才工程"遴选414名专家，没有一位来自博物馆。由于学科属性和专业特点，文博专业人才成长需要较长时间积累，许多学者往往刚有点学术影响就到了退休年龄，具有行业声望而且在文物、博物馆学等学科体系建设方面具有权威影响力的中青年专家屈指可数，在职专家中很少出现全国知名的高水平领军人才。相比之下，一些退休专家十分活跃，一些重要文物鉴定仍然主要依靠八九十岁的老专家领衔担纲。由于待遇较低，博物馆人才的年龄结构、学历结构、专业结构失衡问题严重，在与高校的人才争夺中明显处于劣势，人才断层问题突出，难以支撑形成中国特色的博物馆学科体系、学术体系和话语体系，也无法适应博物馆事业快速发展的需要。如何在深入研究总结文博人才培养规律的基础上，支持有条件的国家大型博物馆建立更加积极、更加开放、更加有效的文博专业人才培养机制，提升文博专业人才培养能力，确实需要相关政府部门以及文博界、教育界、科技界协同努力，推动解决。

第十，在政策支持和制度环境上，博物馆相关政策供给相对不足，迫切需要

加强顶层设计和政策协调。近年来，国家高度重视博物馆建设发展，先后出台了一系列有关博物馆工作的政策文件，但从整体上看，推动博物馆的制度和政策引导还跟不上博物馆快速发展和大体量增加，出台政策覆盖面小，针对性也有所不足。比如，2008 年发布实施的《关于全国博物馆、纪念馆免费开放的通知》至今已经过去十几年了，政策本意是要鼓励大家进馆参观，但由此带来的观众井喷式增长、观展体验变差则是始料未及的，以至于许多博物馆不得不开始限制每日观众流量，成为新的矛盾和问题。再如，在中央层面出台文件中，关于文物保护、公共文化服务等方面的文件较多，加强和改进博物馆运维管理的文件则相对较少，仅有 2005 年 12 月文化部发布的《博物馆管理办法》、2015 年国家文物局印发的《关于提升博物馆陈列展览质量的指导意见》、2015 年国务院发布的《博物馆条例》以及 2021 年由中宣部、文化和旅游部、国家文物局等九部门联合出台的《关于推进博物馆改革发展实施意见》等，总体上政策法律层级较低，相关法律法规贯彻执行不够严格。又如，现在各省各城纷纷出台鼓励非国有博物馆发展的文件，非国有博物馆管理问题和矛盾比较多，但在中央层面仅有 2010 年出台的《关于促进民办博物馆发展的意见》，显然已经跟不上形势发展。关于智慧博物馆建设，缺乏国家层面的顶层规划和推进措施，没有完善的数据标准规范，对智慧博物馆产生不利影响。其他诸如如何推动文物交流、如何推动文物活起来，文物藏品标准化体系建设、文物数字化标准、博物馆评价指标体系等制度还不健全。现有法律法规对博物馆成果版权保护、管理、应用支撑不足，侵权容易追踪难，侵权案件高发，强化博物馆政策供给，加强顶层设计迫在眉睫。这些问题都是博物馆改革发展中面临的突出问题，迫切需要采取得力措施加以解决。

三、几点建议

中国特色社会主义进入新时代，中国经济社会发展正处于全新的历史方位，社会主要矛盾已经转化为人民日益增长的美好生活需要和不平衡不充分的发展之间的矛盾，对博物馆事业发展提出了更高的要求。这就要求博物馆界进一步提高政治站位，坚定政治方向，深入思考、准确把握当代中国博物馆的使命担当，明确目标任务，努力在中国特色社会主义文化强国建设的战略部署中找准位置、发挥作用。

第一，切实加强对博物馆事业的政治思想领导。一是更加重视把握当代中国博物馆巩固马克思主义在意识形态领域的指导地位，巩固全党全国人民团结奋斗的共同思想基础中的使命担当。我们党正在领导全国人民着力推进社会主义现代化强国建设，为实现中华民族伟大复兴中国梦而奋斗，必须构建与此相适应的主流意识形态和精神文化基础。要深入思考、准确把握博物馆在这个过程中的使命担当是什么？功能定位是什么？博物馆在巩固马克思主义在意识形态领域的指导地位方面负有怎样的使命？在巩固全党全国人民团结奋斗的共同思想基础方面如何发挥作用？如何发挥好博物馆以物说史、以物证史、以物释史的重要作用，充分发挥博物馆精神文化产品的传播和引领作用，通过丰富多彩的展览展示活动，以春风化雨、润物无声的方式，推动建设具有强大凝聚力和引领力的社会主流意识形态，使全体人民在理想信念、价值理念、道德观念上紧密团结在一起，弘扬多元一体的大一统中华文化，塑造可信、可亲、可敬的中国形象。二是更加重视把握当代中国博物馆在建设社会主义文化强国中的使命担当。一定意义上可以说，社会主义现代化强国就是以计算力为核心的科技硬实力与以审美力为核心的文化软实力高度结合的现代化国家。建设社会主义文化强国，必须以马克思主义为指导，坚守中华文化立场，立足当代中国现实，结合当今时代条件，发展面向现代化、面向世界、面向未来的，民族的、科学的、大众的社会主义文化。如何理解和把握博物馆在这些方面的独特功能？如何通过博物馆的收藏研究、展览展示、社教传播活动来培育全社会审美力、增强文化软实力、支撑现代化强国建设？博物馆如何推动打造与五千多年中华文明和世界大国地位相适应的中华文化形象？这些问题既是重大的理论课题，也是紧迫的现实问题，要求我们更加自觉地坚持以人民为中心，转变博物馆工作理念，把展览作为博物馆最重要的公共文化服务产品，把策展能力作为博物馆最核心的综合竞争力，讲好中国故事，传播好中国声音。三是更加重视把握博物馆在构建中华文明传承体系中的使命担当。习近平总书记指出，中国特色社会主义文化，源自于中华民族五千多年文明历史所孕育的中华优秀传统文化，熔铸于党领导人民在革命、建设、改革中创造的革命文化和社会主义先进文化，植根于中国特色社会主义伟大实践，要求加强文物保护利用和文化遗产保护传承，推动中华优秀传统文化的创造性转化和创新性发展。中华文化绵延五千多年未曾中断，文化载体和传承机制在这个过程中发挥着独特而关键的重要作用。那么，现代意义上的博物馆在中华文化传承体系中居于何种地位、发挥何种功能？如何深入挖掘中华优秀传统文化蕴含的思想观念、人文精神、道德规范，推动构建有中国底蕴、中国特色的思想体系、学术体系和话语体系？这些方面都要加强研究，形成广泛的同行共识和社会共识，推动思想自觉和行动自觉。四是更加重视把握当代中国博物馆在增强中国人民文化自信中的使命担当。高度重视并且突出强调文化自信是习近平总书记对中国特色社会主义理论体系的重大贡献。党的十九大报告强调，没有高度的文化自信，没有文化的繁荣兴盛，就没有中华民族伟大复兴。要充分发挥博物馆在彰显文化自信方面的独特作用，既要讲"先前阔""祖上行"，更要讲"现在好""现代能"、讲"道路好""主义行""共产党能"，最大限度地凝聚起为实现中华民族伟大复兴中国梦而奋斗的磅礴力量。五是更加重视把握当代中国博物馆在推动构建人类命运共同体中的使命担当。博物馆界要坚持"请进来"与"走出去"相结合，开展多渠道形式多样的对外文化交流与合作，优化展览交流结构，吸收和借鉴国外优秀文明成果，将中华优秀传统文化、革命文化和社会主义先进文化推向世界，在中外文明交流互鉴中充分展现中华文化的特色特点，既要强调"我中之你"，更要强调"你中之我"，推动弘扬全人类的共同价值，扩大中华文化在构建人类命运共同体方面的作用。

　　第二，加强博物馆组织体系建设。一是全面深化改革，理顺博物馆管理体制。在国际上，博物馆的分类主要依据其藏品和功能来划分，但在中国，博物馆既可以按藏品和功能来划分，也可以按部门和系统来划分，而且实际上博物馆的主体是按行政隶属关系来分类的，此外还有大量行业博物馆和非国有博物馆。这些博物馆规模大小不一，同样是一级博物馆，行政层次差别明显，主管单位也不同，中央一级有政府部门所属的综合性博物馆或行业博物馆，地方上有历史类博物馆、纪念馆类博物馆、自然历史类博物馆等，各种情况千差万别，迫切需要通过深化改革，理顺体制机制，明确主管部门和业务指导机构，强化分类指导管理，为资源配置、功能发挥提供基本依据。二是明确不同类型博物馆的功能定位，优化组织体系。一个国家的博物馆功能定位和组织体系构成了博物馆的总体格局，也决定着一国博物馆的发展水平，而这在很大程度上取决于经济社会发展阶段和国家文化战略方向。比如，在全部13类博物馆中，不同类型博物馆各保持多大数量规模？在哪些区域建设？赋予它什么样的功能定位？国有博物馆与非国有博物馆的大致比例如何？在国有博物馆中，综合性博物馆、纪念馆类博物馆、行业博物馆之间大致保持何种比例？这些都需要深入研究思考。从大的趋势来看，中国博物馆总体数量规模与发达国家仍有较大差距，数量增加还会保持一定时期，但未来的重点应该放在加大行业博物馆和特色博物馆建设力度上，同时鼓励和支持非国有博物馆建设，建立健全文物征藏交流相关规范，从而把供给侧结构性改革落到实处。三是鼓励发展博物馆群，探索实施总分馆制度。现在国际上往往以博物馆群或总分馆制度为主，博物馆群主要是地理上比较集中，但主题功能有明显差异，彼此之间形成鲜明的互补趋势，如美国的史密森学会博物馆群、德国柏林的博物馆群等；总分馆制则有明显的主辅关系，在地理上彼此分散，展品内容具有某种同质化倾向，其功能是促进公共文化服务的均等化，如法国卢浮宫在国内设立的分馆、纽约大都会的不同馆区等。国内博物馆虽然也有一些采用总分馆制，而且有些博物馆之间建立起相对松散的联盟机制，但总体上还是以单馆制为主，各馆之间的合作交流往往是一一对应、一事一议的，缺乏鲜明的顶层设计和功能定位区分。从未来发展趋势来看，国内博物馆应该把发展总分馆制作为一个重要方向，秉承开放合作、互利共赢，不求所藏、但求所展的理念，以大型国家级博物馆为主，吸引一些中小型特色博物馆加入，建立战略合作伙伴关系，积极主动加大与世界各地博物馆的联系，促进藏品借展和重要展览巡展常态化、制度化、机制化，让文物流动起来。四是突出工作重点，全力培育若干具有国际影响的世界一流强馆名馆。应该在综合考虑藏品规模水平、学术基础条件、人才发展潜力以及国际影响渠道的基础上，分期分批建设世界一流大型博物馆，并从中遴选三五家着力建成世界一流强馆、名馆，使之成为世界文明荟萃之地，提升文明交流互鉴水平，更好地推动中华文化走出去。

第三，健全博物馆发展的内生动力机制。一是明确博物馆发展目标，建立鲜明正确导向。博物馆的发展路径无非有二，即规模性扩张和内涵式发展，对于中国的博物馆来说恐怕两者不可偏废。在总量规模持续增加扩大的基础上，应该有一些博物馆逐步脱颖而出，藏品质量更好，展览水平更高，管理更加标准规范，社会影响力和话语权也更大，实现精致化内涵式发展，成为具有世界一流水平的名馆、强馆。但无论如何，博物馆作为具有特殊意识形态阵地属性的公共文化机构，在巩固马克思主义在意识形态领域的指导地位、巩固全国人民团结奋斗的共同思想基础方面所承担的任务使命是不可改变的，这种导向一定要鲜明，不能有任何含糊。二是健全文物征藏机制。对于国有博物馆来说，藏品来源可以是接受调拨移交、征购、捐赠、交换等多种渠道，但就文物特别是古代文物而言，最重要的来源还是考古发掘品的及时移交。这就需要依据文物保护法及其实施条例，进一步理清博物馆与考古发掘单位之间的关系，明晰地下文物属国家所有，委托地方管理，应该在全国范围内调拨使用，以此把文物的所有权、管理权与使用权明确区别开来，把行政力量、市场力量与社会力量有机结合起来。对于近现代文物，则要鼓励博物馆差别化错位发展，体现出不同博物馆的战略眼光和学术水平以及评价能力，形成各具特色的馆藏体系。三是深入实施策展人制度。策展人制度不是确定和聘任几名策展人的问题，而是博物馆提升策展能力和水平的基础制度，旨在突出和强化策展人在展览实施过程中的主导地位和关键作用，赋予他们以策展项目选择、经费使用、展览设计制作等充分的自主权，最大限度调动其积极性和创造力。实施策展人制度实际是博物馆业务流程的根本性再造，是一场涉及博物馆运维体制机制的深刻全面变革。通过策展人制度可以进一步强化展览这个博物馆的主责主业，推动加强学术研究，调动激发全体职工的积极性、主动性、创造性，推动博物馆体制机制的全面改革，深化供给侧结构性改革，为社会公众提供更多更优的公共文化服务产品。四是健全经费多元筹措机制。博物馆事业是公益事业，但提供公共文化服务产品是需要成本的。博物馆既具有文化功能，还具有社会功能和部分经济功能。博物馆的发展在根本上取决于政府的财政支持和政策支持，同时需要来自企业、社会各方面通过捐助、捐赠、合作等形式的大力支持，还需要博物馆自身广开门路，强化造血功能，充分发挥馆藏资源丰富，国之重器、物之美者众多的独特优势，通过文化创意产品开发、IP 授权等不同模式，获取有效有力的资金补充。只有这样，才能把政府、社会、企业和博物馆自身的积极性充分调动起来，营造出共同推动博物馆事业发展的良好社会氛围，形成强大合力。五是设立博物馆领域的权威性政府大奖。博物馆事业发展到今天这样的规模水平，在奖励激励方面仍然缺少有权威性和影响力的政府大奖，许多博物馆人为此奔走呼号。现在政府相关部门没有建立起足够充分的权威，往往应该由政府决策的事情推给专家来决定，专家的咨询过程成为政府决策过程、专家咨询建议成为政府决定。一般来说，一种奖励如果要有影响，必须把单位认可、专业认可、社会认可、政府认可有机结合起来，自下而上、从行业到政府，逐步提升层级、强化权威，而政府认可是建立在前三者基础之上的权威认可。从现在博物馆领域的各种评选推介情况来看，各种单位认可是起点，以行业协会学会为主的专业认可和以媒体为主要推手的社会认可为数不少，但真正上升到政府认可的重要奖励还付诸阙如，迫切需要研究建立具有广泛覆盖面和权威性的文博大奖，形成鲜明正确的价值导向。

第四，适应数字经济发展趋势，大力推进智慧博物馆建设。一是加强数字化建设，形成以数据为核心的博物馆新管理模式。博物馆的核心资源是文物藏品，无论其材质如何，都会因为时间的流逝而发生这样那样的形态变化。通过高效原真采集把文物藏品的原始数据留下来，通过大数据技术把文物本体资源变成数据资源，实际是一种最安全的保管方式，也是博物馆行业的大势所趋。近年来流行的数字藏品，某种意义上既反映了收藏模式的社会化转型，也说明博物馆的核心资源正在由文物藏品向数据转变，其潜在影响是不言而喻的。在这种情况下，文物数据越来越成为博物馆的核心资产，其意义与文物藏品几乎同等重要。二是充分利用信息网络技术提供的一切可能，加强文物保管与修复工作。人类社会已经从工业时代进入信息时代，信息网络技术无处不在、无时不在，大数据、云计算、物联网、虚拟现实、人工智能广泛应用于博物馆工作的各个环节、各个方面，使得我们有可能以更高的技术水平建设智慧库房、智慧展厅、智慧楼宇，也可通过虚拟修复技术让更多不可能的事情变成可能，不断提高文物保护工作效率，让预防性保护从理念变成现实，实现真正意义上的智慧保护、智慧管理和智慧服务。三是加强智慧博物馆标准化建设，制定发布一批智慧博物馆标准。如果说信息化更多的是指传统博物馆采用信息技术、办公自动化技术提高管理效率，而数字化是通过数字技术更加安全精准地保留文物本体、形成文化资产的话，那么智慧博物馆就是利用信息网络技术对博物馆进行格局重塑、流程再造、组织重构的重大转型，是博物馆发展的更高阶段，迫切需要统一标准，明确方向，为博物馆之间的交流合作奠定坚实基础。智慧博物馆建设不仅是技术应用问题，智慧博物馆的标准也应该是一整套完整规范的标准体系，既包括技术标准、建设标准，也包括运维标准、管理标准，还包括服务标准甚至远程交互标准，等等。四是结合实际大力推动文物活化工作。让收藏在博物馆里的文物活起来，是习近平总书记对文博工作提出的明确要求。这里的活起来，包括让库房里的文物走出库房、走进展厅、走入展线、走上展台，也包括让博物馆里的文物通过各种渠道走上屏幕、走入网络、走向社会，还包括深入挖掘呈现文物蕴含的历史价值、文化价值、科技价值、审美价值和时代价值，既能让观众近距离实地观赏文物、感受魅力，也能通过远程交互在屏幕、网络上深入直观地观赏文物，为观众提供更加优质高效的服务，让观众可以全方位、立体化地欣赏文物、学习知识，感悟前贤智慧。除了"只此青绿"等少部分精品外，现在一些网络电视推出的文物活化呈现，大多是浅层次、娱乐化的，对文物藏品的丰富内涵呈现严重不足，需要引起高度重视。

第五，更加重视和加强学术研究工作。 一是明确博物馆的科研机构属性。在实际工作中，往往只承认博物馆的公共文化机构属性，对博物馆的科研机构属性则较模糊，博物馆也无法享受科研机构相应的政策待遇。这是极不公平的，也不利于博物馆事业的长远发展。事实上，博物馆既是公共文化机构，也是科研机构，还是教育机构，具有多重属性，而且在这些属性中，科研机构属性是基础属性，因为没有研究，就没有收藏、没有展示、没有教育，可以说也就没有博物馆的一切。从这个意义来说，只有承认博物馆的科研机构属性，才能够稳定并加强博物馆人才队伍建设，推动博物馆学术研究不断深入，为文物活起来、发挥好博物馆的大学校作用奠定坚实基础。二是突出博物馆科研工作重点和特点。大学和科研机构的学术研究与博物馆完全不同，前两者研究的对象是理论、基础是逻辑、依据是文献，而博物馆研究的对象是社会生活实际、注重的是实操经验积累，把文物藏品放在更加突出的位置上，没有文物不说话，有什么文物说什么话。博物馆的文物研究既具有理论性，也具有实操性，基本信息、鉴别真伪是基础工作，更重要的是以物释史、以物说史、以物证史，深入挖掘蕴含其中的历史价值、文化价值、科技价值、审美价值和时代价值。三是加强博物馆学学科建设。博物馆学实际上是博物馆管理学，其核心是博物馆的运维管理，既具有鲜明的理论性，也具有非常强的应用性。在实际工作中应该把文物研究和博物馆管理研究区别开来，明确博物馆学的学科属性，深入研究博物馆运维管理的内在规律，包括藏品管理、展览管理、设备管理、观众管理、空间管理、人才管理、科研管理等，努力把各类博物馆建设成为所在领域名副其实的收藏中心、研究中心、展示中心、传播中心和交流中心。

第六，切实加强人才工作，优化文博人才成长环境。一是研究实施适合文博人才规律的人力资源制度。博物馆人才既包括博物馆学人才，也包括文物学人才，其成长各有特殊规律，比如需要丰富的实践经验积累，多学科多专业训练，成长周期比较长，等等。这就需要有针对性的特殊政策设计和制度安排，鼓励相关专业技术人员择一事终一生，"毕其功于一生"，包括延期退休制度、稳定的薪酬激励制度等。只有这样，才能稳定队伍、稳定人才，形成稳定的学习成长积累机制，逐步建立起传承有序的文博人才梯队，让博物馆成为人才辈出的沃土和人才高地。二是建立职业资格认证制度。文博领域是一个特殊的专业领域，其职业要求很特殊，既要有扎实的理论功底，也要有系统的专业知识，还要有系统的文史基础训练，必须把正规学校教育与博物馆实操经验结合起来，经过长时间的学习思考积累，才能成为合格的职业文博人。职业资格认证制度实际上就是对博物馆专业人员的职业资格进行专业认证，达到什么水平就具有相应的职业资格，也才能够承担与职业资格相适应的工作岗位，形成真正意义上的人岗匹配机制。要建立健全并定期发布文博名家名录，建立起文物鉴定的权威团队，形成不同文物有不同专业的专家来鉴定真伪、解读价值的科学制度和权威机制，让专业的人说专业的话、做专业的事，通过制度设计解决主观性过强的问题，避免对中国历史文化解读的碎片化、片面化。三是建立健全人才表彰激励机制。文博领域缺乏科学有效的表彰激励机制，对人、对事、对项目都是如此，用人单位自主权严重不足，在调动员工积极性、主动性、创造性上手段不多。建议适当提高国务院政府特殊津贴、"四个一批"等国家级表彰激励项目中文博领域所占比例，同时赋予用人单位较大自主权，严格落实中央关于破"五唯"的决策部署，通过设立突出贡献奖、终身成就奖等不同方法措施，把奖励人和奖励事结合起来，让想干事的人有机会、有平台、有资源，更有激励，激励大家既要想干事，还要能干事，更要干成事，从根本上改变文博领域人才成长的自发姿态，增强自主性、导向性，努力形成一种积极进取、健康向上的干事创业氛围和鲜明正确的导向。

总之，党的十八大以来，中国博物馆事业进入了一个全新的发展时期。这是中国特色社会主义新时代，也是中国博物馆事业发展的黄金时代。尽管在发展过程中还存在着这样那样的一些问题、困难和挑战，但从总体上看，机遇远远大于挑战，博物馆整体上面临着转型发展的重大机遇，而且这是前所未有的战略机遇。以习近平同志为核心的党中央的重视关怀，社会观众的热切期待，社会各方面的积极支持配合，国际交流的紧迫竞争压力，必将转化为博物馆人改革创新、奋发图强的强大内生动力，使我们拒绝"躺平"、摒弃"内卷"，更加积极地行动起来，按照"保护第一、加强管理、挖掘价值、有效利用、让文物活起来"的新时代文物工作方针，不负时代、不负韶华，努力为建成社会主义文化强国、实现中华民族伟大复兴中国梦作出新的更大贡献。

参 考 文 献

一、重要文献

《习近平谈治国理政》第一卷，外文出版社 2018 年版。

《习近平谈治国理政》第二卷，外文出版社 2017 年版。

《习近平谈治国理政》第三卷，外文出版社 2020 年版。

《习近平谈治国理政》第四卷，外文出版社 2022 年版。

《习近平关于科技创新论述摘编》，中央文献出版社 2016 年版。

《习近平关于社会主义文化建设论述摘编》，中央文献出版社 2017 年版。

《习近平关于社会主义精神文明建设论述摘编》，中央文献出版社 2022 年版。

中华人民共和国文化部：《中国文化文物统计年鉴》（2011—2017），国家图书馆出版社 2011、2012、2013、2014、2015、2016、2017 年版。

中华人民共和国文化和旅游部：《中国文化文物统计年鉴 2018》，国家图书馆出版社 2018 年版。

中华人民共和国文化和旅游部：《中国文化和旅游统计年鉴 2019》，国家图书馆出版社 2019 年版。

中华人民共和国文化和旅游部：《中国文化文物和旅游统计年鉴》（2020—2022），国家图书馆出版社 2020、2021、2022 年版

二、专著

国家文物局：《博物馆藏品保管工作手册》，群众出版社 1992 年版。

国家文物局：《博物馆群众教育工作》，文物出版社 1993 年版。

国家文物局博物馆与社会文物司：《新形势下博物馆工作实践与思考》，文物出版社 2010 年版。

单霁翔：《从"馆舍天地"走向"大千世界"——关于广义博物馆的思考》，天津大学出版社 2011 年版。

单霁翔：《从"数量增长"走向"质量提升"——关于广义博物馆的思考》，天津大学出版社 2014 年版。

王春法：《中国博物馆行业发展研究报告（2018）》，社会科学文献出版社 2018 年版。

王春法：《博物馆动态·2019》，安徽美术出版社 2020 年版。

段勇：《当代中国博物馆》，译林出版社 2017 年版。

冯英：《外国的志愿者》，中国社会出版社 2008 年版。

耿超：《博物馆学理论与实践》，科学出版社 2018 年版。

湖南省博物馆学会：《博物馆学文集 8》，岳麓书社 2013 年版。

李文儒：《全球化下的中国博物馆》，文物出版社 2002 年版。

刘国华：《品牌形象论：构建独一无二的品牌价值》，人民邮电出版社 2015 年版。

龙小农：《从形象到认同——社会传播与国家认同建构》，中国传媒大学出版社 2012 年版。

钱益汇等：《博物馆蓝皮书：中国博物馆发展报告（2019～2020)》，社会科学文献出版社 2021 年版。

宋娴：《博物馆与学校的合作机制研究》，复旦大学出版社 2019 年版。

苏东海：《博物馆的沉思——苏东海文选（卷二）》，文物出版社 2006 年版。

王乐：《馆校合作的理论与实践》，科学出版社 2018 年版。

王学敏：《博物馆教育入门》，河南人民出版社 1991 年版。

徐玲：《博物馆学的思考》，郑州大学出版社 2018 年版。

郑晶、高梦琛：《2019 年度南京博物院观众调查报告》，江苏凤凰文艺出版社 2020 年版。

郑奕:《博物馆教育活动研究》,复旦大学出版社2018年版。

中国博物馆学会:《回顾与展望:中国博物馆发展百年》,紫禁城出版社2005年版。

[美] 彼特·萨米斯等:《以观众为中心:博物馆的新实践》,尹凯译,科学出版社2018年版。

[美] 妮娜·西蒙:《参与式博物馆:迈入博物馆2.0时代》,喻翔译,浙江大学出版社2018年版。

[美] 詹姆斯·W.凯瑞:《作为文化的传播:"媒介与社会"论文集》,丁未译,中国人民大学出版社2019年版。

[挪] 安娜·路易莎·桑切斯·劳斯:《博物馆网站与社交媒体:参与性、可持续性、信任与多元化》,刘哲译,上海科技教育出版社2017年版。

[英] 丹尼尔·麦奎尔:《麦奎尔大众传播理论》,徐佳、董路译,清华大学出版社2019年版。

[英] 格拉汉姆·布莱克:《如何管理一家博物馆:博物馆吸引人的秘密》,徐光、谢卉译,中国轻工业出版社2011年版。

三、期刊

安来顺:《博物馆市场学几个基本问题的讨论》,《中国博物馆》2000年第1期。

包东波:《大众传播视角下的博物馆功能初探》,《中国博物馆》2012年第1期。

步雁、曹琳娜:《博物馆教育文创研发之路及思考——以陕西历史博物馆为例》,《中国博物馆》2020年第3期。

曹兵武:《博物馆的媒介化趋势及其实践意义》,《博物院》2019年第5期。

曹晓丽等:《创新型科技人才成长路径分析》,《信息系统工程》2020年第11期。

曹瀛予:《博物馆安检设备和技术落后问题浅析与对策》,《中国博物馆》2019年第1期。

曾停:《从使用与满足理论的应用看博物馆受众研究》,《新媒体研究》2021

年第 20 期。

曾阳：《沈阳故宫博物馆 2018 年观众参观体验调查报告》，《沈阳故宫学刊》2019 年刊。

陈晨：《关于博物馆"策展人制度"项目化管理方式的构建》，《中国博物馆》2015 年第 4 期。

陈刚、祝孔强：《数字博物馆及其相关问题分析》，《智能建筑与城市信息》2004 年第 9 期。

陈刚：《智慧博物馆——数字博物馆发展新趋势》，《中国博物馆》2013 年第 4 期。

陈红琳：《破解行业博物馆发展困局——中国农业博物馆藏品体系建构实践分析》，《中国博物馆》2021 年第 3 期。

陈晋：《文化自信：历史由来与重塑之路》，《中央社会主义学院学报》2022 年第 1 期。

陈峻：《关于博物馆开展文物征集工作的几点思考》，《博物馆研究》2009 年第 3 期。

陈丽等：《我国自然博物馆的现状及发展策略研究》，《博物馆研究》2019 年第 1 期。

陈淑媚：《国立博物馆征集工作的现状与文物征集一些思考》，《中国民族博览》2018 年第 6 期。

陈曦：《打破文物与人的距离——浅谈智慧博物馆与文化的传播》，《博物馆研究》2017 年第 3 期。

陈翔宇等：《国防科技情报人才断层问题的分析与对策》，《情报理论与实践》1996 年第 3 期。

陈卓：《新时代博物馆发展理念的几点思考》，《东南文化》2019 年第 2 期。

陈卓：《中国博物馆事业的发展与现状分析》，《文博学刊》2019 年第 1 期。

程晓励：《基于区县级文博单位文物征集困境及优化措施——以广州市海珠区文物博物管理中心为例》，《中国博物馆》2021 年第 3 期。

仇岩：《大数据时代博物馆动态观众服务体系浅析》，《中国博物馆》2014 年第 4 期。

单霁翔：《博物馆的社会责任与社会教育》，《东南文化》2010 年第 12 期。

丁小峰：《古建类博物馆文物保护单位消防安全》，《中国博物馆》2019 年第 1 期。

杜莹：《现代博物馆展陈的传播学思考》，《中国博物馆》2006 年第 3 期。

段晓明：《中国博物馆策展人制度本土化的历程与发展》，《东南文化》2018 年第 5 期。

樊友山：《大力加强中央企业领军人才队伍建设》，《中国党政干部论坛》2012 年第 2 期。

冯慧：《浅谈博物馆如何引导观众文明参观》，《丝绸之路》2014 年第 10 期。

冯铁藜等：《地方博物馆的研学旅行功效》，《邯郸学院学报》2017 年第 6 期。

傅翼、滕燨斋：《为公众服务的博物馆分众研究：意义、思路与建议》，《自然科学博物馆研究》2021 年第 1 期。

龚良、蔡琴：《博物馆与公众》，《东南文化》2010 年第 2 期。

龚良：《从社会教育到社会服务——南京博物院提升公共服务的实践与启示》，《东南文化》2017 年第 6 期。

谷峻岭：《浅谈博物馆的绩效管理》，《全国商情（经济理论研究）》2007 年第 9 期。

韩彦：《略谈博物馆的传播》，《辽宁大学学报（哲学社会科学版）》1991 年第 12 期。

何宏：《博物馆服务与观众调查》，《文博》2012 年第 2 期。

胡承金、刘薇：《浅谈博物馆现代生活物证类藏品征集——以重庆中国三峡博物馆为例》，《长江文明》2019 年第 4 期。

胡章萍：《建立领军人才辈出的环境和机制》，《人才开发》2004 年第 9 期。

黄金：《非正式学习视角下博物馆微博的内容建构——以国家一级博物馆新浪官方微博为例》，《博物馆研究》2014 年第 4 期。

黄晓宏：《对西部大开发中博物馆发展问题的几点思考》，《丝绸之路》2012 年第 4 期。

黄洋：《博物馆信息传播模式评述》，《博物院》2017 年第 3 期。

贾平：《博物馆安全工作的几点思考》，《江汉考古》2019 年第 4 期。

江琳：《博物馆展览设计的个性化目标探讨》，《中国博物馆》2015 年第 1 期。

蒋臻颖：《我国博物馆学前儿童教育问题探析——以史密森早教中心为例》，《博物馆研究》2015 年第 5 期。

焦俊一、闵浩：《基于物联网技术的智慧博物馆综合管理系统》，《物联网技术》2014 年第 5 期。

焦丽丹、黄洋国：《国有博物馆藏品征集的瓶颈问题与建议》，《中国博物馆》2021 年第 4 期。

解宏乾：《樊建川：梦想建一百座博物馆》，《国家人文历史》2013 年第 15 期。

金瑞国：《博物馆之传播学研究》，《博物馆研究》2011 年第 2 期。

康宁、盛宸霏：《辽宁省博物馆"又见大唐"展览观众满意度问卷调查报告》，《辽宁省博物馆馆刊》2019 年刊。

孔祥峰：《浅谈如何做好博物馆安全保卫工作》，《科技资讯》2019 年第 27 期。

乐俏俏：《关于博物馆信息传播的新思考》，《中国博物馆》2006 年第 3 期。

乐俏俏、杨述厚：《从受众角度探析博物馆的信息传播功能》，《世纪桥》2007 年第 3 期。

雷鸣霞：《藏品管理的可持续化》，《中国博物馆》2017 年第 2 期。

李经汉：《关于博物馆科研工作的探索》，《中国博物馆》1986 年第 3 期。

李军：《博物馆征集工作的思考》，《中国博物馆》2000 年第 3 期。

李梦柳：《论新时期区县博物馆发展策略——以天津市武清区博物馆为例》，《文物鉴定与鉴赏》2019 年第 3 期。

李文昌：《博物馆传播学解读》，《中国博物馆》2008 年第 3 期。

李秀娜：《微博 / 微信：博物馆自媒体应用经验谈》，《中国博物馆》2013 年第 4 期。

李学军：《关于博物馆文物征集工作的实践与探讨》，《北京文博文丛》2014 年第 2 期。

李耀申、李晨：《博物馆改革发展焦点问题及对策建议》，《东南文化》2020

年第 4 期。

李耀申：《对我国博物馆藏品来源问题的思考》，《中国博物馆》1992 年第 3 期。

李义峰：《论博物馆文物征集工作现状与对策》，《收藏界》2019 年第 3 期。

厉樱姿：《我国博物馆展览评估的现状分析与对策思考》，《博物馆研究》2015 年第 2 期。

梁吉生：《21 世纪博物馆学和博物馆学教育》，《中国博物馆》2001 年第 3 期。

刘迪等：《近三十年中国博物馆教育研究主题演化分析》，《博物院》2017 年第 2 期。

刘栋：《博物馆文创产品开发经营体制机制问题研究》，《中国博物馆》2020 年第 3 期。

刘辉等：《"文旅融合下博物馆文创的探索与实践"学人笔谈》，《东南文化》2021 年第 6 期。

刘书正：《韩国博物馆体系建设探析》，《博物馆管理》2020 年第 3 期。

刘书正：《中国博物馆藏品规模与结构研究》，《中国博物馆》2021 年第 2 期。

刘欣：《受众反馈：博物馆观众研究的重要课题》，《中国博物馆》2016 年第 4 期。

刘绪雯：《博物馆特展的文创产品开发与实践——以上海博物馆为例》，《东南文化》2019 年第 5 期。

刘勇、席丽：《山东博物馆观众满意度实证调查》，《教育教学论坛》2017 年第 48 期。

陆建松：《论新时期博物馆专业人才培养及其学科建设》，《东南文化》2013 年第 5 期。

罗春寒：《西部欠发达地区博物馆建设事业的冷思考——以黔东南苗族侗族自治州为例》，《凯里学院学报》2012 年第 5 期。

罗向军：《公共文化服务背景下博物馆的社会责任解读》，《东南文化》2017 年第 8 期。

马率磊：《中小博物馆开展青少年研学旅行策略研究》，《文物春秋》2018 年第 10 期。

马秀娟等:《专题博物馆建设与保定区域文化发展》,《保定学院学报》2013年第4期。

苗伟:《确立分众化普及方法——推进当代中国马克思主义大众化的重要途径》,《理论月刊》2016年第9期。

缪慧玲:《博物馆文化创意产品发展实践研究——以上海博物馆文创发展为例》,《中国博物馆》2019年第2期。

聂海林:《多元文化视角下科技类博物馆的发展理念与功能定位》,《科学教育与博物馆》2018年第1期。

聂洪涛、李宁:《保护与创作:博物馆文创产品著作权法律问题分析》,《中国博物馆》2020年第1期。

钮小雪:《关于博物馆馆藏文物征集现状的思考和建议》,《文物鉴定与鉴赏》2021年第9期。

潘峻岭:《论公共文化服务对象对思想政治教育创新的启示》,《决策与信息》2021年第10期。

潘力非、程灿阳:《中小型博物馆安全工作的探析》,《中国安防》2020年第5期。

彭舟:《博物馆文化传播的形式与意义探析》,《科技传播》2018年第5期。

祁庆国:《博物馆知识传播需解决的基础问题》,《中国博物馆》2012年第1期。

钱兆悦:《文旅融合下的博物馆公众服务:新理念、新方法》,《东南文化》2018年第6期。

乔锦忠、陈秀凤:《高层次学术人才流动是否影响学术生产?——以生命科学领域为例》,《大学与学科》2021年第2期。

邵小龙:《以互联网思维推进智慧博物馆建设》,《中国博物馆》2015年第3期。

沈辰:《构建博物馆:从藏品立本到公众体验》,《东南文化》2016年第5期。

时兰兰:《大数据收集与统计:博物馆免费开放的利弊可视化——以甘肃省博物馆免费开放观众调查为例》,《博物馆研究》2020年第1期。

史吉祥:《博物馆观众研究是博物馆教育研究的基本点——对博物馆观众定义的新探讨》,《东南文化》2009年第12期。

司秀琳、王蓓:《博物馆人才评价及其问题思考》,《中国博物馆》2019 年第 4 期。

宋向光:《当代我国博物馆展陈发展现状及趋势》,《中国博物馆》2015 年第 3 期。

宋向光:《信息时代博物馆产出及博物馆与观众的关系》,《中国博物馆》2008 年第 3 期。

苏东海:《博物馆科学研究工作的再思考》,《中国博物馆》1995 年第 1 期。

苏东海:《博物馆是第二课堂的说法虽然不错,但需要分析》,《中国博物馆通讯》1989 年第 5 期。

苏东海:《博物馆演变史纲》,《中国博物馆》1988 年第 1 期。

苏东海:《文博事业是超前的事业》,《中国博物馆通讯》1997 年第 5 期。

孙珂:《关于博物馆推行"策展人制度"的再思考——"呦呦鹿鸣——燕国公主眼里的霸国"展览工作中的反思》,《首都博物馆论丛》2016 年总第 26 辑。

唐先华:《新冠肺炎疫情期间博物馆展览管理实践——以上海自然博物馆为例》,《学会》2020 年第 9 期。

唐小茹:《信息时代的数字博物馆建设》,《黑龙江科学》2019 年第 2 期。

田国杰:《新形势下中小型国有博物馆文物藏品收集利用工作的对策和出路——以洛阳市国有博物馆文物藏品收集利用实践为例》,《中国博物馆》2020 年第 3 期。

脱少华:《西部地区博物馆可持续发展的思考》,《发展》2011 年第 6 期。

王春法:《充分发挥博物馆的评价功能》,《中国政协》2018 年第 18 期。

王春法:《打造新时代博物馆新型智库推动博物馆高质量发展》,《博物馆管理》2019 年第 1 期。

王春法:《关于智慧博物馆建设的若干思考》,《博物馆管理》2020 年第 3 期。

王春法:《什么样的展览是好展览——关于博物馆展览的几点思考》,《博物馆管理》2020 年第 2 期。

王法东、席丽:《基于问卷调查的国有博物馆观众满意度提升探究——以山东博物馆为例》,《文物鉴定与鉴赏》2019 年第 2 期。

王帆等:《人文社会科学领军人才成长特征研究——基于长江学者特聘教授的分析》,《中国人民大学教育学刊》2015年第4期。

王凡:《我国儿童博物馆教育发展现状和对策》,《陕西学前师范学院学报》2019年第6期。

王静、王玉霞:《北京博物馆文化旅游服务质量提升研究》,《北京联合大学学报（人文社会科学版)》2017年第3期。

王群沣、徐迪:《博物馆跨文化传播效果问题与对策实证研究——以陕西历史博物馆为例》,《未来与发展》2015年第12期。

王文彬:《试论博物馆传播与社交网络"意见领袖"——以微博为例》,《东南文化》2014年第6期。

王裕昌:《浅谈智慧博物馆发展新趋势》,《甘肃科技》2014年第16期。

魏立群:《区域博物馆非物质文化遗产展示与社会发展》,《黑龙江史志》2016年第8期。

吴海涛:《西部地区博物馆文物腐蚀损失现状及藏品保护修复对策》,《青海师范大学学报（自然科学版)》2006年第3期。

相培娜等:《加强博物馆供给侧改革　做好文旅融合大文章》,《文物鉴定与鉴赏》2019年第20期。

谢雨婷:《试论公共文化服务视域下的博物馆学研究》,《中国博物馆》2021年第2期。

邢致远、李晨:《博物馆社会教育与服务的分众化研究》,《中国博物馆》2013年第3期。

熊晓昙:《文旅融合背景下创新博物馆公众服务理念与方式的研究》,《文化创新比较研究》2020年第1期。

徐卓恺:《基于大数据时代博物馆动态观众服务体系的建设探讨》,《科技与创新》2017年第17期。

许鹏:《浅谈博物馆开展文物征集工作存在的问题及建议》,《文物鉴定与鉴赏》2017年第7期。

严建强:《"十二五"期间我国博物馆陈列展览概述》,《中国博物馆》2018年第 1 期。

严建强：《从展示评估出发：专家判断与观众判断的双重实现》，《中国博物馆》2008 年第 2 期。

严晓峰：《虚拟现实技术在网络博物馆中的应用与实现》，《电脑知识与技术》2015 年第 26 期。

杨丹丹：《"互联网＋博物馆教育"的新思考》，《东南文化》2017 年第 10 期。

杨丹丹：《论博物馆教育活动的可持续发展——以首都博物馆青少年教育活动为例》，《中国博物馆》2010 年第 1 期。

杨海峰：《新时代博物馆文物征集工作的守正与创新——以中国人民革命军事博物馆为例》，《中国博物馆》2020 年第 5 期。

杨红彬：《博物馆研学教育现状及对策》，《文化产业》2019 年第 11 期。

杨静：《新疆博物馆文创产品开发的实践与思考》，《中国博物馆》2021 年第 1 期。

杨明刚：《记忆当代联通未来——浅议博物馆当代藏品征集》，《中国博物馆》2018 年第 4 期。

杨万荣：《西部贫困地区博物馆文物资源整合刍议》，《中国文物科学研究》2007 年第 3 期。

杨长桂：《关于基础研究人才断层问题的探讨》，《自然辩证法研究》1993 年第 5 期。

杨正宏：《多元体验下的博物馆展示设计》，《东南文化》2013 年第 5 期。

姚安：《2016 年度我国博物馆陈列展览综述》，《中国博物馆》2018 年第 1 期。

尹凯：《博物馆教育的反思——诞生、发展、演变及前景》，《中国博物馆》2015 年第 2 期。

于萍：《试论博物馆传播理念的更新》，《中国博物馆》2003 年第 4 期。

于湾：《博物馆作为传播文化的媒介以现代艺术博物馆为例》，《文物鉴定与鉴赏》2019 年第 15 期。

於贤德：《优质服务是加快发展旅游休闲产业的突破口》，《广东技术师范学院学报》2010 年第 2 期。

岳妍：《新时代背景下法国艺术博物馆的藏品来源及影响因素研究——以蓬皮杜中心为例》，《美术大观》2019 年第 1 期。

张国俊、刘国林：《浅谈新形势下博物馆安全保卫人才队伍的建设》，《经济研究参考》2016 年第 8 期。

张杰奎：《"互联网＋"时代数字博物馆建设初探》，《无线互联科技》2018 年第 8 期。

张莉：《博物馆以观众为中心运营理念刍议》，《文物鉴定与鉴赏》2019 年第 7 期。

张威等：《应对免费开放后的博物馆室内空间改造》，《美术观察》2009 年第 6 期。

张卫、宁刚：《数字博物馆概述》，《古今农业》2000 年第 4 期。

张小朋：《智慧博物馆核心系统初探》，《东南文化》2017 年第 1 期。

张颖岚：《数字化生存——信息时代博物馆的未来之路》，《中国博物馆》2007 年第 1 期。

赵菁、赵靓：《中国国家博物馆导览系统观众需求分析》，《博物院》2021 年第 5 期。

赵星宇：《试析中国的博物馆观众研究发展脉络——基于"观众研究""观众评估"与"理论方法"的视角》，《自然科学博物馆研究》2020 年第 4 期。

赵玉等：《我国博物馆服务质量评价量表构建研究——基于顾客差距视角》，《博物馆管理》2021 年第 3 期。

郑晶：《基于分众化服务理念的博物馆观众调查分析与思考——以南京博物院为例》，《科学教育与博物馆》2021 年第 4 期。

郑涛：《博物馆安防体系建设分析与探讨》，《中国博物馆》2019 年第 1 期。

郑旭东、王婷：《家庭行为、身份认知与经验建构：场馆学习理论的解读与启示》，《开放教育研究》2015 年第 8 期。

郑奕：《博物馆强化"观众服务"能力的路径探析》，《行政管理改革》2021 年第 3 期。

钟国文：《我国博物馆观众现状分析与对策思考》，《博物馆管理》2021 年第 3 期。

周婧景、林咏能：《国际比较视野下中国博物馆观众研究的若干问题——基于文献分析与实证调研的三角互证》，《东南文化》2020 年第 1 期。

周婧景：《博物馆儿童教育实践模式初探》，《博物馆研究》2011 年第 2 期。

周婧景：《博物馆儿童展览评估研究》，《东南文化》2013 年第 6 期。

周靖景、严建强：《阐释系统：一种强化博物馆展览传播效应的新探索》，《东南文化》2016 年第 2 期。

四、报纸

曹兵武：《博物馆：越来越强的媒体特性》，《人民日报（海外版）》2019 年 12 月 16 日。

国务院第一次全国可移动文物普查领导小组办公室、国家文物局：《第一次全国可移动文物普查数据公报》，《中国文物报》2017 年 4 月 8 日。

黄琛：《博物馆教育如何开展——中国国家博物馆青少年融合发展模式研究》，《美术报》2017 年 5 月 3 日。

李群：《党领导文物事业发展的重大成就和历史经验》，《学习时报》2021 年 11 月 24 日。

罗雄：《从一级博物馆藏品评估报告谈藏品征集的四个维度》，《中国文物报》2012 年 11 月 23 日。

乔国荣：《从政策层面解析基层文博专业技术人员晋升难题》，《中国文物报》2019 年 5 月 14 日。

尚彬等：《新时代 新起点 新作为 新征程——平顶山博物馆对分馆制的探索和实践》，《中国文物报》2020 年 9 月 11 日。

宋向光：《国际博协"博物馆"定义调整的解读》，《中国文物报》2009 年 3 月 20 日。

汪传荣：《基层博物馆藏品征集要"接地气"》，《中国文化报》2013 年 10 月 24 日。

王延斌：《人才断档严重 博物馆事业遭遇"小马拉大车"难题》，《科技日报》

2022 年 1 月 22 日。

　　辛宇：《博物馆行业发展的几点思考》，《中国文物报》2020 年 9 月 15 日。

　　徐秀丽、李瑞：《各地文物部门全力以赴　坚决打好汛期文物保护主动仗》，《中国文物报》2020 年 7 月 14 日。

　　徐秀丽：《甘肃省八部门联合出台措施　加强涉案文物管理移交工作》，《中国文物报》2020 年 12 月 4 日。

　　徐秀丽：《让更多博物馆享受政策福利　促进博物馆多样化发展》，《中国文物报》2018 年 3 月 16 日。

　　张旻新：《新形势下文物藏品征集的几点思路》，《中国文物报》2019 年 7 月 2 日。

　　张演钦：《中国博物馆一天建一座　专家称管理二流、人才三流》，《羊城晚报》2011 年 12 月 4 日。

　　张英：《勿让文物修复者后继乏人》，《三湘都市报》2019 年 2 月 14 日。

五、外文文献

Gail Dexter Lord, Guan Qiang(eds). *Museum Development in China*[M]，2019.

Schaffers H, Komninos N, Pallot M, et al. *Smart Cities and the Future Internet: Towards Cooperation Frameworks for Open Innovation*[C]，Future Internet. 2011.

Carey J.Public Opinion，and Public Discourse, Glasser T., Salmon C., *Public Opinion and the Communication of Consent*, New York: The Guil-ford Press, 1995.

附录：全国博物馆发展现状调查表

为全面、准确掌握中国博物馆事业的现实状况和发展趋势，反映博物馆行业发展的困难和问题，通过深入分析数据把握不同区域、类型、层次的博物馆面临的挑战和机遇，推动中国博物馆事业高质量发展，我们在全国范围内组织开展本次专项调查。请根据贵馆实际情况如实填写调查问卷。本次调查所得数据只用于统计分析，并依据国家法律法规予以保密。

感谢贵馆的支持！

中国国家博物馆

2020年6月

一、基本信息

1. 贵馆地址位于_____省（自治区、直辖市）、_____市、_____区（县）。

2. 贵馆的类别为_____。

A. 历史类　　　　　　　B. 艺术类　　　　　　　　C. 自然科学类

D. 综合类　　　　　　　E. 其他类（含专题类）

3. 贵馆的性质为_____。

A. 国有博物馆　　　　　B. 非国有博物馆

4. 贵馆是否通过定级评估？ _____

A. 是　　　　　　　　　B. 否（跳答至5）

4.1. 贵馆目前级别为_____，定级时间为_____。

5. 贵馆是否已经设立了理事会？ _____

A. 是　　　　　　　　　B. 否（跳答至6）

5.1. 贵馆理事会功能属于_____。

A. 决策性　　　　　　　B. 咨询性　　　　　　　C. 其他

6. 贵馆建筑总面积为＿＿＿＿＿m²。

其中：展厅面积	＿＿＿＿＿m²
库房面积	＿＿＿＿＿m²
标准库房（恒温恒湿库房）面积	＿＿＿＿＿m²
公共区域面积	＿＿＿＿＿m²
社教场所面积	＿＿＿＿＿m²

7. 贵馆是否为收费博物馆？＿＿＿＿＿

A. 是　　　　　　　　B. 否（跳答至7.2）

7.1. 贵馆门票为＿＿＿＿＿元。

7.2. 贵馆实施免费开放以来遇到的最突出问题是＿＿＿＿＿。

A. 免费开放补助经费不足　　　　B. 展教服务水平不足

C. 观众激增，公共服务配套不足　　D. 人员经费比例低，人员缺口凸显

E. 其他＿＿＿＿＿　　　　　　　F. 没有问题

8. 贵馆是否设有独立分馆？＿＿＿＿＿

A. 是　　　　　　　　B. 否（跳答至8.2）

8.1. 包括同城分馆＿＿＿＿＿个，异城分馆＿＿＿＿＿个。

8.2. 贵馆没有设立独立分馆的主要原因是＿＿＿＿＿。

A. 尚无设立分馆的计划　　B. 选址用地困难

C. 缺乏启动资金　　　　　D. 其他

9. 贵馆是否与其他博物馆结为联盟？＿＿＿＿＿

A. 是　　　　　　　　B. 否（跳答至10）

9.1. 目前参与了＿＿＿＿＿个联盟。

9.2. 联盟主题包括＿＿＿＿＿。

A. 区域性　　　　　　B. 专题性

C. 功能性　　　　　　D. 其他

9.3. 2019年博物馆联盟开展的活动包括＿＿＿＿＿。（可多选）

A. 联合办展　　　　　B. 展览交流

C. 文物互借　　　　　D. 其他

二、藏品情况

10. 贵馆目前藏品总数为_____件（套）。

其中：一级文物	_____件（套）
二级文物	_____件（套）
三级文物	_____件（套）
未定级文物	_____件（套）

11. 贵馆馆藏文物中包含：

古代文物（1840 年以前）	_____件（套）
近现代当代藏品	_____件（套）
历史类	_____件（套）
艺术类	_____件（套）
其他类	_____件（套）

12. 贵馆在藏品的管理和使用中面临的主要困难有_____。（多选）

A. 藏品来源渠道不畅，藏品更新困难　　B. 缺乏系统管理，新藏品得不到展示

C. 缺少藏品管理专业人员　　　　　　　D. 缺资金

E. 缺场地　　　　　　　　　　　　　　F. 没有困难

13. 贵馆过去三年来新征集藏品_____件（套）。

其中：接受捐赠	_____件（套）
征集购买	_____件（套）
接收调拨移交	_____件（套）
馆际交换	_____件（套）

14. 2019 年贵馆征集经费_____万元。

15. 贵馆在征集藏品的工作中面临的主要困难有_____。（最多选 3 项）

A. 缺乏政策支持　　　　B. 缺少资金　　　　C. 征集渠道不畅

D. 缺乏专业人员　　　　E. 没有困难

16. 贵馆是否有专职征集人员？_____

A. 是　　　　　　　　　　B. 否（跳答至 17）

16.1. 贵馆专职征集人员的情况是：

专职征集人员	_____人
专业分布	文博专业：_____人 历史专业：_____人 鉴定相关专业：_____人 艺术相关专业：_____人 其他：_____人

17. 贵馆目前是否完成馆内藏品整理研究，具备展出条件？_____

A. 是（跳答至 18）　 B. 否

17.1. 贵馆藏品整理完成程度为_____。

A.70% 以上　　　　B.31%—69%　　　　C.30% 以下

17.2. 贵馆预计在_____完成藏品整理。

A.1 年以内　　　　B.1—3 年

C.3 年以上　　　　D. 无计划

18. 贵馆目前是否完成藏品数字化？_____

A. 是（跳答至 19）　 B. 否

18.1. 贵馆藏品数字化完成程度为_____。

A.67% 以上　　　　B.34%—66%　　　　C.33% 以下

18.2. 贵馆预计在_____完成藏品数字化。

A.1 年以内　　　　B.1—3 年

C.3 年以上　　　　D. 无计划

19. 贵馆在藏品研究整理和数字化过程中遇到的制约因素主要是_____。

A. 资金　　　　　　B. 技术　　　　　　C. 专业人员

D. 硬件　　　　　　E. 其他

20. 贵馆存储藏品数据的方式包括_____。（可多选）

A. 三维扫描模型　　B. 二维图像

C. 音视频　　　　　D. 其他

21. 贵馆目前有藏品保管人员_____名。

其中：博士研究生学历	_____名
硕士研究生学历	_____名
全日制大学本科学历	_____名
大学专科	_____名
中专及以下学历	_____名

22. 贵馆是否专设文物保管修复机构？_____

A. 是　　　B. 否

23. 贵馆在 2017—2019 年共完成了_____件藏品修复，_____件藏品修复（没有请填 0）。

三、学术研究

24. 贵馆是否有专设的学术研究机构？_____

A. 是　　　B. 否

25. 贵馆是否专设科研管理部门？_____

A. 是　　　B. 否

26. 贵馆是否主办学术期刊？_____

A. 是　　　B. 否

27. 贵馆人员 2019 年发表学术论文_____篇。

其中：核心期刊论文	_____篇
期刊论文	_____篇
报纸文章	_____篇

28. 贵馆 2019 年度出版图书_____部。

其中：展览图录	_____部
馆藏图录	_____部
学术专著	_____部
科普读物	_____部
音像制品	_____部

29. 贵馆 2019 年共主办学术活动_____次。

包括：学术研讨活动	_____次
学术讲座	_____次
参与国内外学术活动	_____次
包括：国内	_____次
国外	_____次

30. 2019 年贵馆共承担科研项目_____项，经费总额共计_____万元。

其中：国家级项目	_____项
省部级项目	_____次
厅局级／地市级项目	_____次
自行组织开展科研课题	_____项，课题经费总额_____万元，其中针对馆藏文物研究_____项

31. 2017—2019 年，贵馆共_____项科研成果获得奖励，奖励名称和获奖等级分别为_____。

四、展览展示

32. 2019 年度贵馆举办展览情况：

展览总量	_____个	
常设展览	_____个	基本陈列_____个 专题展览_____个
主题展览	重要主题展_____个 精品文物展_____个 革命历史展_____个 经典艺术展_____个 其他类型展_____个	
引进展览	国内引进_____个 国际引进_____个	
输出展览	国内输出_____个 国际输出_____个	

收费展览	_____个	收费展览 门票总收	_____万元

33. 2019年，贵馆各临时展览的平均展览面积为_____m²，平均展览时长为_____天，平均每个展览的展品数量约为_____件（套）。

34. 贵馆是否实行策展人制度？_____

A. 是　　　　B. 否

34.1. 贵馆目前共_____人具有策展人资质，他们的情况是：

性别	男_____（人） 女_____（人）
年龄分布	40岁以下：_____（人） 41—50岁：_____（人） 51岁及以上：_____（人）
专业分布	文博专业：_____（人） 历史专业：_____（人） 鉴定相关专业：_____（人） 艺术相关专业：_____（人） 其他：_____（人）

35. 贵馆展览为观众提供的展览互动体验方式包括_____。（可多选）

A. 触摸屏　　　　　　B. 虚拟现实/增强现实（VR/AR）

C. 智能导览　　　　　D. 二维码

E. 沉浸式体验　　　　F. 其他　　　　G. 无

36. 贵馆是否已提供在线展览？_____

A. 是　　　　　　B. 否（跳答至36.2）

36.1. 已设_____名专职人员和_____个项目开展在线观展工作。

36.2. 贵馆是否已制订在线展览发展计划？_____

A. 是　　　　　　B. 否

37. 贵馆如何看待在线展览？_____

A. 在线展览代表未来发展方向，要大力发展

B. 在线展览是应对疫情的一时之策，未来不明朗

C. 在线展览不如线下体验精彩，不考虑　　　D. 其他_____

38. 2017—2019年贵馆展览是否被评为全国十大精品展览？_____

A. 是　　　　　　B. 否

39.贵馆 2019 年反响最好的三个展览是：1_____；2_____；3 _____。

40.下列表述是否与贵馆展览总体情况相符：

	完全符合	比较符合	不太符合	不符合
1.展览体系完整	1	2	3	4
2.展览结构固定，不太更新	1	2	3	4
3.馆内藏品展示利用率高	1	2	3	4
4.原创性主题展览占比超过 80%	1	2	3	4
5.展览的学术基础十分扎实	1	2	3	4

41.对贵馆展览水平的评价为_____。

A.很好，很受群众欢迎　　　　B.还好，比较受欢迎

C.一般，不太受欢迎　　　　　D.很一般，更新缓慢或长期无更新

42.制约展览提升的主要原因是_____。

A.展品不充足　　　　　　　　B.没有好的策展人

C.展览设计水平不高　　　　　D.经费不足

E.缺乏场地　　　　　　　　　F.缺创意　　　　　　G.其他_____

五、传播服务

43.贵馆 2019 年接待观众_____万人次。

其中：女性观众	_____万人次
本地观众	_____万人次
外地观众	_____万人次
外籍观众	_____万人次
18 岁以下观众	占比_____%
单日最高观众接待量	_____万人次
单日最低观众接待量	_____万人次

44.贵馆提供的导览方式包括_____。（可多选）

A.专职人员定期公益讲解（每天_____场）　　　B.专家讲解

C.收费讲解（每场_____元）　　　　　　　　　D.志愿者讲解

E. 租赁导览器讲解 F. 手机软件智能导览

G. 导览手册 H. 社会机构进厅讲解

I. 其他_____ J. 无

45. 贵馆专职讲解人员情况:

讲解人员总数	_____（人）
年龄分布	20—29 岁：_____（人） 30—39 岁：_____（人） 40—49 岁：_____（人） 50 岁及以上：_____（人）
专业分布	文博专业：_____（人） 历史专业：_____（人） 艺术专业：_____（人） 传媒相关专业：_____（人） 其他专业：_____（人）

46. 贵馆是否设立志愿服务机构? _____

A. 是 B. 否

47. 贵馆有志愿者共_____人，2019 年志愿服务总时长_____小时，

人均服务时长_____小时 / 周（没有请填 0，跳答至 48）。

47.1. 贵馆志愿服务工作包括_____。（可多选）

A. 志愿讲解 B. 观众引导

C. 独立策划实施项目 D. 协助研究或藏品管理工作

E. 配合教育活动 F. 其他_____

48. 贵馆是否与学校开展馆校合作，如果有，包括:

合作类型	没有	有，2019 年情况为：
1. 举办讲座等活动	0	共_____场，_____人次
2. 举办研学等教育体验活动	0	共_____场，_____人次
3. 联合编写博物馆读本	0	共_____部，销售量_____本 / 年
4. 设立基地学校	0	共_____所
5. 举办教师培训项目	0	共_____场，_____人次
6. 联合开发社教课程	0	共_____项
7. 其他	0	共_____次

49. 贵馆 2019 年面向社会公众定期举办的活动包括：

公众活动	没有	有，2019 年举办频次：
1. 夏（冬）令营举	0	每月_____次
2. 鉴定服务	0	每月_____次
3. 学术讲座	0	每月_____次
4. 其他_____	0	每月_____次

50. 贵馆是否专设主管新闻宣传的部门？_____

A. 是（跳答至 51）　　　　B. 否

50.1. 贵馆目前由_____部门代行新闻宣传职能，目前设有_____名专职新闻宣传人员。

51. 2019 年主流媒体报道贵馆_____次。

其中：中央纸媒	_____次
地方纸媒	_____次
中央电视媒体	_____次
地方电视媒体	_____次

51.1. 目前与贵馆建立跑口合作关系的媒体有_____家。

52. 贵馆开设融媒官宣平台及运营情况：

融媒官宣平台	开设个数	2019 年浏览量	关注度
1. 官网		_____万次	收藏_____人次
2. 官微		_____万次	关注量_____人次
3. 微信公众号		_____万次	关注量_____人次
4. 抖音		_____万次	关注量_____人次
5. 其他社交平台：_____		_____万次	次关注量_____人次
6. 自媒体		_____万次	_____篇／周

53. 贵馆是否建立新闻发布制度？_____

A. 是　　　　　　　　　B. 否（跳答至 54）

53.1. 贵馆是否有新闻发言人？_____

A. 是　　　　　　　　　B. 否

53.2. 贵馆 2019 年举办新闻发布会_____场。

其中，定期举行的例行发布会	_____场，频率为_____场 / 月
根据馆内活动临时举行的专项发布会	_____场，一般在活动开始前_____天召开

54. 贵馆是否采取地推形式进行宣传推广？_____

A. 是　　　　　　　　　B. 否（跳答至 55）

54.1. 目前采取的宣传包括_____。（可多选）

A. 地铁广告宣传　　　　　B. 公交广告宣传

C. 机场广告宣传　　　　　D. 铁路广告宣传

E. 商场、地标建筑广宣　　F. 其他_____

55. 贵馆开发了_____款手机 App，主要功能包括_____。（可多选）

A. 场馆信息介绍及智能导览　B. 藏品精讲

C. 信息发布　　　　　　　　D. 线上活动平台

E. 游戏　　　　　　　　　　F. 其他_____

56. 在抗击新冠疫情期间，官宣平台的浏览量与往常相比_____。

A. 浏览量远远大于平常　　　B. 浏览量稍大于平常

C. 持平　　　　　　　　　　D. 浏览量稍小于平常

E. 浏览量远远小于平常

六、文创开发

57. 为落实《关于推动文化文物单位文化创意产品开发若干意见的通知》等国家文件精神，贵馆所在省（自治区、直辖市）出台的政策举措包括_____，其中，贵馆并没有资格享受的政策举措为_____。（均可多选）

A. 扶持文化产业的税收政策　　B. 创新文创产品开发机制

C. 将文创产品开发纳入文化产业投融资服务体系支持服务范围

D. 将符合条件的文创产品开发项目纳入专项建设基金支持范围

E. 将文创产品开发经营企业纳入文化产业示范基地评选范围

F. 促进文创产品开发的跨界融合　　　　G. 加强文创品牌建设保护

H. 推动完善文化创意产品营销体系　　　J. 限制文创规模

I. 培育若干骨干文化创意产品开发示范单位　　K. 其他_____

58. 贵馆是否设立专门文创开发机构？_____

A. 是　　　　　　　　　　B. 否（跳答至59）

58.1. 贵馆文创开发机构属于_____性质。

A. 企业　　　　　　　　　　B. 事业

59. 贵馆从事文创工作_____人，其中设计人员_____人，

销售人员_____人。

60. 贵馆文创机构对外合作方式包括_____。（可多选）

A. 委托设计　　　　　　　　B. 联合开发

C. 代工生产　　　　　　　　D. IP 授权

E. 代理经营　　　　　　　　F. 其他_____　　　　G. 无合作

61. 贵馆文创产品销售渠道包括_____（可多选），2019 年销量最高为_____。

A. 馆内实体销售　　　　B. 馆外自营实体店　　　　C. 代理销售

D. 合作实体店　　　　　　E. 合作线上商店

62. 贵馆文创销售最主要的线上平台包括_____。（可多选）

A. 阿里系（淘宝、天猫等）　　B. 京东　　　　　　　　C. 微店

D. 自有线上平台　　　　　　E. 其他_____　　　　F. 未开通

63. 贵馆 2017—2019 年共开发文创产品_____款，年均销售额为_____万元。

64. 2019 年销量最多的类别是_____，销售额最高的是_____。

A. 家居装饰_____　　　B. 文具用品_____　　　C. 服饰美妆

D. 食品　　　　　　　　E. 电子产品　　　　　　G. 其他_____

65. 贵馆爆款文创产品的成功得益于_____。

A. 产品相关展览精彩　　　　B. 产品文物元素知名

C. 产品设计吸引人　　　　　D. 销售网点位置优越，距离展厅近

E. 产品宣传营销成功　　　　F. 性价比高

G. 其他_____　　　　　H. 无爆款产品

66.从贵馆实践看，制约博物馆文创产业发展的瓶颈是_____。（可多选）

A.博物馆文物资源与设计、生产以及销售资源之间渠道不畅

B.部分设计生产方垄断市场，产品同质化严重

C.受博物馆体制影响，文创资金难以实现市场化运作

D.博物馆文创资金扶持政策缺位　　　E.紧缺优秀文创人才，引进困难

F.在编文创人员激励政策难落实　　　G.文创属小众产品，开发成本高，利润率低

七、运维安保

67.贵馆是否设立专门安保机构？_____

A.是　　　　　　　　　　　B.否（跳答至68）

67.1.目前贵馆有专职安保人员共_____人。

68.贵馆安保服务是否采取外包？_____

A.是　　　　　　　　　　　B.否（跳答至69）

68.1.贵馆外包服务人员共_____人。

68.2.贵馆对外包服务质量的满意度为_____。

A.非常满意　　　　　　　　B.满意

C.不太满意　　　　　　　　D.不满意

69.贵馆是否有专职消防人员？_____

A.是　　　　　　　　　　　B.否

69.1.贵馆是否有驻馆消防队伍？_____

A.是　　　　　　　　　　　B.否

69.2.2019年贵馆是否举办年度消防演练？_____

A.是　　　　　　　　　　　B.否

70.2019年贵馆安检出来的危险品包括_____。（可多选）

A.爆炸品　　　　　　　　　B.易燃品

C.有毒及感染性物品　　　　D.枪支、军用或警用械具类及仿制品

E.管制刀具及利器钝器　　　F.放射品

G.腐蚀品　　　　　　　　　H.其他_____

71.2019年，贵馆是否发生过安全事故？_____

A.是　　　　　　　　　　　B.否（跳答至72）

71.1. 事故类型包括_____。（可多选）

A. 设备事故　　　　　　　　B. 火灾事故　　　　　　　　C. 爆炸事故

D. 文物安全事故　　　　　　E. 人身事故　　　　　　　　F. 放射事故

G. 中毒事故　　　　　　　　H. 人员密集场所安全事故　　I. 其他_____

72. 贵馆是否定期进行安全演练？_____

A. 是　　　　　　　　　　　B. 否

73. 贵馆是否已制订安防应急预案？_____

A. 是　　　　　　　　　　　B. 否（跳答至 74）

73.1. 贵馆安防应急预案知晓范围包括_____。（可多选）

A. 全馆人员　　　　　　　　B. 安防工作人员

C. 消防工作人员　　　　　　D. 部分管理人员　　　　　　E. 其他_____

74. 贵馆设备维保人员共_____人，其中正式在编_____人，社会维保单位_____人。

75. 2019 年设备运维保障支出约_____万元。

76. 贵馆对维保单位工作的满意度_____。

A. 非常满意　　　　　　　　B. 满意

C. 不太满意　　　　　　　　D. 不满意

77. 安保运维人员管理中的突出问题为_____。（可多选）

A. 人员稳定性低，流失率高　　　B. 专业素质水平不高

C. 责任心不强，工作态度不佳　　D. 应急问题处理能力偏低

E. 缺乏对博物馆事业的认同　　　F. 其他_____

78. 贵馆后勤服务工作外包情况为：

项目	是否外包	如外包，对其质量的满意度为
保洁	（是 / 否）	A. 非常满意　B. 满意　C. 不太满意　D. 不满意
职工餐饮	（是 / 否）	A. 非常满意　B. 满意　C. 不太满意　D. 不满意
绿植养护	（是 / 否）	A. 非常满意　B. 满意　C. 不太满意　D. 不满意

八、人才状况

79. 贵馆 2019 年在编人员共_____人。

其中：博士研究生	占_____%
硕士研究生	占_____%
大学本科	占_____%
大专学历及以下学历	占_____%

80. 贵馆近三年（2017—2019 年）中，接受在职学历教育的人员情况：

在职学历教育人员	共_____（人）
学历分布	本科学历：_____（人） 硕士研究生学历：_____（人） 博士研究生学历：_____（人）
专业分布	文博类专业：_____（人） 语言类专业：_____（人） 经济类专业：_____（人） 艺术类专业：_____（人） 计算机类专业：_____（人） 其他专业：_____（人）

81. 贵馆在编人员年龄及性别结构情况：

30 岁以下	_____%
31—50 岁	_____%
51 岁及以上	_____%
在编人员男女比例	_____：_____

82. 贵馆专业技术人员情况：

贵馆已聘专业技术人员	_____人	占在编职工比例为_____
其中：正高级	_____人	正高级和副高级专业技术人员中， 30—50 岁_____人， 51 岁及以上_____人。 女性在正高级和副高级专业技术人员中占比 为_____%。
副高级	_____人	
中级	_____人	
初级	_____人	

83. 最近三年（2017—2019 年），贵馆在编人员中离职人数共_____人，其中专业技术

人员离职＿＿＿＿＿＿＿人，离职专业技术人员中具有高级职称人员＿＿＿＿＿＿＿人。

84.贵馆人员离职的原因主要是＿＿＿＿＿。（限选两项）

A.读书深造 　　　　B.薪酬待遇偏低 　　　　C.成长空间不足

D.不满组织文化 　　　E.自主创业 　　　　　　F.其他＿＿＿＿＿

85.贵馆技能型人才共＿＿＿＿＿＿＿人，含高级技师＿＿＿＿＿＿＿人、技师＿＿＿＿＿＿＿人。

86.贵馆技能型人才来源主要有＿＿＿＿＿。（可多选）

A.馆内培养 　　　　B.高薪引进

C.定向短聘 　　　　D.其他＿＿＿＿＿

87.贵馆目前入选国家级"四个一批"人才工程共＿＿＿＿＿＿＿人，入选省市级宣传文化系统"四个一批""五个一批"等同类人才工程共＿＿＿＿＿＿＿人。此外，贵馆人才入选国家或省市级人才工程情况还包括＿＿＿＿＿。

88.贵馆是否存在人才紧缺的问题？＿＿＿＿＿

A.是 　　　　　　　　　B.否（跳答至89）

88.1.贵馆主要紧缺人才包括＿＿＿＿＿。（可多选）

A.藏品征集人才 　　　　B.研究与鉴定人才

C.策展人才 　　　　　　D.文物修复人才

E.综合管理人才 　　　　F.其他＿＿＿＿＿

88.2.贵馆当前最紧缺的人才为＿＿＿＿＿。

A.藏品征集人才 　　　　　B.研究与鉴定人才

C.策展人才 　　　　　　　D.文物修复人才

E.综合管理人才 　　　　　F.其他＿＿＿＿＿

89.贵馆人才队伍建设中的突出问题是＿＿＿＿＿。（限选两项）

A.人员结构不合理 　　　　　　B.专业人才青黄不接

C.人才队伍知识技能单一 　　　D.中高层次人才流失严重

E.薪酬待遇偏低影响人才积极性 　F.创新力不足，因循守旧

G.其他＿＿＿＿＿

非常感谢贵馆的支持！祝贵馆事业昌隆！

跋

本书是以王春法研究员主持的国家社会科学基金重点项目"中国博物馆发展现状与对策研究"（19AKG006）最终成果为基础整合形成的。进入 21 世纪，特别是党的十八大以来，中国博物馆事业出现繁荣发展的大好局面，取得了前所未有的巨大发展。本书力求通过在全国范围内组织开展博物馆发展现状的问卷调查，通过深入细致的数据分析，准确把握当前我国博物馆事业的现实状况和发展趋势，了解博物馆在发展过程中的需求，反映博物馆行业发展的困难和问题，并针对相关研究中存在的博物馆发展规律提炼不足和定量研究薄弱等问题，准确把握不同区域、类型、层级博物馆面临的挑战和机遇，以期为推动我国博物馆事业高质量发展略尽绵薄之力。

王春法研究员作为项目负责人设计提出了整个项目研究的总体思路和基本框架，并具体指导课题组成员按照课题分工开展研究工作。在课题申报和基础资料收集过程中，翁淮南、杨光、杨玥、田田等做了许多基础工作；在问卷调查阶段，邓大胜、杨光配合项目负责人研究设计了调查问卷和调查实施方案，杨拓、刘书正协调安排了问卷发放回收工作，数据分析由邓大胜等负责完成。在调研工作前期，杨光、赵文国、孔欣欣、杨拓、钟国文、田田、张林鹏、张雪嫣等提交了初步报告，一些博士后人员参加了现场调研。后因研究进度严重滞后，研究报告质量参差不齐，项目负责人对研究团队进行了调整充实，具体分工如下：绪论，王春法。上篇第一章，杨光、罗蓁蓁；第二章，杨光、刘书正；第三章，邓大胜、杨拓、李睿婕、于巧玲。下篇主报告，杨光；分报告一，杨红林；分报告二，张伟明；分报告三，丁鹏勃；分报告四，陈莉、赵东亚；分报告五，周靖程；分报告六，余晓洁；分报告七，赵菁；分报告八，孔欣欣；分报告九，刘建美，分报告十，钟国文。主要结论及政策建议，王春法。目前的书稿就是在这个分工的基础上经过再三修改而形成的。项目负责人对全书进行统稿修订，部分章节甚至重写。杨光作为项目助手在研究之余还做了大量组织协调工作，罗蓁蓁做了大量辅助工作。专此致谢。

责任编辑：池 溢

封面设计：郭 青 胡欣欣

版式设计：郭 青 吴 桐

图书在版编目（CIP）数据

中国博物馆发展研究：基于调查数据的分析／王春法 主编 . — 北京：人民出版社，
  2023.12

ISBN 978－7－01－026213－0

I.①中… II.①王… III.①博物馆事业－研究－中国 IV.① G269.2

中国国家版本馆 CIP 数据核字（2023）第 240704 号

中国博物馆发展研究

ZHONGGUO BOWUGUAN FAZHAN YANJIU

——基于调查数据的分析

土春法 主编

人 民 出 版 社 出版发行

（100706 北京市东城区隆福寺街 99 号）

北京雅昌艺术印刷有限公司印刷 新华书店经销

2023 年 12 月第 1 版 2023 年 12 月北京第 1 次印刷

开本：710 毫米 ×1000 毫米 1/16 印张：33.5

字数：521 千字

ISBN 978－7－01－026213－0 定价：298.00 元

邮购地址 100706 北京市东城区隆福寺街 99 号

人民东方图书销售中心 电话（010）65250042 65289539